CB072719

RB40
RONALDO BARBOSA 40
ANOS DE ARTE E DESIGN

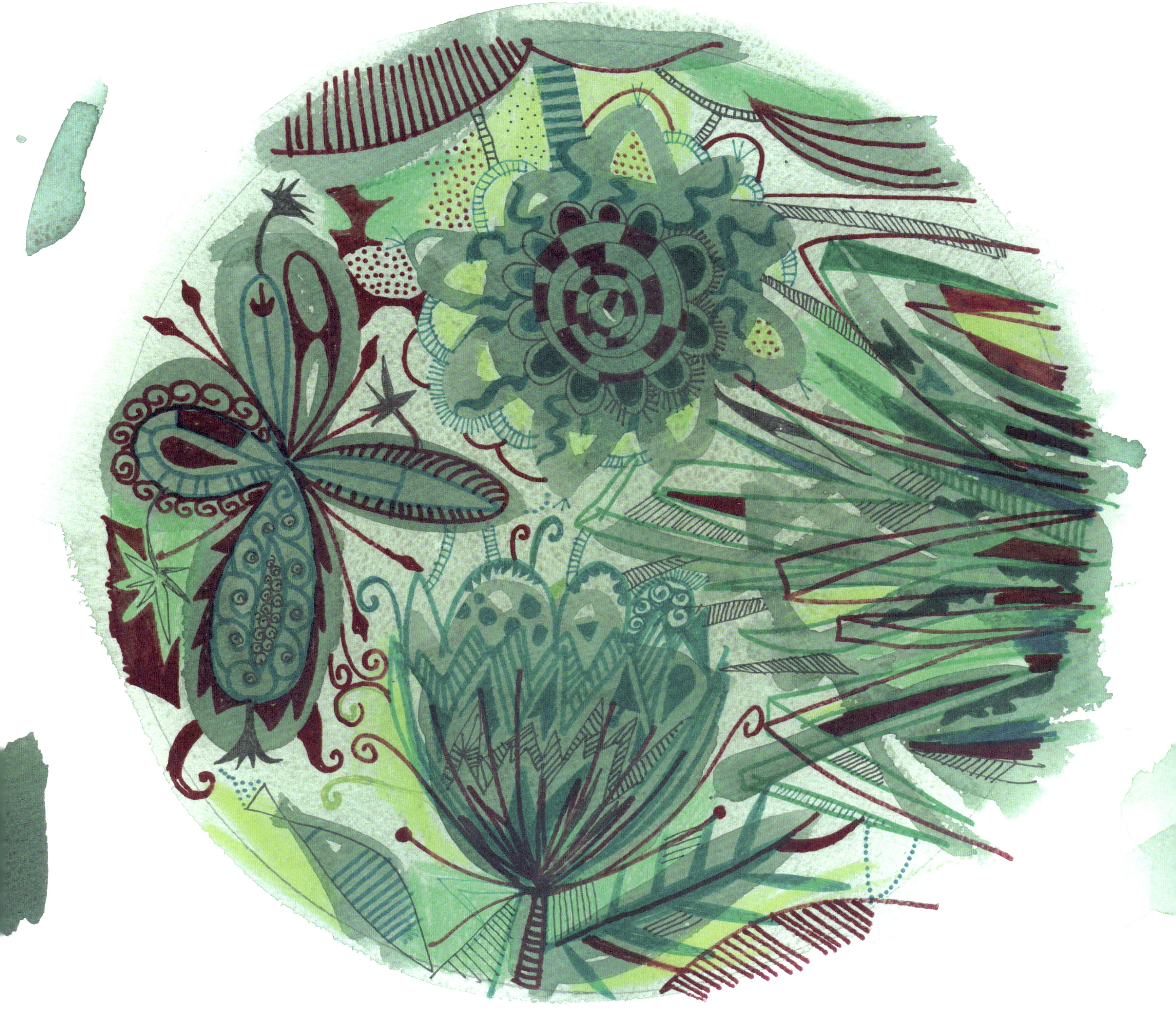

| INICIATIVA | PATROCÍNIO | | | | | APOIO | APOIO INSTITUCIONAL | PRODUÇÃO | REALIZAÇÃO |

ADÉLIA BORGES
ÉLIDA GAGETE

RB40
RONALDO BARBOSA 40 ANOS DE ARTE E DESIGN

SÃO PAULO - SP
2017

OLHARES

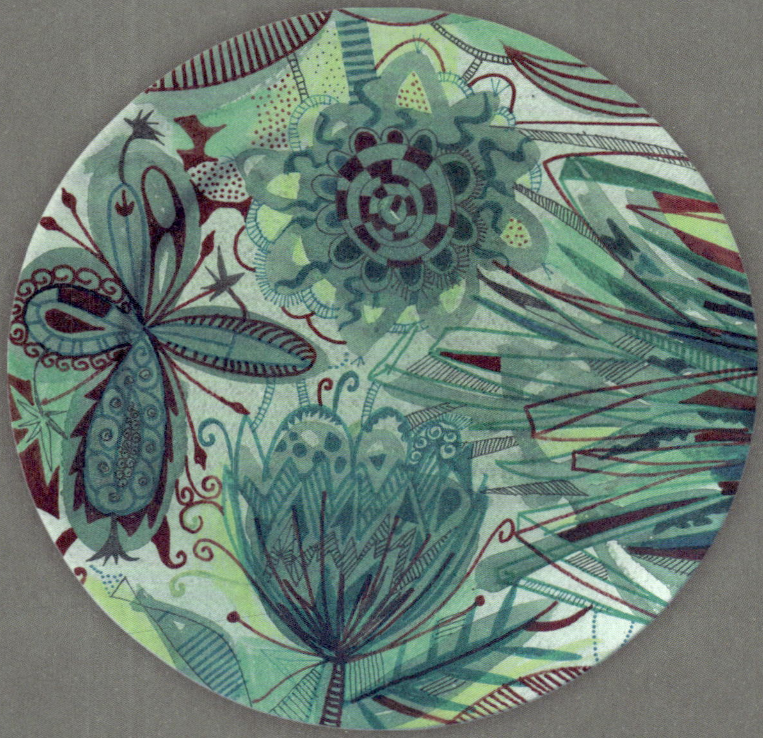

SUMÁRIO

8   Ronaldo Barbosa e a inflexão estética e econômica capixaba
Por João Gualberto

11   Marcas indeléveis
Por Adélia Borges

17   O projeto RB40
Por Ronaldo Barbosa

21   Raízes e escolhas

29   Rio 40 graus: anos de chumbo e efervescência

53   O retorno de um criador plural

77   A identidade empreendedora do Espírito Santo

115   Expografia, uma trilha que se alarga

229   Escala aumentada

239   Concepção e consolidação de um museu

299   Território, patrimônio e sociedade

324   Desenhos 2017

332   Depoimentos

350   Cronologia

354   Exposições realizadas no Museu Vale

356   Seminários realizados no Museu Vale

358   Bibliografia

RONALDO BARBOSA E A INFLEXÃO ESTÉTICA E ECONÔMICA CAPIXABA

por JOÃO GUALBERTO

Toda produção cultural tem forte vinculação com seu tempo. Melhor, ganha sua verdadeira força e expressão quando compreendida em relação ao momento histórico da sociedade de onde emergiu. Todo artista – assim como todo ser humano que expressa socialmente seu potencial criativo – está inserido em um tempo histórico. Temos que raciocinar neste tempo para entendermos toda a importância estética de uma obra. O tempo é criação, já enunciou Cornelius Castoriadis, um dos mais importantes filósofos do século 20. É no contexto social-histórico, e dentro de um universo de significações imaginárias sociais, que devemos entender a obra criativa e criadora de um gigante da criação artística como o capixaba Ronaldo Barbosa.

A forma como este livro se propõe a construir o percurso criativo de Ronaldo – de quem sou amigo e admirador desde o já distante final dos anos 1960, quando estudamos juntos no Colégio dos Irmãos Maristas em Vila Velha –, ou melhor, como ele visa elucidar os elementos que compõem sua obra em vários momentos desse percurso, ganha significado especial quando comparamos sua produção com os momentos da vida social do Espírito Santo. Quando o artista se lançou no seu fazer criativo, éramos uma sociedade ainda vinculada economicamente à agricultura, sobretudo à cultura do café. Aqui uso a expressão cultura com toda a força que ela tem, cultura da terra, da produção econômica, mas também a cultura que produz socialmente os indivíduos.

Éramos, portanto, um estado ainda com tímida urbanização, com poucas instituições complexas que pudessem abrigar a força transgressora em termos de linguagens artísticas que potencialmente continha aquele que se tornaria no futuro um artista e gestor cultural da importância do Ronaldo Barbosa. Ele partiu então em busca de complementar sua formação. Foi ao Rio de Janeiro estudar na instituição que seria o berço de uma geração de designers que talvez o Brasil não seja capaz de repetir tão cedo. Acompanhou de perto o surgimento de um movimento que mudaria a face da produção artística nacional. O Brasil também precisava se libertar de um certo provincianismo que por tanto tempo marcou nossa vida e nossa inserção no mundo moderno.

Ronaldo passou do virtual ao real, no percurso que seria de toda uma geração talentosa e da qual ele é certamente um dos maiores expoentes. Escolheu o retorno ao Espírito Santo, e aqui se transformou em um ponto de irradiação de novidades e talentos. Foi professor na Universidade Federal do Espírito Santo, onde se destacou pela força de suas ideias e pelo magnetismo de seu talento. Fez jus ao papel de um verdadeiro mestre, tendo se transformado em ponto focal de um momento de inflexão da sociedade que rompia suas amarras do passado para produzir uma dinâmica social mais madura, em que o fazer cultural, o fazer artístico, poderiam ter uma expressão socialmente mais ampla, porque vinculados à sua dimensão econômica de forma visceral.

É isso o que vemos quando ele, já maduro, começa a mudar a face visual do campo dos negócios no Espírito Santo. Sua contribuição na formação das marcas capixabas é extraordinária. Basta fixarmos nossa atenção à enormidade de exemplos que o livro contempla. Os shoppings centers de Vitória, que nos trouxeram de forma irremediável a modernidade na construção das marcas, ficaram repletos do seu trabalho, da sua produção. Talvez nenhum outro artista local tenha tido maior influência nesse contexto do que Ronaldo. Em todos os ramos da atividade comercial, industrial e de serviços temos a presença de sua força criativa. Arte aplicada na construção de uma nova estética que os novos tempos demandavam. A força da arte está nessa inserção social. Tanto quanto os que projetaram Brasília, por exemplo, expressavam um desejo de modernidade que perpassava o Brasil, o nosso capixaba ilustre expressou com vitalidade o desejo do novo que sua estética até hoje representa, e que naquele momento histórico teve papel fundamental.

Mas não apenas no campo mais estrito da criação. Também no campo da gestão cultural. Pois enorme tem sido o papel do Museu Vale, identificado com sua arte e seu modo de ver o mundo, na construção de um lugar para o novo, para o desbravador, para a transgressão em terras capixabas. Muitas são as faces do artista, múltiplos são os talentos de Ronaldo Barbosa. Essas breves linhas têm apenas a modesta intenção de situar no tempo a força do trabalho, quase sempre pioneiro, do autor das obras expostas no Palácio Anchieta na segunda metade de 2017 e que estão tão bem retratados na obra que ora apresento.

Como Secretário de Estado da Cultura do Espírito Santo, muito me orgulho de ter participado do esforço feito pelo governo estadual para mostrar ao público a produção de Ronaldo durante quarenta intensos anos de sua vida artística, ainda em plena efervescência. Espero sinceramente que os leitores desta obra tenham o mesmo sentimento de encantamento que eu tenho ao visualizar o conjunto da obra deste gigante capixaba.

João Gualberto Moreira Vasconcellos é doutor em Filosofia Política, professor emérito da Universidade Federal do Espírito Santo e Secretário de Estado da Cultura na gestão Paulo Hartung.

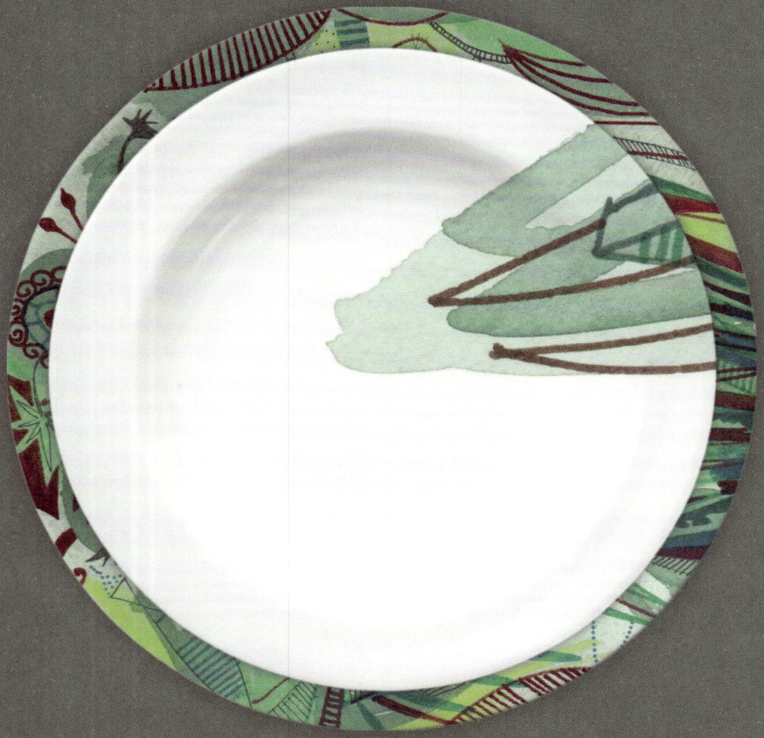

MARCAS INDELÉVEIS

por ADÉLIA BORGES

Ronaldo Barbosa começou a desenhar ainda criança, na areia da praia em Vila Velha, no Espírito Santo. A água vinha e apagava – e ele seguia em frente, sem se importar com a fugacidade daquele instante. Continuou desenhando vida afora, movido em primeiro lugar por um impulso pessoal, quase uma contingência íntima que não se pode – e nem se consegue – recusar.

Só agora pude perceber a amplitude e a profundidade das consequências dessa determinação. Explico. Conheci Ronaldo em 2003, quando ele me convidou para dar uma palestra sobre design em Vitória. Ao longo dessa década e meia colaboramos mutuamente em alguns trabalhos e desenvolvemos uma forte amizade. Mas só ao participar da preparação deste livro tomei conhecimento da real dimensão de suas múltiplas facetas.

Poucos designers do nosso país podem ostentar a criação de mais de duas centenas de marcas, como se pode ver em páginas deste livro. Se quantidade nem sempre rima com qualidade, vê-se nesta seleção a competência com que vem exercendo o seu ofício, tanto para empresas de diferentes portes e segmentos, quanto para instituições e governos. Poucos também conseguiram chegar aos espaços públicos em seu trabalho – e aqui temos desde o logotipo para Festa de São Pedro, uma procissão de barcos realizada em Vitória, até o sistema de 16 marcas para as unidades de conservação da natureza no Espírito Santo.

Na mítica Escola Superior de Desenho Industrial, a Esdi, onde estudou no Rio de Janeiro, Ronaldo absorveu a metodologia necessária para o desenvolvimento de projetos de identidade visual capazes de se distinguir da improvisação até então disseminada no país, que resultava em marcas inadequadas e de rápida obsolescência. Ainda na época da faculdade, teve o privilégio de ser contratado por uma empresa para se encarregar da implantação do projeto de identidade que havia sido feito por Aloisio Magalhães, um dos mais importantes designers que o Brasil já teve, e que era então seu professor. Nesse momento, deparou-se com a complexidade da aplicação dos projetos de identidade visual nas várias interfaces da empresa com seus públicos – da frota de veículos ao papel de carta e à sinalização. Ali também aprendeu a circular com propriedade no mundo corporativo. Essa virtude, escassa entre boa parte dos profissionais da área criativa, lhe trouxe melhores condições de dialogar com os empresários e, em decorrência, de levar a termo seus projetos.

O design é uma atividade multidisciplinar, ligada tanto à economia quanto à cultura. Ronaldo trabalha muito bem nesses dois polos. Seu exercício da atividade não tem fronteiras. No design de móveis, seu projeto mais recente faz uso dos granitos tão abundantes em terras capixabas. São mesas com um design puro, essencial, que valoriza a beleza das pedras. (Aliás, nosso país ganharia muito com um programa para que nossas pedras ganhem o valor agregado que só o design pode trazer, deixando de ser vendidas em estado bruto.)

O design de superfícies é uma especialidade contínua em sua carreira, desde os anos 1970, quando criava tecidos para vários estilistas que gestavam a visualidade carioca na moda, até a década atual, em que a natureza da região serrana do Espírito Santo é interpretada por seu traço e aplicada sobre diferentes suportes, tais como jogos de mesa.

É ali na região serrana que ele atua no campo do design artesanal, desenvolvendo projetos em conjunto com comunidades de artesãs espalhadas por onze municípios, tais como Domingos Martins, Santa Maria de Jetibá e Afonso Cláudio, articuladas pelo Instituto Jutta Batista da Silva. São mais de mil mulheres que trazem de seus ascendentes europeus, sobretudo italianos, um vigoroso espírito de coletividade. O carro-chefe de sua produção são os bordados, feitos com muito esmero técnico. Sua colaboração é ajudar a ancorar os motivos dos desenhos na identidade cultural local. É um trabalho não *para* as artesãs, mas *com* elas.

Seu escritório é muito ativo no ramo do design de exposições culturais, de museus e de centros de memória empresarial, acumulando projetos para instituições de prestígio Brasil afora.

No campo das exposições e dos museus, Ronaldo não atua apenas como designer, mas como alguém que idealiza, impulsiona e concretiza iniciativas de primeira linha, em duas mãos de direção. Nunca quis "levar a arte", ou "levar a cultura" ao Espírito Santo, mas sim reconhecer e valorizar o que se produz no estado e, simultaneamente, oxigenar as ligações locais com o Brasil e o mundo. Assim, ele refuta tanto a visão colonizada quanto a xenófoba.

Sob sua direção, o Museu Vale transcendeu a ideia inicial de ser restrito à memória ferroviária para se tornar um dos mais reconhecidos museus brasileiros. A instituição completará 20 anos em 2018 como uma unanimidade entre museólogos, artistas e gestores culturais. Ele não caiu de paraquedas no Museu, e sim levou para lá uma experiência que já vinha acumulando desde meados da década de 1980, quando foi o coordenador da Galeria de Arte da Universidade Federal do Espírito Santo, e em muitas iniciativas que se sucederam.

Seu entusiasmo pela cultura capixaba me contagiou já em minha primeira ida a Vitória. Foi por isso que o convidei para fazer, em 2004, a curadoria, organização e design de uma exposição no Museu da Casa Brasileira, que eu então dirigia, sobre o patrimônio material e imaterial de uma centenária fábrica de pios de madeira de Cachoeiro de Itapemirim. Em 2005, partiu dele o convite para que eu fizesse a curadoria de uma das mostras do Espaço Brasil, no Carreau du Temple, em Paris, por ocasião do Ano Brasil na França. Lá pude testemunhar sua maestria ao engendrar os vários atores necessários para erguer uma realização de peso. Ele driblou as várias limitações – de tempo, de recursos, de convívio de trabalhadores de duas diferentes nacionalidades, de atendimento a questões de legislação dos dois países etc. etc. – e liderou a equipe com segurança, sem precisar gritar ou se impor, mas unicamente pela alegria compartilhada de se fazer uma iniciativa daquela magnitude.

A faceta de articulador cultural de Ronaldo se liga a outra, a de artista. Essa, só vim a conhecer melhor agora, pois ele deixara de lado por cerca de duas décadas os desenhos, as pinturas e os videoartes. E não por falta de reconhecimento: realizou sua primeira exposição ainda aos 17 anos de idade, foi representado durante um período por uma galeria de prestígio de Los Angeles e ganhou alguns prêmios.

A energia que precisou dedicar às múltiplas atividades como designer e gestor cultural certamente contou na interrupção nas artes visuais. Mas deve ter contado também a visão rígida que prevalecia em seus anos de formação. Na Esdi ele aprendeu que design é design, arte é arte – ou seja, departamentos estanques e quase que opostos. E design tinha que ser obrigatoriamente "todo reto, branco, preto, cinza, aquele negócio chique, a forma e a função".

Felizmente o seu interesse primordial pelo território em que se encontra o fez ficar longe da estética internacionalista. E a prática da arte, ainda que entrecortada, se impôs e foi retomada com força desde 2015, em sua casa em Domingos Martins, sob a influência da visão da majestosa Pedra Azul – uma camaleônica formação rochosa de granito, cuja coloração vai se alterando do laranja ao azul acinzentado ou esverdeado, conforme a hora do dia e a época do ano.

Creio que essas três dimensões – a do designer, a do empreendedor cultural e a do artista – se confundem na trajetória de Ronaldo. Elas são inseparáveis. Nelas, algumas características saltam aos olhos:

- O desenho é o fio condutor de sua trajetória. No ensaio "O Elogio da Mão", o filósofo francês Henri Focillon diz que "a face humana é, sobretudo, um composto de órgãos receptores. A mão é ação, ela cria e, por vezes, seria o caso de dizer que pensa". Esse enunciado se aplica totalmente a Ronaldo. Boa parte do que fez até hoje foi primeiro desenhado à mão para depois se tornar materialidade. Marca, móvel, filme, exposição – tudo parte do traço, seja do lápis ou da caneta sobre o papel, seja da escrita na areia, seja qualquer outro suporte que encontre à frente.

É difícil – e, de resto, inócuo – distinguir o que é arte e o que é design em cada um de seus trabalhos. Os rabiscos iniciais de um projeto de identidade corporativa ou o detalhamento prévio das cenas de um vídeo têm inequivocamente uma pulsão artística, independentemente de sua utilidade posterior. Da mesma forma, um desenho feito pelo simples prazer de fazer – como os que retratam a Pedra Azul – pode ser aplicado a um objeto funcional tão ordinário quanto um peso de papel sem perder a sua potência.

- Uma base comum que enxergo na atuação de Ronaldo é a sua capacidade de empatia – qualidade que considero imprescindível aos designers. Aqueles sem compreensão emocional de seus semelhantes, sem afinidade com eles, não conseguem atender às suas necessidades e desejos, por serem incapazes até de reconhecê-los. O uso frequente do concreto nos pisos de vários ambientes projetados pelo Studio Ronaldo Barbosa vem do fato de ser algo banal, que está ou esteve no cotidiano de qualquer pessoa, mesmo as mais humildes. Trata-se de uma escolha deliberada de nunca intimidar, sempre acolher.

A empatia está presente em suas ações no Museu Vale, em que o projeto educativo – baseado justamente numa "escuta sensível" dos visitantes – tem papel protagonista. Ou ainda em sua produção artística recente, em que é possível constatar uma sutil identificação com o outro mesmo em cenas carregadas de ironia ou de crítica social.

- Esse entendimento do outro, por sua vez, resulta de um interesse genuíno pelo ser humano, independente de seu extrato social, idade, grau de instrução. Ele me contou certa vez como adora ir à Festa da Polenta, promovida anualmente em Venda Nova do Imigrante; como se diverte ao ser jurado na escolha da rainha da festa; como gosta de reencontrar as velhinhas bordadeiras cujas histórias de vida incentiva que sejam temas de seus bordados. Ele parece repetir, sem dizer, um dos mantras do arquiteto Oscar Niemeyer: "A vida é importante; a arquitetura não é".

A essa disposição afetiva junta-se a enorme curiosidade intelectual de alguém que parece estar sempre "escaneando o mundo", tanto aquele que está a seu redor como o mais distante, e a partir daí vai tecendo tramas e conexões.

O resultado da mistura de todos esses atributos está neste livro. Se em criança as águas levavam embora seus desenhos, o que se pode ver nesta publicação é que em sua trajetória Ronaldo Barbosa criou marcas indeléveis – e marcas aqui são consideradas em seu sentido amplo, de sinais distintivos, que ele vem imprimindo, para sorte nossa, no mundo a seu redor. E essas nem o mar pode apagar.

Adélia Borges é crítica, historiadora de design e curadora de exposições. Ex-diretora do Museu da Casa Brasileira, em São Paulo, integra o Comitê Consultivo da Bienal de Design de Londres.

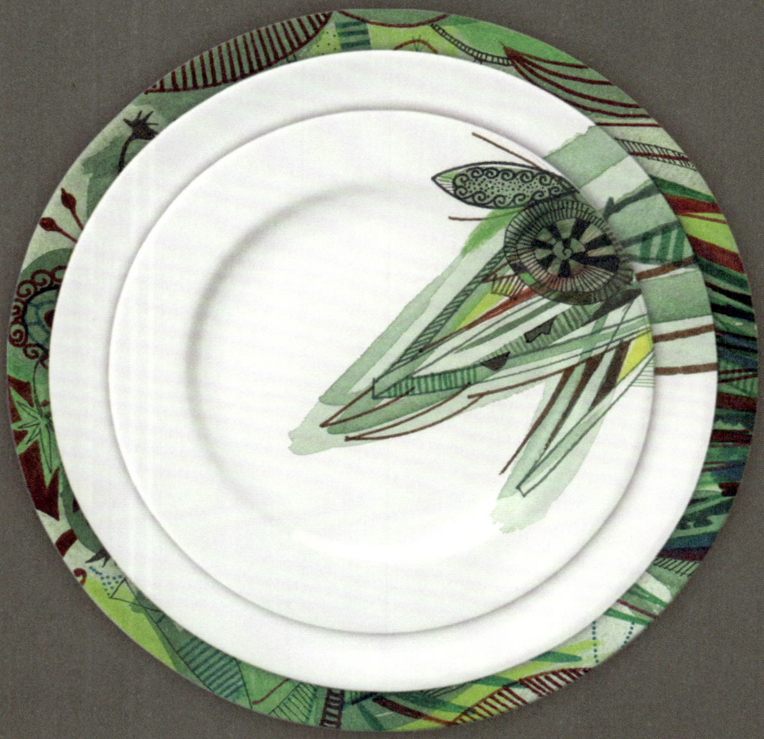

O PROJETO RB40

Por RONALDO BARBOSA

Devo confessar que expor minha história, ainda que do ponto de vista profissional, não foi uma ideia muito confortável. Desde que me formei designer, há pouco mais de 40 anos, sempre tive e tenho grande orgulho de minha atuação, sobretudo no estado em que nasci e no qual escolhi viver, o Espírito Santo. Mas, sem falsa modéstia, não acreditava que já estivesse em tempo de fazer esse balanço de meu trabalho, até porque estou ainda em plena atividade.

Foi minha equipe do Studio Ronaldo Barbosa que me convenceu do contrário. Viajei em férias por algumas semanas e eles decidiram organizar meus arquivos, remexendo velhos guardados que ficaram esquecidos nas prateleiras ou nos drivers. Quando voltei, encontrei todos entusiasmados com o que viram, me fazendo acreditar que tinham em mãos parte importante da história do desenvolvimento de nossa região, do ponto de vista do design e da arte.

Eles estavam convencidos de que minha atuação, seja no mercado, na academia ou na direção do Museu Vale, poderia ter um componente didático importante, pelo fato de eu ter sido pioneiro no Estado e, assim, ter começado a pavimentar o caminho de criação de uma estética legitimamente capixaba. Nasceu então o projeto RB40, com o objetivo de editar um livro e montar uma exposição sobre minha trajetória profissional.

Em relação ao livro, entendi que a publicação não deveria ser algum tipo de catálogo, mas sim um relato histórico voltado ao público em geral, não necessariamente conhecedor dos temas arte e design. Exatamente por isso, convidei a historiadora Élida Gagete, parceira em muitos projetos de memória empresarial e que se tornou grande amiga, para fazer a pesquisa sobre minha atuação. Esse material foi o ponto de partida para a redação dos textos por ela e pela jornalista e curadora Adélia Borges, também uma profissional a quem respeito muito e querida amiga, e que trouxe ao projeto sua experiência como historiadora do design e como editora.

Além delas, tive o apoio de outras muitas pessoas, às quais agradeço imensamente. Amigos, familiares e parceiros foram extremamente generosos, fornecendo impressões e materiais sobre meu trabalho ou contando histórias, muitas que eu já nem lembrava e que me encheram de nostalgia. Todos esses relatos foram muito importantes na preparação do livro. Alguns foram mencionados no decorrer dos capítulos, enquanto outros resolvemos dispor no final do livro, na forma de depoimentos.

A equipe do Studio se envolveu em todas as etapas, principalmente na transformação de palavras e velhos documentos e fotografias nesta bela publicação. Nessa tarefa teve papel primordial Jarbas Gomes, meu ex-aluno e já há alguns anos gestor do Studio. Nosso parceiro Instituto Modus Vivendi, por meio de sua diretora Érika Varejão, conseguiu reunir os recursos necessários para viabilizar o projeto. Diante do resultado do projeto, acabei, afinal, acreditando em sua pertinência. Desejo agora que minha história seja compreendida principalmente como inspiração a todos aqueles que, como eu, amam a arte e o design, que amam o Brasil e o Espírito Santo. Muito obrigado.

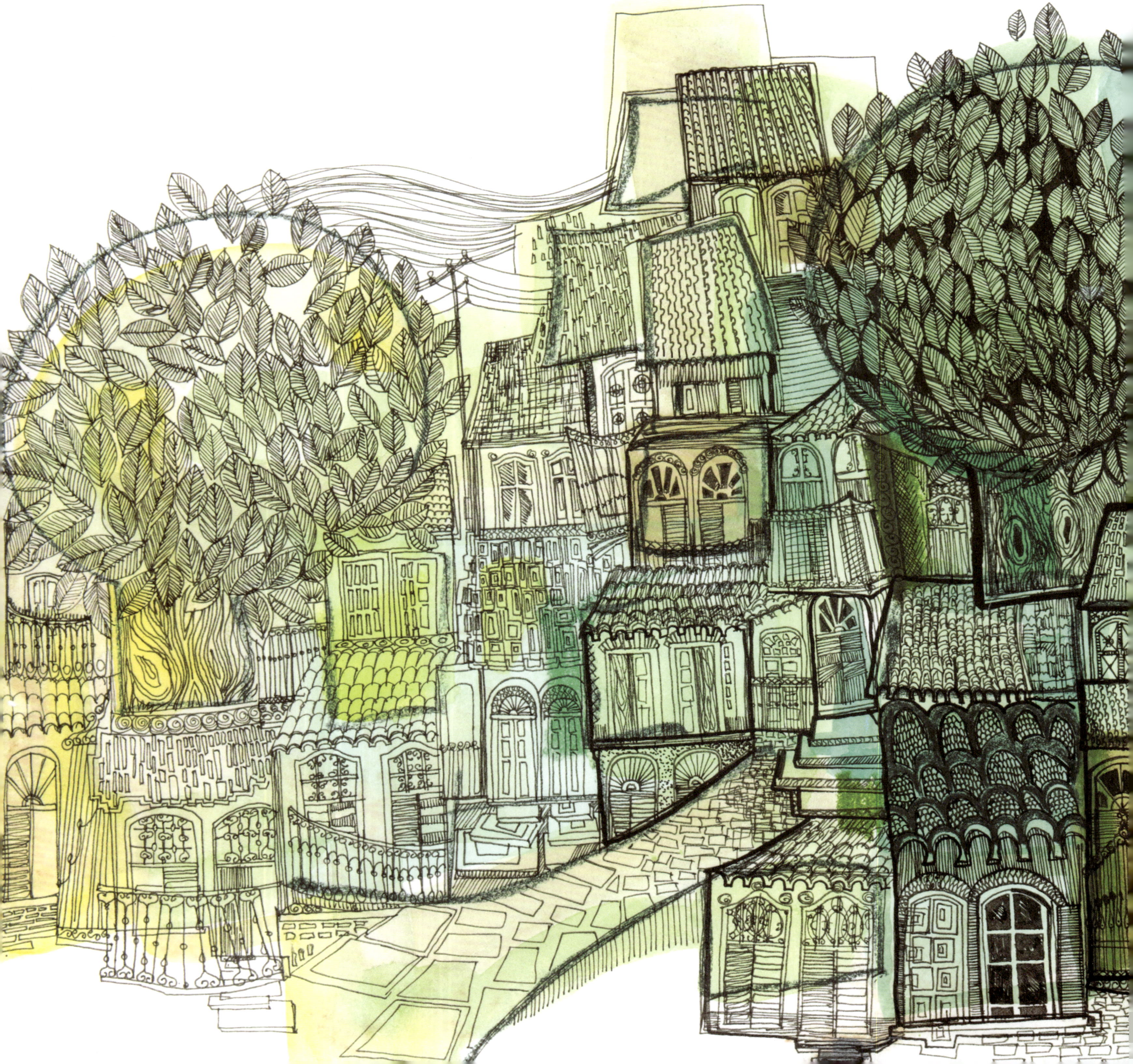

Ro 69

Ro 69
OURO PRETO

RAÍZES E ESCOLHAS

Ronaldo Barbosa nasceu em 23 de outubro de 1951 em Vitória, capital do Espírito Santo. Ao longo de sua trajetória, o trabalho e a personalidade de Ronaldo ganharam traços cosmopolitas, mas sem deixar de ter como referência sua identidade capixaba.

Seu pai, Theodorico Freitas Barbosa, comerciante, era de família simples de Caçaroca, ES, descendente de portugueses e índios. Aos 13 anos saiu de casa para tentar vida melhor na capital; e mais tarde alçou voos maiores se mudando para o Rio de Janeiro. A mãe, Orly Ferraz Martins Barbosa, teve bisavós espanhóis e suíços, e pai estabelecido em Vitória com uma empresa distribuidora de produtos importados. Ambos se conheceram por intermédio do irmão de Orly, Orestes Ferraz Martins, que havia se mudado para o Rio de Janeiro e lá fez amizade com seu conterrâneo Theodorico. Apresentados por Orestes, Orly e Theodorico passaram a namorar e logo se casaram.

O casal se estabeleceu em Vitória, onde Theodorico, dono de um tino comercial nato, montou a Casa do Compadre, uma loja de calçados populares no bairro de Vila Rubim. Quando Ronaldo completou dois anos de idade, a família foi morar em Vila Velha, e posteriormente na Praia da Costa, àquela altura um balneário aprazível quase desabitado, com muito verde e mais de 30 quilômetros de praias e manguezais, que começava a atrair famílias interessadas em criar seus filhos com mais liberdade e contato com a natureza. Alguns parentes de Orly seguiram o mesmo caminho e, assim, Ronaldo pôde crescer nesse lugar especial.

PÁGINAS ANTERIORES
Obras da 2ª Exposição Individual de Ronaldo
Barbosa na Aliança Francesa, 1969.
Acervo Nilza e Nelson Pretti.

ACIMA
Caderno de desenho, 3ª série primária, Colégio
Marista de Vila Velha (ES), 1960.

À DIREITA
Ilustração para capa de trabalho de história,
1º ano científico, Colégio Marista de Vila Velha (ES).
Nanquim e tinta ecoline sobre papel, 1968.

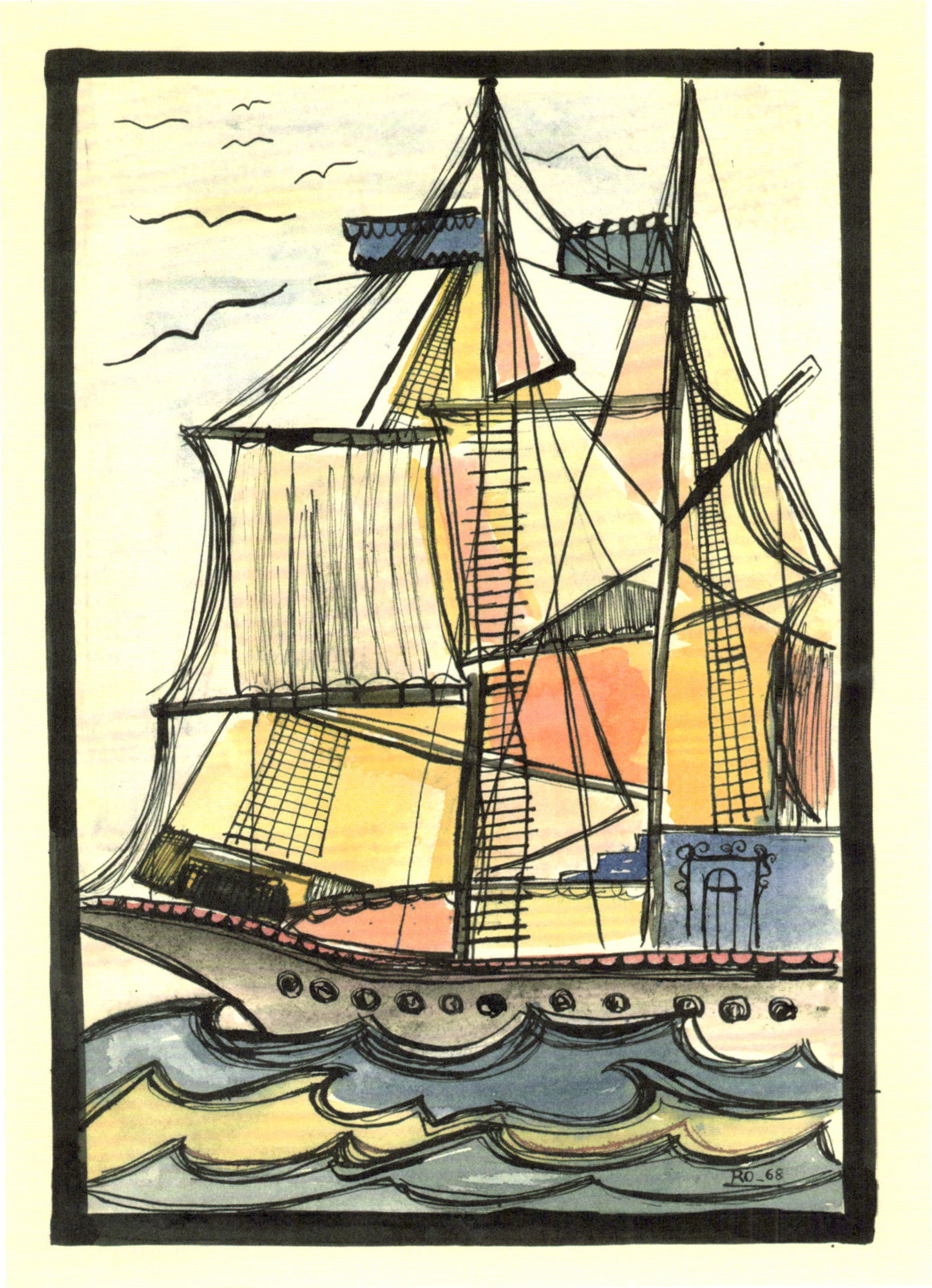
RO_68

Introspectivo, Ronaldo passava horas com um graveto riscando na areia da praia ou desenhando figuras humanas com pregos no chão de terra batida atrás de sua casa, na calçada de um grande sobrado de famílias de imigrantes italianos. Ninguém dava muita atenção àquilo, até que o olhar treinado da prima Márcia de Morais Costa percebeu a riqueza dos detalhes dos desenhos. Uma década mais velha, a sobrinha de Orly também morava na Praia da Costa; cursava decoração na faculdade de Belas Artes. Ela conseguiu convencer os tios a deixarem o adolescente frequentar seu mundo – que era o mundo das artes em Vitória naquele momento.

Ronaldo ainda estava no ginasial do Colégio Nossa Senhora da Penha, uma escola católica, mantida pelos irmãos Maristas, quando Márcia começou a levá-lo "a tiracolo" nas aulas da Faculdade e em encontros com artistas como Jerusa e Raphael Samú. Eles eram professores de artes na Universidade, pintavam, desenhavam e tinham uma casa-ateliê também em Vila Velha. Raphael se tornou uma referência na técnica de mosaicos, tendo feito muitos painéis em Vitória com pastilhas de vidro e participado de várias mostras, inclusive na Bienal de Arte de São Paulo, em 1967.

"Nossa casa se tornou um lugar de reunião de artistas e de interessados em arte", lembra Jerusa. Ronaldo passou a frequentar o ateliê para aprender. "Ele era menino de tudo, mas tinha uma profunda vontade de trabalhar, e nós o deixávamos livre. Às vezes saíamos e ele ficava lá, com todo o material para usar", completa. Já Raphael lembra: "Ronaldo prestava muita atenção e fazia traços fortes, com segurança". Nessa convivência o adolescente aprendeu diferentes técnicas de desenho, pintura, gravura e mosaico. Márcia reforça a importância dessas aulas em que Samú manifestava respeito ao desenvolvimento e ao ritmo do "aluno".

ACIMA, À ESQUERDA E À DIREITA
Caderno de desenho, 3ª série ginasial,
Colégio Marista de Vila Velha (ES),
Lápis de cor sobre papel, 1965.

ABAIXO
Convite para 2ª Exposição Individual
Xilogravura sobre papel de embrulho,
9 x 9 cm (formato fechado), 1969.

Convite:

2.ª Exposição - Ronaldo Barbosa dia 23 de outubro de 1969 às 20 hs. Aliança Francesa Ed. Sta. Mônica 1.º andar

ACIMA
Ronaldo e amigas estudantes da Escola de Belas Artes (Vitória, ES) em seu ateliê em Vila Velha (ES), 1968.

ABAIXO
Ronaldo, professor Ilmar Brandão, alunos e professores da Escola de Belas Artes (Vitória, ES) em Ouro Preto (MG), 1969.

Em 1968 Márcia, Jerusa e Samú incentivaram Ronaldo a organizar sua primeira exposição individual, que foi realizada na sede da Aliança Francesa em Vitória. Theodorico temia que o filho, então com apenas 17 anos, se frustrasse se não tivesse reconhecimento imediato e resolveu lançar mão de um artifício: chamou um amigo de confiança e pediu que, caso as obras não fossem compradas, que ele as adquirisse para ser reembolsado depois. Ronaldo só tomaria conhecimento dessa história muitos anos depois, após a morte do pai. A satisfação foi dupla: pelo carinho e preocupação paternos e por constatar que o expediente não tinha sido necessário.

Ainda naquele ano Ronaldo foi convidado para participar de uma segunda mostra, dessa vez coletiva, no Teatro Carlos Gomes, por iniciativa do então existente Museu de Arte Moderna de Vitória. A partir daí o pai disponibilizou uma área no quintal da casa para um pequeno e bem equipado ateliê.

A imersão no universo das artes plásticas continuou em 1969, quando participou da terceira edição do tradicional Festival de Inverno de Ouro Preto. Embora secundarista, integrou um grupo de universitários da Escola de Belas Artes de Vitória e conseguiu, graças a uma carta de recomendação de Samú, fazer o curso de desenho ministrado pelo artista plástico mineiro Álvaro Apocalypse, frequentado por artistas do país todo e por alguns designers – os primeiros que conheceu. O casario colonial da cidade histórica se tornou tema de uma série de desenhos.

Na volta, realizou sua segunda exposição individual na Aliança Francesa, denominada Paroxismos. Fez o convite em xilogravura, impressa sobre papel de embrulhar carne no açougue. Para o envelope, usou papel vegetal, tirando partido da transparência para que a imagem já pudesse ser entrevista mesmo com o envelope fechado. Foi o seu primeiro contato com as técnicas de impressão, numa gráfica de fundo de quintal da vizinhança. Ele já revelava ali seu talento para driblar limitações orçamentárias por meio da criatividade, que se tornaria uma constante em sua carreira.

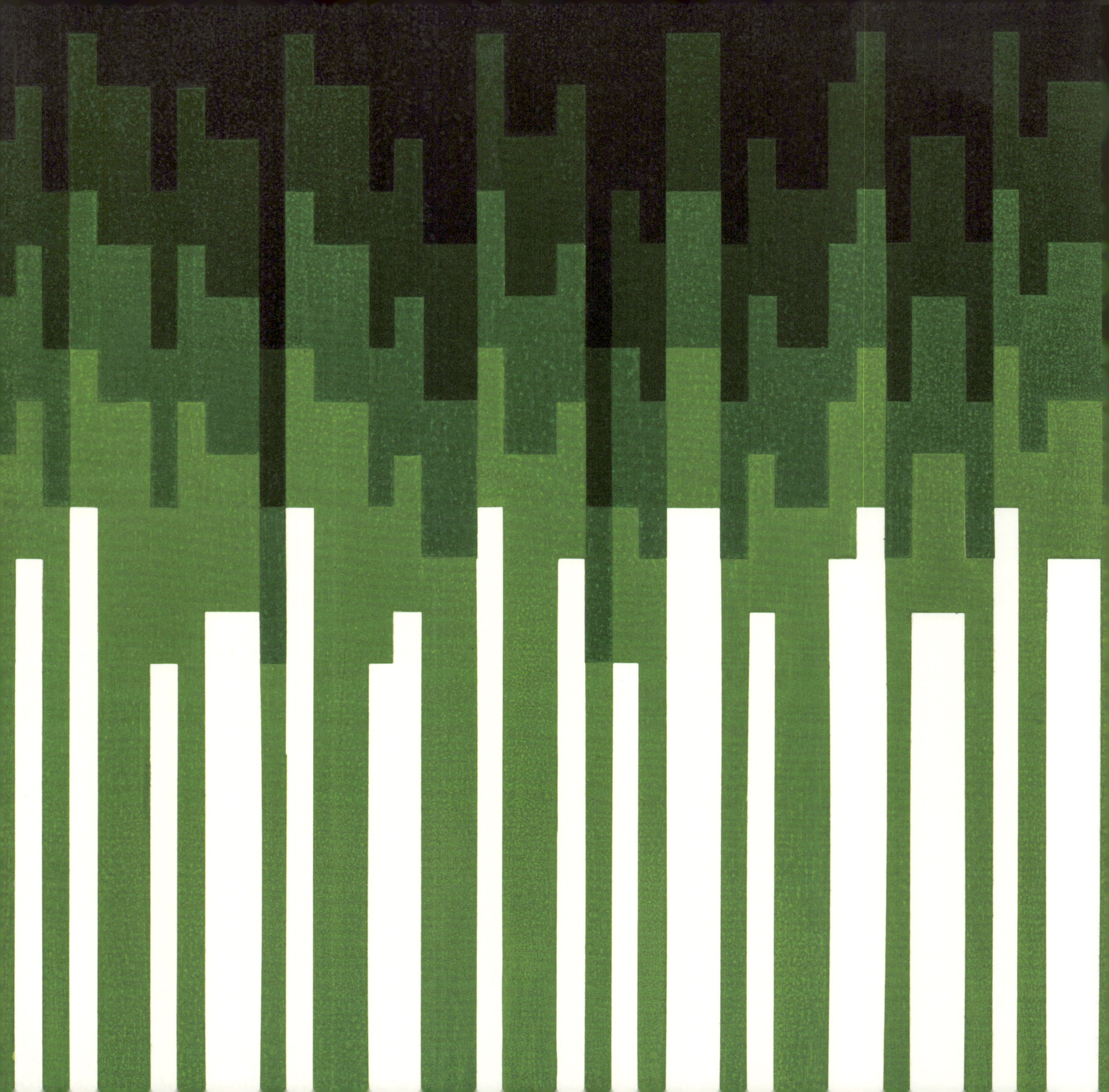

RIO 40 GRAUS:

ANOS DE CHUMBO E EFERVESCÊNCIA

Em 1970 Ronaldo Barbosa tomou uma decisão que afetaria toda a sua vida a partir daí. No início do ano, ainda cursando o terceiro colegial – o "curso científico", como era chamado na época–, ele se uniu a alguns amigos num movimento para a criação de um curso universitário de arquitetura em Vitória. Conseguiram efetivar apenas um cursinho pré-vestibular, que ele passou a frequentar. No meio do ano, contudo, ao folhear uma revista de engenharia na casa de um amigo, viu uma reportagem sobre a Escola Superior de Desenho Industrial, a Esdi. Fascinado pela possibilidade de se tornar um designer, mudou-se para o Rio de Janeiro, onde simultaneamente terminou o terceiro científico e frequentou um cursinho pré-vestibular direcionado à Esdi, o Cejur.

A Esdi fora criada em 1962, para fazer frente ao mercado de trabalho que seria aberto com a proliferação das indústrias. Ao assumir a Presidência da República em 1956, Juscelino Kubitschek havia alavancado o processo de modernização do país com seu Plano de Metas, baseado em longa medida na industrialização. A primeira escola de design no Brasil, o Instituto de Arte Contemporânea (IAC), tinha sido criada em 1951 por Pietro Maria Bardi na sede do Museu de Arte de São Paulo (Masp), mas tivera vida curta, fechando em 1953. A iniciativa que vingou e que persiste até hoje foi a da Esdi, primeira escola de design de nível superior na América Latina. Como explica Lucy Niemeyer em seu livro Design no Brasil - Origens e Instalação, o então governador da Guanabara, Carlos Lacerda, "queria marcar a sua gestão com o cunho da inovação, do desenvolvimento baseado na industrialização, com o apoio à iniciativa privada e o aporte de capital estrangeiro. A proposta de um curso de design estaria coerente com este projeto. Os criadores do curso viram a escola como possibilidades não só de suprir as necessidades de técnicos em nossa nascente indústria, mas também de evitar que fossem pagos royalties de patentes importadas e de fazer com que objetos de uso, funcionais e esteticamente aprimorados, não permanecessem usufruto exclusivo da minoria privilegiada".

PÁGINA ANTERIOR
Proposta para calendário
Estacas Franki 1976.
Ronaldo Barbosa e Verônica Teicher.
Ilustração Ronaldo Barbosa.
Guache sobre papel, 1975.
À DIREITA
Alunos na Esdi, Escola Superior de Desenho Industrial, 1973.

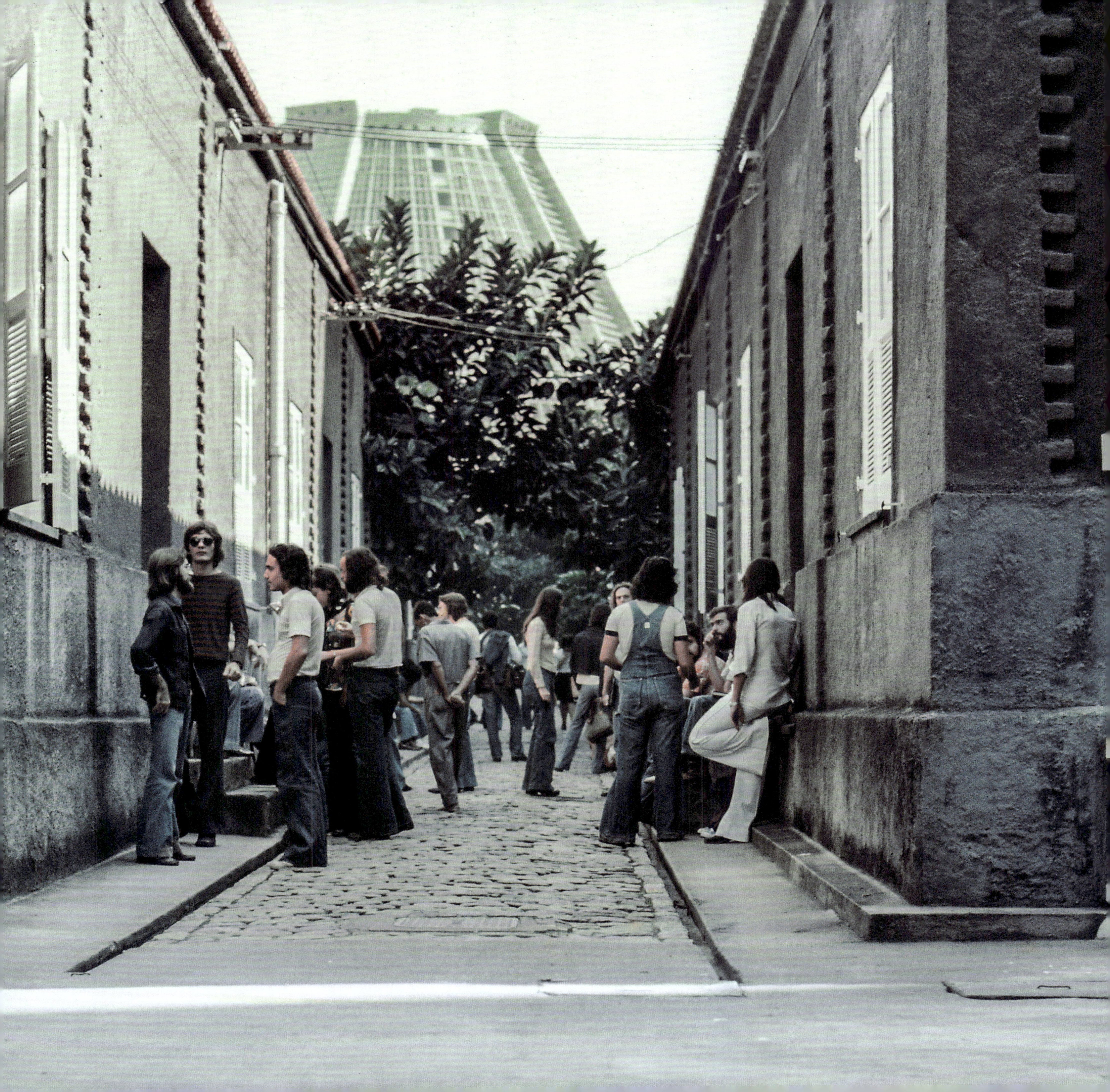

A Esdi atraía um grande interesse dos jovens. No início da década de 1970, havia cerca de 20 candidatos por vaga. A seleção era feita em duas fases. A primeira fazia a triagem de 60 finalistas por meio de provas de redação, línguas estrangeiras e o chamado Teste de Nível Cultural, que envolvia sociologia, filosofia, cultura de massa, artes, além do Teste Vocacional, pelo qual os interessados deveriam demonstrar suas habilidades com desenho. A segunda fase consistia numa entrevista com os professores. Ronaldo foi sabatinado pelo jornalista e escritor Zuenir Ventura. Não demorou a sair o resultado: ele passou em segundo lugar, tornando-se o primeiro capixaba a ingressar na Esdi.

Instalada em 1964 na rua Evaristo da Veiga, na região central do Rio de Janeiro, ao lado dos Arcos da Lapa, zona da boemia carioca, a Esdi tinha um programa baseado no currículo e na estrutura programática da Hochschule für Gestaltung, a Escola de Ulm, faculdade alemã de design que herdara os princípios e a filosofia funcionalista da Bauhaus.

O corpo docente reunia, de um lado, o alemão Karl Heinz Bergmiller, os brasileiros Alexandre Wollner e Goebel Weyne, que encarnavam o rigor e a disciplina de Ulm; e de outro lado, o pernambucano Aloisio Magalhães, que liderava a corrente interessada nas questões da identidade cultural brasileira. Nomes importantes da *intelligentsia* brasileira se faziam presentes– Flávio de Aquino, Décio Pignatari, Frederico de Moraes, Pedro Luiz Pereira de Souza, Silvia Steinberg e Renina Katz eram alguns dos professores, além daqueles que acabavam de sair dos bancos da própria Esdi, como Freddy Van Camp e Roberto Verschleisser.

Enquanto aprendia os conteúdos e a estrita metodologia do design, Ronaldo tomava contato com os movimentos libertários que vinham da Europa, sobretudo a contracultura. A atmosfera geral era pesada, típica dos Anos de Chumbo da ditadura, mas na Escola respiravam-se contestação política e inquietação intelectual. Em plena ditadura militar, que impossibilitava manifestações de caráter político e ideológico, a contracultura engendrou movimentos artísticos e culturais como a Tropicália, e influenciou diretamente a emergência de artistas como Hélio Oiticica, Ivan Serpa, Antônio Dias, Lígia Clark, Antônio Manoel e Carlos Vergara.

Trabalho acadêmico da Esdi para a disciplina de Planejamento, Projeto e Desenvolvimento, ministrada por Freddy Van Camp, rótulo e embalagens para Vinho Precioso, 1974.
ACIMA, À ESQUERDA
Arte final do rótulo.
ABAIXO, À ESQUERDA
Trabalho final com todas as aplicações.
À DIREITA, AMBAS IMAGENS
Protótipo de trabalho acadêmico da Esdi para a disciplina de Metodologia Visual, ministrada por Roberto Verschleisser, 1971.

PRECIOSO
TINTO BRANCO ROSÉ
COMPANHIA VINICOLA BRASILEIRA S.A.

PRECIOSO
TINTO BRANCO ROSÉ
PRECIOSO
PRECIOS
PRECIOSO

Ronaldo Barbosa_ 74_ ESTAMPARIA PARA 4 CORES_ TRABALHO PARA A FIRMA GREGÓRIO'S MODAS E REPRESENTAÇÕES LTDA.

Movido desde criança pela curiosidade em relação ao ambiente que o cerca e às demandas do tempo presente, Ronaldo mergulhou num novo mundo. Ele chegou franzino, tímido e cheio de dúvidas sobre sua própria vida e o mundo (o exato oposto do que se tornaria depois), vindo de um cotidiano de filho único de família burguesa e de um colégio religioso, mantido pelos Irmãos Marista em Vila Velha, onde cursara o então chamado "ginasial" e o "científico" (atual ensino médio). No Rio, passou a viver num ambiente em que feministas, maoístas, trotskistas, gays, blacks, hippies, alternativos, vegetarianos e várias "tribos" conviviam e se organizavam. A palavra de ordem era a liberdade.

Naquele cenário novo e desafiador, seria fácil se retrair. Mas não. Com a ajuda da psicanálise, Ronaldo começou a vencer a timidez e a demonstrar uma qualidade que o acompanharia para sempre dali em diante, tanto na vida pessoal como no trabalho: a extrema capacidade de adaptação e a facilidade em conviver com diferentes culturas e opiniões, sem deixar de respeitar sua própria personalidade e seus posicionamentos.

O círculo de amigos passou a incluir pessoas de diferentes linguagens da cultura — músicos como Ney Matogrosso, gente de teatro como Luís Antônio Martinez Corrêa, Buza Ferraz e Analu Prestes, designers como Antonio Bernardo, escritores como João Gilberto Noll, e estilistas como Gregório Faganello e Luís de Freitas.

O primeiro trabalho de carteira assinada foi em 1973, quando Faganello — que era também ator, cenógrafo e produtor de teatro — o contratou para criar estampas de tecidos feitas sob medida para suas roupas. Fechado e sozinho numa sala em Copacabana quatro horas por dia para desenhar, Ronaldo aguentou alguns poucos meses, e ainda guarda alguns originais da época, como o guache da estampa reproduzindo cartas de baralho.

Estampa localizada para a marca Gregório Faganello.
Guache e nanquim sobre papel, 1973.

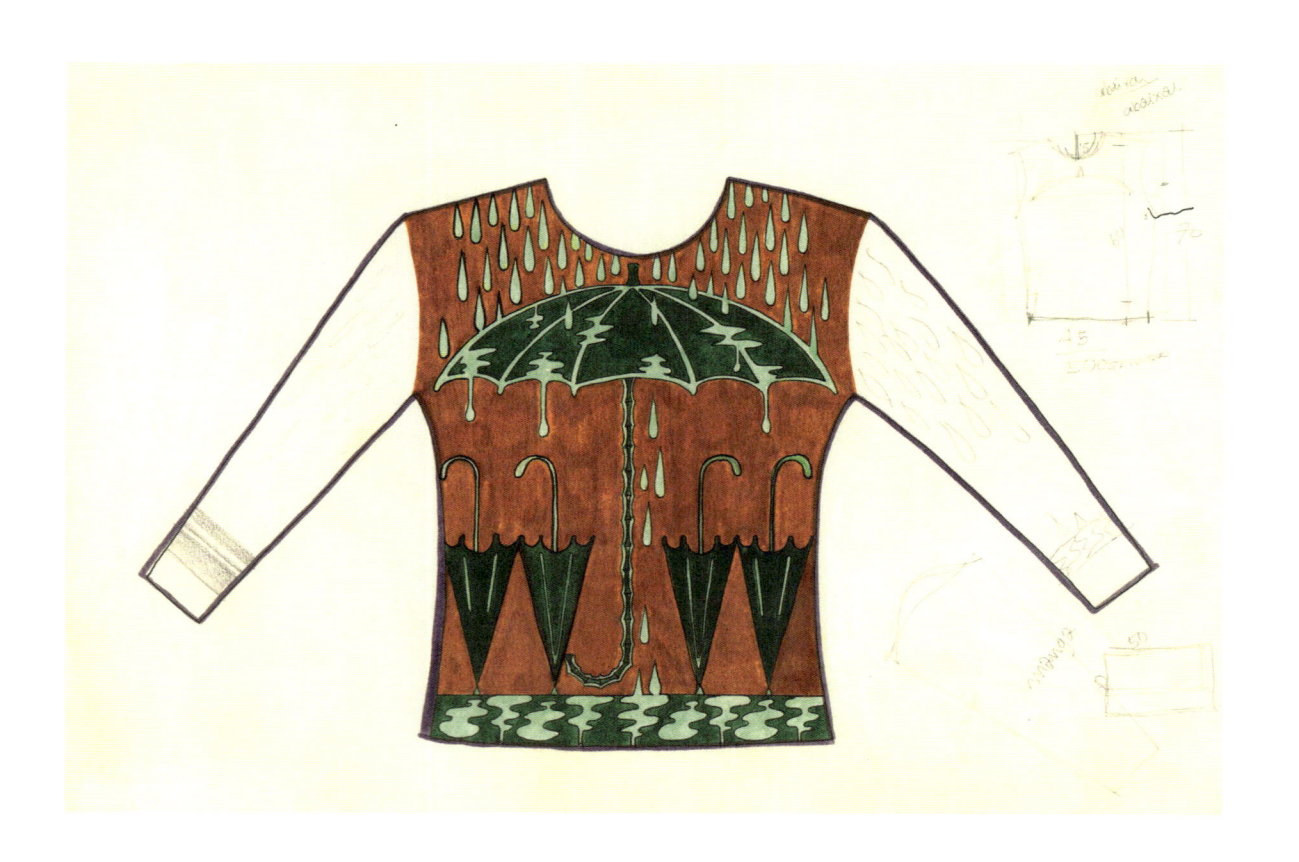

À ESQUERDA, AMBOS
Layout para estampas de tecido para marca Dimpus.
Técnica mista sobre papel, 1975.
À DIREITA
Estamparia de tecido para marca Dimpus,
Guache sobre papel, 1975

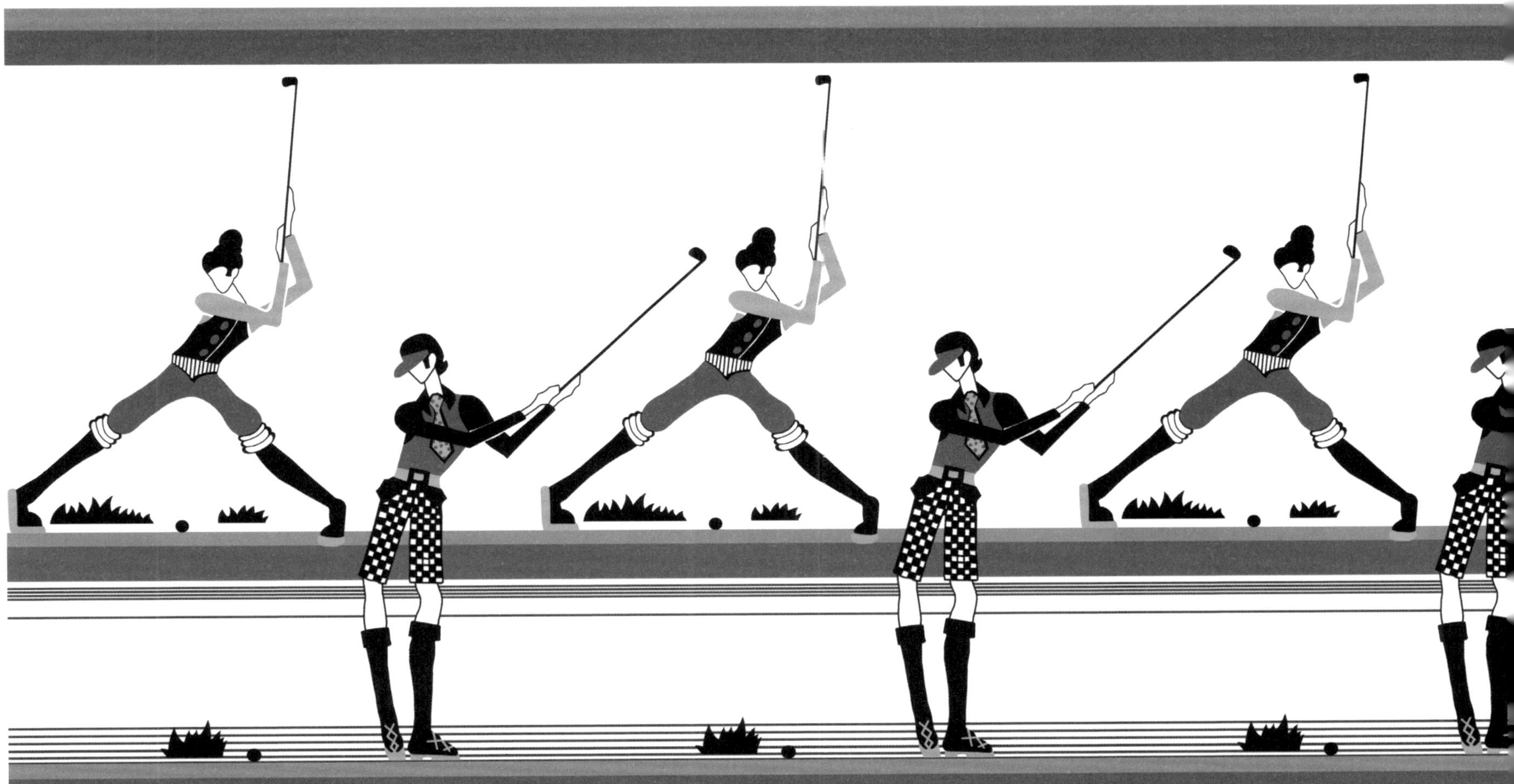

ns**

20 ANOS

BELUI

L. DE FREITAS CONFECÇÕES DE ROUPAS LTDA.

SUMMER COLOUR
SUMMER COLOUR

Luiz de Freitas convida você para o reencontro da BELUI com o horizonte das cores vibrantes, do calor do verão e do brilho do sol projetados em sua nova coleção, SUMMER COLOUR, a ser apresentada no dia 14 de agosto às 18 horas no Hotel Nacional.

Equipe
Cabelos: Silvinho
Calçados: Rogélia
Sonoplastia: Sound Center
Efeitos Visuais: Fly Lights
Relações Públicas: Dininha
Supervisão: Antonieta Santos
Direção: Andréas

BETY BRICIO *Persona*
Pequena, alegre, agitada. E muito sensível. Bety Bricio, uma mineira para quem a frase "nem que sim, nem que não, muito pelo contrário", não tem o menor sentido. Por isso, faz moda, uma coisa mutável e criativa, "um meio honesto de ganhar a vida" e uma maneira de "interferir de forma positiva na promoção social da mulher".
Ex-desenhista de moda para jornal e arte finalista de publicidade, Bety resolveu dedicar-se à moda há pouco mais de cinco anos, quando fundou Persona, em sociedade com Lúcia Costa, socióloga. Da união surgiu uma confecção de moda criativa, para gente jovem ou de espírito.
"A moda da Persona veste quem gosta de fugir do convencionalismo sem ter que, necessariamente, chocar. É a moda para quem quer sair da rotina, fugir dos uniformes e ficar mais bonita. Sou contra qualquer tipo de roupa que esconda as formas, engorde ou emagreça demais a mulher. A minha roupa realça o que é bonito, valorizando a feminilidade da mulher."

LUIS DE FREITAS *Belui*
O primeiro contato de Luis de Freitas com Ipanema foi em 1969, quando resolveu descer a serra (Pau Grande), onde montara uma pequena oficina. Helene Rochelas, compradora de uma grande loja, ficou surpreendida com a qualidade de sua roupa. Daí pra frente ganhou fama e prestígio como um dos principais estilistas cariocas da moda lançamento.
"Já transformei muito "paninho barato" em roupa de moda. O que importa em qualquer peça do vestuário é a bossa, modelagem e detalhes. Gosto dos tecidos lisos, que permitem maior exercício de criatividade. Mas também trabalho com as listras, madras e geométricos em geral. Quando uso estamparias, são exclusivas."

DJANIRA FEITOSA *Folly Dolly*
Perde sentido falar em Djanira sem mencionar Meirinha. A primeira cria, a segunda dá o toque juvenil que caracteriza a roupa de Folly Dolly. Unidas a pouco mais de três anos - no início costuravam para as filhas, depois para as amigas e a seguir para quem desejasse vestir roupa jovem e bonita. "Tudo que fazemos é simples e divertido. Nossa roupa caracteriza pela informalidade, descontração e liberdade de estilo. Fizemos um pouco de tudo, mas procuramos sempre seguir as tendências da moda. Do jean ao lothar, passamos pelo algodão liso e ao liberty, com muita moderação, para evitar as repetições. Nesta coleção estamos mostrando que é possível fazer uma coleção alegre e jovem, mesmo tendo como cores predominantes o cinza e ameixa."

GREGORIO *Gregorio's*
Ator, cenógrafo e produtor de teatro, Gregório Faganello cursou economia, mas foi no palco, e mais tarde na moda, que encontrou campo para realizar profissionalmente seu talento criativo.
"Deixei o teatro momentaneamente para fazer moda, que é uma outra dimensão desse trabalho de comunicação. Para mim, moda é um grande espetáculo. Vejo nas ruas as roupas que crio e sinto a sensação de que os meus personagens deixaram de ser fantasias para se incorporarem à realidade. É uma outra forma de exercer a criação."

CLAM

AO LADO, RESPECTIVAMENTE
Marca 20 Anos para Luiz de Freitas
Ronaldo Barbosa e Verônica Teicher, 1975
Marca Belui para Luiz de Freitas
Ronaldo Barbosa e Verônica Teicher, 1975
ABAIXO, DA ESQUERDA PARA DIREITA
Summercolor
Ronaldo Barbosa, 1974.
Layout de aplicação da marca CLAM - Clube dos
Lançadores de Moda (RJ).
Ronaldo Barbosa, Verônica Teicher
e Flávio Lins de Barros, 1974.
Folder para marca CLAM, 1974.

Com Luís de Freitas, que havia criado a revolucionária marca de moda masculina Mr. Wonderful, consumida por Caetano Veloso, Gilberto Gil, Fernando Gabeira, Prince, Gaultier, Versace e Nureyev, Ronaldo pôde ir além do visual exuberante e colorido para tomar contato com outra faceta do criador: sua atuação social. "Ele me levou para conhecer sua fábrica moderna com refeitório, campo de futebol, um projeto social maravilhoso num subúrbio do Rio. Aquilo me fascinou. Eu queria ser assim também, fazer algo que ajudasse as pessoas."

Ronaldo fez projetos de identidade para novas marcas então lançadas por Freitas, a 20 Anos e a Belui, essa voltada para o público feminino. E colaborou fortemente com o Clube dos Lançadores de Moda do Rio de Janeiro (Clam), primeiro grupo que uniu estilistas na história da indústria da moda brasileira e que, embora tenha durado pouco, foi a base para a criação do Grupo Moda Rio. Projetou um fôlder para o grupo, que teve a participação de Faganello, Freitas, Bety Bricio (Persona), Marco Rica (Snoopy), Sônia Mureb (La Bagagerie) e Regina França (Mic-Mac), entre outros. Eles gestavam novas visualidades – queriam traduzir nas roupas a informalidade, a irreverência, a descontração e a alegria do carioca. Ronaldo ensaiou alguns passos na cenografia ao projetar a ambientação da passarela de lançamento do Grupo Clam no Janeiro Fashion Show, no Hotel Sheraton: "O desfile foi um arraso", lembra ele. "As manequins entravam com movimentos de corpo e braços estranhíssimos, e houve um final apoteótico com todas." Na época, ele convivia com modelos como Beth Lago e Elke Maravilha.

Outros clientes do período em que cursava a Esdi incluíam a empresa capixaba Direção Empreendimentos Imobiliários, para a qual foram feitos projetos de programação visual voltados ao lançamento de edifícios em Guarapari, Vila Velha e Niterói; a fábrica de tecidos Cometa (design de superfície para linhas de cama e mesa); a confecção Cimpus, de moda feminina; a Estampa 4, empresa de estamparia artesanal dos colegas Gaspar Saldanha, Beatriz Secchin e Silvio Da Rin (estampas para camisetas e para tecidos vendidos a metro), e o salão de beleza do cabeleireiro Sylvinho (projeto de identidade para a marca de uma linha de cosméticos).

ABCÇDE
FGHIJKL
MNOPQRS
TUVWXYZ
123
4567890

ABCÇDE
FGHIJKL
MNOPQRS
TUVWXYZ
123
4567890

Trabalho de Graduação da Esdi,
orientado pelo professor e designer Aloísio
Magalhães.
"Alfabeto para Varredura de Televisão",
1975.
Ronaldo Barbosa
Verônica Teicher
Flávio Lins de Barros
ACIMA
Arte final do alfabeto, em positivo
ABAIXO
Teste de varredura do alfabeto

Boa parte desses projetos foi feita em conjunto com dois estudantes cariocas que se tornaram seus mais importantes parceiros naquele período: Verônica Teicher e Flávio Lins de Barros. Ronaldo havia trancado a matrícula na Esdi em 1973, por estar mais interessado em trabalhar e conquistar a independência financeira do que em estudar. Ao retomar a faculdade em 1974, acabou integrado a uma turma que era posterior à dele e nesse grupo conheceu os dois cariocas.

Aproximaram-se pelas demandas de atividades em grupo da Esdi, para depois descobrirem-se grandes amigos. Convivendo com eles, seus pais e irmãos, Ronaldo reencontrou certa sensação de família que lhe faltava no Rio de Janeiro. Com a de Verônica, conheceu um novo estilo de vida. Seu pai era judeu polonês e a mãe belga, ele diretor de uma grande empresa, ela ex-intérprete no Tribunal de Nurenberg e então gerente de uma agência de turismo. A herança cultural europeia e a dedicação profissional de ambos resultavam numa vida familiar muito diferente da que Ronaldo tivera em Vitória. Na casa de Verônica, na Ilha do Governador, cada um respondia por parte dos afazeres cotidianos, lavava a louça, engraxava os sapatos.

Flávio, por sua vez, era praticamente vizinho de Ronaldo na Gávea, onde vivia com os pais e dois irmãos - um físico, Henrique, e o outro, Mauro, engenheiro aeronáutico. "Minha casa tinha essa coisa de trabalho em oficina, minha mãe com maçarico na mão e meu pai, oficial da Marinha, fascinado com eletrônica. Uma oficina que meu avô deu para gente era o salão dos netos, num espaço enorme no terceiro andar. A gente fazia muita coisa lá dentro – maquetes, mexia com fotografia... Lá era o nosso território", lembra Flávio. Ele e Ronaldo projetaram juntos dois produtos para a empresa Encal: um microcomputador utilizado a bordo de um avião que fazia levantamento aerofotogramétrico e uma vitrola, essa inteiramente construída no terceiro andar da casa na Gávea, chassi e parte eletrônica inclusive; só o braço e os autofalantes foram comprados.

Verônica, Flávio e Ronaldo fizeram em grupo o trabalho de graduação na Esdi, o Alfabeto para Varredura de Televisão, orientado por Aloisio Magalhães. Considerado muito inovador para a época, o projeto criava um alfabeto específico para televisão, considerando as limitações (e possibilidades) do sistema tecnológico então vigente, de varredura da imagem com 525 linhas.

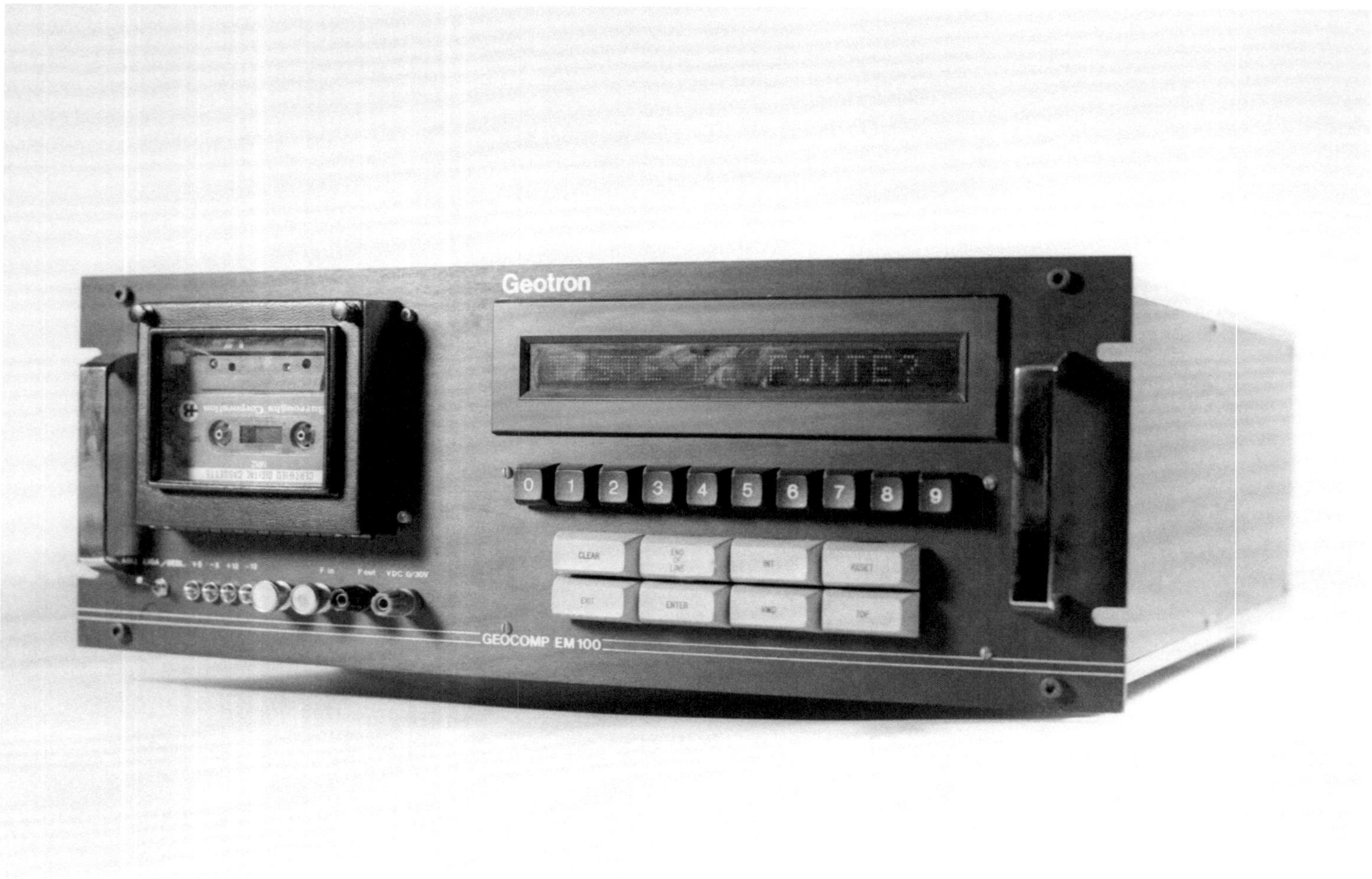
Geotron
FONTE?
0 1 2 3 4 5 6 7 8 9
GEOCOMP EM100

À ESQUERDA
Protótipo de microcomputador de bordo para a empresa de aerofotogrametria Encal.
Ronaldo Barbosa e Flávio Lins de Barros, 1975.

À DIREITA
Marca de cosméticos "S", de Sylvinho Cabelereiro.
Ronaldo Barbosa, Verônica Teicher e Flávio Lins de Barros, 1975.

Em 1975, Verônica foi trabalhar na Estacas Franki, uma das principais organizações do setor de engenharia estrutural no Brasil naquele período. O projeto de identidade visual da empresa havia sido feito por Aloisio Magalhães em seu escritório PVDI (sigla de Programação Visual Desenho Industrial). Aloisio já era naquele momento uma das referências mais importantes no design brasileiro. Trabalhar associado de alguma forma a ele era, assim, um privilégio. Ao departamento interno de design caberia o detalhamento e acompanhamento de produção e implantação do projeto de identidade em todas as sucursais e filiais da empresa espalhadas pelo país, em dezenas de suportes – das placas de obra aos impressos, dos uniformes dos funcionários à papelaria, da sinalização de espaços internos e externos à pintura dos veículos.

O setor de comunicação da Franki precisava de mais gente e Verônica indicou Ronaldo. "Na época o interlocutor dos designers era o próprio presidente da empresa, sem a mediação de outros escalões, como ocorre hoje", lembra Verônica. A Ronaldo coube também criar novos layouts para tradicionais calendários que a empresa distribuía como brinde de fim de ano a seus clientes. Embora Aloisio Magalhães tivesse deixado um modelo pronto, ele decidiu propor algo totalmente diferente: cada folha correspondente ao mês do calendário trazia uma ilustração feita por Ronaldo com muitos detalhes e cores, desenhada a partir da observação *in loco* das obras e equipamentos da empresa em ação. Foram feitas duas edições desses calendários, em 1976 e 1977, além de cartões de natal, folhetos e impressos promocionais.

ACIMA À ESQUERDA
Ronaldo no escritório do pátio de operações da Estacas Franki.
Riachuelo, Rio de Janeiro (RJ), 1975.
ACIMA À DIREITA
Proposta para calendário
Estacas Franki 1976.
Ronaldo Barbosa e Verônica Teicher.
Ilustração Ronaldo Barbosa.
Guache sobre papel, 1975.
NA PRÓXIMA PÁGINA
Ilustração para calendário Estacas Franki 1977.
Ronaldo Barbosa e Verônica Teicher.
Ilustração Ronaldo Barbosa.
Guache sobre papel, 1976.

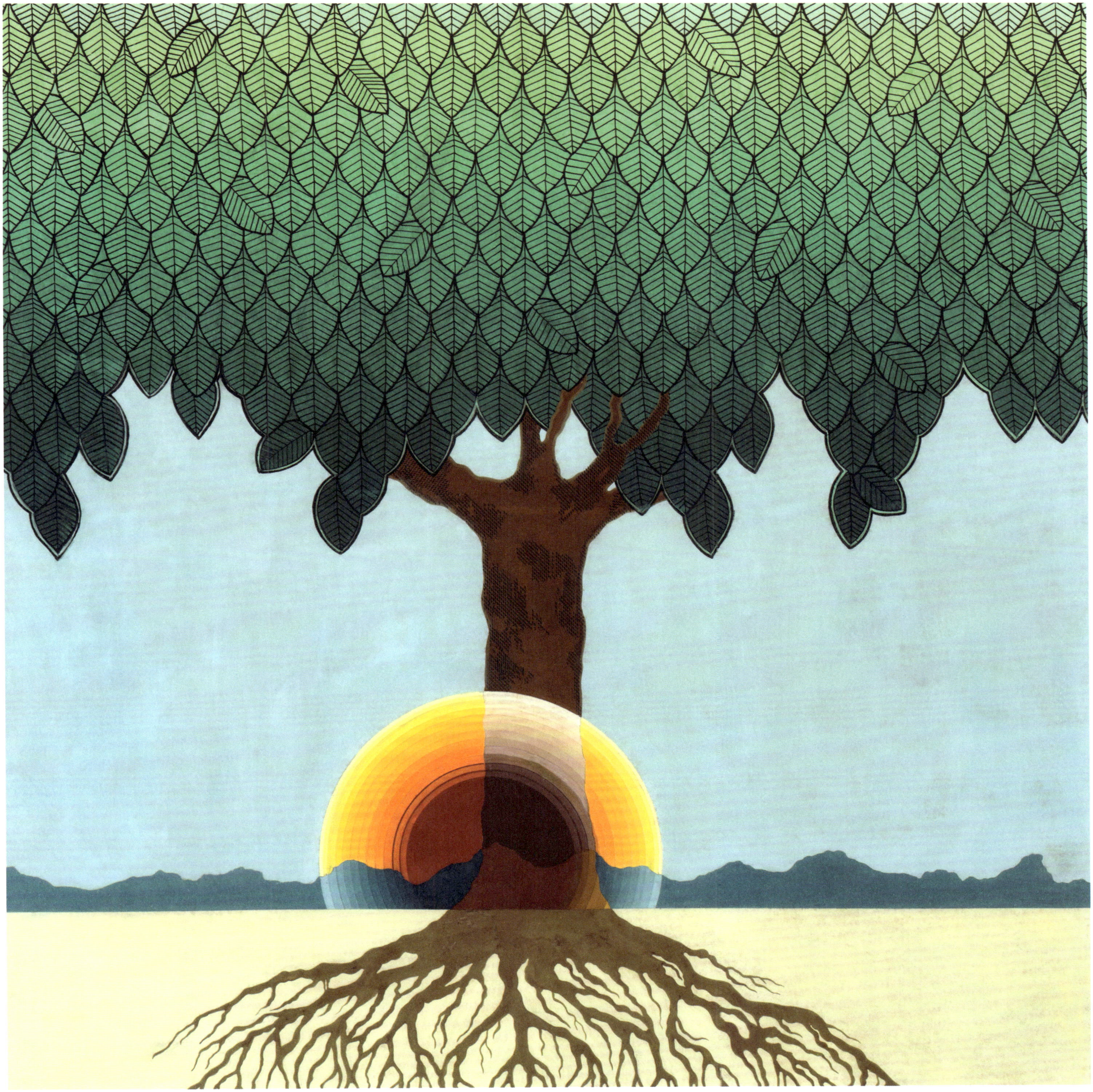

1977

			MAIO								JUNHO		
SEG	TER	QUA	QUI	SEX	SAB	DOM	SEG	TER	QUA	QUI	SEX	SAB	DOM
						1			1	2	3	4	5
2	3	4	5	6	7	8	6	7	8	9	10	11	12
9	10	11	12	13	14	15	13	14	15	16	17	18	19
16	17	18	19	20	21	22	20	21	22	23	24	25	26
23	24	25	26	27	28	29	27	28	29	30			
30	31												

Calendário Estacas Franki 1977
Ronaldo Barbosa e Verônica Teicher.
Ilustração Ronaldo Barbosa.
À ESQUERDA
Guache e nanquim sobre papel, 1976.
À DIREITA
Guache, nanquim e lápis de cor sobre fotografia, 1976.

Eram tantas as demandas externas que os dois resolveram deixar a estabilidade do emprego fixo para montar seu primeiro escritório de design, em 1977, numa pequena sala comercial no Jardim Botânico: o Studio de Programadores Visuais Associados. Ali Ronaldo e Verônica realizaram todo o projeto de identidade visual para implantação do Hotel Porto do Sol, obra emblemática do arquiteto Paulo Casé, construída em 1975 e que se tornou um cartão postal de Guarapari, no litoral do Espírito Santo; e o projeto de sinalização do edifício sede da Atlântica Boavista de Seguros, localizado no coração financeiro da América do Sul, a Avenida Paulista, em São Paulo, entre outros.

O projeto para a Estacas Franki dera visibilidade a Ronaldo dentro da própria Esdi. Recém-formado, foi chamado pela então diretora, Carmen Portinho, para ser professor na Escola. Foi o único de sua turma a receber esse convite. Seria, sem dúvida, uma grande honra, ainda mais sob a liderança de dona Carmen, como era carinhosamente chamada pelos alunos. Carmen Portinho já tinha, naquela ocasião, uma biografia notável: foi a primeira mulher a se formar engenheira no Brasil, destacava-se como feminista e ativista e estava entre os fundadores do Museu de Arte Moderna do Rio de Janeiro.

"Mas eu era muito tímido, me sentia muito inseguro. Convidei a Verônica para que fosse comigo para continuarmos nossa parceria. No terceiro dia, não consegui continuar. Falei para dona Carmen que aquilo não fazia parte da minha vocação. Verônica ficou mais um ano e meio", lembra Ronaldo. Não demorou muito tempo, contudo, para que ela ingressasse na Universidade Federal do Espírito Santo (Ufes), onde deu aulas por 27 anos, tornando-se determinante na formação de centenas de estudantes capixabas.

1976

FRANKI
ESTACAS FRANKI LTDA.
Fundações e Infraestruturas

JANEIRO

SEG	TER	QUA	QUI	SEX	SAB	DOM
			1	2	3	4
5	6	7	8	9	10	11
12	13	14	15	16	17	18
19	20	21	22	23	24	25
26	27	28	29	30	31	

FEVEREIRO

SEG	TER	QUA	QUI	SEX	SAB	DOM
						1
2	3	4	5	6	7	8
9	10	11	12	13	14	15
16	17	18	19	20	21	22
23	24	25	26	27	28	29

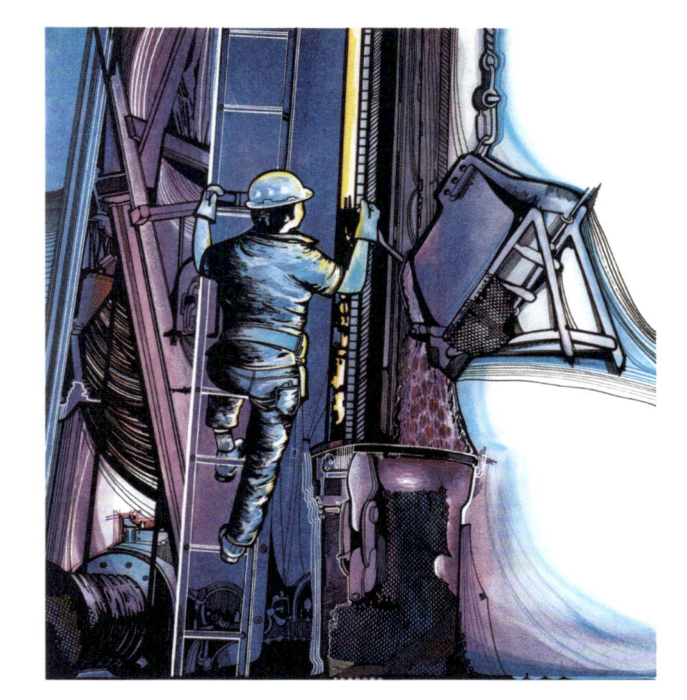

Calendário Estacas Franki 1976
Ronaldo Barbosa e Verônica Teicher.
Ilustração Ronaldo Barbosa.
À ESQUERDA
Arte final em tinta ecoline, guache nanquim, letraset e fotocomposição sobre papel, 1975.
À DIREITA
Impressos em offset, 1975

NATAL 1976

ANO BOM 1977

No raiar de um ano novo, que o
caminho esteja livre às grandes realizações
e que o amor fraternal seja a ponte
de entendimentos entre todos.

Mendes Junior

Cartão de Natal e Ano Novo 1976/1977,
Ronaldo Barbosa e Verônica Teicher.
Ilustração Ronaldo Barbosa, 1976.

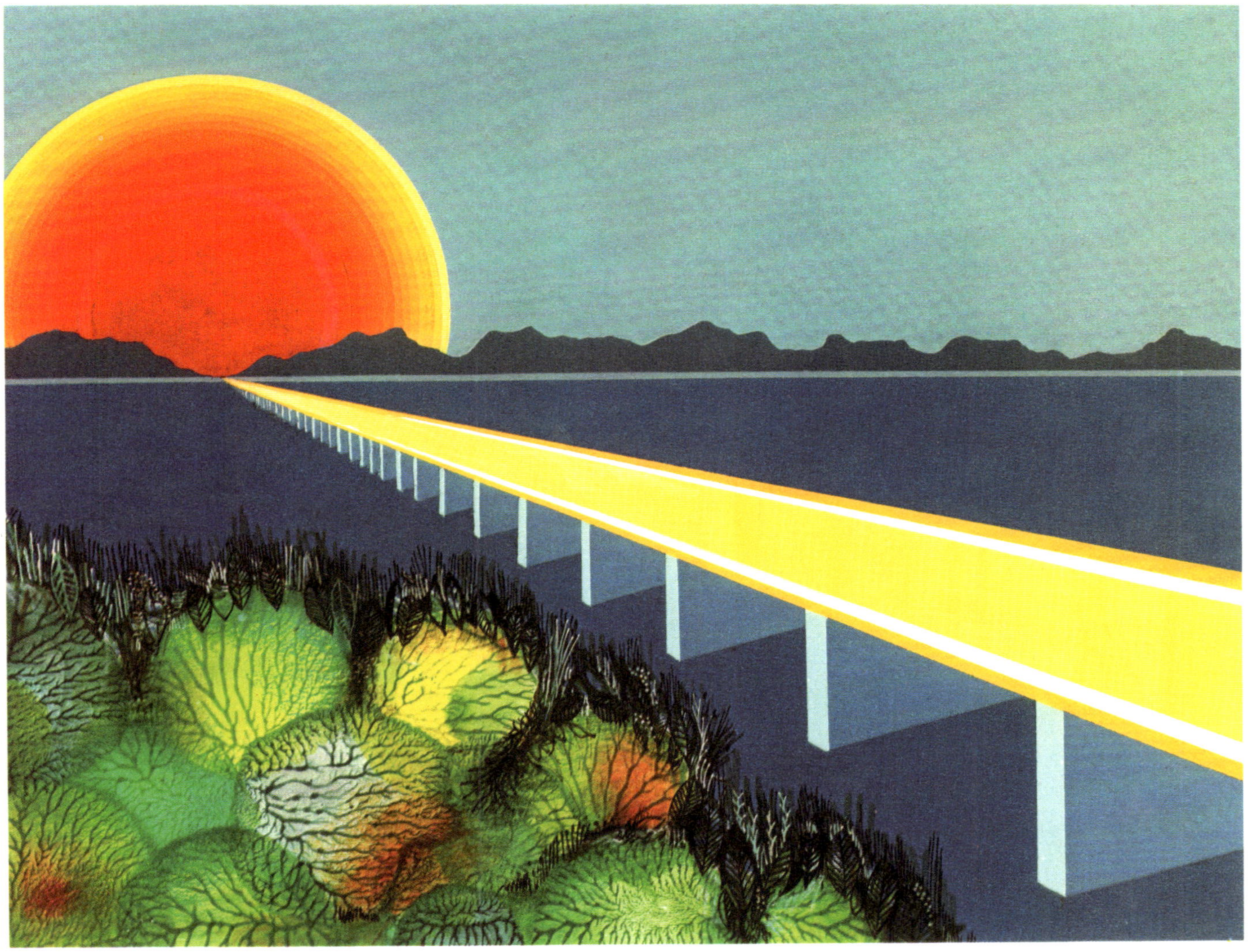

Ronaldo Barbosa 76

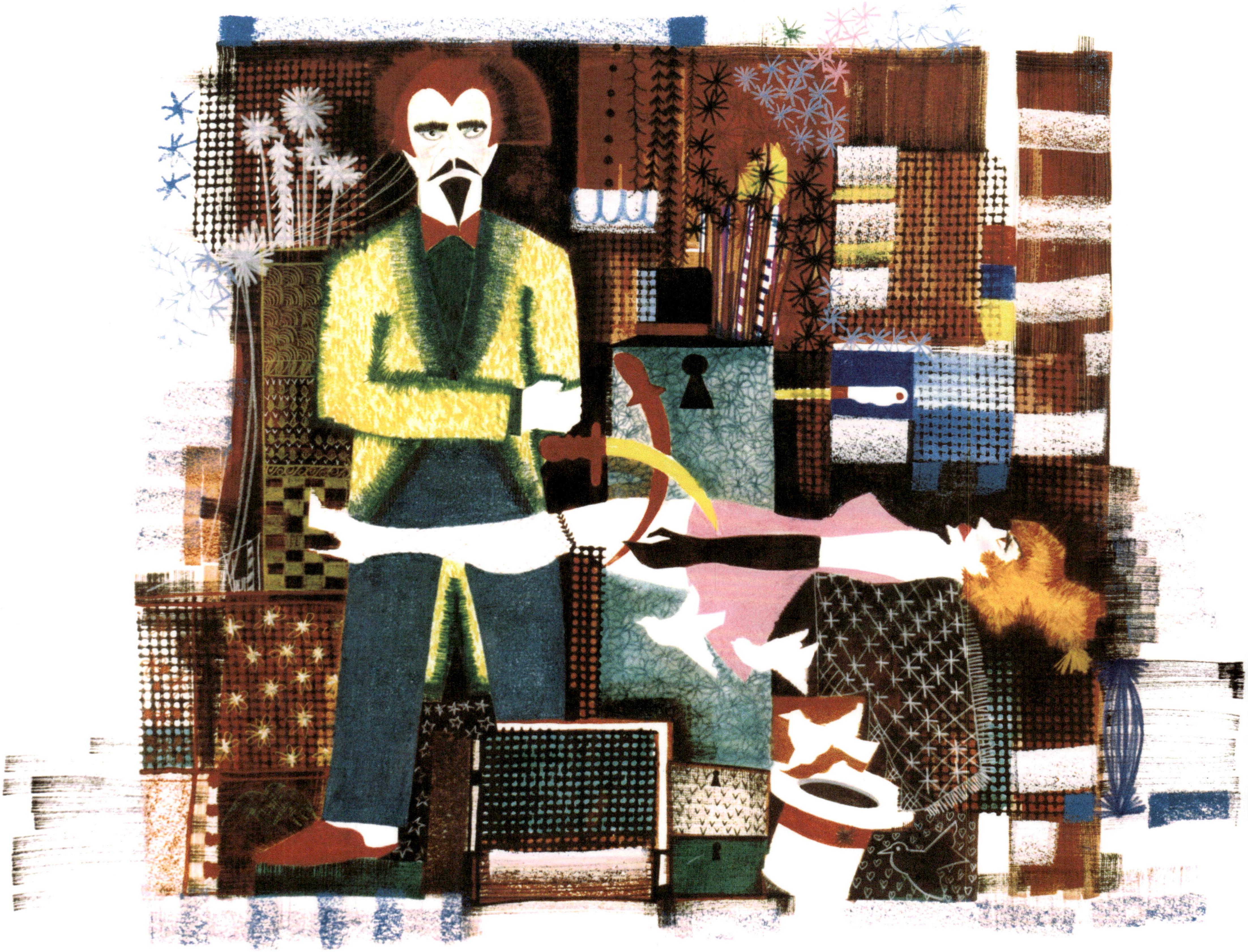

O RETORNO DE UM CRIADOR PLURAL

Ronaldo Barbosa estava bem estabelecido no Rio de Janeiro. Tinha uma clientela diversificada, uma inserção social na cidade e um amplo círculo de amigos. Em 1979, no entanto, decidiu voltar a morar no Espírito Santo. No ano anterior, em uma de suas visitas ao estado, tinha sido convidado a integrar o corpo docente do Centro de Artes da Universidade Federal do Espírito Santo (Ufes). Apesar de não ter gostado da experiência como professor na Esdi, viu nesse convite uma oportunidade de disseminar a ideia do design em seu estado natal. Havia ainda razões afetivas para o retorno – filho único, sentia necessidade de ficar mais perto do pai, que estava doente.

Uma aposta arriscada, porque deixaria para trás uma cidade pulsante de inovações nas artes gráficas, no design de mobiliário, na arquitetura, enquanto o Espírito Santo estava à margem dessa realidade e ainda tinha um desenvolvimento econômico incipiente. O convite para as aulas na Ufes partira de Freda Cavalcanti Jardim, mosaicista cearense que vivera no Rio e depois se radicou em Vitória. Sabendo da história de Ronaldo na Esdi, Freda o convidou a lecionar no Departamento de Artes Industriais e Decorativas (Daid), embrião de um curso de Desenho Industrial na Ufes. Era, afinal, uma oportunidade para que ele desenvolvesse uma nova aptidão e, ao mesmo tempo, colaborasse para a formação de novos profissionais que ajudariam a construir o processo de modernização do Espírito Santo.

Ronaldo começou a lecionar na Ufes em agosto de 1979 e permaneceu nessa atividade por 27 anos. Inicialmente estava inserido nos cursos de arquitetura e de artes. Suas disciplinas foram Desenho Industrial, Programação Visual e Iniciação às Técnicas Industriais. Mais tarde, quando a Ufes abriu o curso específico de design, ministrou várias outras disciplinas.

Obras da Exposição Circo,
Galeria Direção, Vitória (ES).
PÁGINA ANTERIOR
Mágica
Nanquim, lápis de cor e pastel a óleo sobre papel,
50 x 70 cm, 1979.
À DIREITA
Três Irmãs
Nanquim, lápis de cor e pastel a óleo sobre papel
50 x 70 cm, 1979.
ACIMA
Ronaldo, Professor da Ufes, 1980.

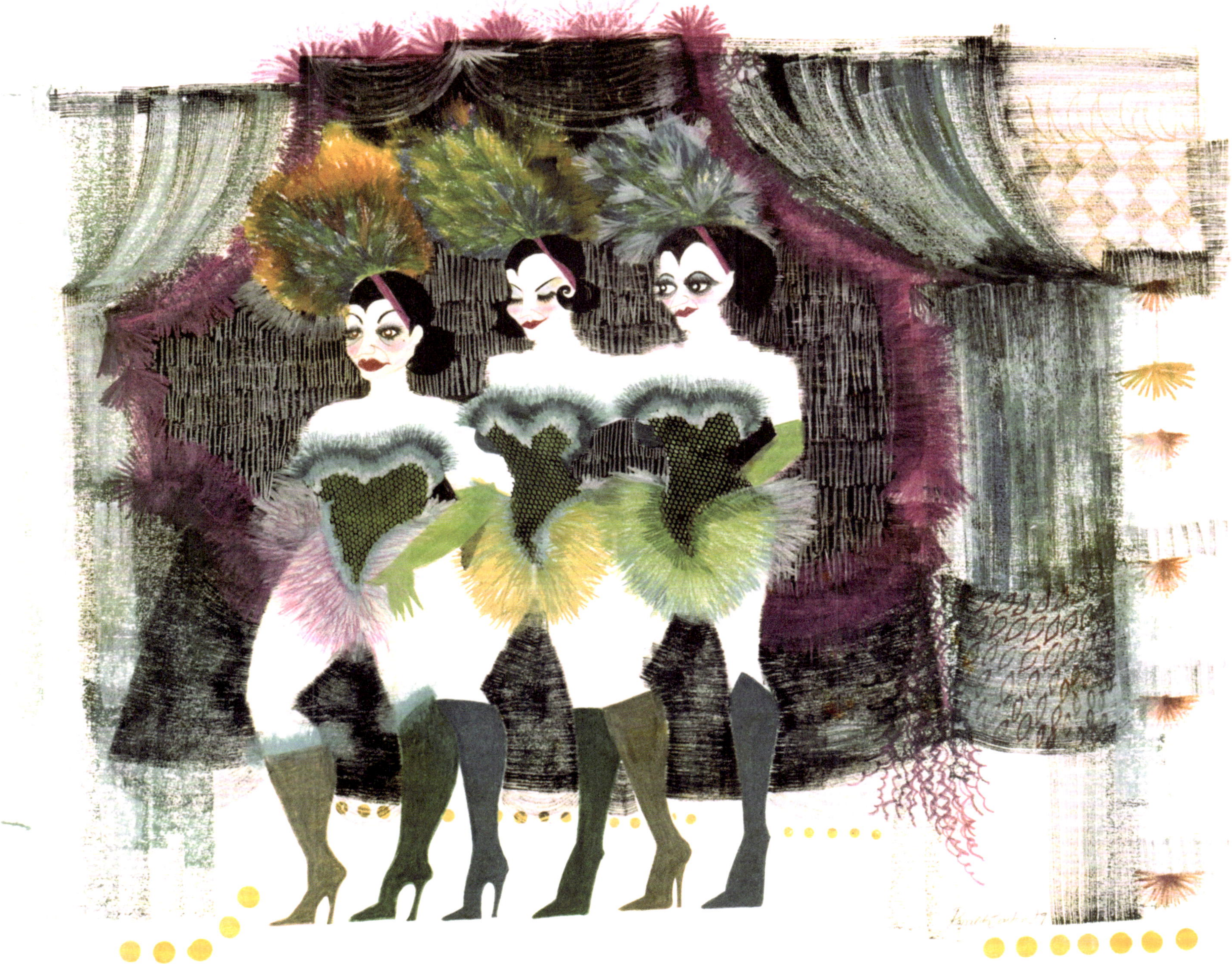

Exposição da
Galeria Andrea Sigaud,
Rio de Janeiro (RJ).
À ESQUERDA
Encontro Marcado
Lápis de cor, pastel seco e a óleo sobre papel
100 x 70 cm, 1981.
À DIREITA, ACIMA
Brincadeira
Lápis de cor e pastel a óleo sobre papel
100 x 70 cm, 1981.

Retomou também no Espírito Santo a atuação como designer autônomo. Coordenou o departamento de arte da agência de publicidade Uniarte, para a qual já vinha colaborando desde o Rio; passou a flertar com o mercado editorial, criando capas e ilustrações para obras literárias; e a atuar em projetos de identidade visual para várias empresas.

Simultaneamente, dedicou-se bastante às artes visuais, animado pela visita a museus em sua primeira viagem à Europa, no início de 1979. Ainda nesse ano, inaugurou na Galeria Direção uma mostra de desenhos chamada Circo, que retratava sua família como personagens circenses. Na ocasião, o jornal A Gazeta o festejou como "um dos mais expressivos artistas da nova geração do Espírito Santo". "A partir de uma linguagem intrigantemente significativa, os desenhos que Ronaldo Barbosa expõe agora exprimem sentimentos permanentes do comportamento humano associados a um marcado senso estético, onde os perigos que margeiam o decorativo foram superados pela densidade dos temas e pelo correto tratamento", escreveu o jornalista Antônio Augusto Rosetti.

Em 1980, em parceria com o amigo e também artista Hilal Sami Hilal, Ronaldo expôs aquarelas e desenhos na Galeria Trópico Arte e Lazer. Em 1981, levou à Galeria Andréa Sigaud, no Rio de Janeiro, 23 trabalhos em que apresentava esboços e desenhos de personagens femininos. No mesmo ano, participou do IV Salão Nacional de Artes Plásticas, no Museu de Arte Moderna do Rio de Janeiro (MAM-RJ), com três obras: Mulher na Cama, Mulher Dormindo e Mulher Sentada. Em 1982, foi artista convidado da 4ª Mostra do Desenho Brasileiro, em Curitiba (PR) e participou de mais uma exposição coletiva, A3, junto com Regina Schulan e Hilal Sami Hilal, no Espaço de Artes da Escelsa, em Vitória, que trouxe 100 desenhos de cada feitos em papel no formato A3.

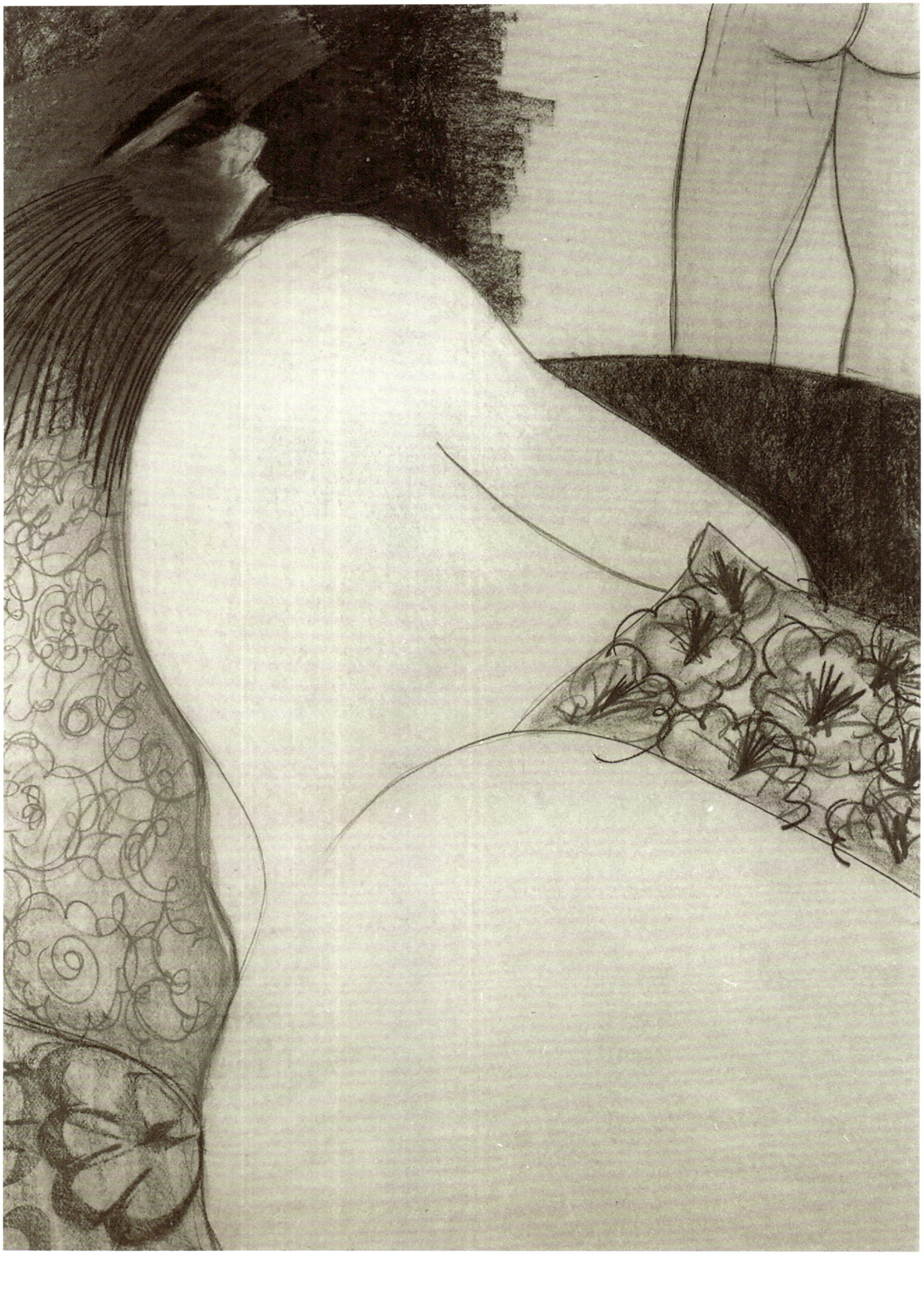

Exposição da
Galeria Andrea Sigaud,
Rio de Janeiro (RJ)
À ESQUERDA
Estudo Abandono I,
Grafite sobre papel manteiga
100 x 70 cm, 1981.
À DIREITA
Estudo Mulher no Sofá,
Grafite sobre papel manteiga
100 x 70 cm, 1981.

Com ateliê na Ilha do Boi, em Vitória, Ronaldo se desdobrava nas aulas, nos projetos de design e na atuação como artista plástico. Não contente com essa maratona, decidiu também abrir uma loja. Na Europa, ele se encantara com a marca sueca de móveis tubulares Innovator. A empresa tinha nascido dez anos antes. Associando tubos cromados e assentos em lona, ela trazia estampado em seus produtos a ideia da simplicidade e da funcionalidade sem ostentação tão características do design escandinavo. Soube então que o arquiteto gaúcho Antonio Aiello tinha a exclusividade da representação da marca no Brasil. "Escrevi uma carta à mão para ele com umas pinceladinhas de tinta indelével num lindo papel cinza. Ele me respondeu dizendo que só pela carta me dava a representação." Naquele momento, Aiello distribuía também para uma pequena loja que acabara de abrir em São Paulo, pelas mãos do casal de franceses Regis e Ghislaine Dubrule – a Tok & Stok.

Batizada de Ambiente, a loja em Vitória foi aberta em 1981, numa sociedade entre Ronaldo e sua prima Márcia. Além de vender os itens da Innovator, eles projetavam móveis em atendimento a demandas específicas dos clientes, fabricados por uma marcenaria associada. O portfólio da loja se completava com produtos complementares, dos jogos de mesa em cerâmica da carioca Lalu a ervas da Provence e mostardas especiais. O espaço tinha ainda uma galeria de arte e loja de molduras. O sucesso de público foi grande, no entanto os dois sócios sentiram que o comércio não era a praia deles e ao final de dois anos passaram a empreitada adiante.

De uma forma análoga ao trabalho na Ambiente, Ronaldo abriu em 1984 uma nova frente de trabalho. Passou a dirigir a Galeria de Arte e Pesquisa da Ufes, instalada na Capela Santa Luzia, edificação do século 16, a mais antiga de Vitória. Ali promoveu diversas exposições, focalizando a produção artística de professores da Universidade.

Exposição Imagens, Ronaldo Barbosa e Hilal Sami Hilal
Galeria de Arte Trópico Arte e Lazer, Vitória (ES)
Sem título,
Técnica mista sobre papel
100 x 70 cm, 1980.

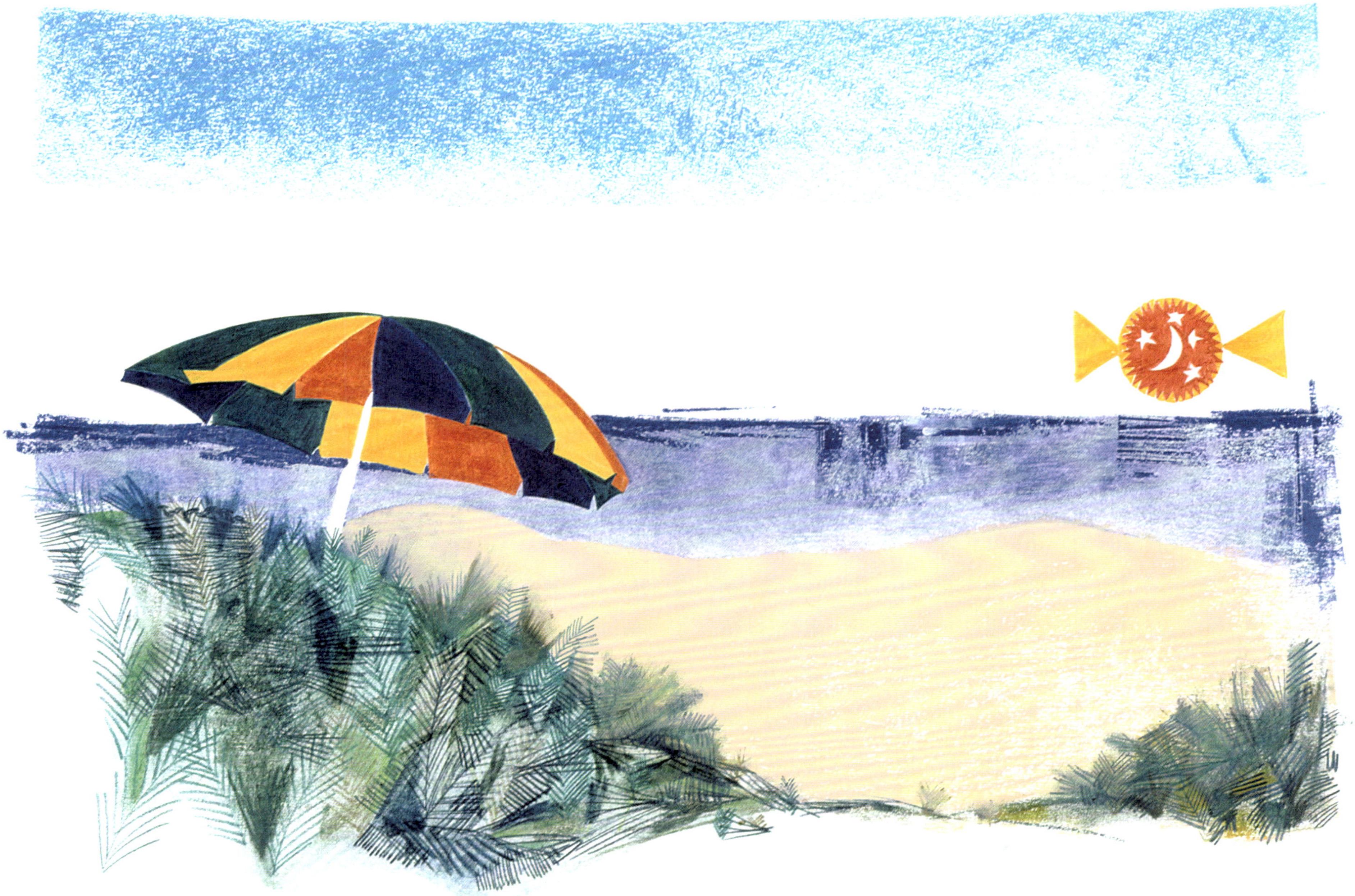

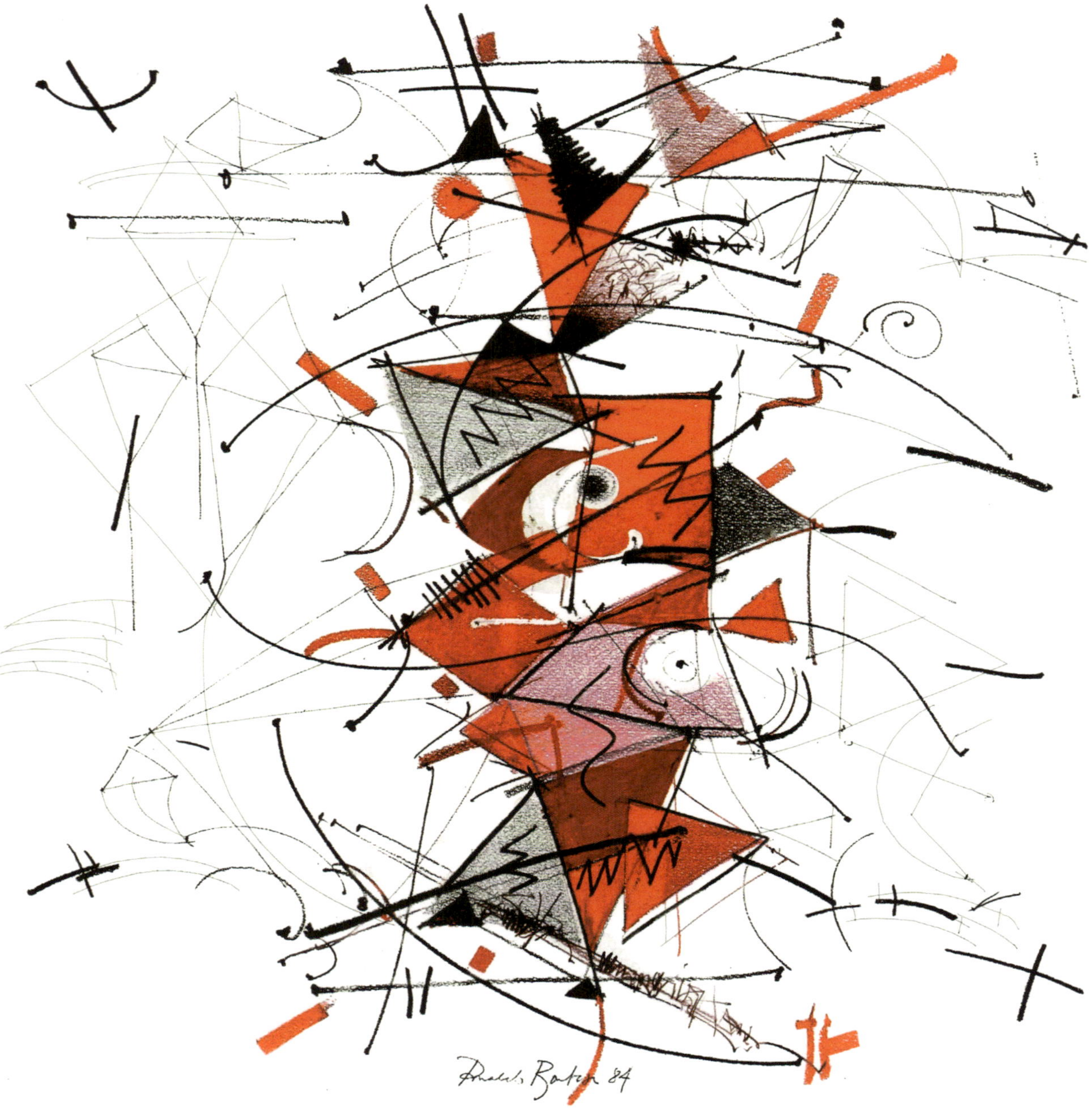

Exposição na Cultural Center Museum Gallery,
"Two Brazilian Artists", Ronaldo Barbosa e Maria Helena Lindenberg
Charleston, West Virginia (EUA).
À ESQUERDA
Sem título,
Lápis de cor, grafite, pastel a óleo
e tinta acrílica sobre papel, 1984.
PRÓXIMA PÁGINA
Sem título,
Lápis de cor, grafite, pastel a óleo sobre papel, 1984.
ACIMA
Estúdio em Laguna Beach, Califórnia (EUA), 1986.

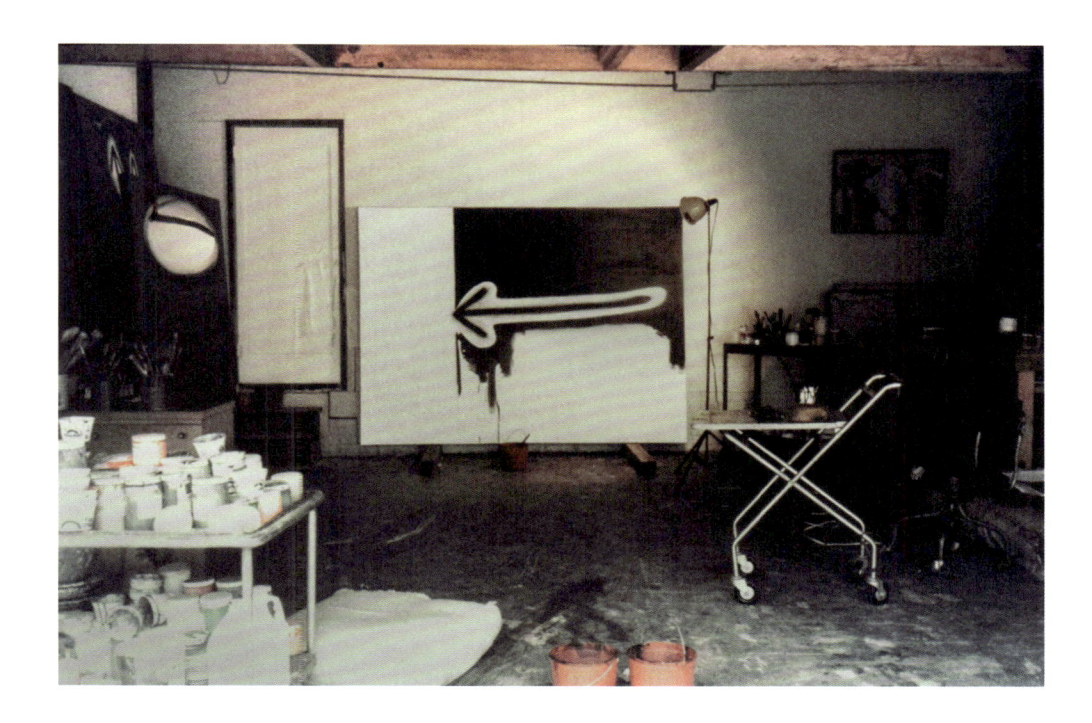

BYE BYE BRAZIL

Nos anos 1980, Espírito Santo e West Virgínia, nos Estados Unidos, eram estados irmãos e desenvolviam várias atividades de intercâmbio por meio do programa Partners of the Americas, incluindo projetos de colaboração entre universidades. O programa levou ao Espírito Santo intelectuais e jornalistas de destaque, tais como Terry Wimmer, mais tarde vencedor do Prêmio Pulitzer. Em 1984, o reitor decidiu enviar a West Virgínia dois professores, Ronaldo e Maria Helena Lindenberg, ex-diretora do Centro de Artes. Ambos foram encarregados de ministrar workshops de artes em quatro instituições - University of Charleston, West Virginia State College, Marshall University e West Virginia University. A rotina não era fácil: Ronaldo se lembra de classes com 80 alunos, quantidade acima do normal quando se trata de uma aula interativa. Os dois professores foram ainda convidados para uma exposição na galeria do Cultural Center of State of West Virginia.

De volta ao Brasil, em 1984 e 1985 procurou dar visibilidade aos trabalhos artísticos dos professores da Ufes na direção da Galeria de Arte e Pesquisa da Universidade, enquanto acalentava a ideia de voltar aos Estados Unidos para um período sabático. Em 1986 decidiu se mudar para Nova York, onde morava a amiga Maria Lucia Rutter. Nesse momento, contudo, o jornalista Terry Wimmer, que conhecera em Vitória, o convida para passar alguns dias em Los Angeles, onde trabalhava, em Laguna Beach, onde morava. Lá Ronaldo encontrou um amigo antigo, Mark Guinsburg, jornalista da Vanity Fair e pertencente ao jet set norte-americano – sua mãe era sócia de Andy Warhol na revista Interview. Mark apresentou Ronaldo a Katherine Davies, dona, em conjunto com Sasha Long, da Davies Long Gallery, e ela o convidou para integrar sua lista de artistas, em sua maioria europeus de sucesso. Ronaldo desistiu então de morar em Nova York e fez um contrato de exclusividade com a Davies Long Gallery, passando a viver em Laguna Beach e posteriormente em West Hollywood. Foram anos de agitação, em que o designer conheceu grande número de artistas de renome internacional, tais como o próprio Andy Warhol.

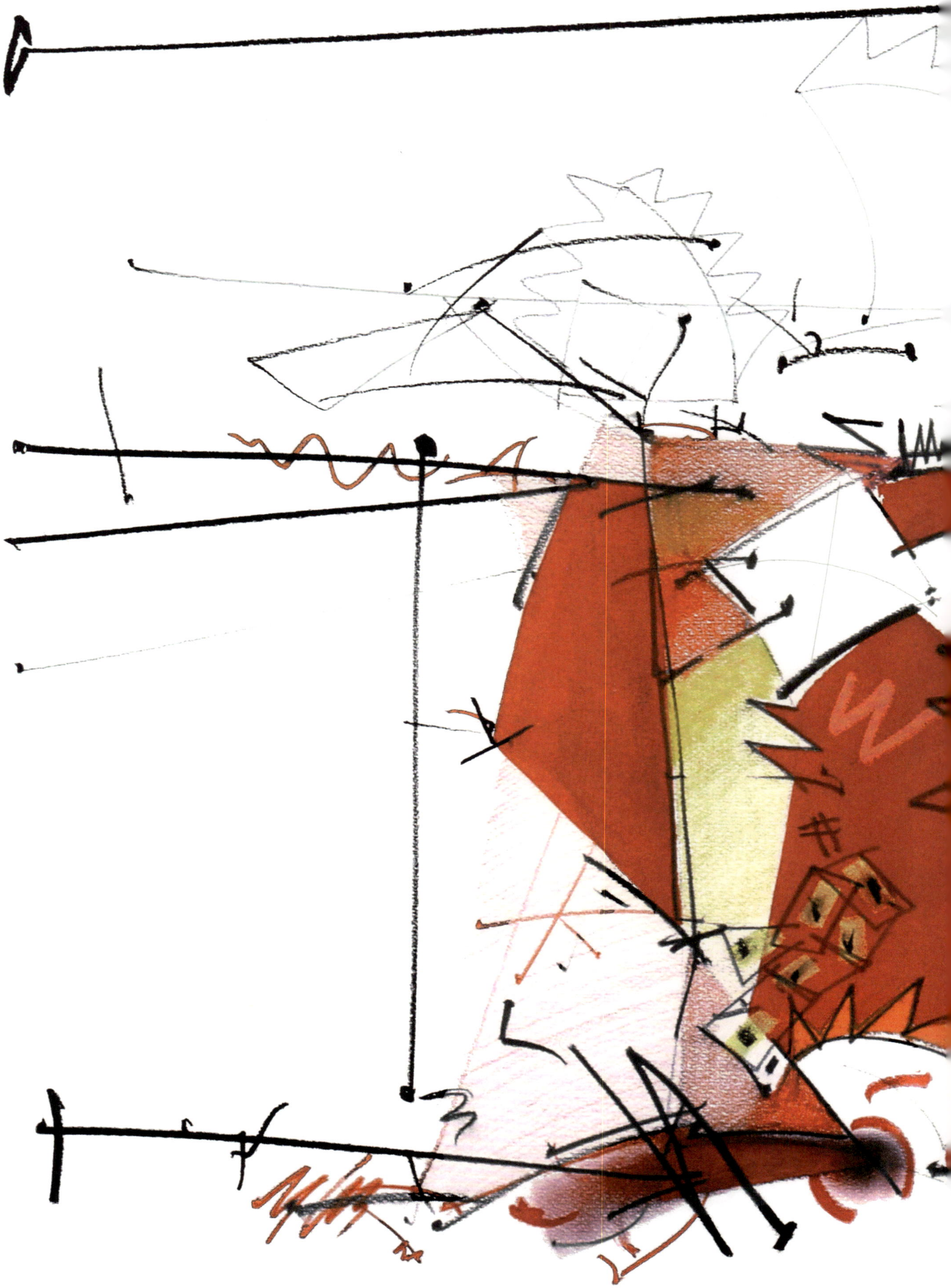

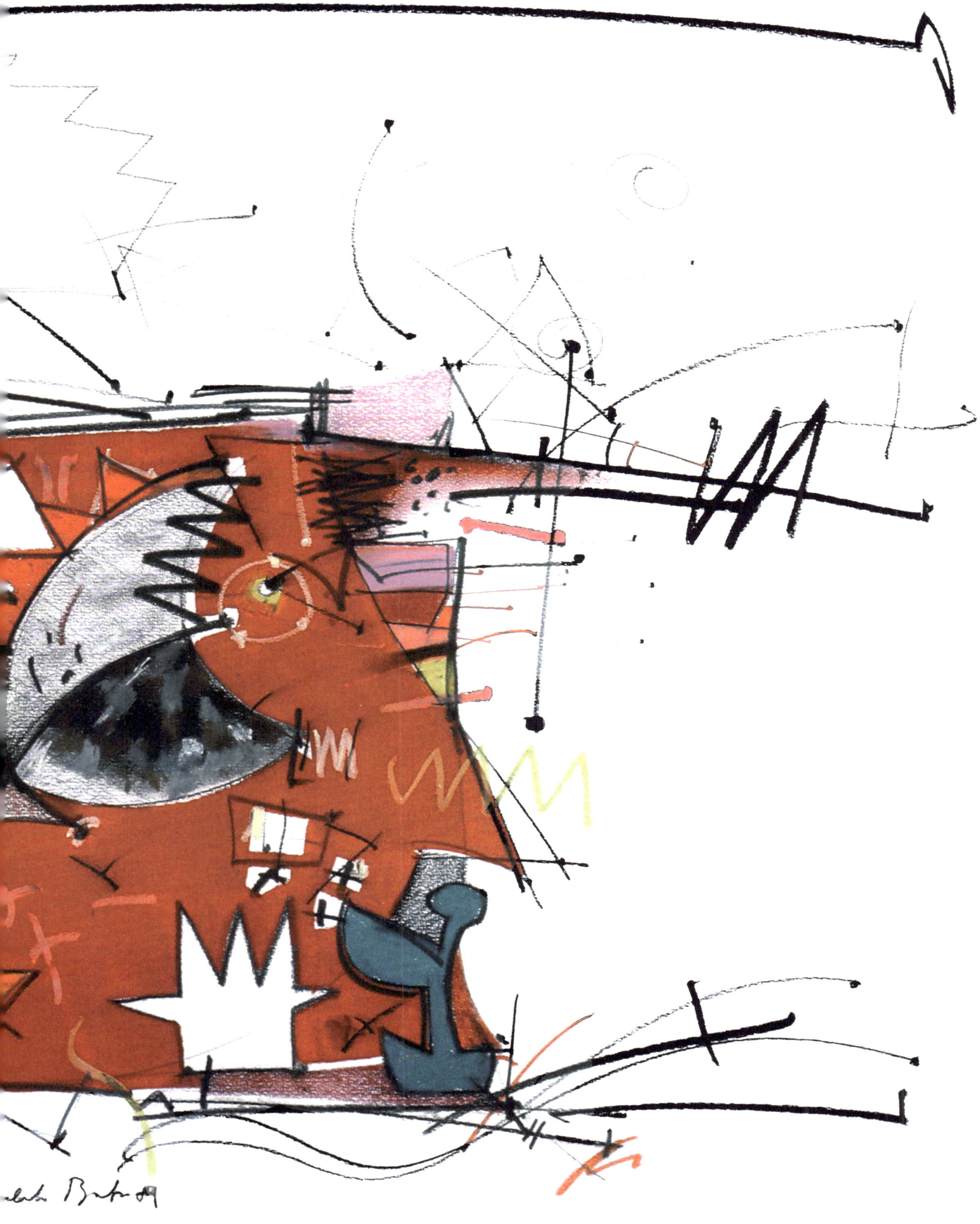

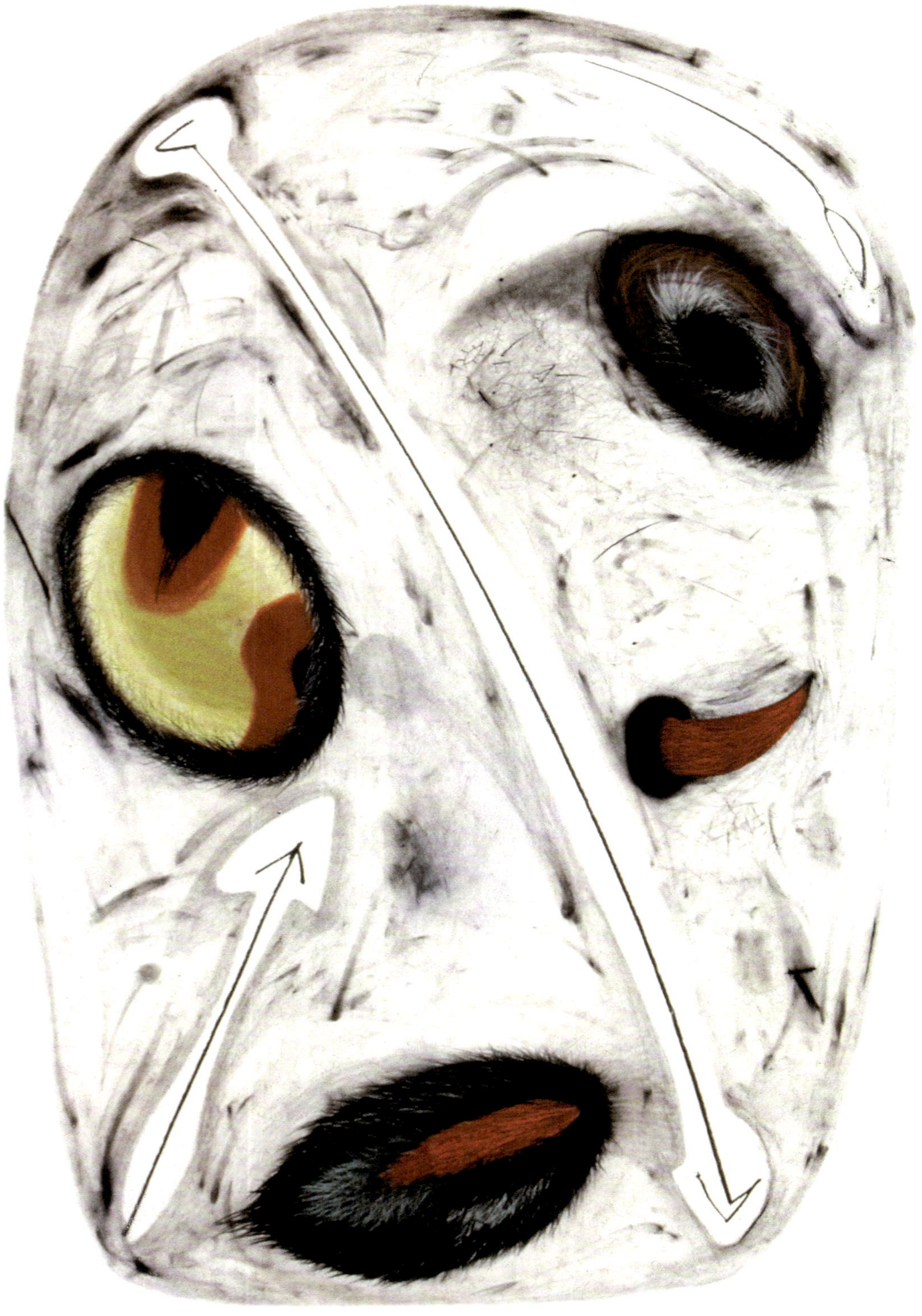
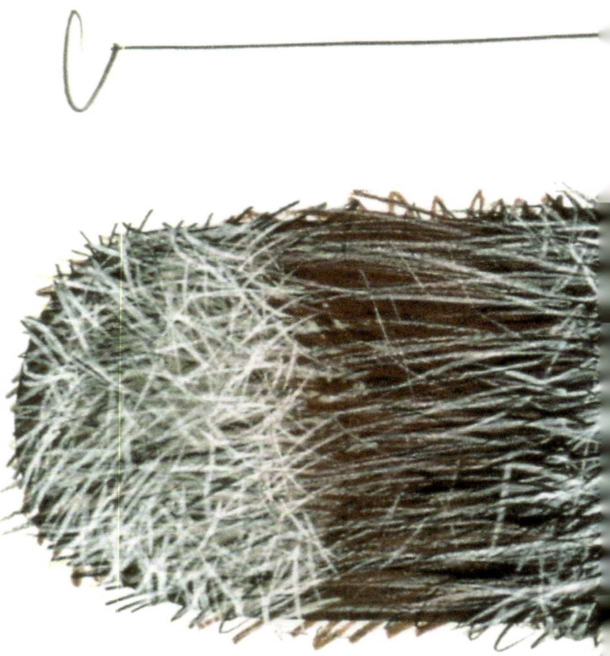
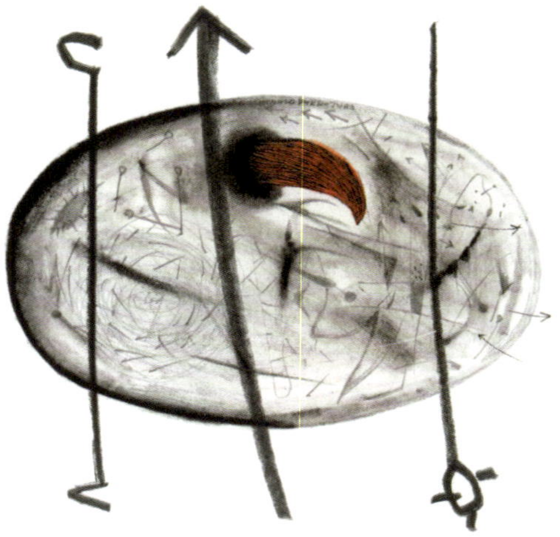

PARA TODAS AS OBRAS
Produção para
Davies Long Gallery,
Los Angeles, CA (EUA).
Sem título,
Grafite, lápis de cor, pastel
a óleo e seco sobre papel.
Formatos, da esquerda
para direita:
170 x 140 cm, 10 x 15 cm,
70 x 100 cm, 70 x 100 cm,
100 x 100 cm, 1986.

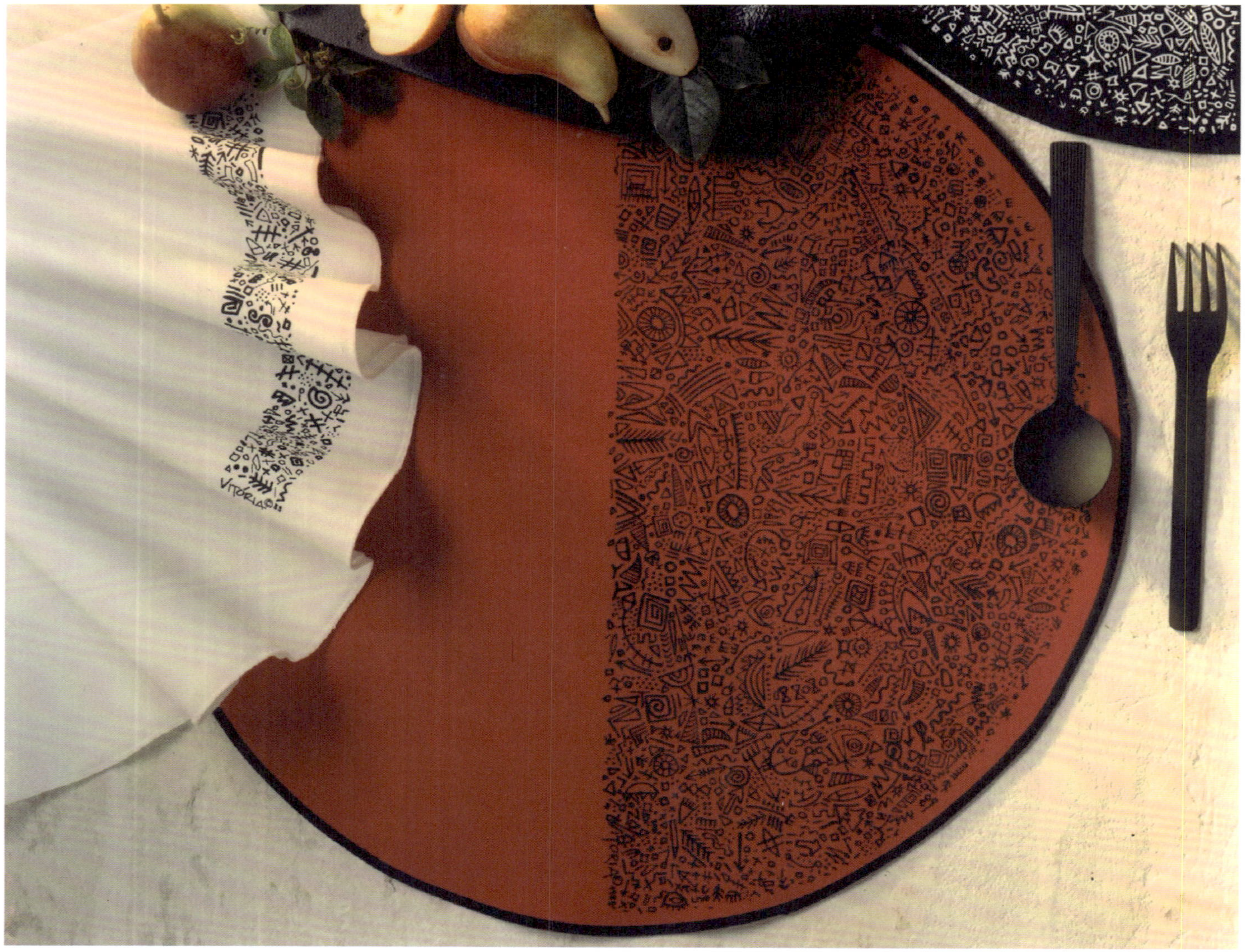

Vitória Table Linens.
Los Angeles, CA (EUA)
Linha de jogos de mesa.
Serigrafia sobre tecido, 1987.

IMAGENS EM MOVIMENTO

De volta ao Brasil no início de 1988, Ronaldo experimentou uma nova linguagem da arte, que estava passando por uma verdadeira revolução por conta das novidades tecnológicas do final da década de 1980. Com aparelhos mais acessíveis e a disseminação de softwares de edição fáceis de manipular, a produção audiovisual ultrapassou as fronteiras dos grandes estúdios e se transformou em ferramenta para os artistas plásticos. A relação entre arte, mídia e tecnologia resultou em novas formas de expressão.

Uma de suas principais incursões nesse suporte se deu no vídeo Graúna Barroca. Com a assistência de Ricardo Néspoli, um jovem estudante de Comunicação da Ufes, e Renzo Pretti, seu primo e mestrando de artes do vídeo da USP, Ronaldo inicialmente filmou intervenções plásticas na Praia do Rio Negro, do município de Fundão, na área metropolitana, considerada uma das mais belas do litoral capixaba e, na época, em estado praticamente selvagem. O resultado foi um vídeo de três minutos que seria utilizado para levantar recursos para a produção da versão definitiva, que veio depois de seis meses entre filmagens e edição, com ajuda financeira da colecionadora norte-americana Dennie Ann Denton e parcerias da TV Educativa do Espírito Santo e da Ufes, entre outros apoiadores.

Graúna Barroca, videoarte de 19 minutos, foi concebido por Ronaldo Barbosa como uma instalação viva de cores e formas que são destruídas pelo mar. Os desenhos que fez para o detalhamento do storyboard valem por si como obras de arte. Mas ele sai da imagem estática para se transportar ao universo eletrônico, utilizando pela primeira vez a música como um recurso de linguagem.

O vídeo foi lançado em Vitória em janeiro de 1990, no auditório do Grupo Gazeta; e logo depois na Casa de Cultura Laura Alvim, no Rio de Janeiro. Autora de um texto a respeito do trabalho, a crítica de arte paulistana Maria Alice Milliet viu em Graúna Barroca "um novo campo de criação para Ronaldo Barbosa", que se liberta dos "signos do plano para uma atuação pluridimensional". "Daí a volta ao grande cenário, a descoberta da possibilidade de intervenção na natureza, a libertação. Surge o vídeo: fascínio na recriação do onírico no real e de seu retorno mediatizado ao onírico. Sonho coletivo e ao mesmo tempo delírio individual".

Pensado como algo experimental e sem grandes compromissos, o vídeo foi exibido em vários festivais e instituições no Brasil e no exterior – entre eles a Santa Fé University e a Antropology Film School, escola criada pelo cineasta Godfrey Reggio, da Trilogia Qatsi - Naqoyqatsi, Koyaanisqatsi e Powaqqatsi – e se tornou o videoarte mais premiado do Espírito Santo, conquistando mais de uma dezena de importantes prêmios, tais como o Special Merit Award do 15th Tokio Video Festival, um dos festivais mais reconhecidos do mundo, referência internacional para troca de informações sociais, artísticas e culturais.

O universo audiovisual é retomado em outro vídeo, desta vez em parceria com Arlindo Castro, cineasta, professor de comunicação da Ufes e PhD em cinema pela Universidade de Nova York. A ideia e o roteiro foram concebidos por Arlindo, que resume suas motivações no memorial descritivo do projeto apresentado à lei de incentivo à cultura Rubem Braga: "De modo geral, a análise e a representação da televisão privilegiam o polo da produção em detrimento do polo da recepção. Os telespectadores são frequentemente tratados apenas como índices de audiência e dados estatísticos. Este projeto investiga o universo de recepção (ou do consumo) e se posiciona entre as estratégias para estimular atitudes menos passivas face à TV, que vêm dando algumas das contribuições mais progressivas para a compreensão e a prática da comunicação".

Com 27 minutos, o vídeo faz uma crítica à atitude passiva do telespectador. Ganhou computação gráfica de Eric Altit, animador que já recebeu um Emmy, imagens adicionais do designer Hans Donner e música de Armando Sinkowitz. E também teve ótima receptividade de público e crítica.

Esses e outros trabalhos em artes visuais eram simultâneos a uma atuação plural. As aulas na Ufes se desdobram em várias ações, tais como a elaboração da marca da Universidade. A familiaridade adquirida nos anos cariocas com o setor de moda se manifesta, entre outros trabalhos, na direção de desfile para a confecção de roupa de couro RT, criada por Thais Hilal, em que assina roteiro, cenografia, coreografia e iluminação. As lojas de praticamente uma via inteira de Vitória, a rua Aleixo Neto, têm logotipos desenvolvidos por Ronaldo, que se torna responsável pela criação de projetos de identidade visual para dezenas de empresas capixabas.

Repetición eterna
GABA.

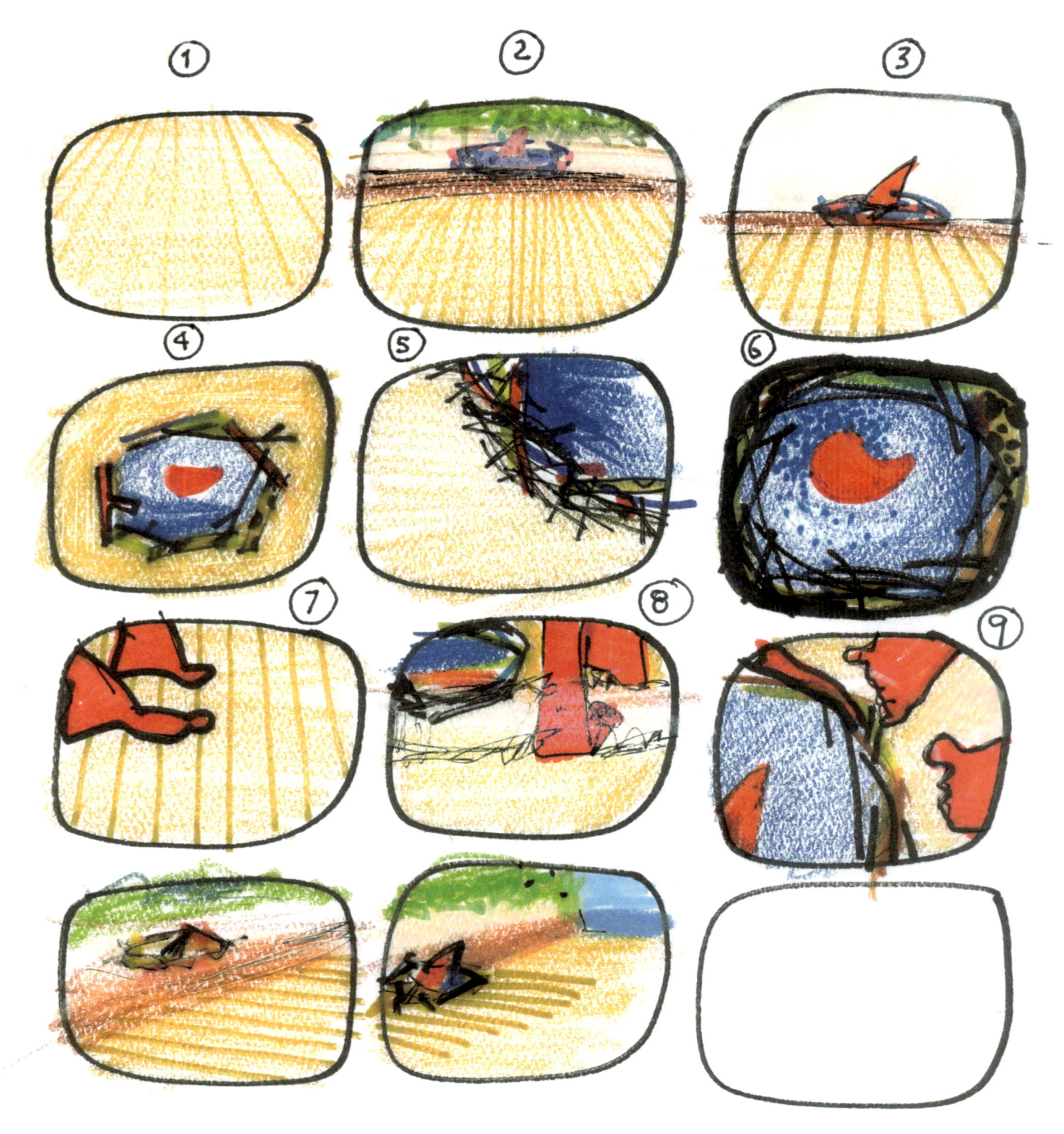

À ESQUERDA
Página do caderno de storyboard de Graúna Barroca.
Lápis de ccr e caneta hidrográfica sobre papel.
31 x 23 cm 1989.
À DIREITA
Instalações de Graúna Barroca.
Set de filmagem de Praia Grande, Fundão (ES), 1989.

À ESQUERDA
Preparação e filmagem da cena Pé do Índio
Praia Grande, Fundão (ES), 1989.
À DIREITA
Página do caderno de storyboard para edição de
Graúna Barroca, na cena Pé do Índio.
Lápis de cor e caneta hidrográfica sobre papel.
31 x 23 cm, 1989.

TRILHA : CALEMÔNIA   15

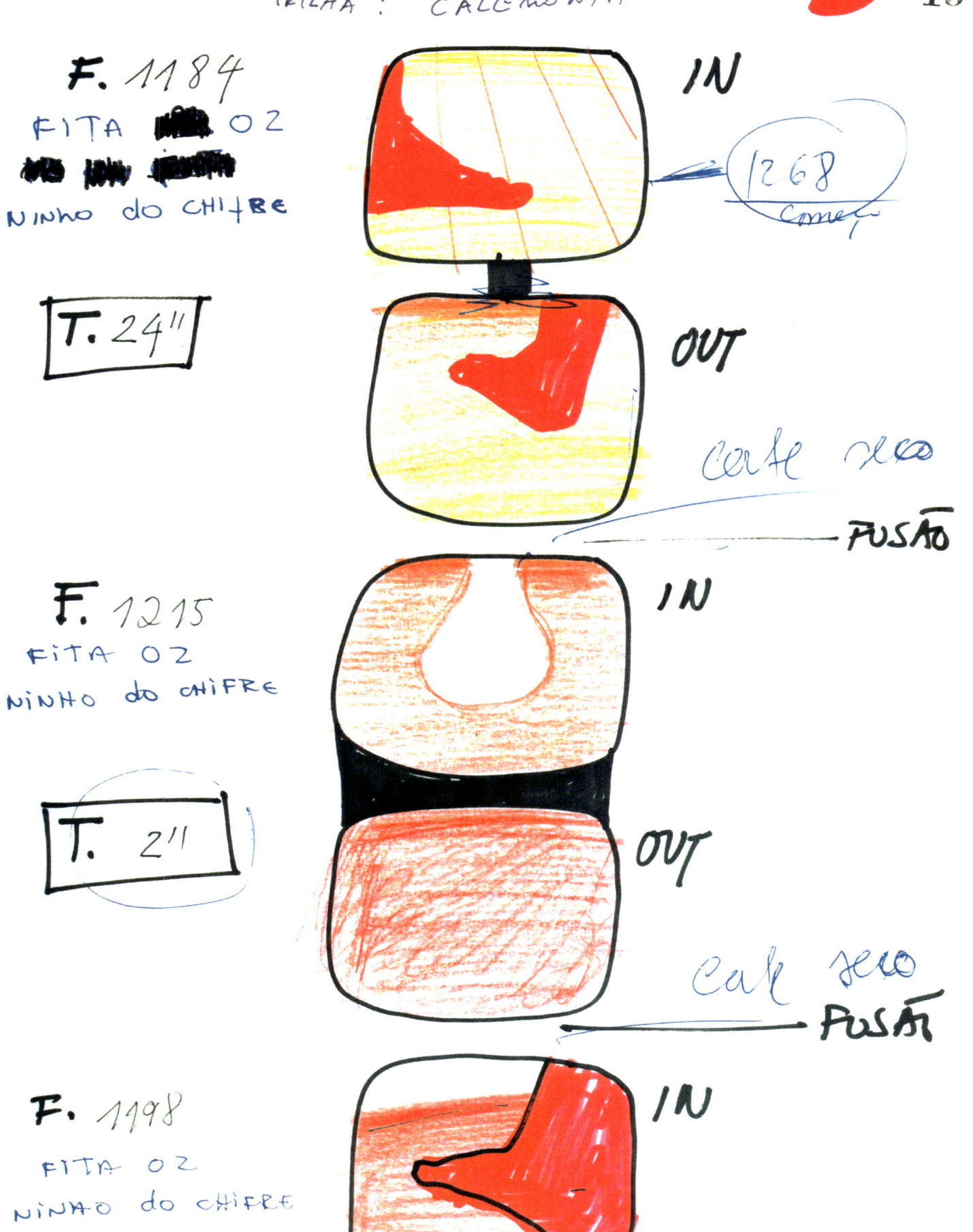

F. 1184
FITA ~~■■~~ 02
~~■■ ■■ ■■~~
NINHO DO CHIFRE

IN

1268
Começo

T. 24"

OUT

corte seco
→ FUSÃO

F. 1215
FITA 02
NINHO DO CHIFRE

IN

T. 2"

OUT

corte seco
→ FUSÃO

F. 1198
FITA 02
NINHO DO CHIFRE

IN

A IDENTIDADE EMPREENDEDORA
DO ESPÍRITO SANTO

O Espírito Santo teve um desenvolvimento tardio comparado a outros estados do país, sobretudo do Sudeste. Essa condição se originou no século 18, durante o ciclo do ouro: os governos metropolitanos determinaram que a região permanecesse quase intocada para criar uma faixa de isolamento das Minas Gerais, fazendo com que algo em torno de 85% do território capixaba ainda permanecesse coberto pela Mata Atlântica no século seguinte.

Isso só mudaria com a chegada da cafeicultura no fim do século 19. O café já havia dominado boa parte da região Sudeste e encontrou um eixo de expansão significativo naquelas terras quase virgens, muito embora ali a cafeicultura fosse praticada em pequenas propriedades familiares e não em grandes latifúndios. O que significa dizer que o café fortaleceu a economia do estado, impulsionando a infraestrutura de suporte, como as ferrovias e o porto, o comércio e os serviços, mas não foi capaz de reunir recursos a serem investidos em setores industriais, como aconteceu em São Paulo.

Resultado: na década de 1960, uma queda brusca do preço internacional do café atingiu em cheio o Espírito Santo. Na verdade, atingiu todo o país, ainda muito dependente da exportação cafeeira. O governo federal, tentando equilibrar oferta e procura, determinou a erradicação dos cafezais antieconômicos, o que significou a destruição de mais de 50% dos cafezais capixabas.

A grave crise econômica que se sucedeu acabou possibilitando o alinhamento do Espírito Santo ao moderno capital industrial, abrindo-se a uma estrutura produtiva concentrada na indústria de transformação e a grandes empreendimentos voltados à exportação via complexo portuário Vitória-Tubarão. Foram realizados investimentos públicos na construção da infraestrutura e criou-se um sistema de incentivos fiscais e de financiamento, atraindo projetos industriais de grande porte nas áreas de minério de ferro, celulose, madeira, alimentos e siderurgia, principalmente a partir de 1975.

Na década seguinte, outro ciclo de evolução teria relação direta com os negócios ligados ao comércio exterior, em boa parte graças ao Fundo de Desenvolvimento das Atividades Portuárias (Fundap), operacionalizado pelo Banco de Desenvolvimento do Espírito Santo (Bandes), que colaborou para o surgimento e expansão de tradings. Como resultado de todos esses investimentos, nos anos 1990 a economia capixaba teve um desempenho superior ao do Brasil, crescendo a uma taxa média anual de 3,9% (a do país foi 2,4%).

Ronaldo Barbosa teve e tem uma importância ímpar nesse processo, ao "mudar a face visual do campo dos negócios no Espírito Santo", como diz o secretário de Cultura João Gualberto na apresentação deste livro, enfatizando sua "contribuição extraordinária" na formação das marcas capixabas.

Em 1978, quando deixara um promissor escritório de design no Rio de Janeiro para voltar a seu estado natal, Ronaldo Barbosa encontrou um mercado de trabalho praticamente inexplorado, porém com grande potencial. As empresas que nasciam e as que buscavam aumentar seu mercado precisavam de design gráfico. Precisavam de marcas fortes, que traduzissem visualmente seus princípios e fossem facilmente identificáveis por seus públicos.

A consciência dessa necessidade se fez sentir mais fortemente a partir da chegada ao Espírito Santo de empreendimentos de outros estados, que vinham com projetos de identidade visual bem formulados, com vasta e coerente aplicação sobre diferentes meios e suportes, tais como as franquias. As franquias vinham com manuais estritos que esclareciam para os lojistas como a marca deveria ser utilizada, da embalagem à vitrine e à papelaria. A abertura do Shopping Vitória, o primeiro do estado, em 1993, por exemplo, levou os lojistas locais a perceberem que não podiam mais improvisar suas marcas. Se quisessem competir com os concorrentes externos, precisavam também se aparelhar à altura.

Ronaldo se encontrava em posição privilegiada para atender a essa demanda. Afinal, não era apenas o primeiro capixaba graduado em design – e no curso reputado então como o de maior qualidade no país –, mas também havia desenvolvido no Rio de Janeiro uma atuação significativa na área. Nesse sentido, contava muito a sua experiência corporativa, quando integrou o departamento de design da Estacas Franki, do setor de engenharia estrutural, e, em conjunto com sua colega Verônica Theicher, implantou o projeto de identidade visual que havia sido feito por Aloisio Magalhães em placas de obra, impressos institucionais e administrativos, assinaturas, sinalização de veículos e equipamentos, sinalização externa e interna, uniformes, equipamentos de segurança do trabalho e muitos outros itens.

Parte da atuação de Ronaldo era de esclarecimento do capixaba a respeito da necessidade de confiar as tarefas do design gráfico a profissionais da área, que se dava em duas frentes principais. A primeira, na academia. A procura e o reconhecimento da comunidade acadêmica por suas aulas e métodos inovadores inspirados em sua prática na arte e no design colaboraram sensivelmente para que a Universidade amadurecesse a ideia de criar um curso de Desenho Industrial. Durante alguns anos, Ronaldo ajudou a construir uma grade curricular e a reunir profissionais da área para viabilizar o projeto, e em 1998 foi aberta a primeira turma do curso, o primeiro dedicado a design no Espírito Santo.

A segunda frente era o setor empresarial. A elaboração de projetos de identidade corporativa – que desde os tempos em que cursava a Esdi nunca fora interrompida – passou a tomar uma grande proporção. Isso o estimulou a formalizar, em 1999, a criação de sua própria empresa, o Studio Ronaldo Barbosa. A equipe de trabalho era formada justamente pelos jovens designers que saíam dos bancos da Ufes – vários dos alunos de Ronaldo foram convidados para trabalhar com ele. Muitos dos que passaram pelo Studio seguiram suas próprias carreiras levando na bagagem o inestimável aprendizado prático obtido ali.

O caso de Jarbas Gomes foi diferente. Capixaba de Vitória, mas que passou a infância no Paraná e boa parte da juventude em Rio Novo do Sul, cidade do sul do Espírito Santo, Jarbas ingressou na Ufes em 1999 e chamou a atenção de Ronaldo pelo talento em trabalhos de identidade visual. Em 2003, quando o Studio atuava em diferentes frentes de trabalho, Ronaldo convidou Jarbas para um estágio e, desde então, eles se descobririam grandes parceiros de trabalho.

De estagiário a funcionário, de parceiro a sócio, Jarbas seria de fundamental importância para profissionalização do Studio a partir de meados dos anos 2000. Naquele momento, era imperativo que Ronaldo tivesse um pensamento estratégico em relação ao negócio e elaborasse o planejamento de longo prazo. Para tanto, Jarbas buscou dominar ferramentas de gestão e todo o arsenal tecnológico das empresas contemporâneas. Com apoio de Ronaldo, cursou um MBA em gestão empresarial e se transformou em gestor do Studio; em 2017, tornou-se mestre em administração pela Fucape Business School, escola capixaba de renome. Outros integrantes da equipe também vêm passando por programas de capacitação em suas áreas de especialidade, permitindo assim que a equipe abrace trabalhos cada vez mais complexos.

Na lista de clientes do Studio Ronaldo Barbosa, na área de design gráfico predominam instituições, empresas e órgãos públicos de diferentes setores, portes e raios de atuação em todo o Espírito Santo, refletindo a modernização da linguagem que veio com o desenvolvimento econômico do estado. Mais de duas centenas de clientes foram atendidos em programas de identidade visual, na maioria das vezes com projetos cobrindo um largo espectro de aplicações – ou seja, um trabalho que vai muito além da elaboração das marcas. O conjunto de marcas disposto a seguir e o detalhamento de dois cases de programas de identidade visual - da TV Gazeta e do Banco do Estado do Espírito Santo (Banestes), onipresentes no cotidiano do capixaba – permite entender o raio dessa atuação.

Desenho para cangas Badung.
Guache sobre papel, 1993.

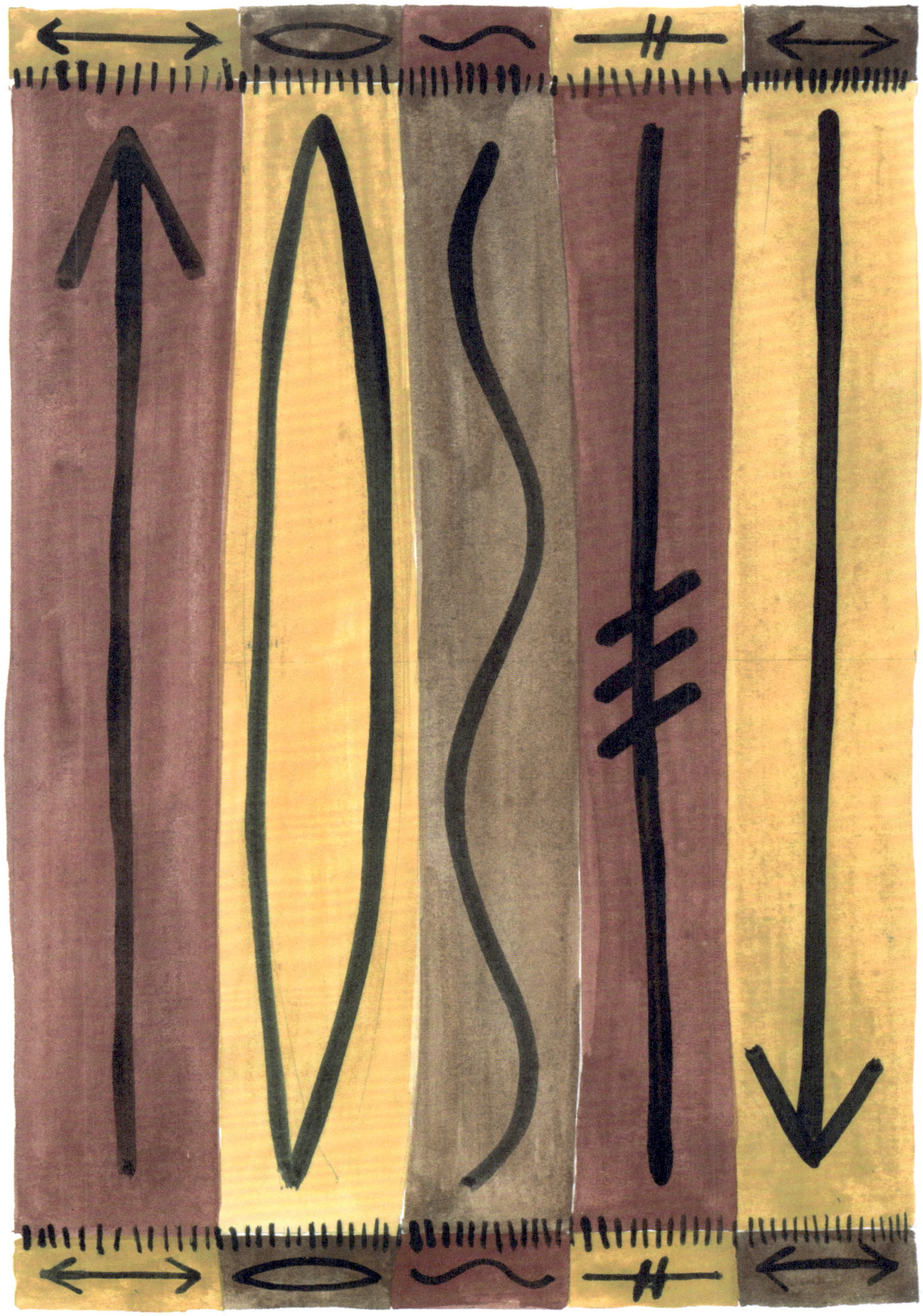

1970

1980

SAYTUR SETPES VITÓRIA TABLE LINENS RECYCLED TV RECICLADA

1992

ACADEMIA JERUSA ALTOÉ BADUNG BASICS BOOM CEPEMAR CENTRO DE PESQUISAS DO MAR

1993

COMPANHIA DA CASA ESCOLA RUBEM BRAGA GU GUEST LIBANESA

PERSIANA & PERSIANA QUERUBIM SHOPPING DA TERRA CENTRO COMERCIAL VILA VELHA TECHDATA

VIA FAFI ARACRUZ PREFEITURA MUNICIPAL CALIMAN AGRÍCOLA LTDA. DECORAMUS

1994

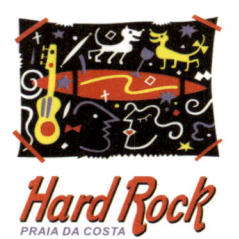

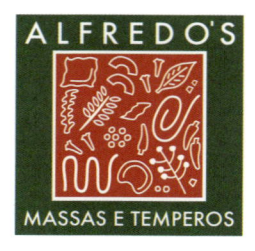

61 ENIC
ENCONTRO NACIONAL DA INDÚSTRIA DA CONSTRUÇÃO

greenwich

Hard Rock
PRAIA DA COSTA

HIPERVINIL

number one

PLANURBIS
ENGENHARIA DE PLANEJAMENTO E QUALIDADE

PONTO DE APOIO

POUSADA DOS COCAIS

VITÓRIA
PREFEITURA MUNICIPAL

SALA UM
number one

SIGMA
ENGENHARIA

THE Best

TOURLINES
VIAGENS E TURISMO

VÍDEO UM
number one

ALCIES
ASSOCIAÇÃO DE LÍNGUA E CULTURA ITALIANA DO ESPÍRITO SANTO

ALFREDO'S
MASSAS E TEMPEROS

— 1995 —

ANA TERRA
GALERIA DE ARTE

CENTRO EDUCACIONAL
FLORESCER

VIEIRA & ROSENBERG

ELIANE ZUCCARATTO

GOLDEN FRUIT

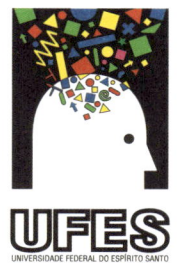

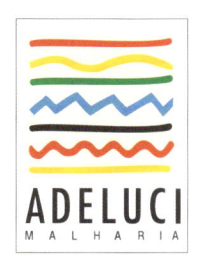

HIDROAVIÃO

ITAPÉ
CONSTRUTORA

KELVIN

LIMILK

MAGNO PINHEIRO
ORTODONTIA

MEDSCAN
TOMOGRAFIA COMPUTADORIZADA

NEILIMA
IMÓVEIS

RITA LANDI
ARQUITETURA

SAFE
CORRETORA DE SEGUROS

TOY BRAZIL

UFES
UNIVERSIDADE FEDERAL DO ESPÍRITO SANTO

UNIMAR

UNIVALE

UNIVERSAL
CONSTRUTORA

URBE
ARQUITETURA

ACAPULCO

ADELUCI
MALHARIA

AGRA
PRODUÇÃO E EXPORTAÇÃO LTDA

AMEIXA VERMELHA

1996

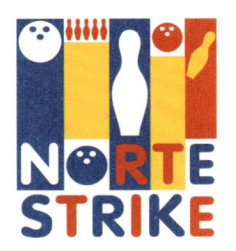

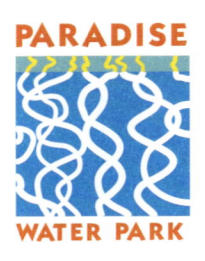

1997

1998

IAV
INSTITUTO AUDIOVISUAL DE VITÓRIA

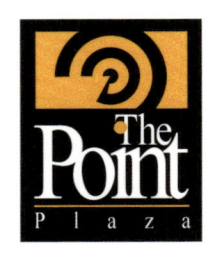

KILLCRUZ
SHOW-ROOM • MODA

MC comunicação

ΣPH
MARTHA PAIVA HOMEM

mater
SANTA VERÔNICA
INSTITUTO DE GINECOLGIA, OBSTETRÍCIA
REPRODUÇÃO HUMANA E MEDICINA FETAL

PANZZONE

The Point Plaza

R.G. COLLECTION

RODOSOL

SCARPE BIS

serena TRANSPORTE LTDA

VIAÇÃO serena LTDA

STUDIO DESIGN
ILUMINAÇÃO SONORIZAÇÃO

VASCOR
Cirurgia Vascular e Cardiologia

VIVACE

ACA FAZENDAS REUNIDAS

1999

AUGURI

CLAMEG
CLÍNICA DE ASSISTÊNCIA MÉDICA DE GOIABEIRAS

ORDO

FAZENDA ALVORADA

FRINORT	**Godofrido**	**ICADI** INSTITUTO CAPIXABA DE DESIGN DE INTERIORES DE NÍVEL SUPERIOR	**AHEL** PROJETOS DE INTERIORES E CONSULTORIA
Óticas PARIS	**acta** ENGENHARIA LTDA	ADVOCACIA MARCELO MIGNONI	ANDREA FONTANA

2000

DAGAZ PROJETOS CULTURAIS	**Dr. Fábio Zamprógno** CLÍNICA DE CIRURGIA PLÁSTICA	ESCOLA LACANIANA DE PSICANÁLISE DE VITÓRIA	IVAN AGUILAR
Marcio Bittencourt CDMS REABILITAÇÃO ORAL ESTÉTICA DOR OROFACIAL	MARIA HELENA PACHECO	**MC** COMUNICAÇÃO	**ortomed** ORTODONTIA ESPECIALIZADA
OUTDOOR PUBLICIDADE	**Sarcinelli & Garci** ADVOGADOS ASSOCIADOS	**SINTESE**	SUELI CHIEPPE

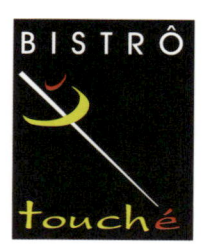

2001

- TCEES — TRIBUNAL DE CONTAS DO ESTADO DO ESPÍRITO SANTO
- TRAÇO
- TRAVESSIA
- ASP MULHER

2002

- monte BLÚ
- ORTOCLÍNICA — ORTODONTIA E ORTOPEDIA FACIAL — Lana Scárdua Delboni / Maria Tereza Scárdua
- PANTAI IMPORT
- PRD PERFILADOS RIO DOCE S.A.
- QUALICIDADES 2001
- WALL STREET CHOPERIA
- AMEIXA VERMELHA
- ANA TERRA GALERIA DE ARTE
- CARLOS VACCARI PRODUÇÕES E EVENTOS
- FESTA DE SÃO PEDRO
- OFFICINA REVESTIMENTOS
- sonotica

2003

- TEMPERAÇO VIDROS DE SEGURANÇA
- TORA LOG HOMES SOLUÇÕES EM MADEIRA
- WENDY M. VERJOVSKY CENTRO DE ORTODONTIA E ORTOPEDIA FACIAL
- BISTRÔ touché

BOTEQUIM ATUAL

Café RODRIGUES

Dendê & Dengo

IOFIS
Instituto de Ortopedia e Fisioterapia

LD
EMPREENDIMENTOS LTDA.

Madame Clementine
Restaurante

mi
Memória e Identidade

monte libano
Café

MULTIEVENTOS

MULTISCAN

PRATICAGEM
ESPÍRITO SANTO

VANVAN

XI ENCONTRO BRASILEIRO DE TIREÓIDE

Sociedade Amigos
Hospital Antônio Bezerra de Faria

ESPAÇO BRASIL

DR. MARCELO NOGUEIRA SILVA
ORTOPEDIA E TRAUMATOLOGIA
CIRURGIA DO PÉ E TORNOZELO

2004 — 2005 — 2006

IJBS
INSTITUTO JUTTA BATISTA DA SILVA

REDE GAZETA

tvgazeta

CESAN

2007

ITAÚNAS PARQUE ESTADUAL	**PEDRA AZUL** PARQUE ESTADUAL	**RF** Assessoria de Comunição & Eventos	**DETRAN|ES**

— 2008 —

MA MULHER ATIVA	**PEDRA DO ELEFANTE** ÁREA DE PROTEÇÃO AMBIENTAL	**PAULO CESAR VINHA** PARQUE ESTADUAL	**CACHOEIRA DA FUMAÇA** PARQUE ESTADUAL

— 2009 —

GOIAPABA-AÇU ÁREA DE PROTEÇÃO AMBIENTAL	**CONCEIÇÃO DA BARRA** ÁREA DE PROTEÇÃO AMBIENTAL	**CONCHA D'OSTRA** RESERVA DE DESENVOLVIMENTO SUSTENTÁVEL	**DUAS BOCAS** RESERVA BIOLÓGICA

— 2010 —

FORNO GRANDE PARQUE ESTADUAL	**GUANANDY** ÁREA DE PROTEÇÃO AMBIENTAL	**MATA DAS FLORES** PARQUE ESTADUAL	**MORRO DA VARGEM** ÁREA DE RELEVANTE INTERESSE ECOLÓGICO

O FRADE E A FREIRA MONUMENTO NATURAL	**PRAIA MOLE** ÁREA DE PROTEÇÃO AMBIENTAL	**SETIBA** ÁREA DE PROTEÇÃO AMBIENTAL	ROBERTO CHEIB *psicanalista*

MUSEU DA CACHAÇA DE SALINAS — MUSEU DA LITURGIA — BANESTES SEMPRE PERTO DE VOCÊ — Aces

2011 — 2012 — 2013

ESPÍRITO SANTO EM AÇÃO — da tutte mani — coimex — ESPAÇO FISIO

2014

FUNDAÇÃO ABROLHOS — Marcelo Silva FISIOTERAPIA EM DOR CRÔNICA MUSCULAR — BelloGrigliato — CASA DO COMPADRE

2015

MAZZINI CONSTRUTORA & INCORPORADORA — studio[id] — CIRCUITO CULTURAL CENTRO DE VITÓRIA — entreposto 87

2016

MERINHA BRAGA — 5 quintessência — VERSI — IMV

2017

2006

TV GAZETA

PROJETO DE IDENTIDADE VISUAL

A Rede Gazeta – maior grupo de comunicação do Espírito Santo, afiliada da Rede Globo – quis demarcar seus 30 anos com a modernização de toda a sua comunicação visual. Para tanto, abriu uma concorrência entre escritórios de design. O Studio Ronaldo Barbosa foi o vencedor, apresentando uma proposta de marca tão forte que se transformou no motor da mudança de identidade visual do grupo.

A equipe do Studio partiu de uma extensa pesquisa para o desenvolvimento do projeto. Num momento em que havia a migração para a tecnologia de transmissão digital, o SRB identificou como eixos norteadores do trabalho os conceitos de humanidade, futuro e interatividade. Voltou atrás no tempo para buscar sua inspiração na Idade da Pedra, quando o homem passou a criar suas próprias ferramentas. O resultado foi uma marca que permite múltiplas leituras, remetendo às inúmeras possibilidades de interação do espectador potencializadas pela tevê digital.

Vários recursos foram utilizados para facilitar a assimilação da marca pelo público interno e externo. Um exemplo foi a decisão de elaborar duas unidades tridimensionais da marca, em resina, no tamanho de 50 x 26 cm, tarefa confiada ao designer de produtos Rubens Szpilman. O programa teve aplicações das vinhetas com animações, uniformes, veículos, as unidades nos outros municípios, sinalização, vinheta de microfone e marca d'água, entre outros itens.

ACIMA
Logotipo TV Gazeta até 2006.
À DIREITA
Conceito original para nova marca TV Gazeta.

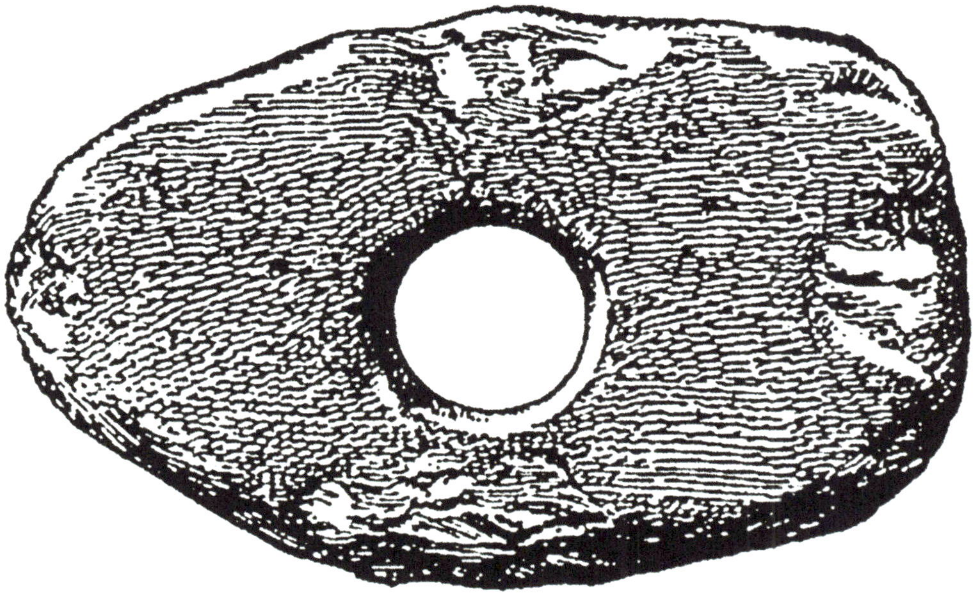

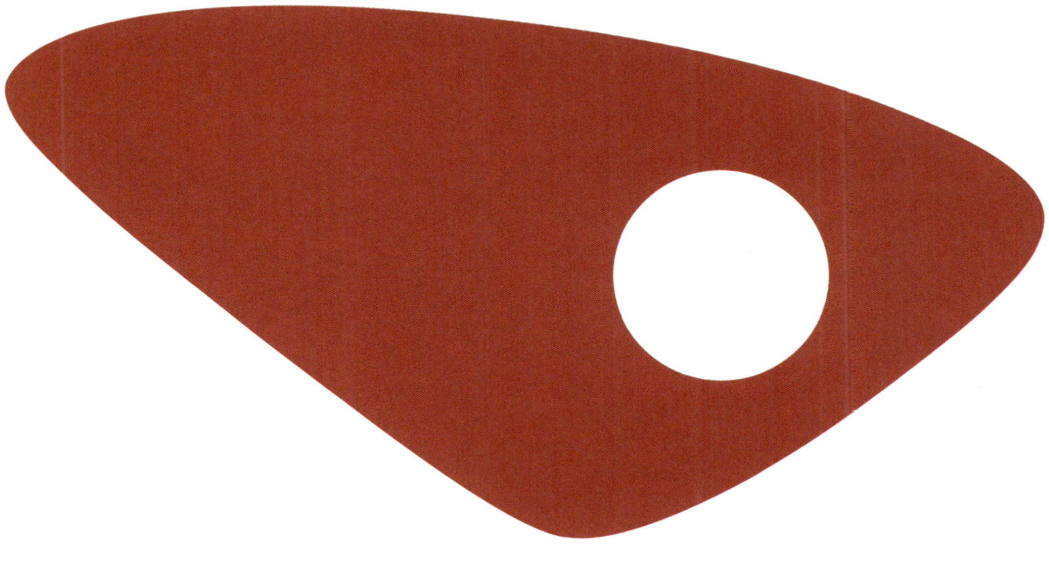

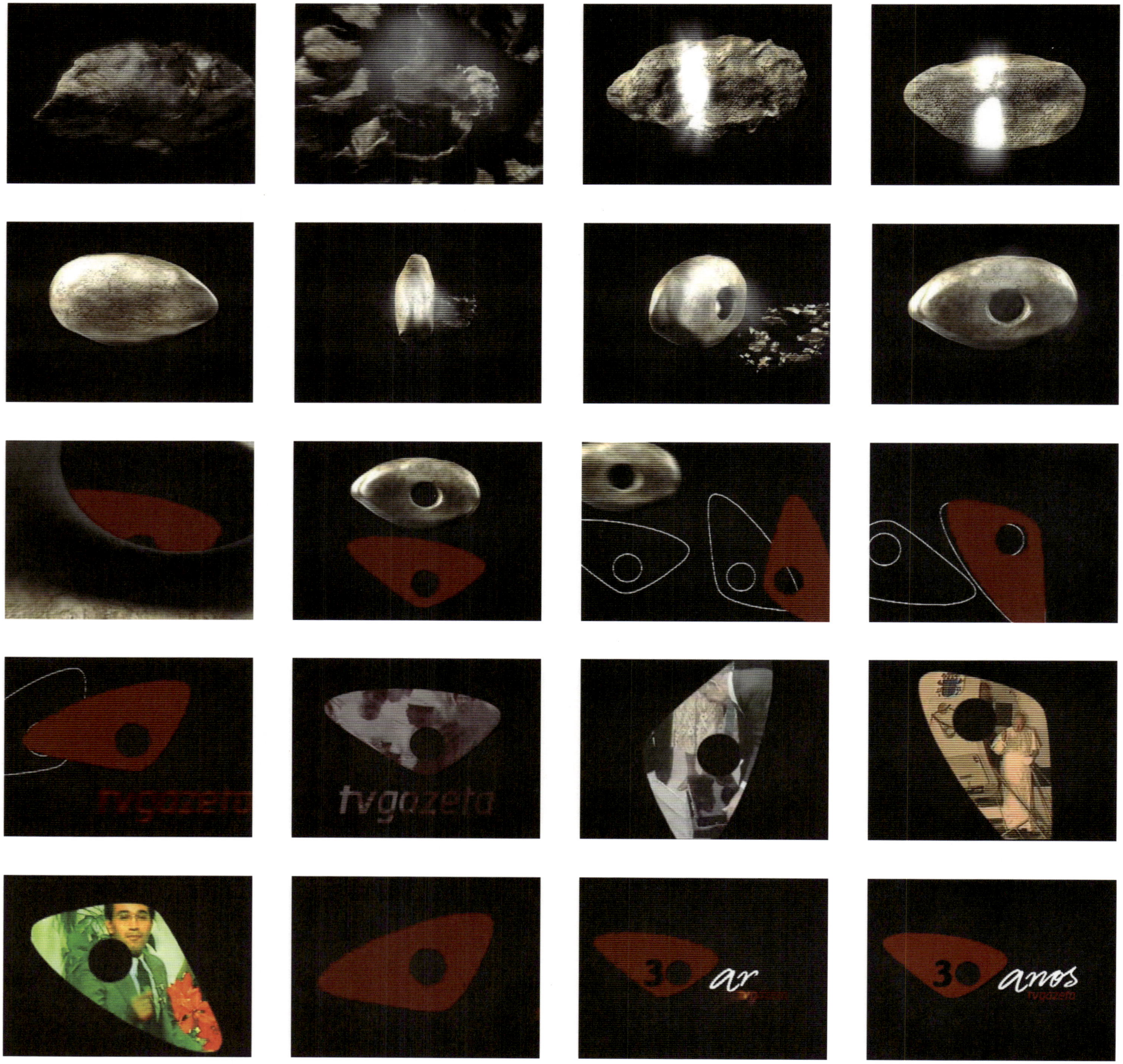
tvgazeta
30 anos
tvgazeta

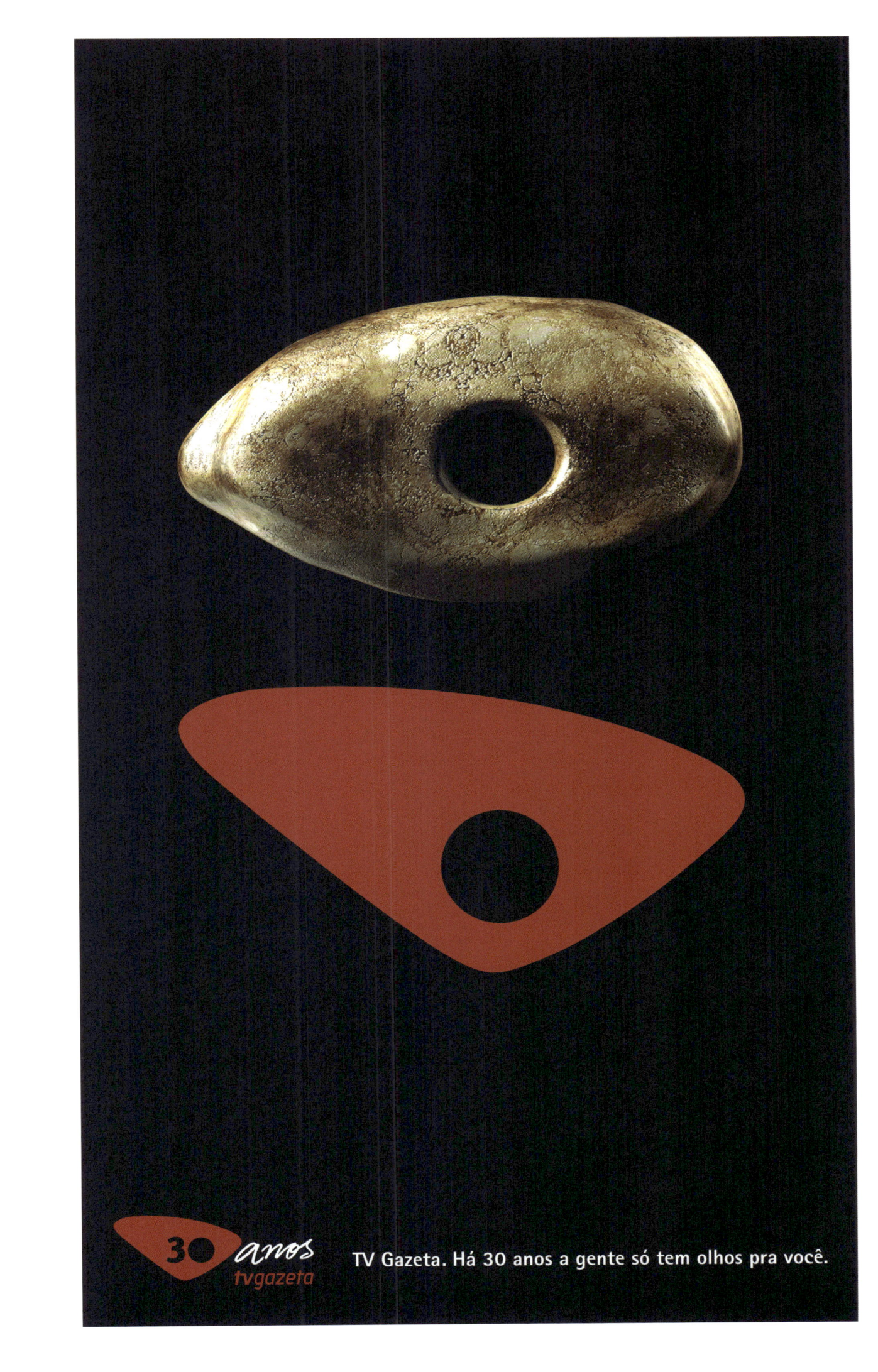

À ESQUERDA
Imagens do vídeo de lançamento da marca TV Gazeta, 2006.

À DIREITA
Anúncio de lançamento da marca TV Gazeta veiculado no jornal A Gazeta, 2006.

TV Gazeta. Há 30 anos a gente só tem olhos pra você.

30 anos tvgazeta

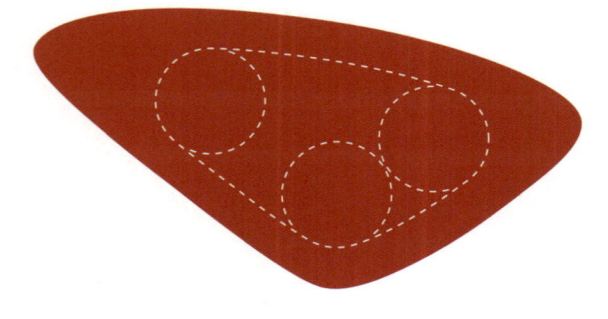

ÁREA DE DESLOCAMENTO DO CÍRCULO

A versatilidade do ícone da TV Gazeta possibilita um reposicionamento do círculo a partir de uma área delimitada de deslocamento. Esse reposicionamento pode ser aplicado em quaisquer das 8 varições de uso do ícone, como apresentada na página anterior, deste manual.

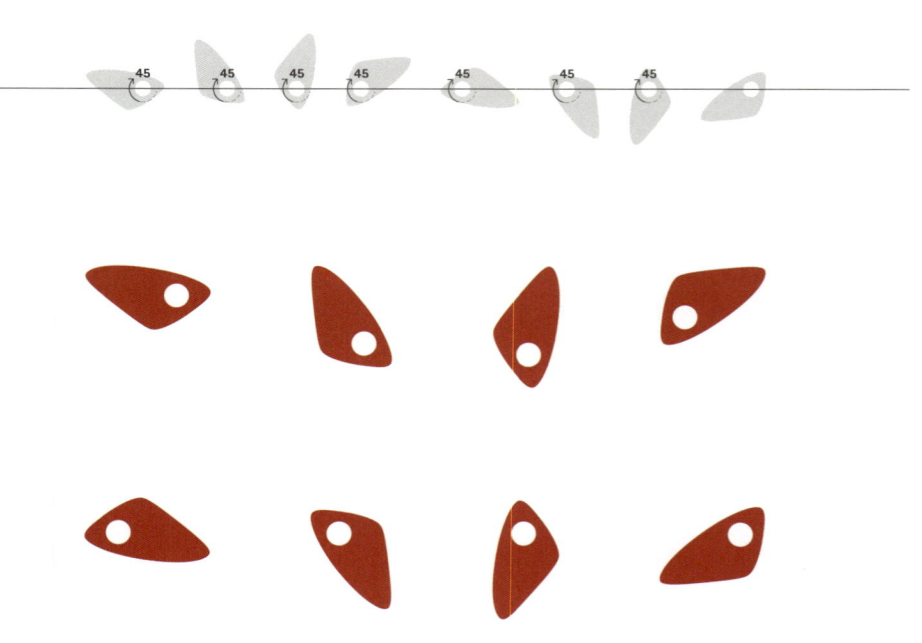

VARIAÇÕES GRÁFICAS DO ÍCONE

Estão aqui ilustradas todas as possibilidades de apresentação do ícone. As posições foram pré-estabelecidas e, por isso, não devem ser alteradas. A rotação utilizada foi de 45° a partir da posição original fechando em oito possibilidades gráficas de diferentes assinaturas.

ASSINATURA PREFERENCIAL

É o conjunto composto pelo ícone e pelo logotipo da TV Gazeta, configurando a versão preferencial da marca, e que deve ser utilizada sempre que os processos de reprodução permitirem.

RELAÇÃO COM MARCAS DA REDE GLOBO

Essa página exemplifica como a aplicação estruturada a partir do manual de uso garante e potencializa sua boa vizualização.

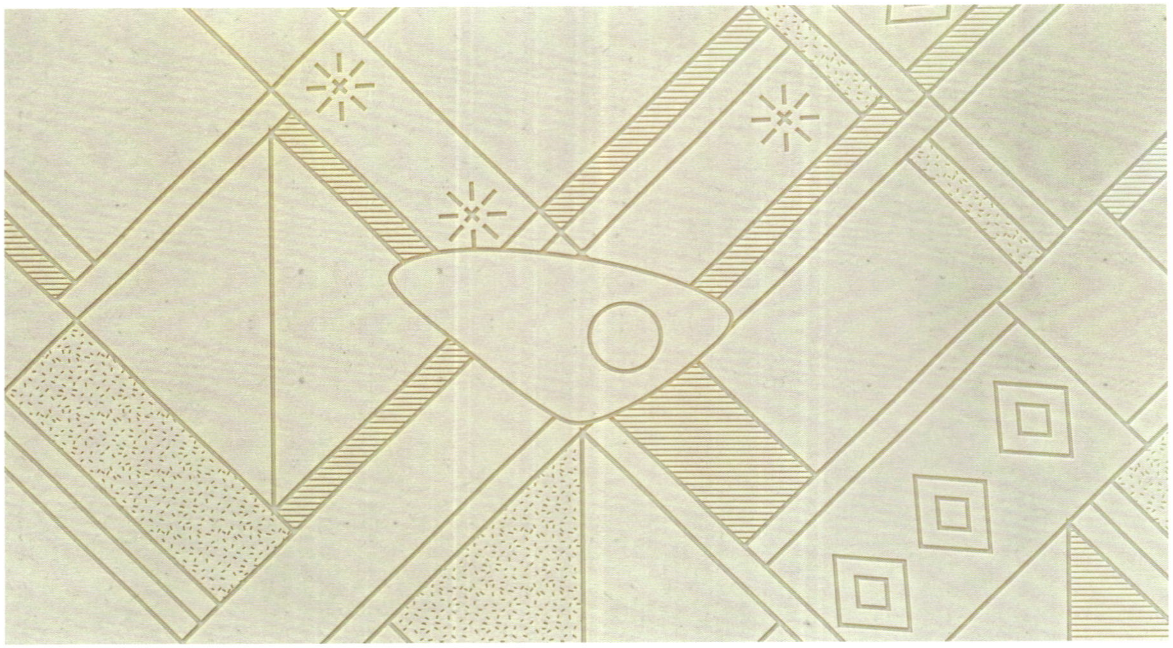

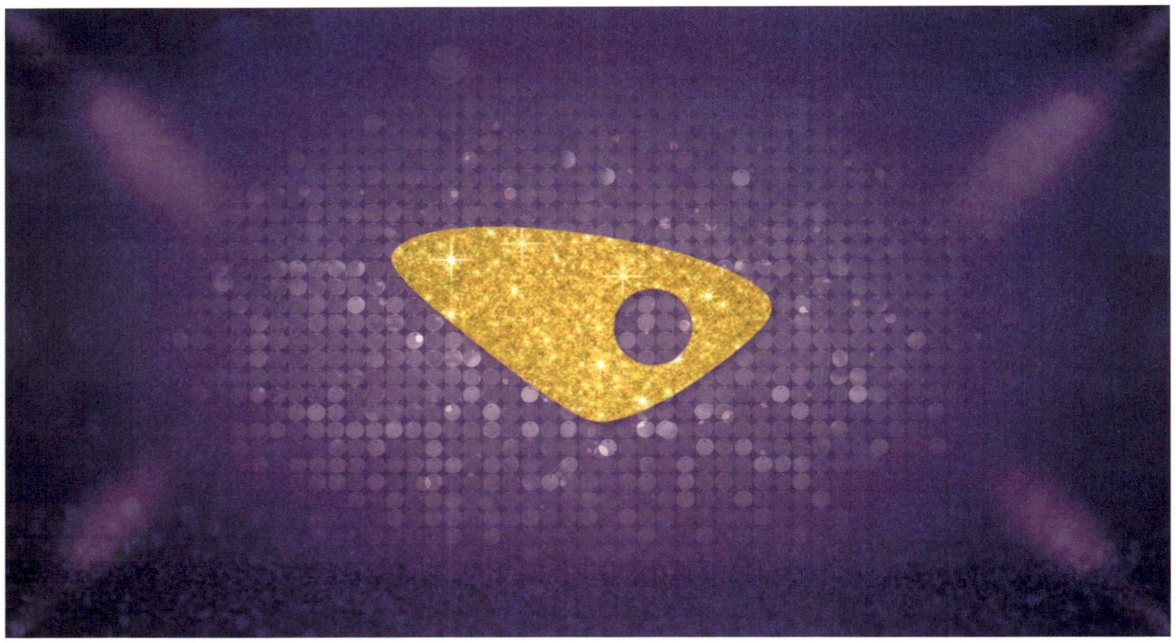

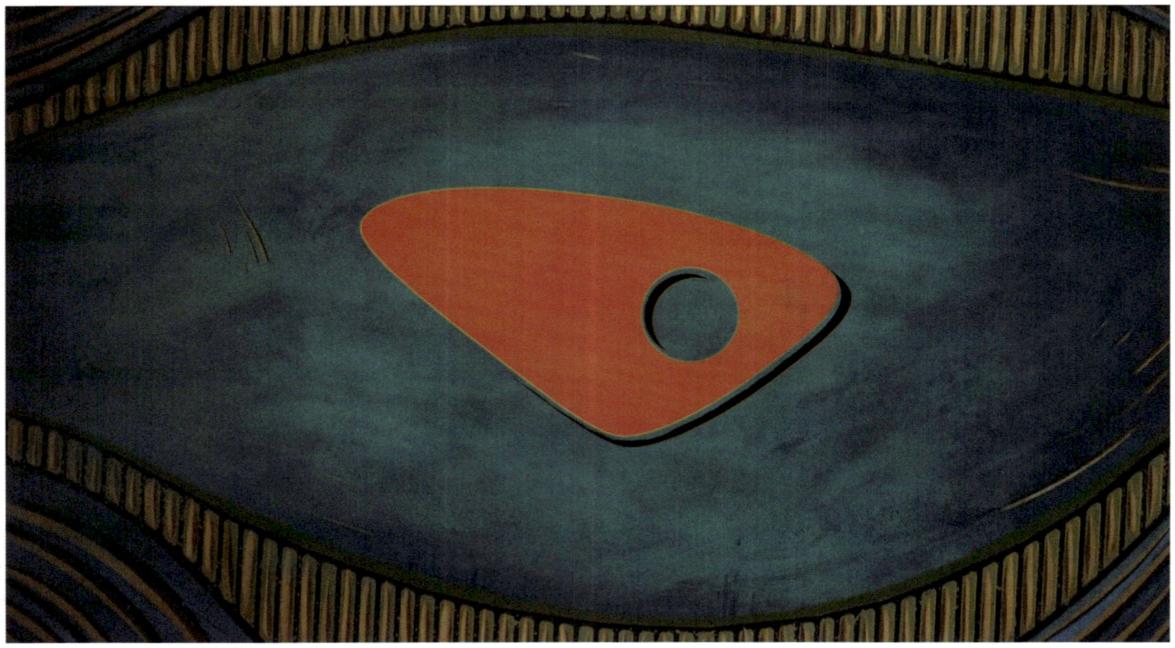

UMA NOVA MARCA. UM ANTIGO IDEAL.
Em 30 anos, mudaram o mundo, o Brasil e o Espírito
Santo. A sua TV Gazeta também acaba de mudar.
Moderna, arrojada e sintonizada com o futuro, a nova
marca representa o que a TV Gazeta foi nos últimos
30 anos e o que continuará a ser nos próximos 30:
uma empresa com o olhar para você.

**HÁ 30 ANOS, A GENTE SÓ
TEM OLHOS PRA VOCÊ.**

2012

BANESTES

PROJETO DE IDENTIDADE VISUAL, SINALIZAÇÃO E BRANDING

O trabalho começou por uma extensa pesquisa de marcas de bancos no Brasil e no mundo. Mais de duas mil marcas foram cotejadas para obter o panorama do setor, seus caminhos gráficos e perspectivas visuais. A partir daí, consideraram-se as peculiaridades locais e a história do Banco do Estado do Espírito Santo (Banestes).

O mote do projeto foi o uso do B como sua representação iconográfica. O B de Banestes é o B de Banco, e por ser um B é previamente familiar, de fácil leitura e reconhecimento. Essa forma de fácil assimilação foi construída sobre elementos gráficos que simbolizam ativos conceituais do Banestes: abrangência, transparência, equidade e harmonia.

A representação da profundidade e o sentido tridimensional englobam a visão abrangente, um novo modo de olhar a partir dos vários pontos de vista necessários a um banco que quer acompanhar a contemporaneidade. A transparência foi evidenciada por meio da sobreposição de planos, permitindo que a representação gráfica se revele sem obstáculos e sem ocultar qualquer elemento.

A representação da equidade se dá pela igualdade dos elementos gráficos, em que duas partes do B constroem com sua transparência a mesma forma que sua profundidade. "A interseção da parte de cima com a parte de baixo do B formam uma nova cor através da transparência, gancho para o conceito da transparência, pois nada é oculto na marca", explica Jarbas Gomes. Já a representação da harmonia é construída pelo uso de cores e pela construção em sinergia de todos os elementos da composição – esses são indissociáveis, trabalhando em uma única força para obter o melhor resultado.

"O lettering foi construído especificamente para compor com a representação do ícone do Banestes e tem ajustes importantes em comparação com a tipografia habitual", diz Jarbas. Os dois pares de "ES" são trabalhados de forma diferente, formalmente para obter o melhor aproveitamento entre si; conceitualmente para diferenciar o primeiro "ES", que é derivado da palavra estado, do segundo que é derivado da sigla Espírito Santo. Para esse último par foi criada uma integração visual que demonstra a força da sigla no estado.

Uma particularidade do projeto foi trabalhar os signos de sinalização de áreas reservadas para os públicos de atendimento preferencial de forma não estereotipada e com grande limpeza visual, sem perder em clareza. Assim, em vez de recorrer aos velhos corcundas apoiados em bengalas, como é o habitual, o SRB propôs a instituição de "60+", que indica que a área é destinada a pessoas acima de 60 anos de idade, e com um signo – o sinal de mais – que conota mais um ganho do que uma perda.

ACIMA
Logotipo Banestes até 2012.
À DIREITA
Novo ícone para a marca Banestes.

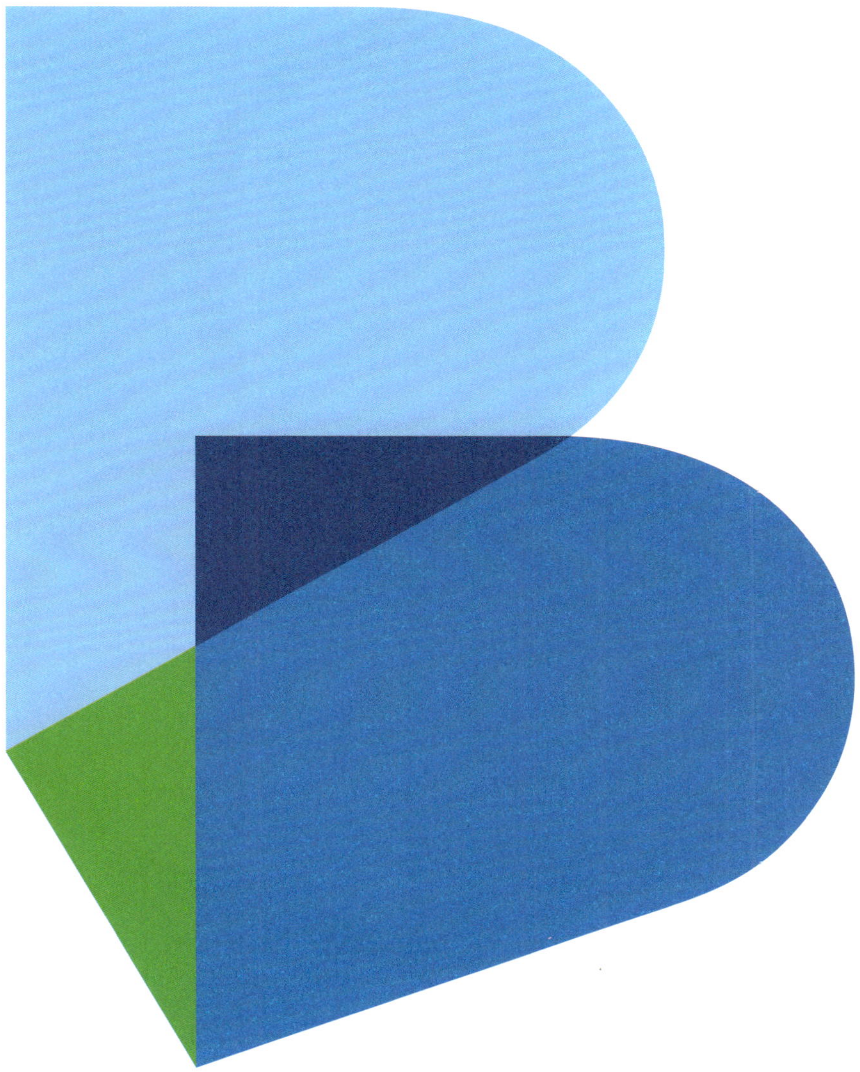

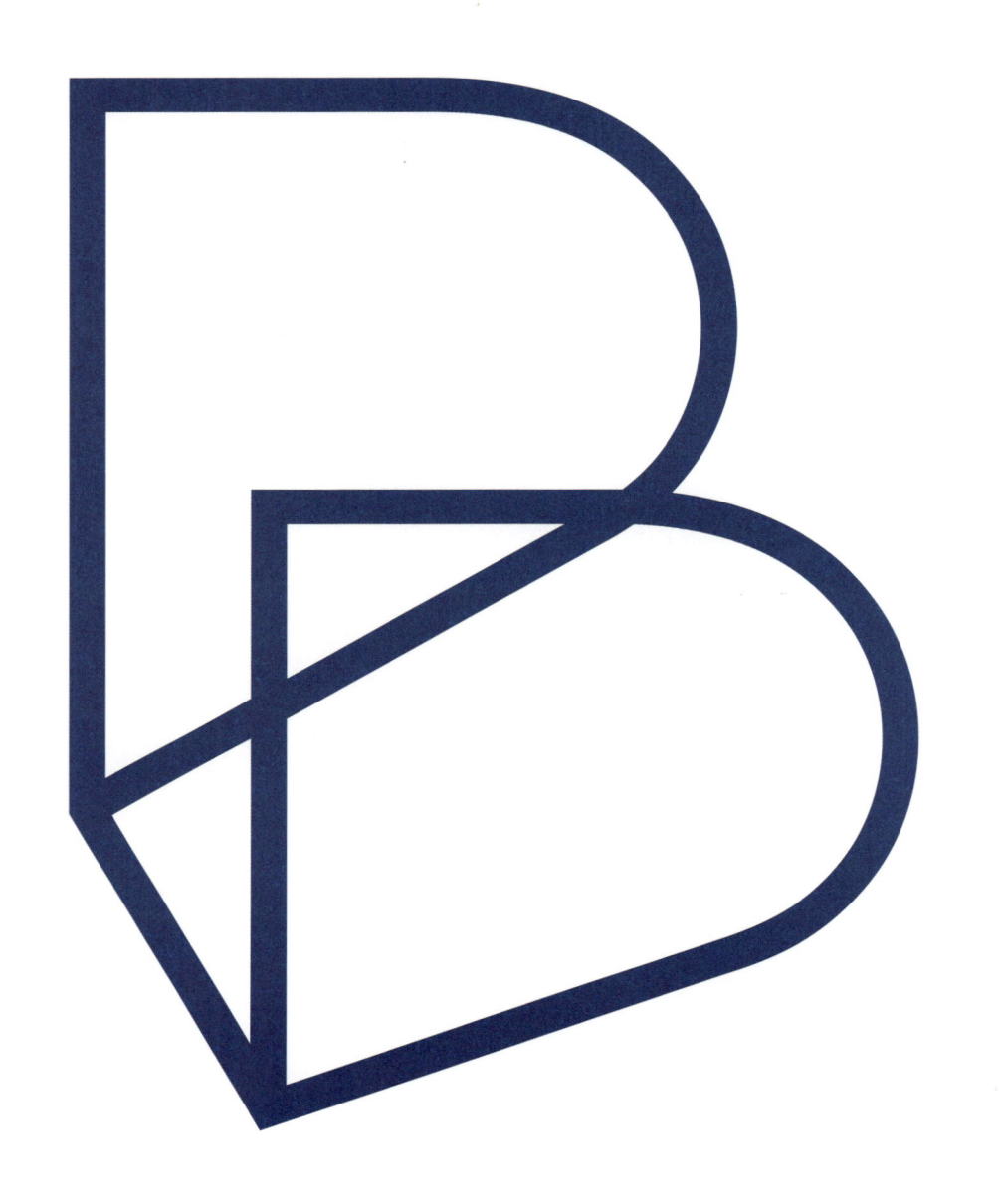

ACIMA
Assinatura Banestes em Outline.
À DIREITA
Sistema de Marcas de acordo com os seguimentos do Banestes.

BANESTES

BANESTES VALORES

BANESTES EMPRESARIAL

Sistema gráfico para linha de cartões de crédito.

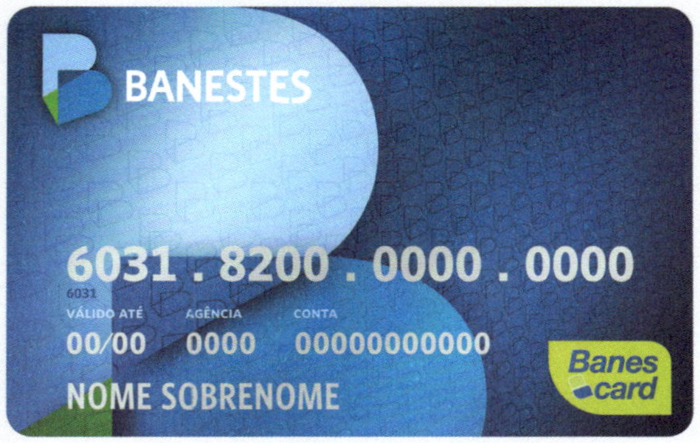
BANESTES
6031 . 8200 . 0000 . 0000
VÁLIDO ATÉ
AGÊNCIA
CONTA
00/00 0000 00000000000
NOME SOBRENOME
Banes card

BANESTES
4924 . 0100 . 0000 . 0000
VÁLIDO ATÉ
AGÊNCIA
CONTA
00/00 0000 00000000000
NOME SOBRENOME
VISA
ELECTRON

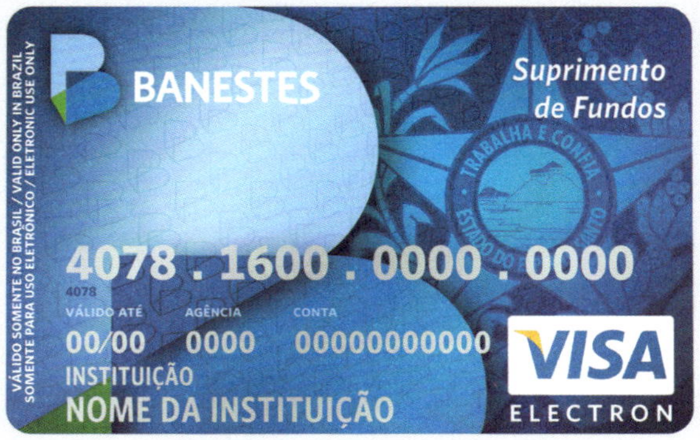
BANESTES
Suprimento de Fundos
4078 . 1600 . 0000 . 0000
VÁLIDO ATÉ
AGÊNCIA
CONTA
00/00 0000 00000000000
INSTITUIÇÃO
NOME DA INSTITUIÇÃO
VISA
ELECTRON

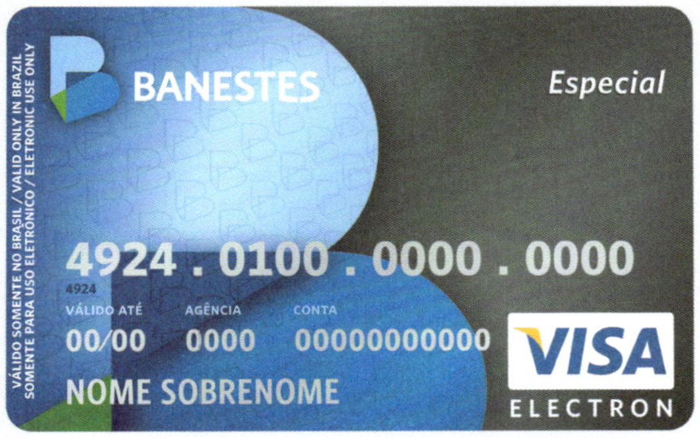
BANESTES
Especial
4924 . 0100 . 0000 . 0000
VÁLIDO ATÉ
AGÊNCIA
CONTA
00/00 0000 00000000000
NOME SOBRENOME
VISA
ELECTRON

BANESTES
Alimentação
5302 . 1000 . 0000 . 0000
VÁLIDO ATÉ
NOME SOBRENOME
00/00
BANESTES
BANES TIK

BANESTES
Prefeitura Municipal
TRABALHA E CONFIA
4078 . 1600 . 0000 . 0000
VÁLIDO ATÉ
AGÊNCIA
CONTA
00/00 0000 00000000000
MUNICÍPIO
NOME DO MUNICÍPIO
VISA
ELECTRON

BANESTES
Internacional
4513 4200 0000 0000
VALID DATE
00/00
NOME SOBRENOME
0000 00000000000
VISA

VALORES
International
4513 4200 0000 0000
GOOD THRU
00/00
NOME SOBRENOME
0000 00000000000
VISA

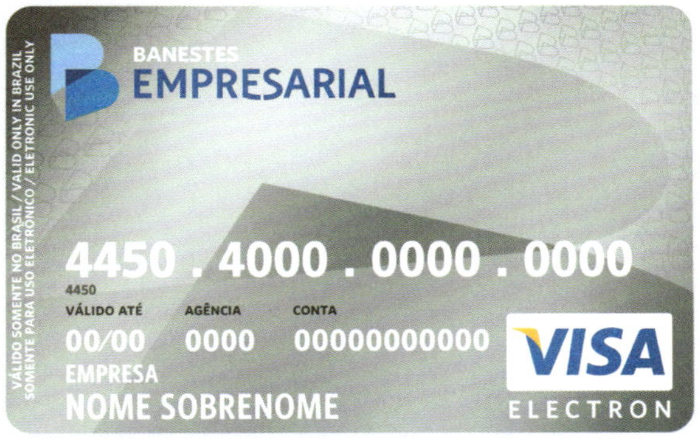
BANESTES
EMPRESARIAL
4450 . 4000 . 0000 . 0000
VÁLIDO ATÉ
AGÊNCIA
CONTA
00/00 0000 00000000000
EMPRESA
NOME SOBRENOME
VISA
ELECTRON

BANESTES
O BANCO DO ESPÍRITO SANTO

Vitória, 27 de Setembro de 2012.

Ilmo. Sr. José da Silva

Lorem ipsum dolor sit amet, consectetur adipiscing elit. Vivamus scelerisque congue rhoncus. Maecenas egestas, odio nec lacinia vehicula, nisl massa condimentum nisi, in malesuada nisl eros elementum mauris. Aenean blandit ligula non enim hendrerit eget semper turpis consequat. Aenean at quam eget est molestie egestas. Aliquam elementum pretium dui vel ornare. Nullam lorem nulla, aliquet ac rhoncus non, elementum ac libero. Duis vel quam nunc. Cras eu aliquet libero. Vestibulum ante ipsum primis in faucibus orci luctus et ultrices posuere cubilia Curae; Vestibulum vitae rhoncus metus. Integer vitae purus lorem. Sed quis augue neque, id gravida magna. Pellentesque sed enim id augue suscipit pretium ac eget tortor. Nam eu nunc ipsum, venenatis tincidunt quam. In lacinia elementum erat sed vestibulum.

In non lectus in urna dictum luctus. Quisque dignissim odio ipsum, commodo blandit lorem. Aenean blandit accumsan ultricies. Etiam non nisi est. Ut cursus lobortis sem, ac fringilla mauris posuere vitae. Etiam id est nec dolor posuere facilisis. Morbi semper pellentesque adipiscing. Vestibulum placerat justo vel tortor accumsan tempus. Morbi ac tristique urna. Quisque placerat nisi sed nisl mattis sed semper quam pretium. Duis ut nibh est, eu feugiat sapien. Duis aliquet augue ut quam posuere facilisis. Nunc lacinia fermentum leo ac malesuada. Integer felis metus, lacinia vel pulvinar at, porta et dolor. Cras vestibulum suscipit tempor. In hac habitasse platea dictumst.

Vivamus tempus dapibus lorem sed ornare. Suspendisse dolor mi, cursus eu commodo et, volutpat vitae felis. Morbi eget neque lorem, in ultrices neque. Proin vulputate mi in odio elementum dapibus. Curabitur dolor orci, vehicula eget convallis eget, tincidunt feugiat diam. Fusce tempus, dui nec mollis suscipit, nulla dolor volutpat mauris, eu pretium magna nisl id odio. Phasellus a sapien faucibus odio accumsan egestas.

Vestibulum et ligula odio. Vestibulum sit amet erat velit. Sed ut eleifend erat. Donec bibendum, neque quis aliquam posuere, augue mauris interdum odio, quis rhoncus dui mauris at nunc. Sed lectus turpis, porttitor sed scelerisque at, dignissim non mi. Pellentesque sed est nisi, at consectetur lacus. Integer non mi diam. Cum sociis natoque penatibus et magnis dis parturient montes, nascetur ridiculus mus. Donec nisi nisl, laoreet vitae pharetra ac, pharetra non mi.

Maria José Costa

BANESTES S.A. - BANCO DO ESTADO DO ESPÍRITO SANTO
Av. Princesa Isabel, 574 - Ed. Palas Center, Bloco B, 5º Andar
Centro, Vitória - ES - CEP 29010-360
t. (27) 3383-1247   f. (27) 3383-1277
www.banestes.com.br

À ESQUERDA
Papelaria derivada do Sistema de Identidade Visual.

ACIMA, À DIREITA
Interior da agência Valores.

À DIREITA
Ícones desenvolvidos para sinalização interna, com destaque para a inovadora representação do público idoso, referindo-se de modo positivo e sem estereótipos.

DESIGN EDITORIAL

Em vários projetos corporativos e institucionais do Studio surgiram desdobramentos na área de publicações especiais. Ronaldo vinha flertando com o segmento editorial desde os anos 1980, produzindo ilustrações e capas de livros ou, ainda, catálogos de exposições.

Ao se fixar no Espírito Santo, passou a produziu uma série de publicações diretamente relacionadas a empresas e patrimônios culturais locais. Integram esse conjunto os livros Livro de Receitas Mosteiro Zen Morro da Vargem e Companhia Siderúrgica de Tubarão (1973-2005): A História de uma Empresa, as obras O Convento da Penha. Fé e Religiosidade do Povo Capixaba e Primo Bitti - A Construção de Aracruz, os Relatórios Anuais 2007 e 2008 da Unimed Vitória e o livro Coimex – 65 Anos.

O segmento de design editorial se enriqueceu ainda com a concepção gráfica de uma série de livros sobre artes – entre eles Maria Martins, Escultora dos Trópicos, de autoria de Graça Ramos; Sérgio Bernardes, com a organização de Kykah Bernardes e Lauro Cavalcanti; e Newton Rezende, publicado no Rio de Janeiro com textos de Ferreira Gullar e Mauro Villar.

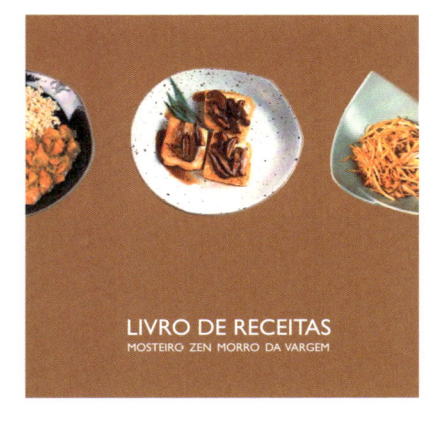

Livro de Receitas Mosteiro Zen Morro da Vargem, 2003.

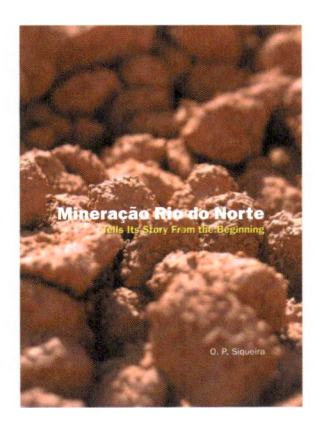

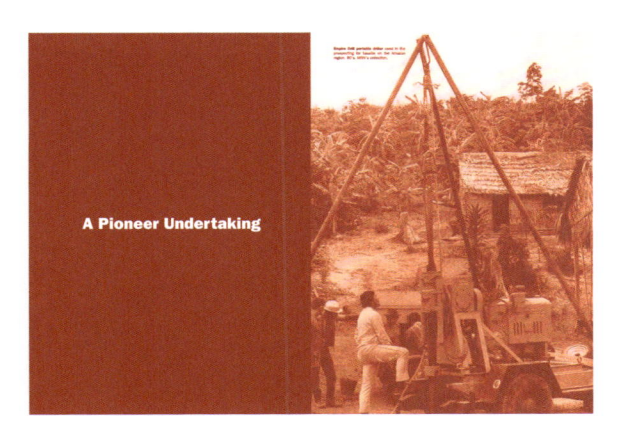

Mineração Rio do Norte, Uma Empresa Que Faz e Conta, 2003.
Mineração Rio do Norte, Tells It History From the Beggining. 2005.

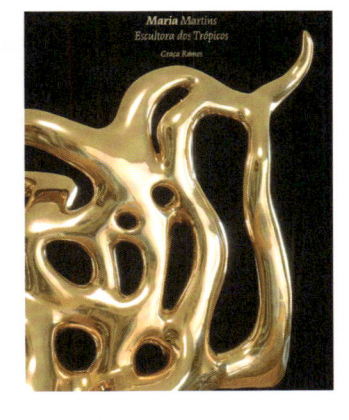

Maria Martins, Escultora dos Trópicos, 2009.

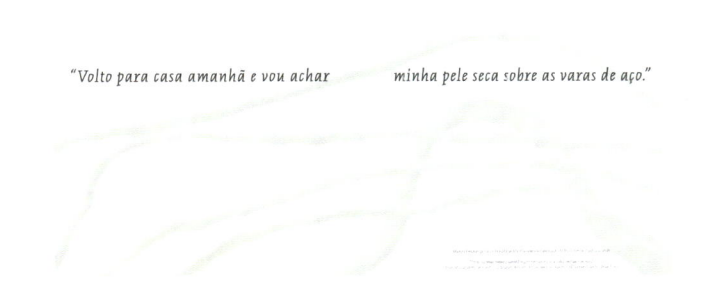

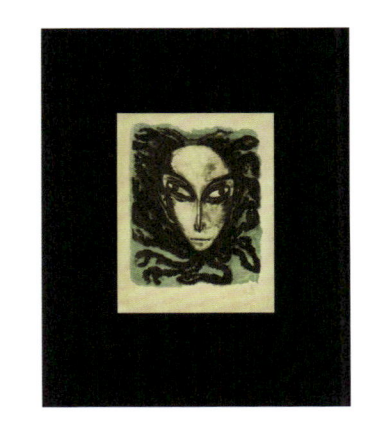

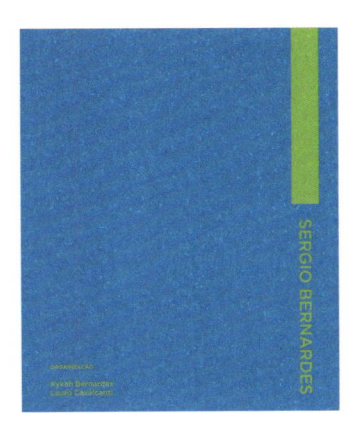

Sergio Bernardes, 2010.

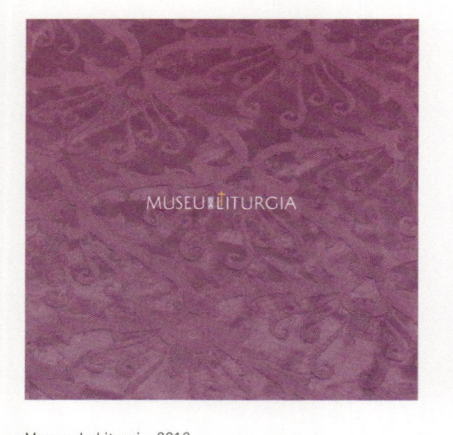

Museu da Liturgia, 2012.

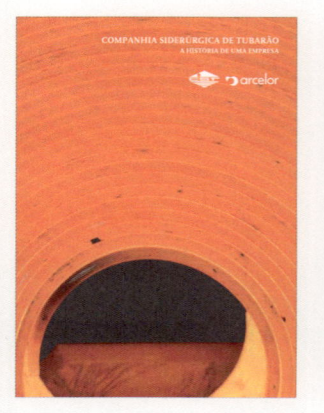

Companhia Siderúrgica de Tubarão, A História de Uma Empresa, 2005.

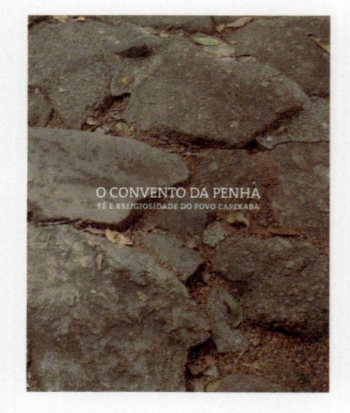

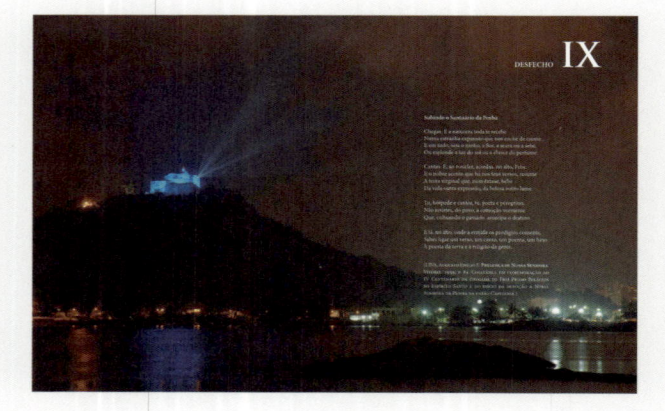

Convento da Penha, Fé e Religiosidade do Povo Capixaba, 2003.

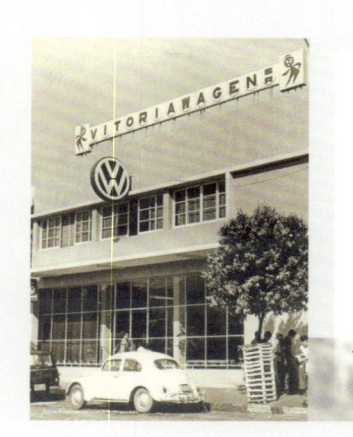

65 Anos Coimex, 2014.

Catálogo de Joias Sueli Chieppe, 2001.

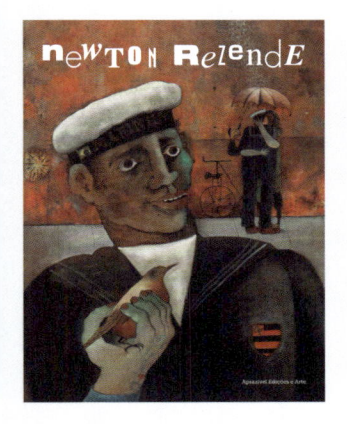

Newton Rezende, 2014.

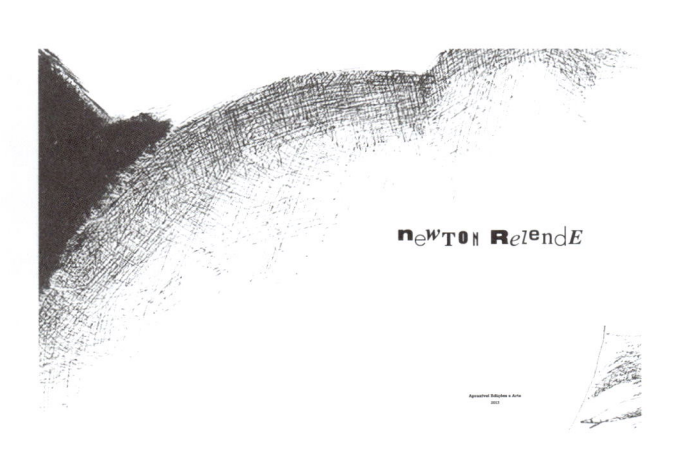

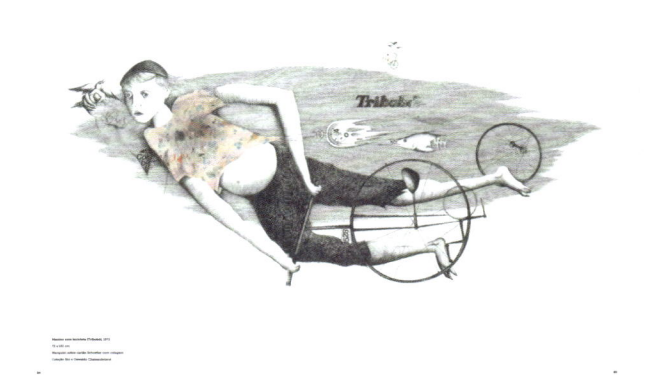

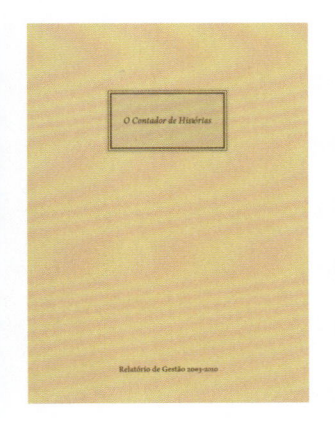

Relatório de Gestão 2003-2010 Bandes, 2010.

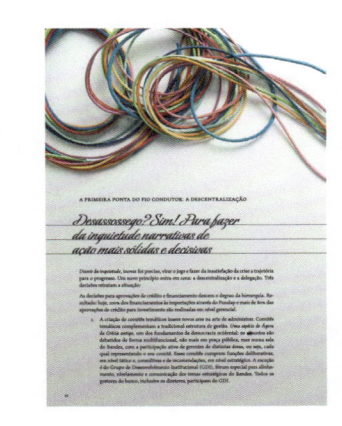

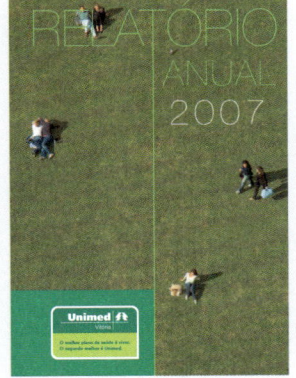

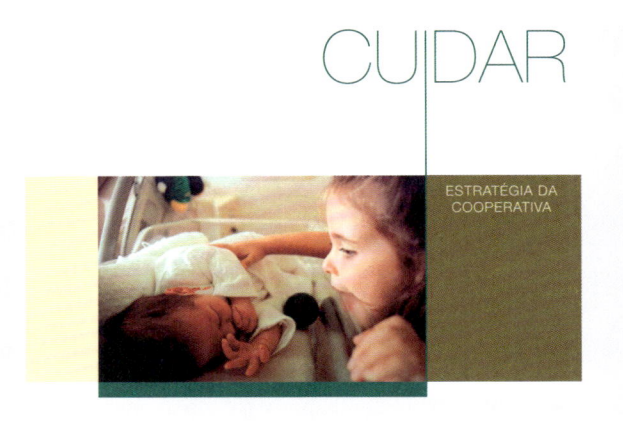

Relatório Anual Unimed Vitória, 2007.

EXPOGRAFIA,
UMA TRILHA QUE SE ALARGA

São muitas as áreas do design. O profissional da área pode fazer de marcas a cartazes, de móveis a xícaras, de sistemas de transporte a sinalização urbana, de roupas a ambientações. Alguns profissionais se restringem a uma especialidade, enquanto outros abraçam a disciplina de forma total. O Studio Ronaldo Barbosa tem essa visão aberta e transversal, e uma de suas áreas de maior atividade tem sido o design de exposições e museus.

Tecnicamente se emprega desde o início dos anos 1990 a palavra expografia para designar o trabalho de conceber uma linguagem (uma grafia) às exposições. A principal interlocução do design expográfico é a curadoria, que dá o fio condutor *do que* vai ser exposto e *por quê*. O designer vai se encarregar do *como* expor, traduzindo o conceito curatorial por meio dos espaços cheios e vazios, dos suportes dos objetos, dos painéis explicativos etc. Maior ou menor dramaticidade na forma de expor, de iluminar, de usar ou não as cores são algumas das variáveis definidas caso a caso, em interação com equipes multidisciplinares.

O Studio Ronaldo Barbosa atua nessa área em três frentes. Uma é a dos Centros de Memória Empresarial, que se disseminaram no Brasil na década de 1990, quando as empresas perceberam o ganho que teriam em preservar e compartilhar a sua própria história com seus públicos internos e externos. A segunda é a das exposições culturais temporárias. A terceira é o design dos próprios museus e de suas exposições permanentes. Nas próximas páginas apresentam-se em ordem cronológica algumas das realizações do SRB nesses campos de atuação.

MUSEUS

SALVADOR, BA, 1997

MUSEU NÁUTICO DA BAHIA

Entre 1996 e 1997, o SRB realizava um projeto de comunicação visual para o Grupo Cepemar, da área de engenharia ambiental, quando recebeu um convite inusitado para atuar num projeto da Marinha do Brasil, que estava sendo patrocinado pelo Banco Real (mais tarde incorporado pelo Santander) e pelo próprio Grupo Cepemar, por meio de sua fundação, a Promar. Tratava-se de um museu no Forte de Santo Antônio da Barra – o Farol da Barra, em Salvador (BA) –, a mais antiga construção militar destinada à defesa da costa no Brasil, edificada pelos portugueses.

Desde 1974 funcionava ali o Museu de Hidrografia e Navegação, mas pretendia-se instalar no local um novo museu que teria como foco a história da própria fortaleza, suas várias transformações ao longo dos séculos e a evolução da navegação da Bahia, em especial o naufrágio do Galeão Sacramento, em 1668, que legou à Baía de Todos os Santos uma vasta arqueologia submarina. O espaço se transformou em um dos mais importantes patrimônios culturais da cidade.

FICHA TÉCNICA
REALIZAÇÃO
Fundação Promar e Banco Real
CONCEPÇÃO, DESIGN E EXPOGRAFIA
Ronaldo Barbosa
Maria Clara Rodrigues
COMUNICAÇÃO VISUAL
Studio Ronaldo Barbosa

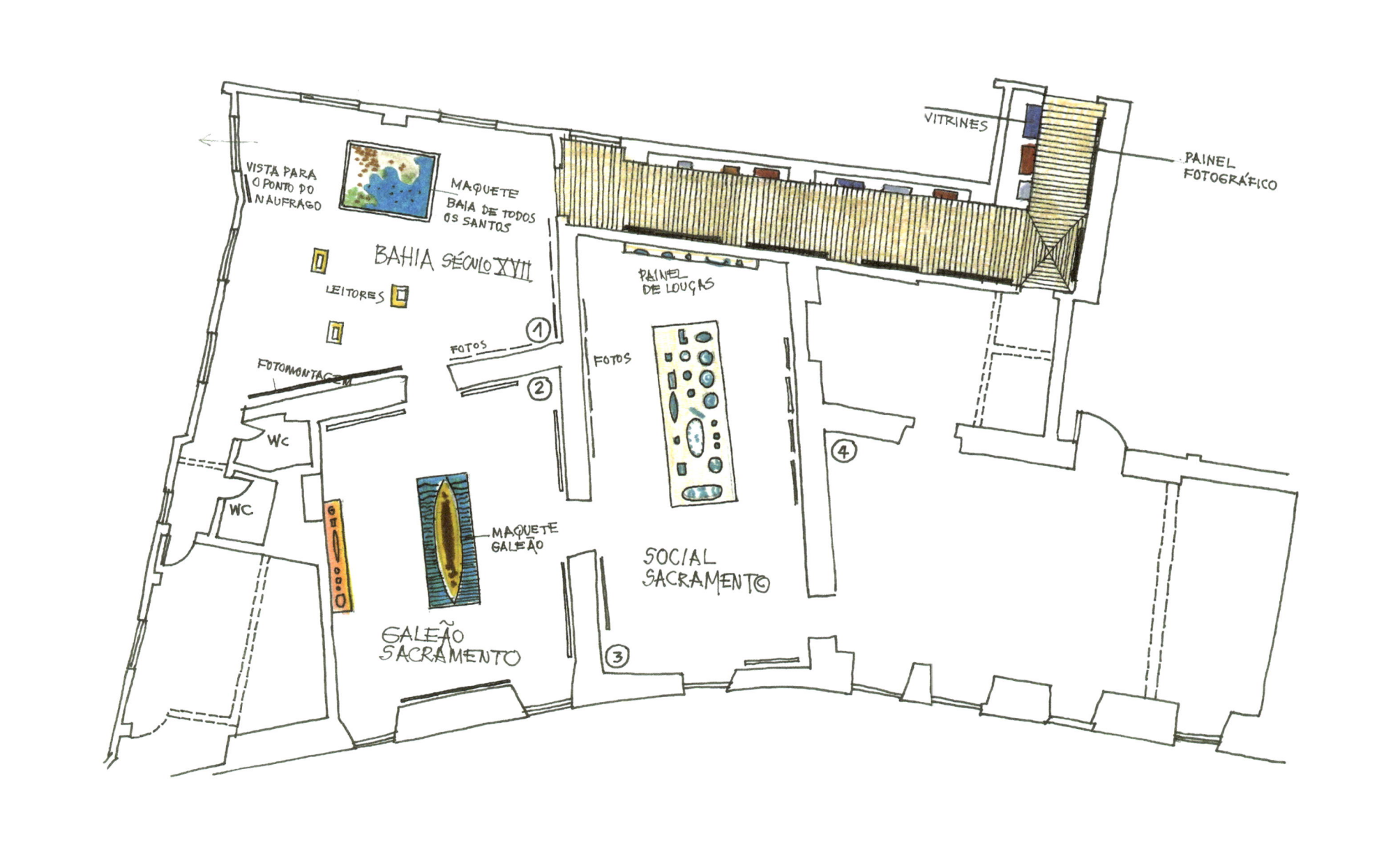

VISTA PARA O PONTO DO NAUFRAGO

MAQUETE BAIA DE TODOS OS SANTOS

BAHIA SÉCULO XVII

LEITORES

VITRINES

PAINEL FOTOGRÁFICO

PAINEL DE LOUÇAS

FOTOMONTAGEM

FOTOS ①
FOTOS ②

WC
WC

MAQUETE GALEÃO

GALEÃO SACRAMENTO

③

SOCIAL SACRAMENTO

④

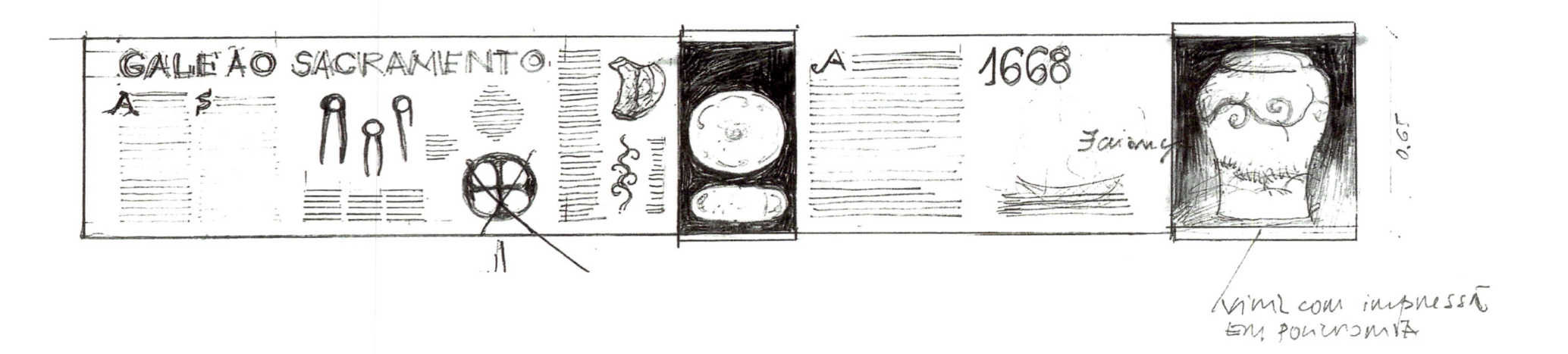

GALEÃO SACRAMENTO

1668

Vaso com impressão em policromia

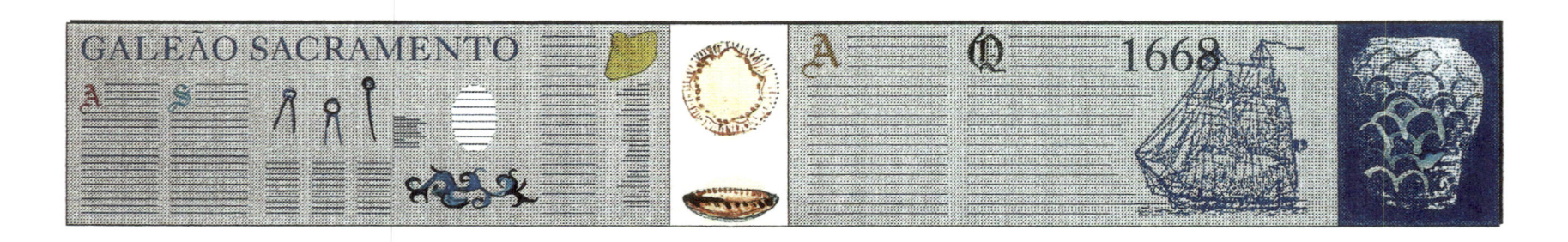

GALEÃO SACRAMENTO

1668

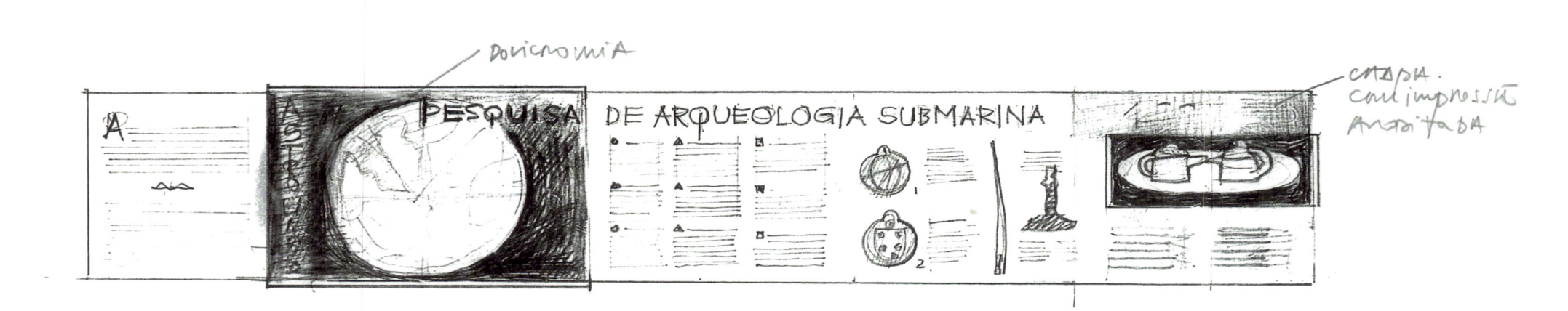

policromia

PESQUISA DE ARQUEOLOGIA SUBMARINA

chapa com impressão antecipada

PESQUISA DE ARQUEOLOGIA SUBMARINA

ASTROLÁBIO

À ESQUERDA

Layouts à mão e eletrônicos para comunicação visual de painéis expositivos.

À DIREITA
Layouts eletrônicos com intervenção em aquarela
para catálogo do Museu.

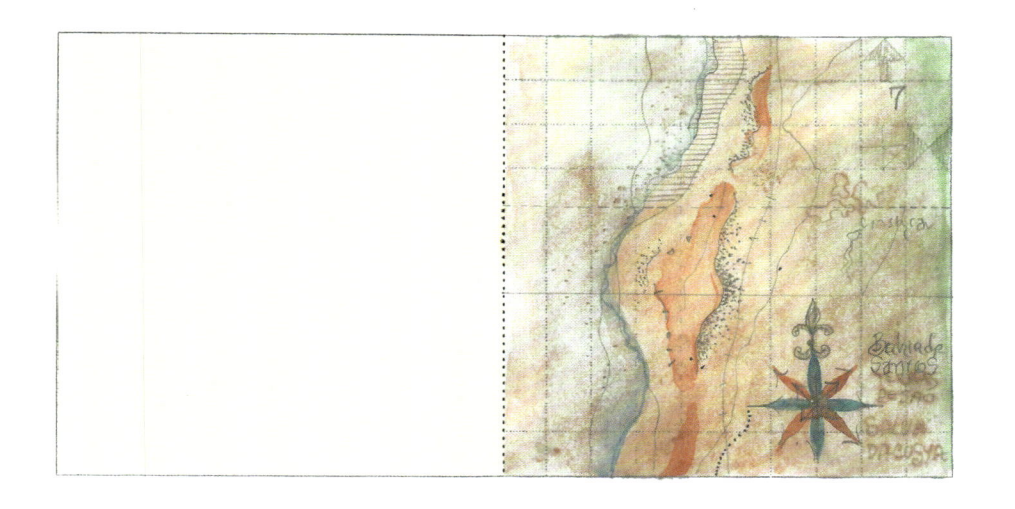

ARQUEOLOGIA

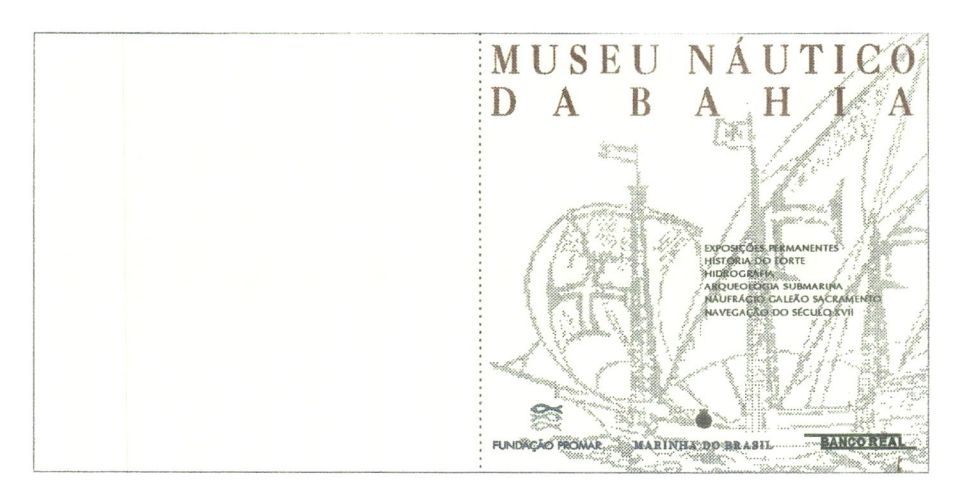

MUSEU NÁUTICO DA BAHIA

EXPOSIÇÕES PERMANENTES
HISTÓRIA DO FORTE
HIDROGRAFIA
ARQUEOLOGIA SUBMARINA
NAUFRÁGIO GALEÃO SACRAMENTO
NAVEGAÇÃO DO SÉCULO XVII

FUNDAÇÃO PROMAR MARINHA DO BRASIL BANCO REAL

GALEÃO SACRAMENTO
~1668~

Galeota

FUNDAÇÃO PROMAR

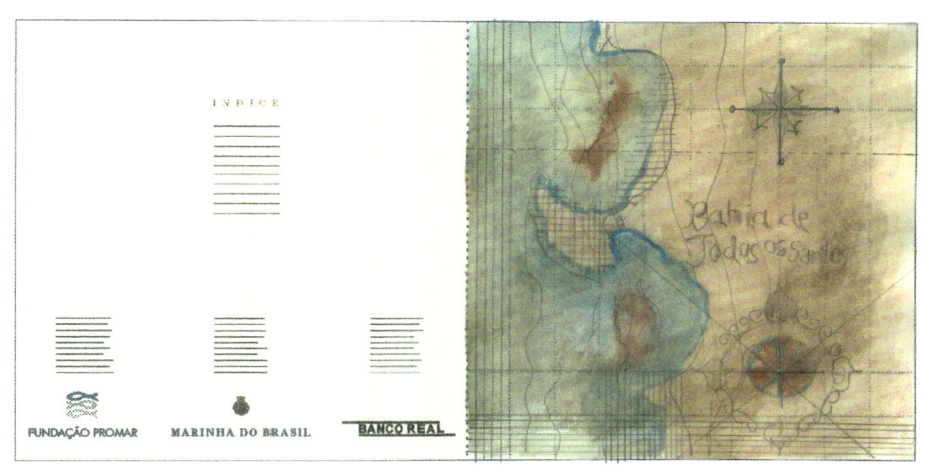

ÍNDICE

FUNDAÇÃO PROMAR MARINHA DO BRASIL BANCO REAL

Bahia de Todos os Santos

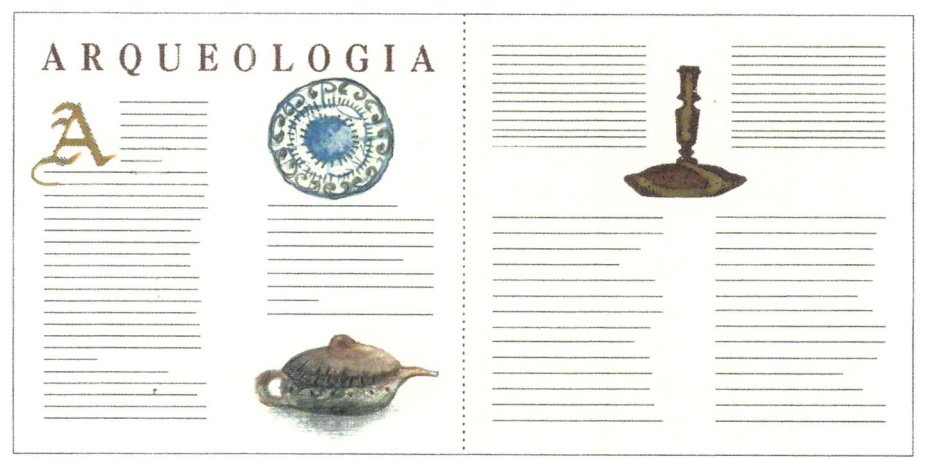

SALINAS, MG, 2012

MUSEU DA CACHAÇA DE SALINAS

Salinas, em Minas Gerais, concentra o maior número de produtores de cachaça de alambique do Brasil. O setor representa mais de 30% de toda a atividade econômica do município. Também é o único lugar do país que oferece curso de nível superior relacionado ao segmento. O Museu da Cachaça apresenta exposições sobre a história da bebida, e seu ciclo de produção, do plantio ao processo da cana-de-açúcar em engenhos antigos e atuais.

O projeto do prédio é da conhecida arquiteta mineira Jô Vasconcellos, que se apropriou de uma característica marcante da arquitetura vernacular: o uso de cores fortes nas fachadas. Jô optou pelo uso exclusivo do azul-anil e por um agrupamento de volumes sólidos variáveis em largura, comprimento e altura. Pela linearidade descontínua dos quase 200 metros entre as duas extremidades, o prédio foi apelidado de Trem pelos moradores da cidade.

A expografia foi concebida paralelamente ao projeto de arquitetura. Ambas as equipes trabalharam suas concepções e soluções em conjunto, ao longo do processo de desenvolvimento. As linhas retas e a museografia limpa proporcionam ao visitante uma experiência espacial diferente da usual na região.

O trajeto museográfico tem 300 metros lineares. Um dos maiores destaques é a Sala das Garrafas, onde se exibem as cachaças antigas e atuais de toda a região numa torre, com paredes e tetos espelhados e prateleiras transparentes que criam a ilusão de que se está numa biblioteca composta por garrafas. Outros materiais usados na exposição são o concreto, o vidro e a madeira. Em 2015, o portal internacional de arquitetura ArchDaily incluiu o Museu da Cachaça de Salinas em seleção dos 20 "mais incríveis museus do século 21".

FICHA TÉCNICA
REALIZAÇÃO
Governo do Estado de Minas Gerais
Secretaria de Estado de Cultura
Prefeitura Municipal de Salinas
ARQUITETURA
Jô Vasconcellos
MUSEOLOGIA
Silvania Nascimento
EXPOGRAFIA
Ronaldo Barbosa
DESIGN GRÁFICO
Studio Ronaldo Barbosa
FOTOGRAFIAS EXPOSITIVAS
Miguel Aun

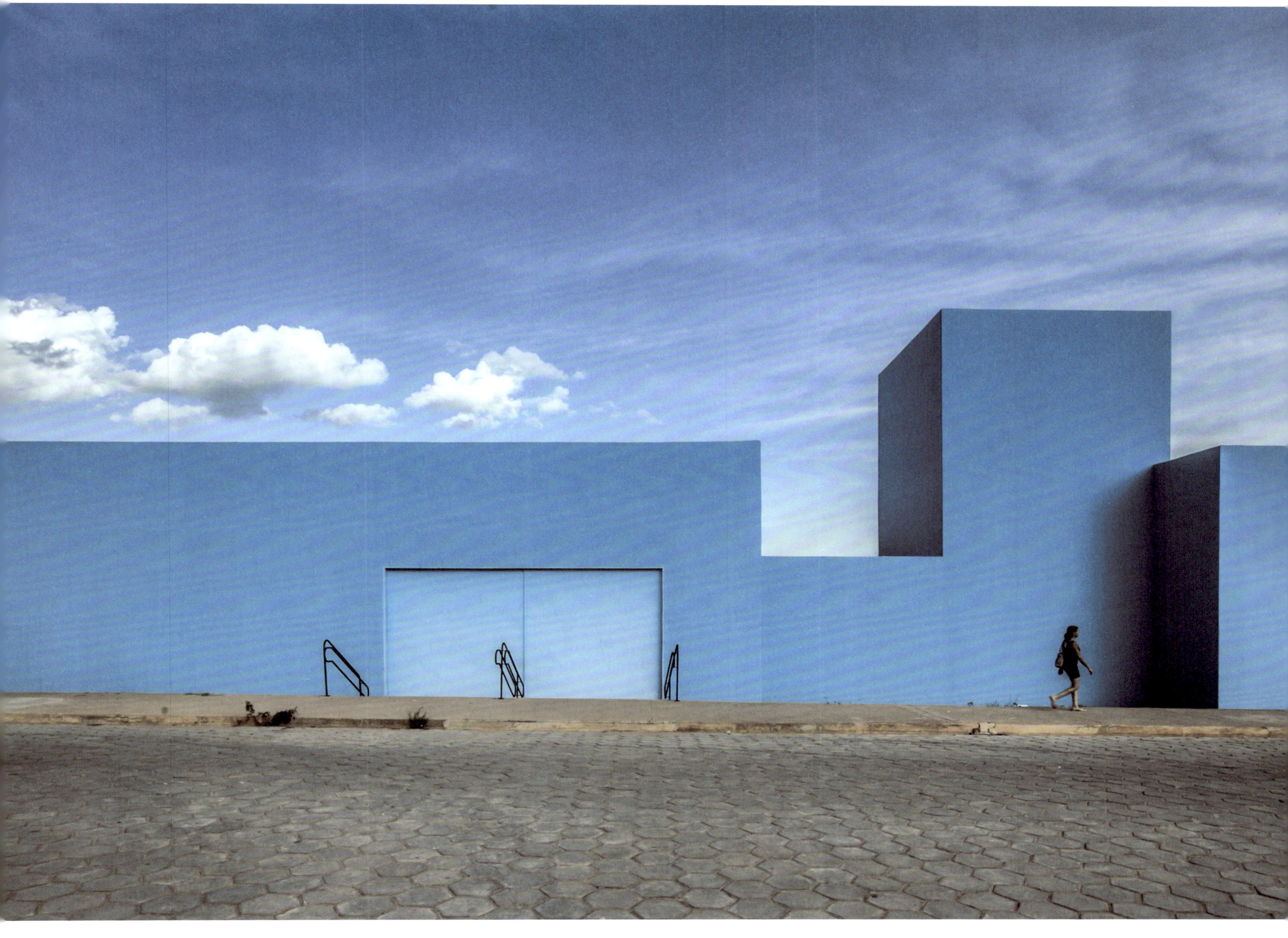

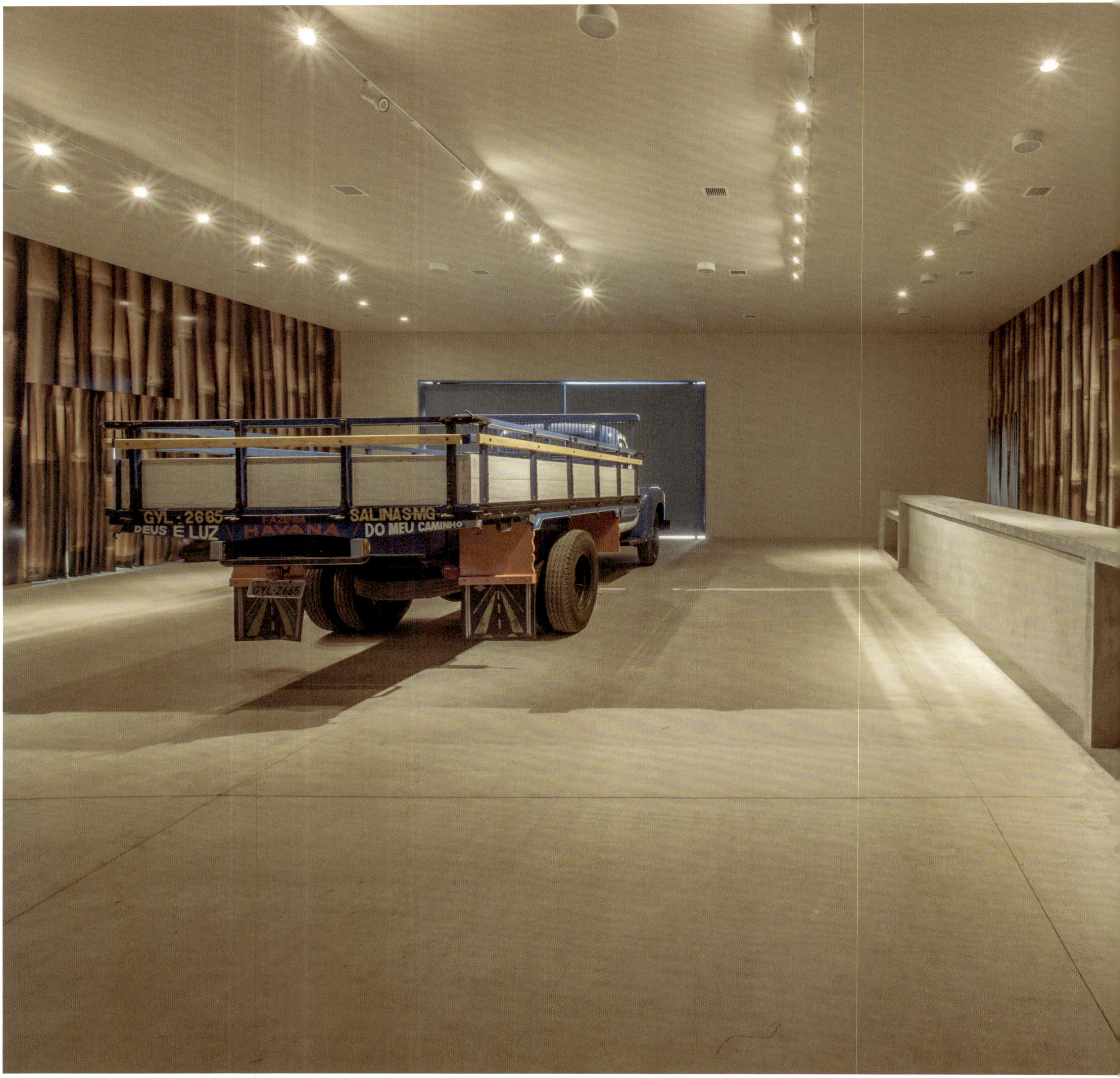
GYL-2665
SALINAS-MG
DEUS É LUZ
HAVANA
DO MEU CAMINHO

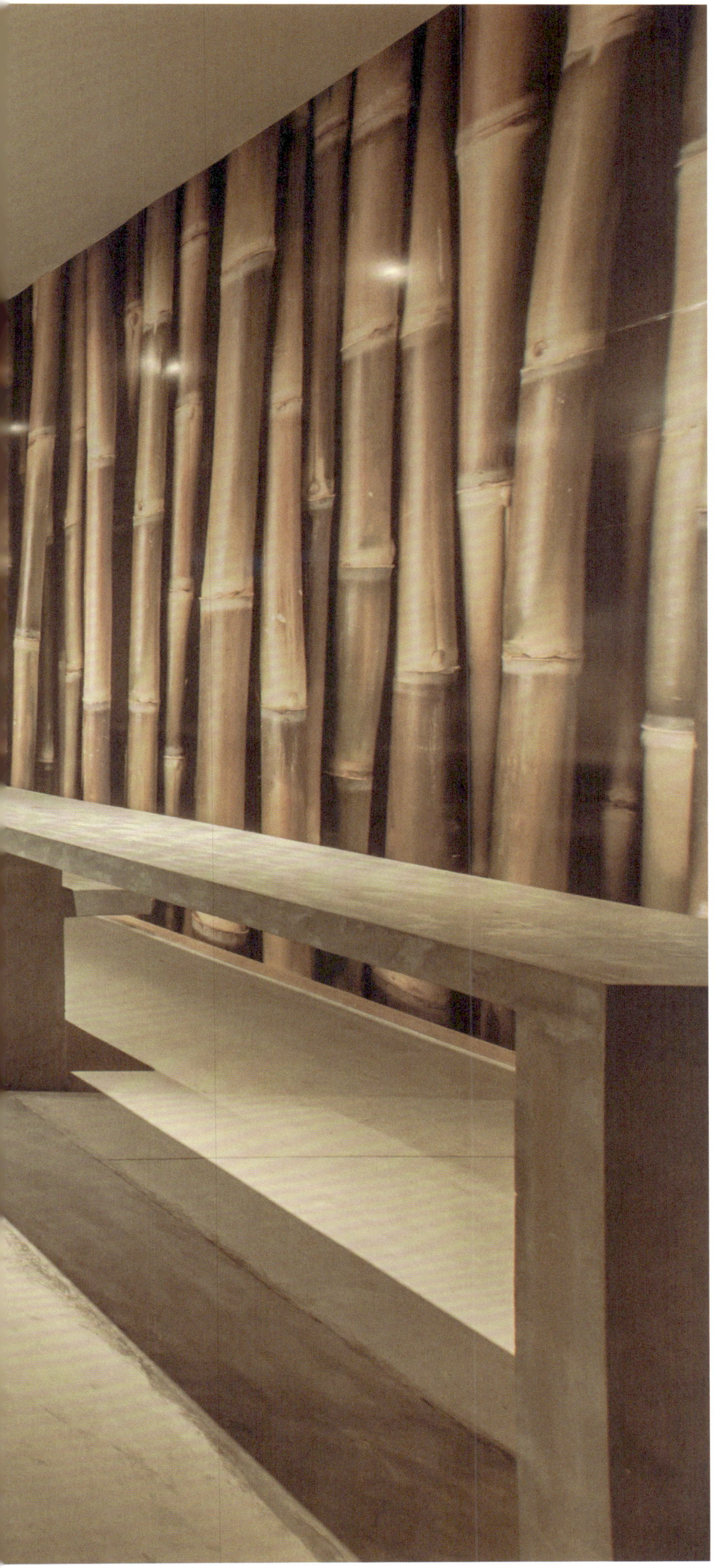

Brasileira
Indústria Brasileira
670 ml
NÃO CONTÉM GLÚTEN
INDÚSTRIA BRASILEIRA
600 ml
CNPJ: 25.184.490/0001-54
INSC. EST. 570.554871.0048
HAVANA
INGREDIENTE:
MOSTO FERMENTADO DO CALDO DE CANA-DE-AÇÚCAR
ARMAZENADA EM BÁLSAMO
Salinas - M.Gerais
NÃO CONTÉM GLÚTEN
INDÚSTRIA BRASILEIRA
600 ml
INGREDIENTE:
ARMAZENADA EM BÁLSAMO
VALIDADE INDETERMINADA

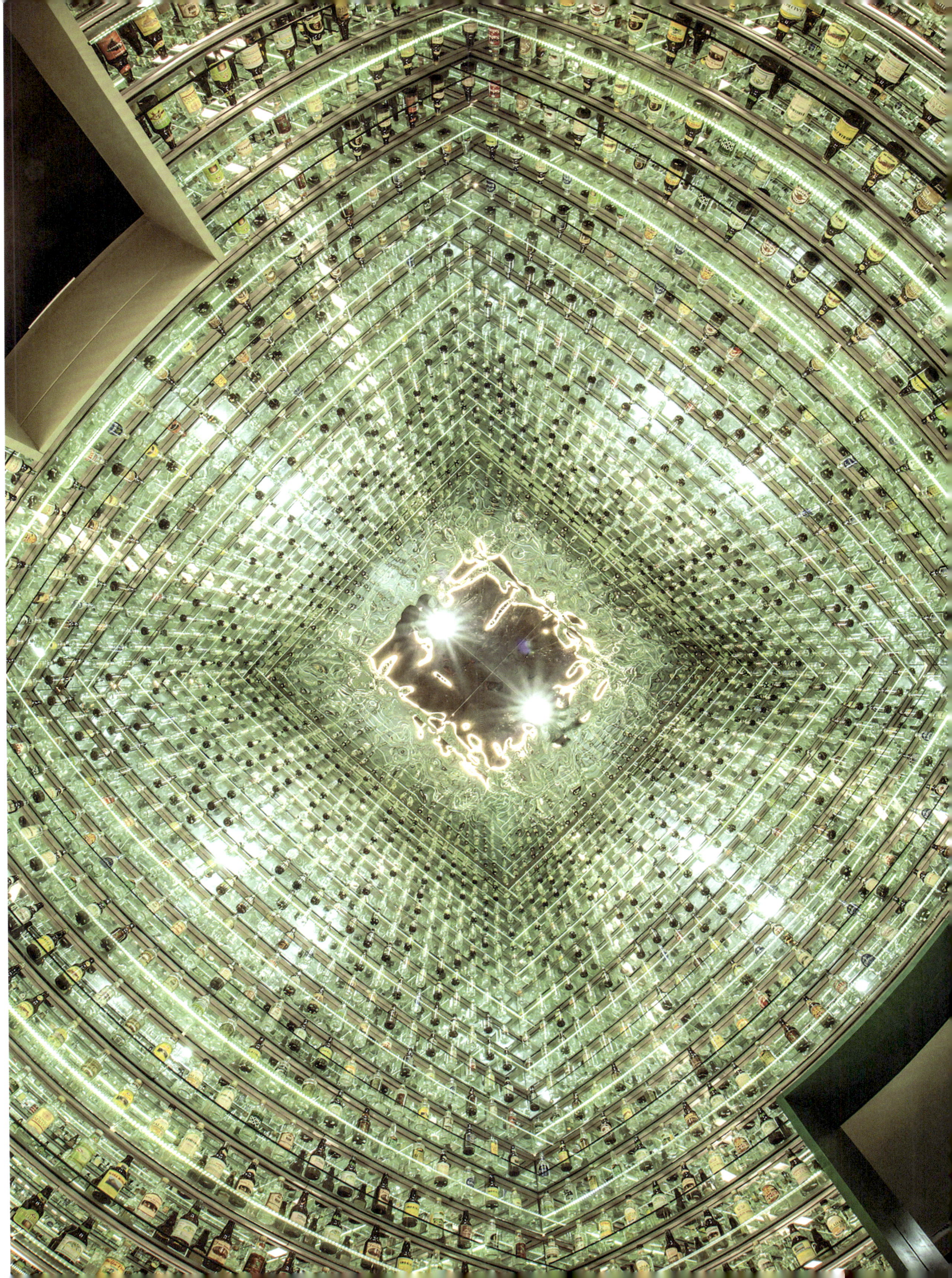

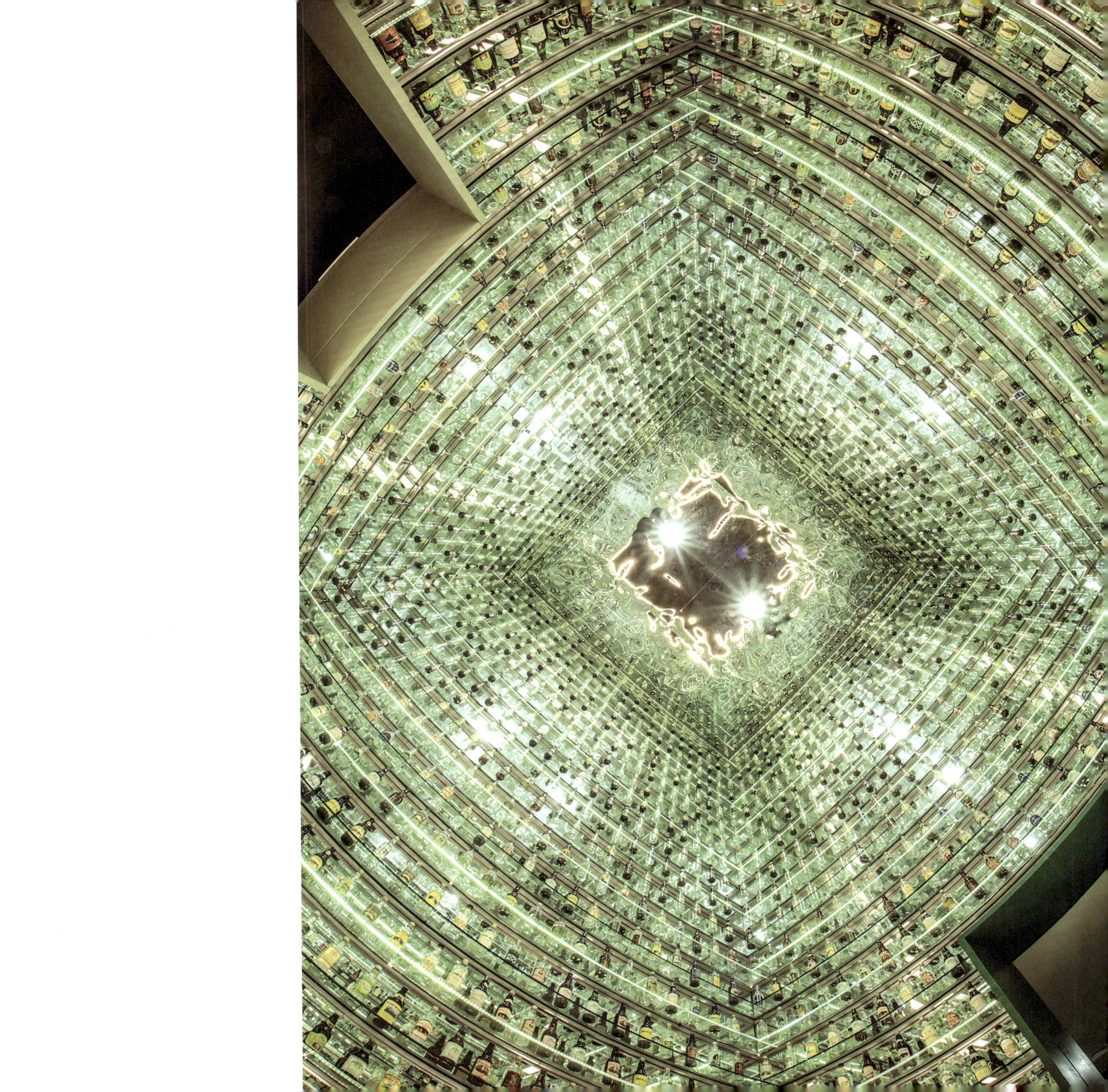

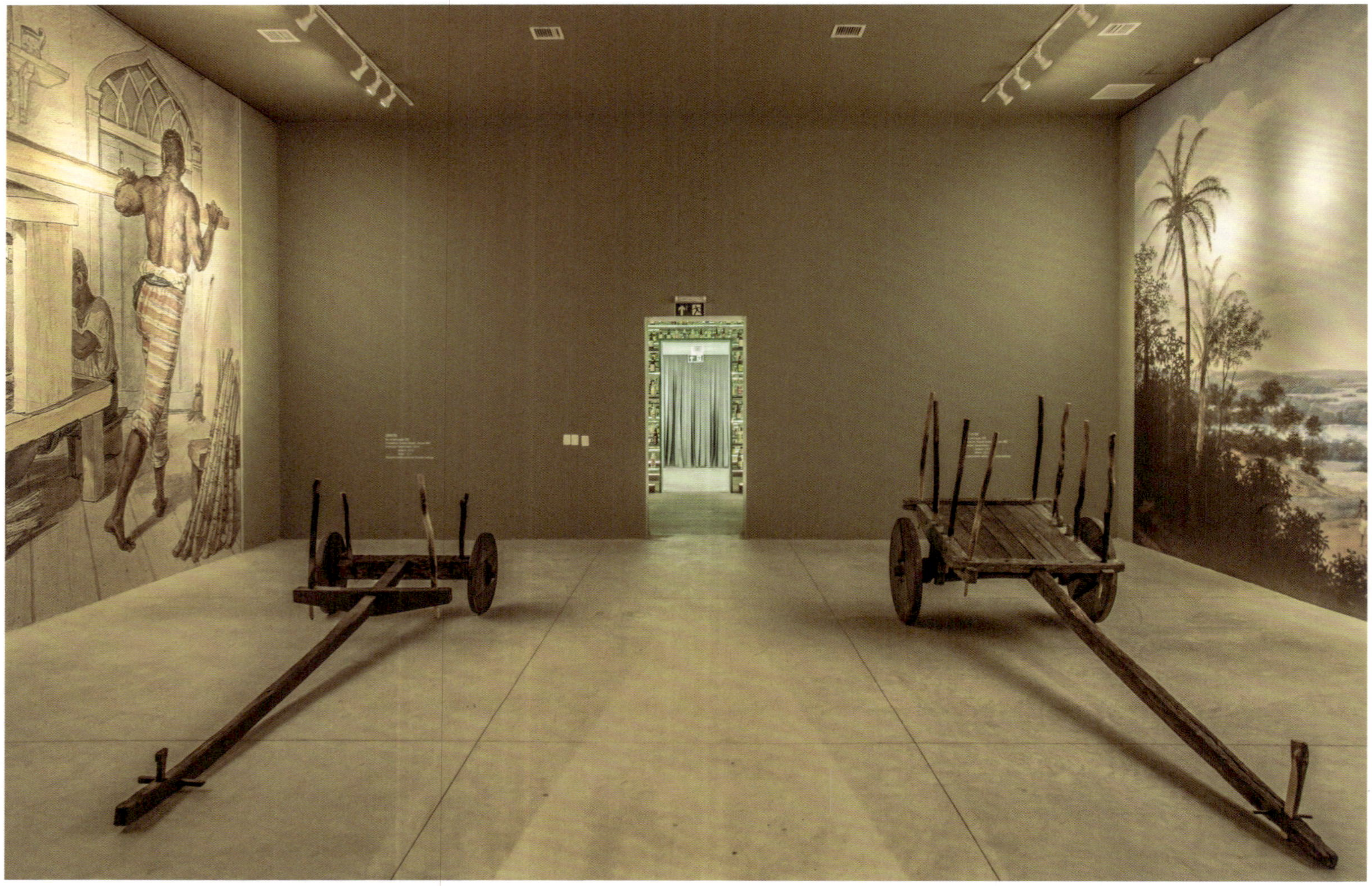

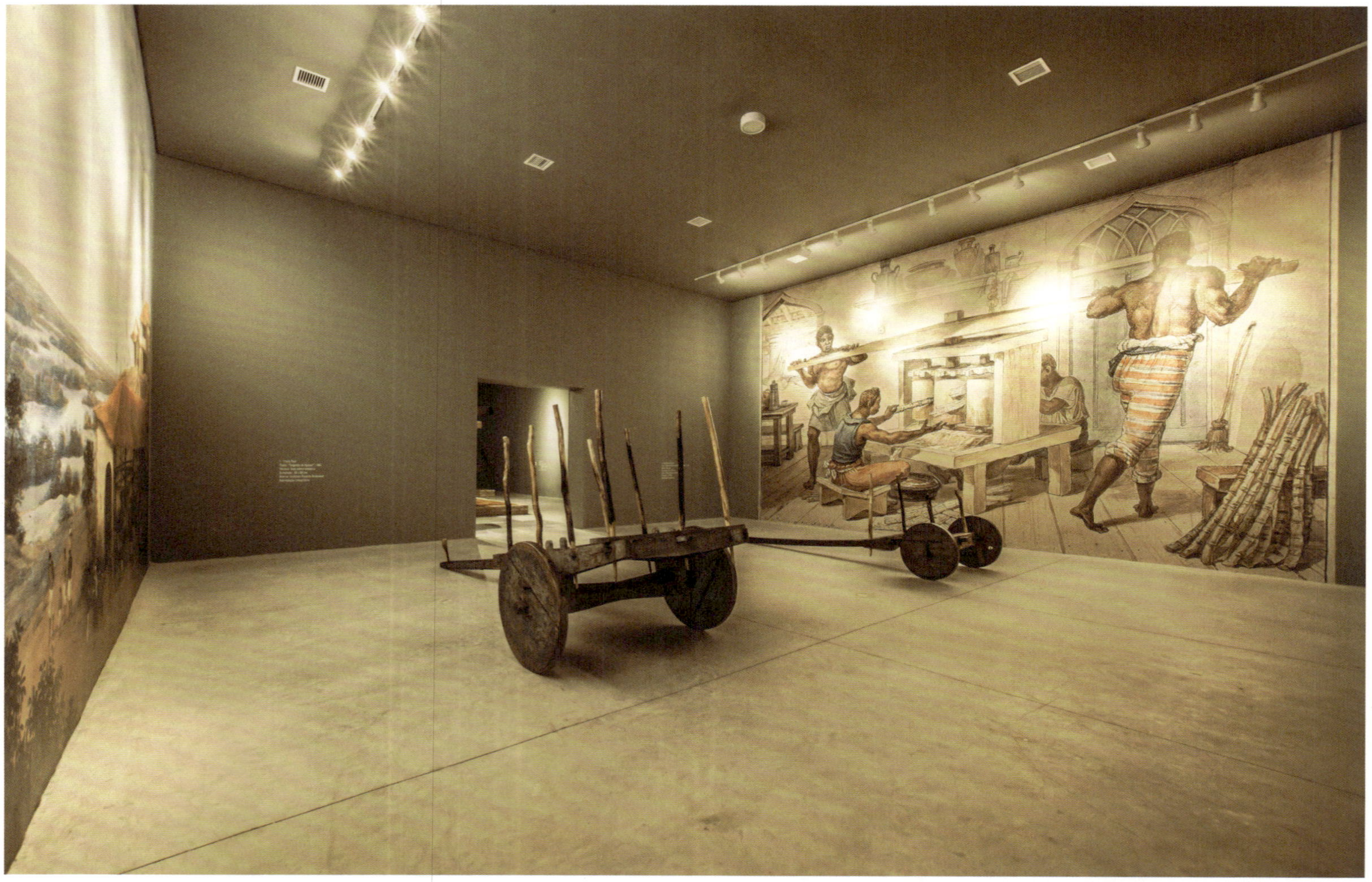

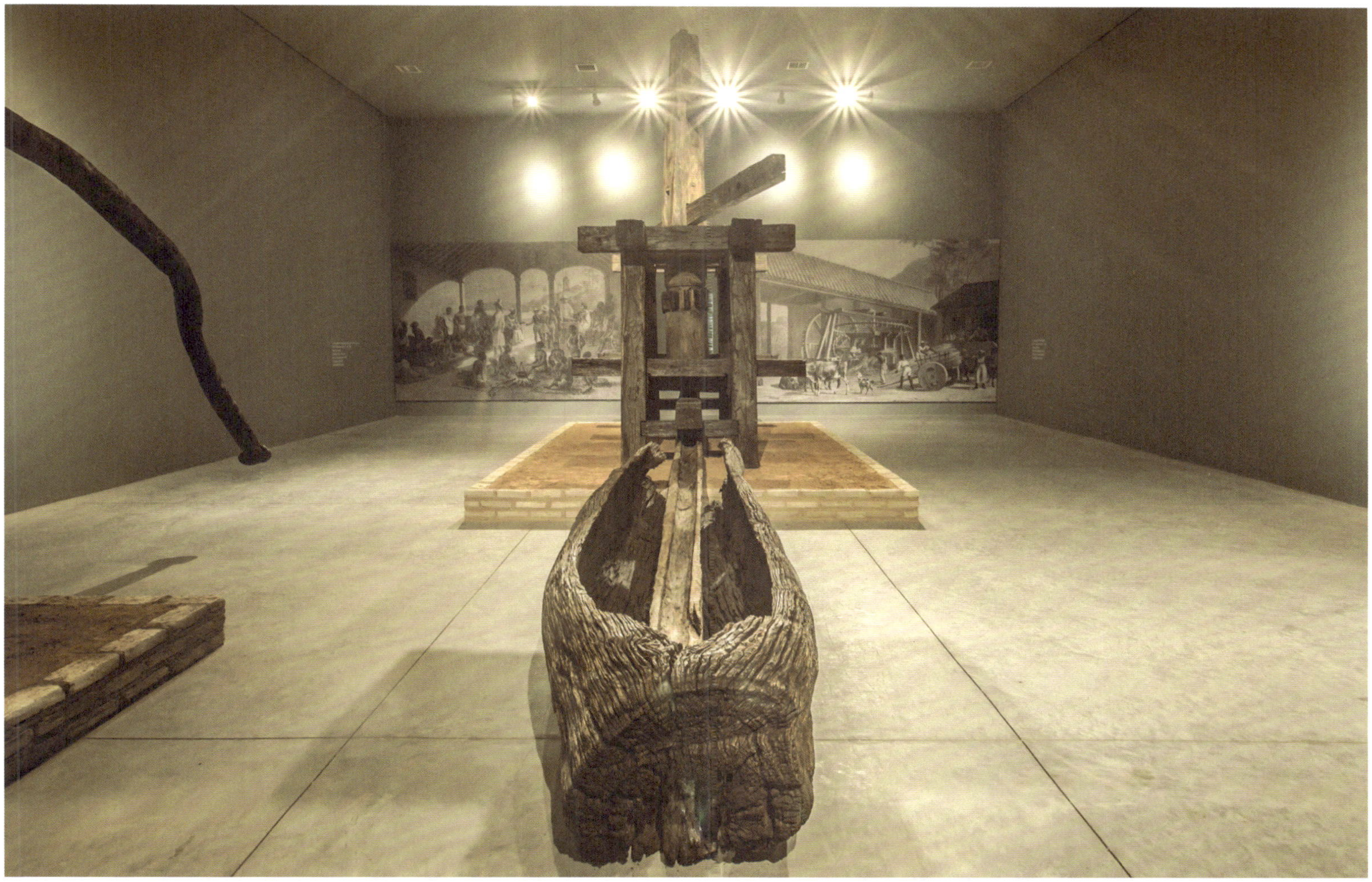

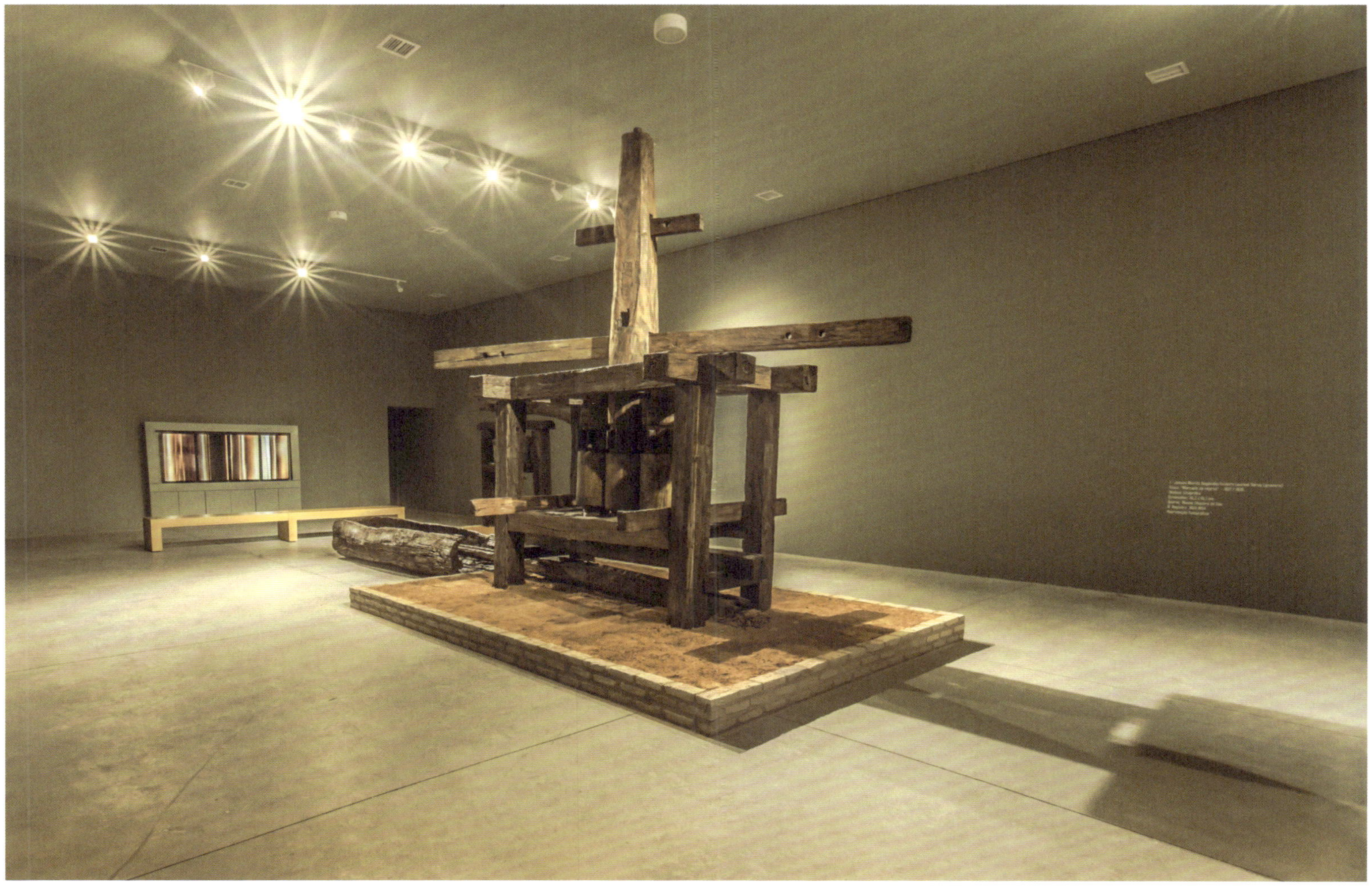

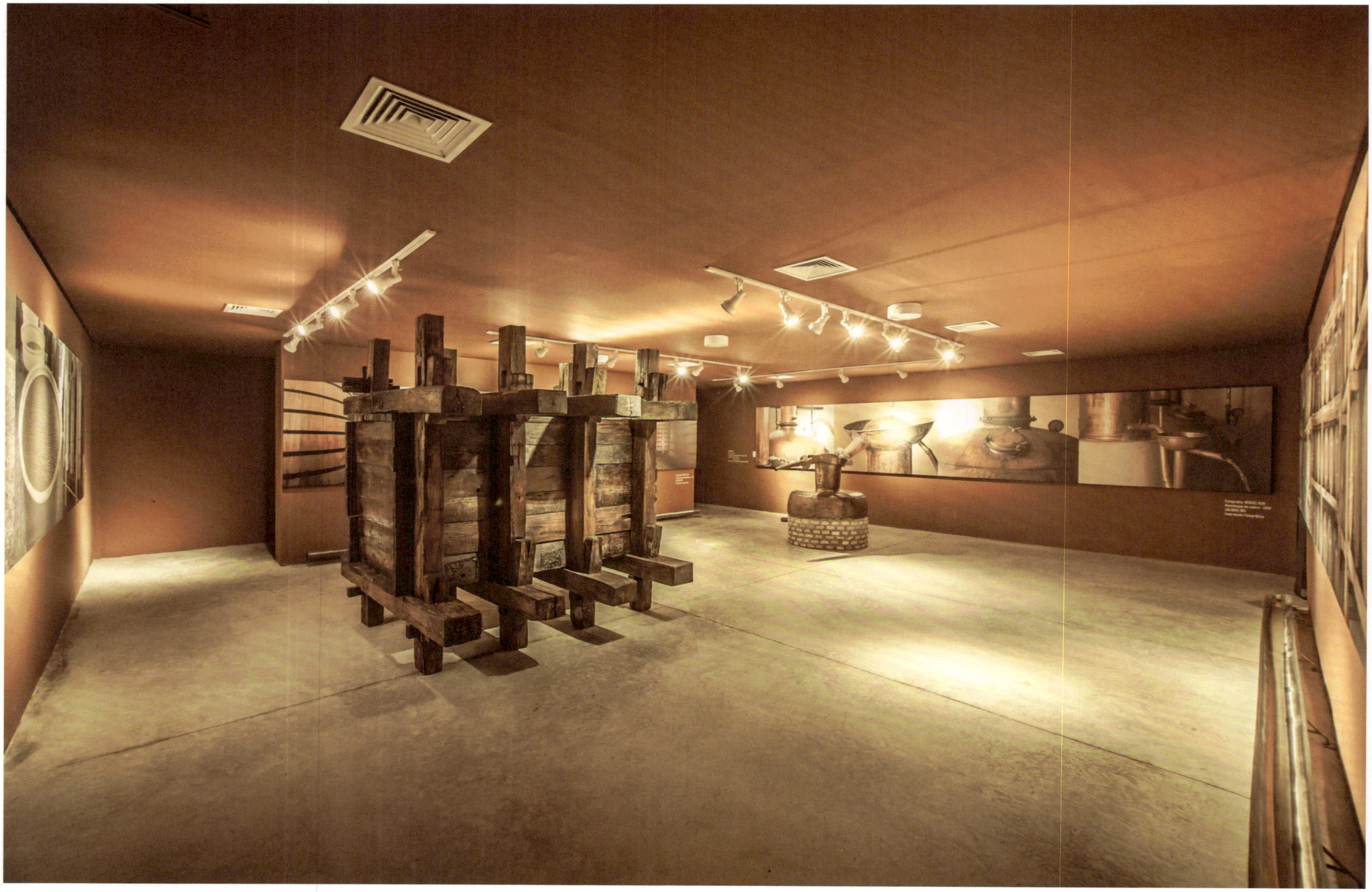

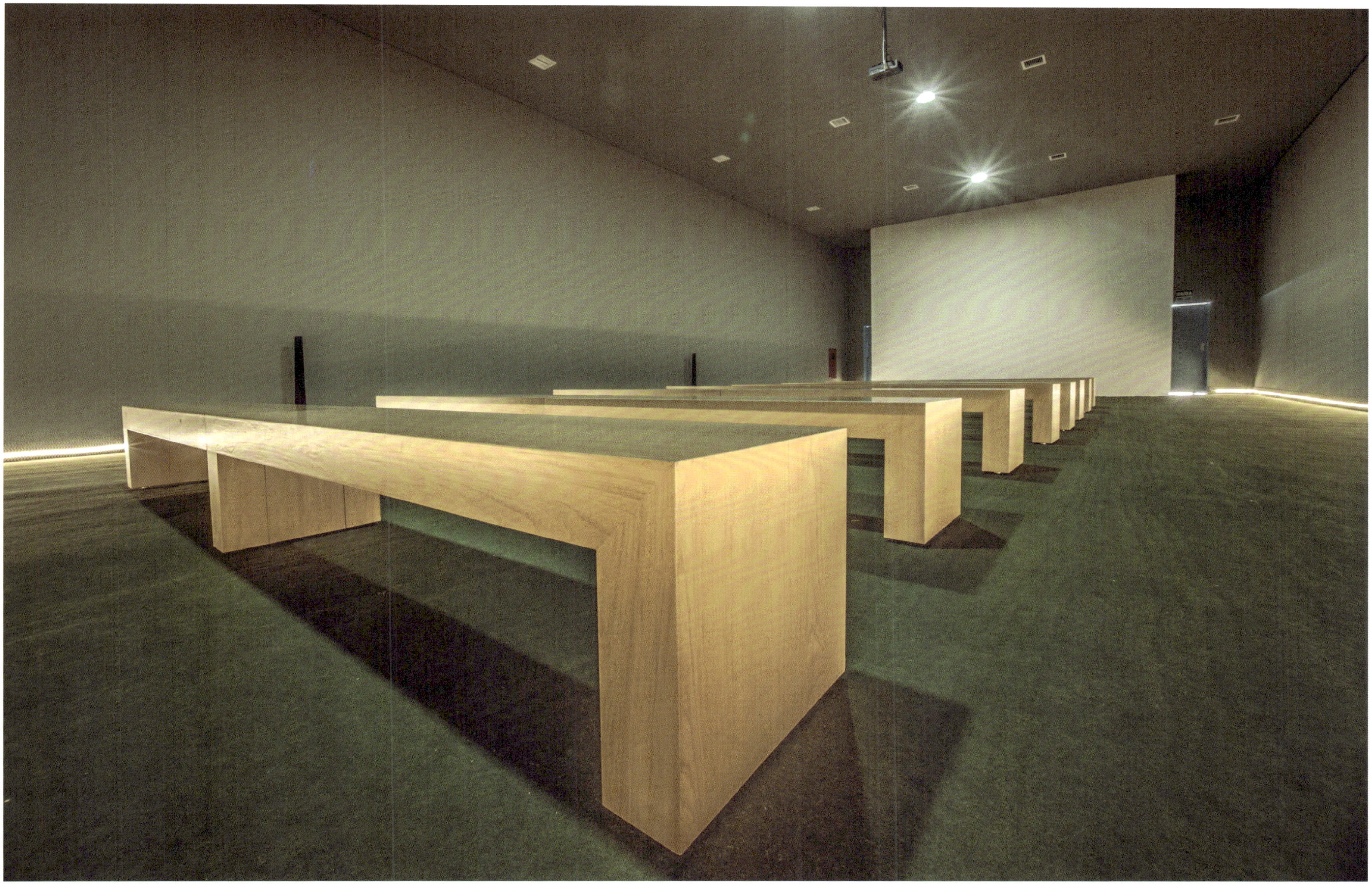

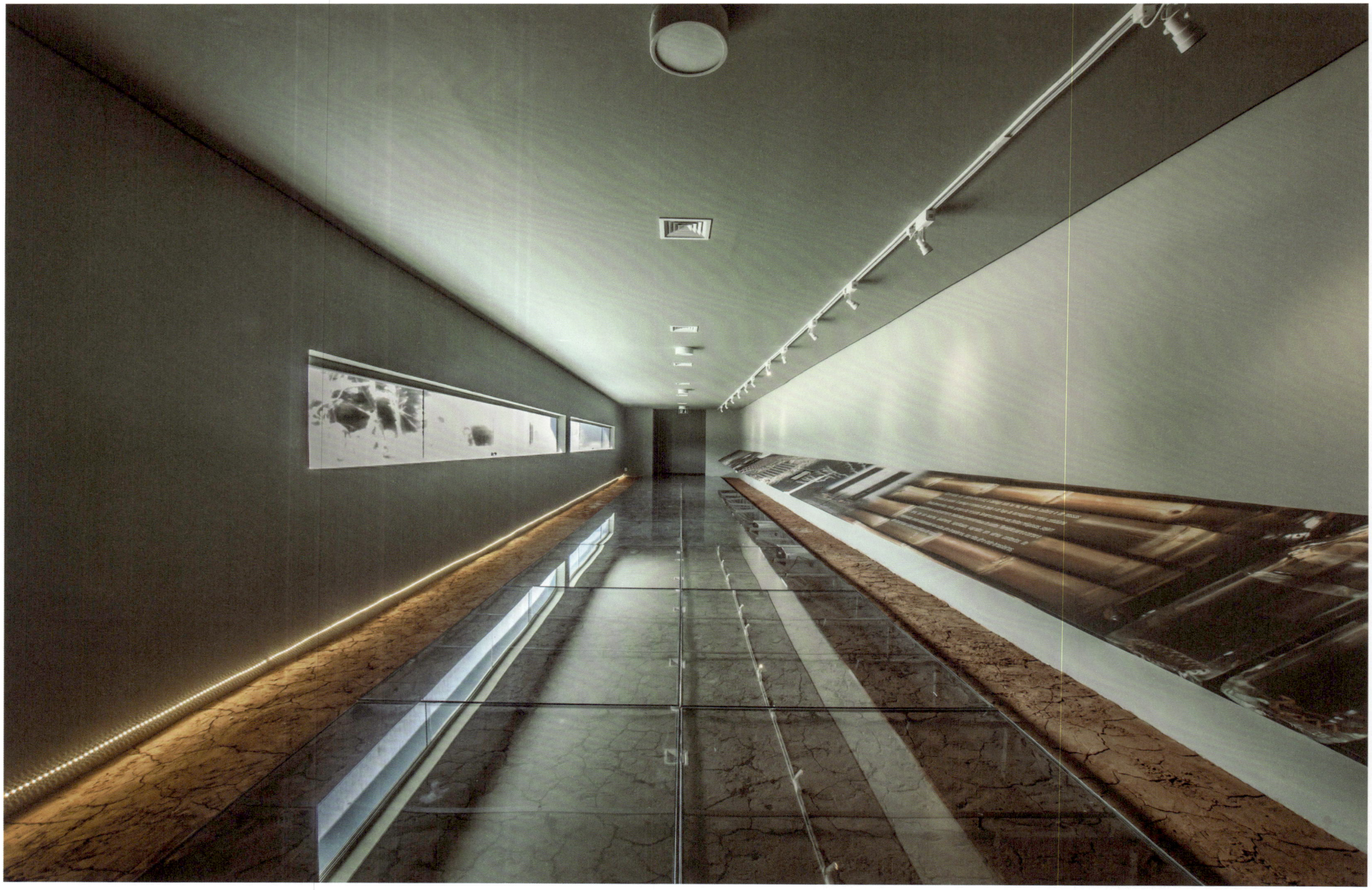

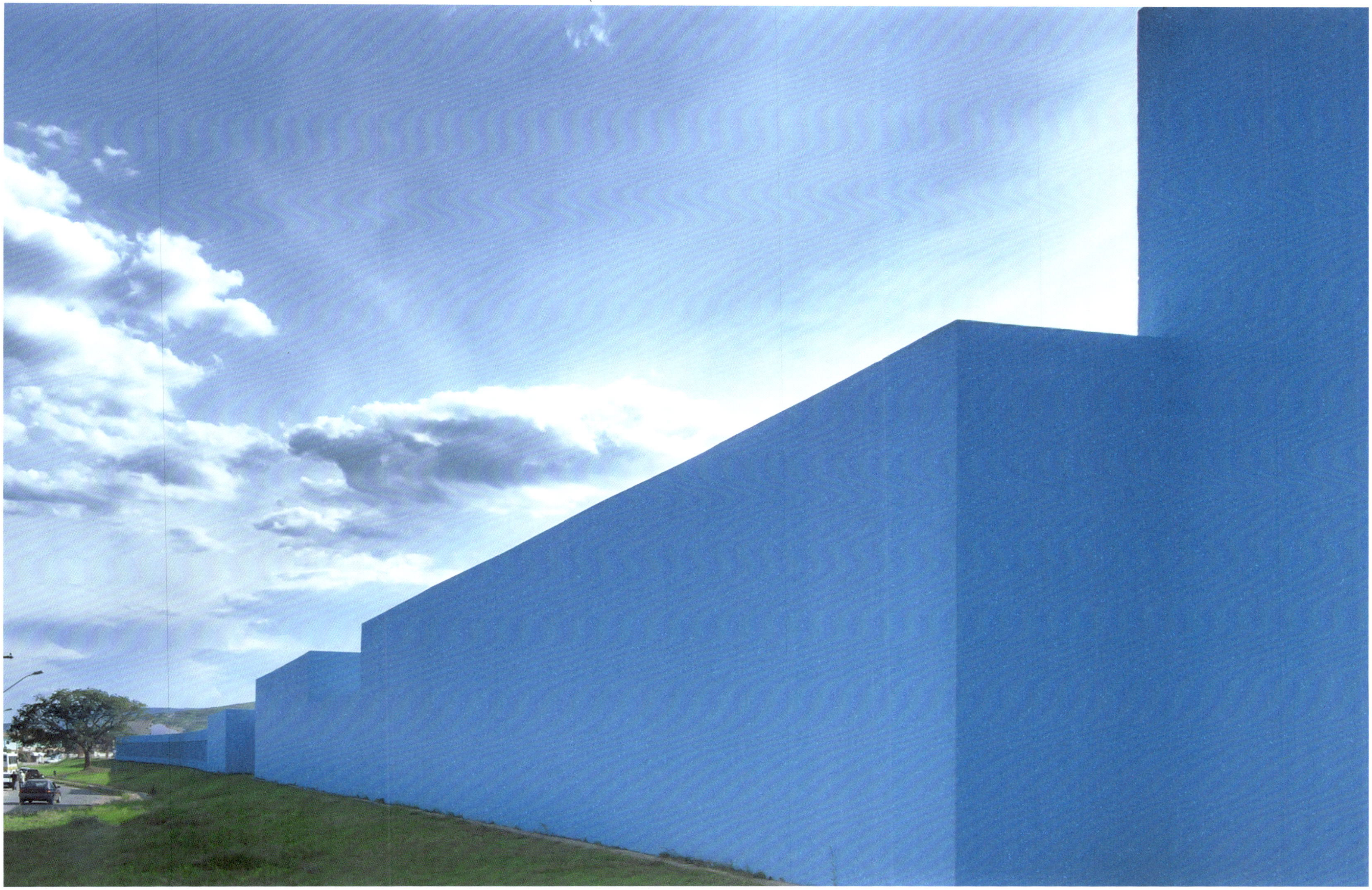

TIRADENTES, MG, 2012

MUSEU DA LITURGIA

Único dedicado ao tema na América Latina, o Museu da Liturgia articula a exibição de acervos a recursos midiáticos contemporâneos para apresentar a intensa devoção religiosa que caracteriza a sociedade mineira. Uma equipe multidisciplinar envolvendo filósofos, teólogos, arquitetos, sociólogos, restauradores, historiadores e arte-educadores, entre outros profissionais, trabalhou durante 18 meses no projeto. A cada bimestre, cerca de 20 pessoas se reuniam, num processo intenso de imersão, para conceber a instituição. As pesquisas de aprofundamento no tema da liturgia envolveram consultas até ao Vaticano.

O desafio maior do projeto foi conciliar design e arquitetura contemporâneos aos requisitos de proteção do patrimônio de Tiradentes, grande marco do patrimônio histórico nacional e expressão privilegiada do barroco mineiro. O Museu ocupa um casarão colonial construído em 1893, que se tornara o presbitério da Paróquia de Santo Antônio. O trabalho incluiu a restauração do edifício e de mais de 420 peças sacras. Não se trata de um museu católico, mas de um museu onde a liturgia católica é contada em seus vários traços históricos, estéticos e ritualísticos, permitindo ao visitante, qualquer que seja a sua religião, apreciar o museu em seu objetivo: transmitir a sensação de fraternidade.

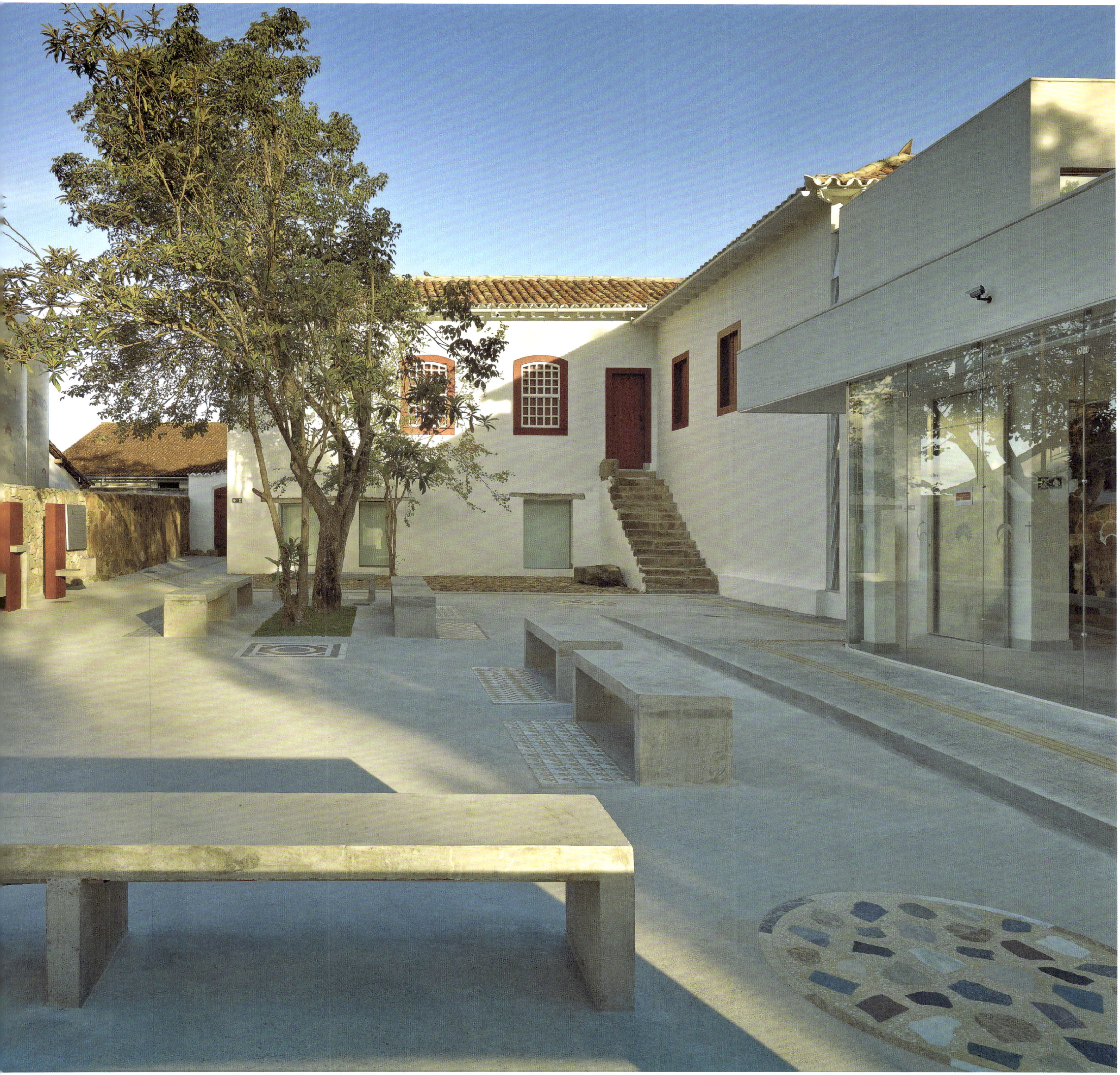

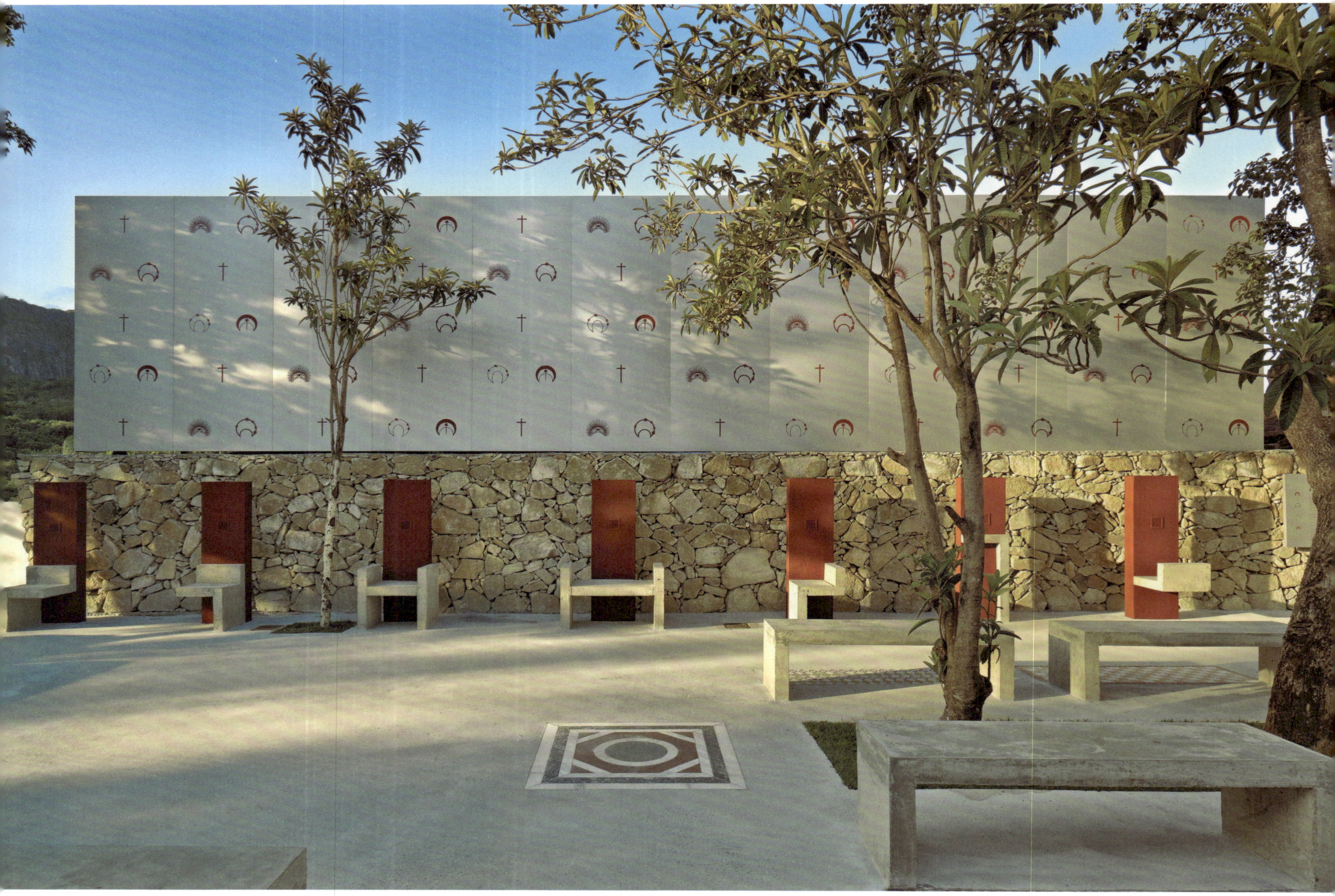

FICHA TÉCNICA

REALIZAÇÃO
Paróquia do Santo Antônio da Cidade de Tiradentes

APOIO
Banco Nacional de Desenvolvimento Econômico Social (BNDES)

IDEALIZAÇÃO, PROJETO TÉCNICO E EXECUÇÃO
Santa Rosa Bureau Cultural

CONCEITUAÇÃO
Eleonora Santa Rosa
Ronaldo Barbosa
Carlos Antônio Leite Brandão
Pe. Lauro Palú

DIREÇÃO GERAL DO PROJETO, GESTÃO DE CONTEÚDO E EDITORIAL
Eleonora Santa Rosa

EXPOGRAFIA, IDENTIDADE VISUAL E PROJETO GRÁFICO
Studio Ronaldo Barbosa

PROJETO ARQUITETÔNICO E COORDENAÇÃO DE PROJETOS COMPLEMENTARES
Angela Arruda Fernandes
Luiz Alberto Therisod

CONSULTORIA À CONCEPÇÃO ARQUITETÔNICA
Ronaldo Barbosa

No pátio, a instalação museográfica Intimidade da Devoção consiste de sete bancos, que representam os sete dias da semana, especialmente desenhados para abrigar os sons de salmos, cantos gregorianos e passagens bíblicas. Outros bancos e tapetes de mosaico dispostos no pátio lembram o chão do Vaticano e contrastam com uma grande cobertura de cimento sem emendas. A recepção do Museu, na parte nova do prédio, abriga a instalação videográfica Tela Trilho, em que cinco monitores de LED alcançam o pé direito de mais de 6 metros, enquanto no chão se reproduzem tapetes das festas de Corpus Christi. O hall da recepção direciona aos banheiros, à parte administrativa e à entrada da exposição permanente.

A primeira sala, Liturgia da Palavra, traz acessórios utilizados no rito da palavra no processo litúrgico – indumentária, missais, bases de missal e outros objetos. As vestes passaram por um processo minucioso de restauro e tiveram expositores especialmente desenhados para preservá-las do desgaste do próprio peso, da luz ultravioleta e de intempéries. A segunda sala, Eucaristia e Páscoa, apresenta grandes objetos de prata e madeira dispostos sobre mesas expositoras. Todo o chão da entrada, recepção e das primeiras salas é de concreto, escolhido por ser um tipo de revestimento que faz parte do dia a dia das pessoas.

No andar de cima, o chão é de ipê. O desenho dos expositores foi feito para acompanhar as marcas das tábuas. Na sala Sacramentos e Sacramentais, um expositor em L tem peças relacionadas ao tema e um terminal multimídia para o visitante acessar conteúdos do museu. Na sala Devoção Popular, itens utilizados nas procissões e na prática da devoção estão dispostos sobre dezenas de suportes, em diversos tamanhos e escalas – de estátuas de 1,5 metro até brincos de poucos milímetros. Há também os fragmentos, peças utilizadas nos cumprimentos de promessas pelas bênçãos recebidas e uma grande instalação de resplendores a auréolas, objetos utilizados nas cabeças dos santos simbolizando a santidade. Por fim, a instalação videográfica Gestos, onde os gestos da prática litúrgica e da devoção são postos de forma artística e contemplativa.

LITURGIA DA PALAVRA

A liturgia celebra o Mistério Pascal, uma presença real de Deus, os homens em direcção a si. O mesmo dispositivo serve de suporte à grafia. Os tecidos com que os padres se vestiam, as pinturas escolhidas as sacras, o missal e a penca de prata, as palmas, a mantilha e os paramentos criavam uma atmosfera adequada para a reunião da Palavra de Deus e a compreensão de si mesmo no Mistério.

Na sala da Liturgia da Palavra estão cinco vitrinas que se seguem, elas são expostos, em ambiência contemporânea com a intenção de mostrar o mistério que os circunda e sua capacidade de revelar aos ensinamentos católicos, aos apóstolos, ao restante da vitrina, ao Verbo. O propósito do rito litúrgico é reunir-se no pensar e mostrar-se juntas em torno da palavra de Deus, orientada como guia para iluminar a vida. Cada elemento, cada gesto do rito associa-se à outra fraternizando-se em torno de atos e objetos comuns.

Contrapondo-se à justaposição brutal de estímulos, informações e estímulos com que nos deparamos na dispersa vida urbana, a materialidade requerida pela cultura, ato expresso na liturgia, promove o diálogo, interacção e fusão entre as coisas per se articuladas. Na composição desta sinfonia de sentidos, ela reinscreve o sagrado no viver cotidiana dos homens, dando-lhe novas tintas e luzes, revelando os objetos sacros com símbolos de simplicidade, como um ninho ou os grãos da terra. Estes símbolos aparecem cotidianos na simplicidade da natureza, reúnem o micro e o macrocosmo. Na simplicidade da natureza encontra-se a poesia divina – são os simples de alma que a compreendem. E melhor a compreenderão preservando o mesmo sentido nas coisas e em si mesmos.

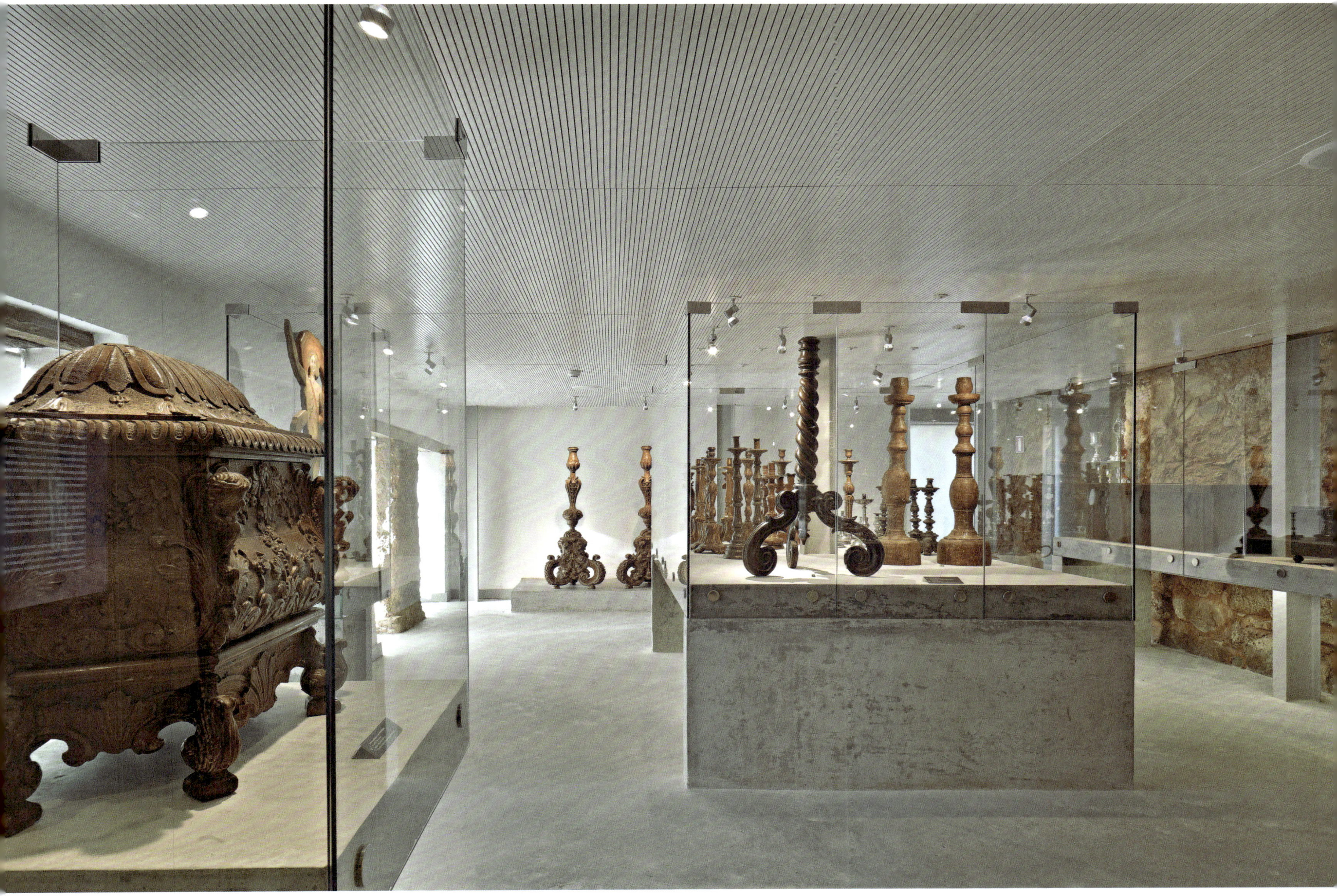

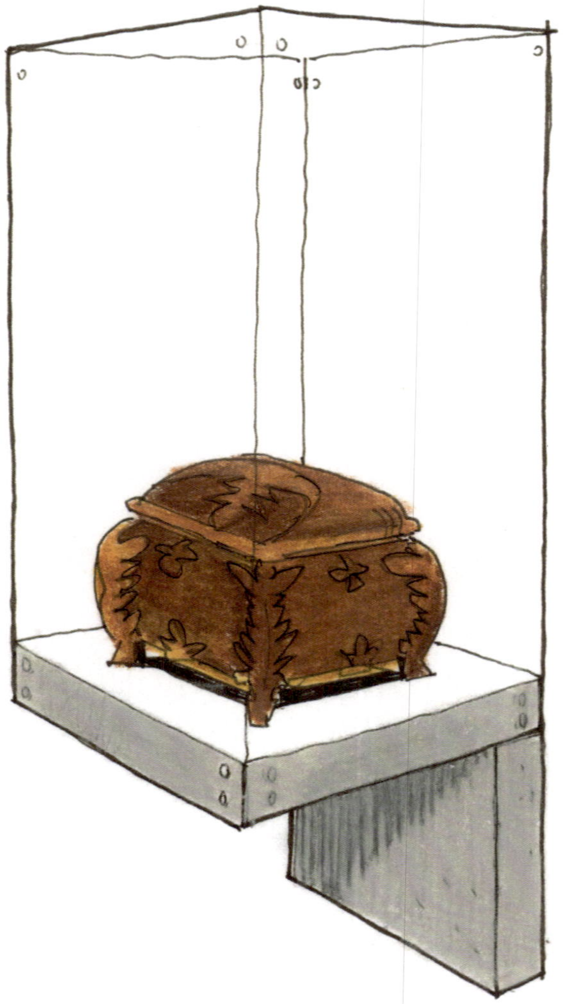

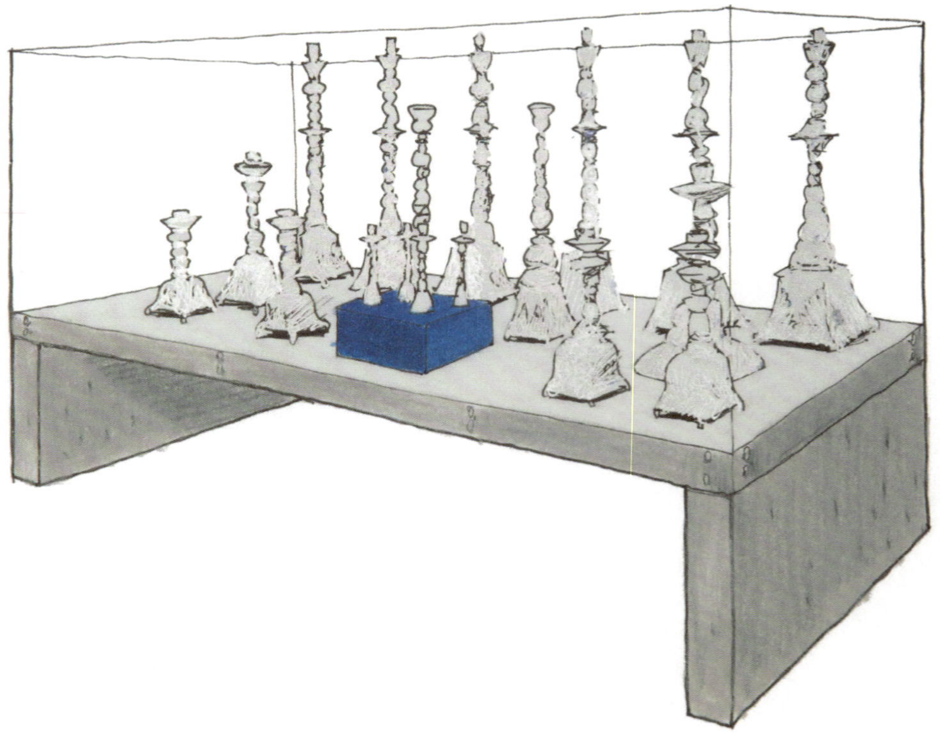

Croquis de concepção da expografia
Ronaldo Barbosa e Walmur de Moura

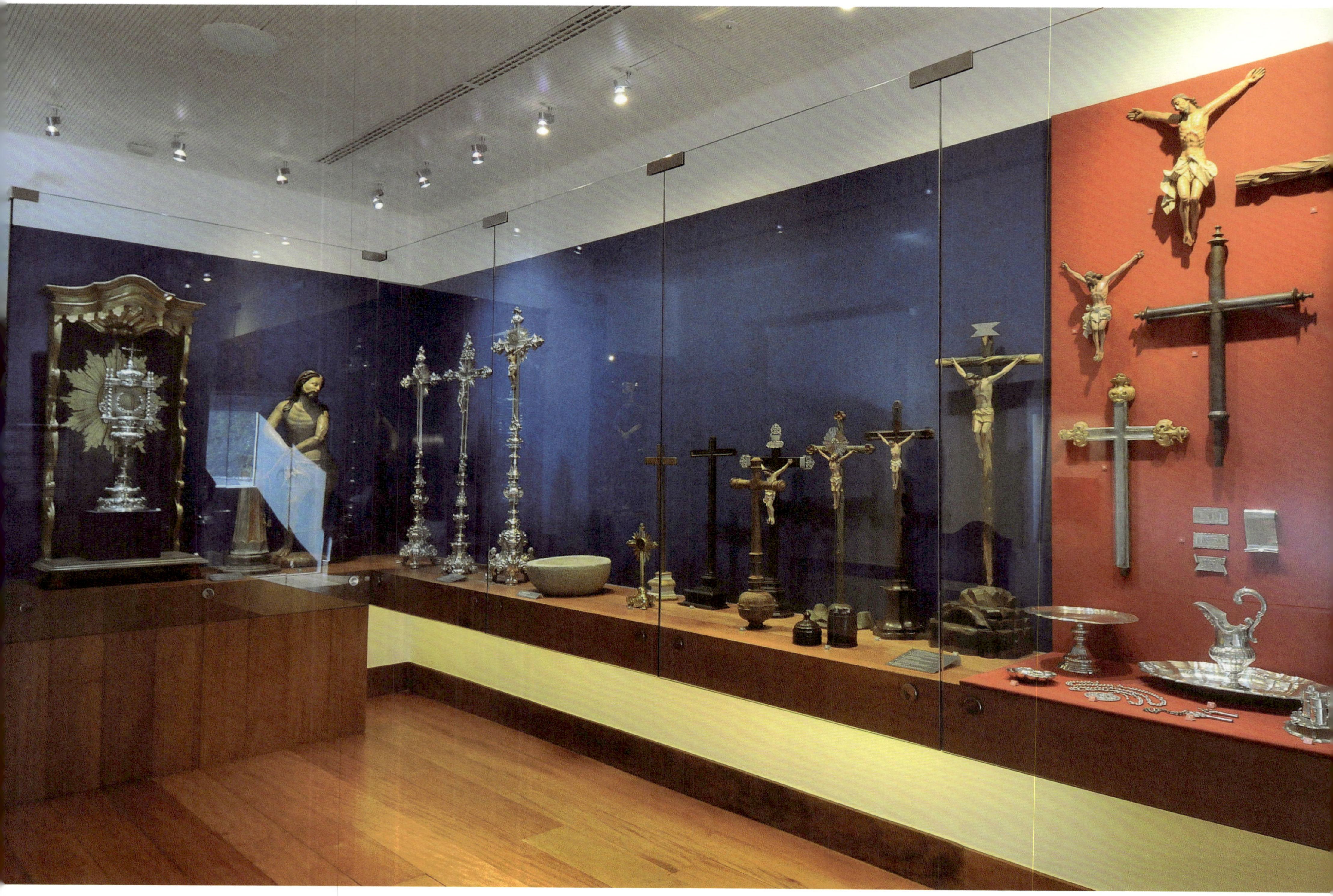

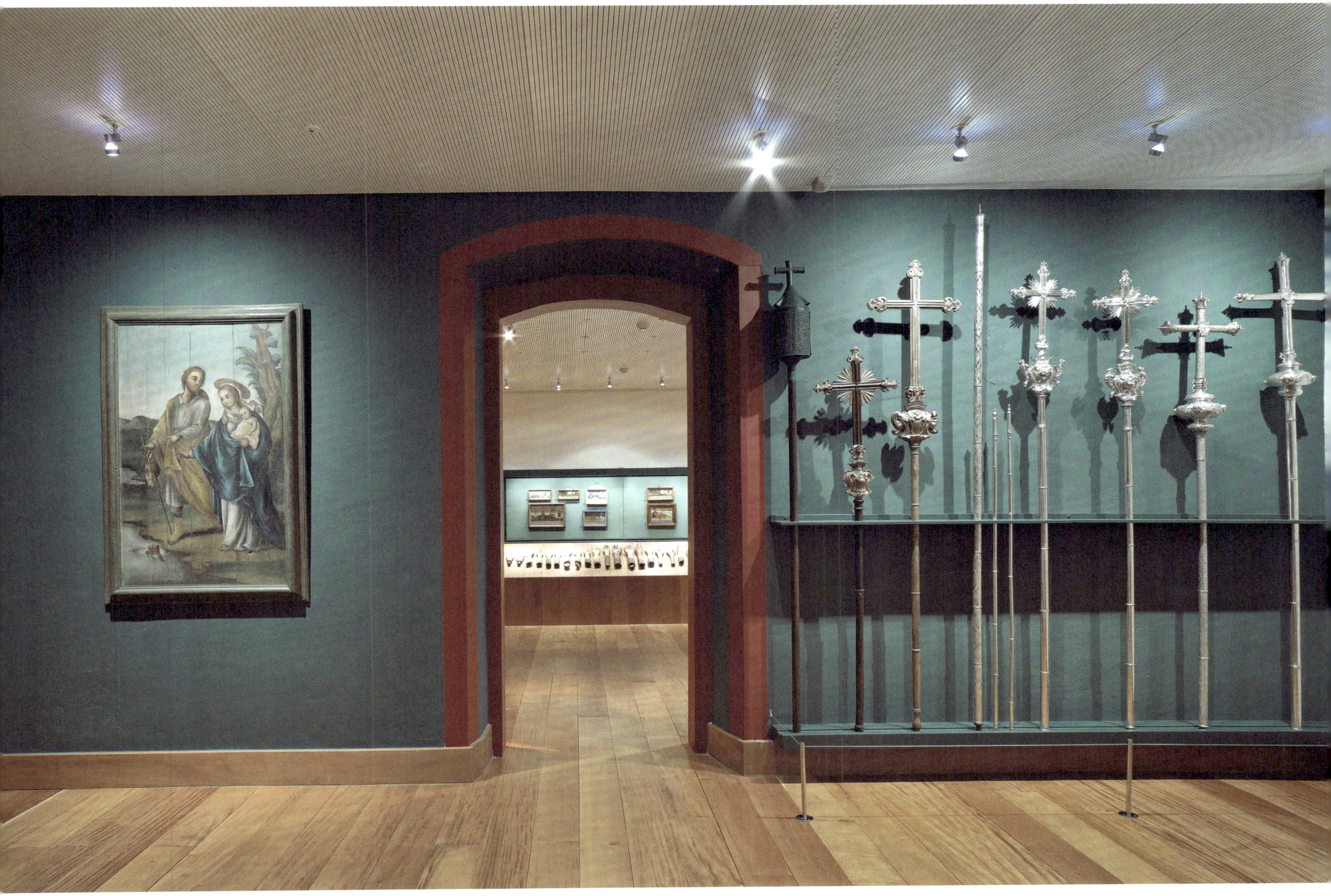

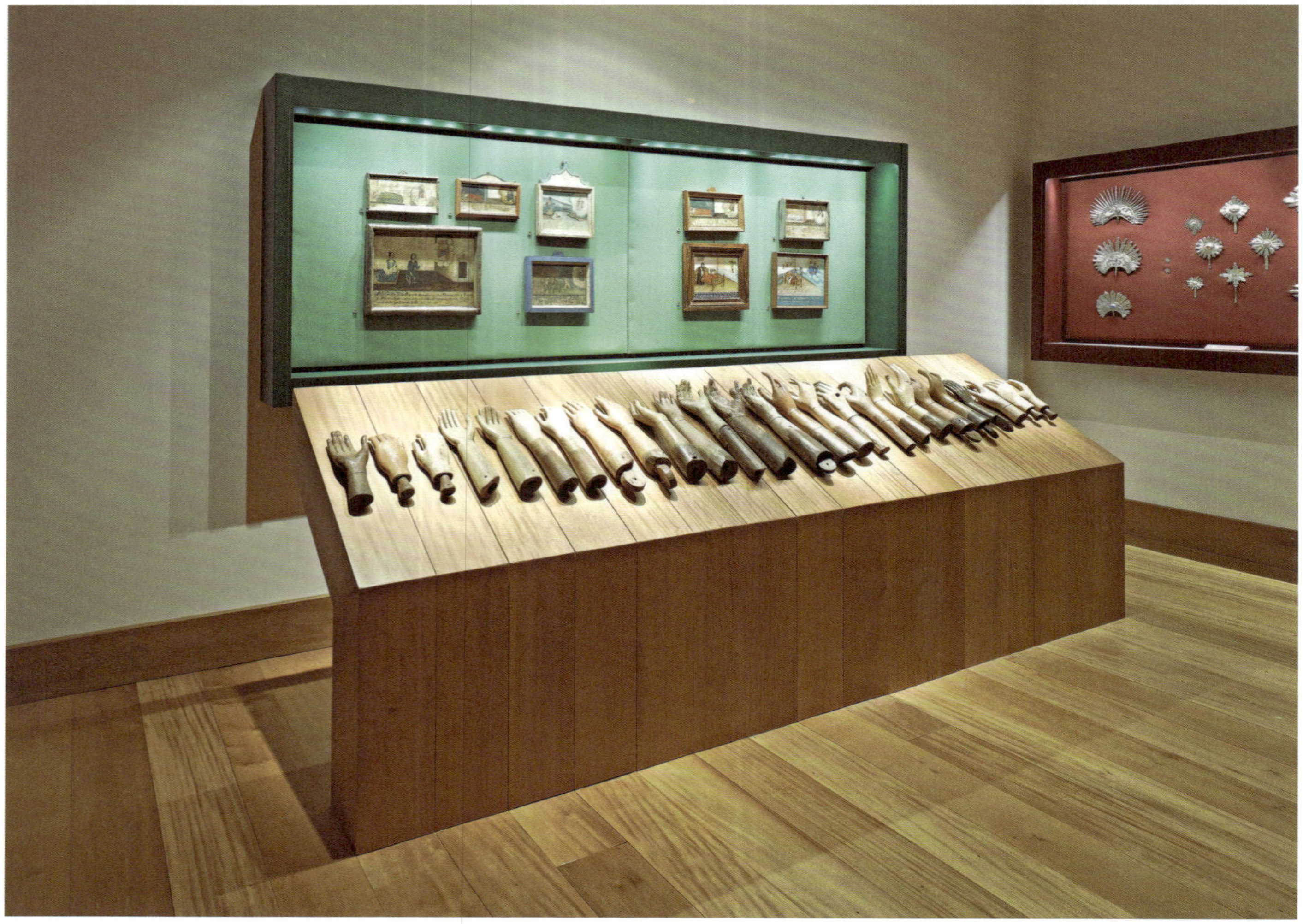

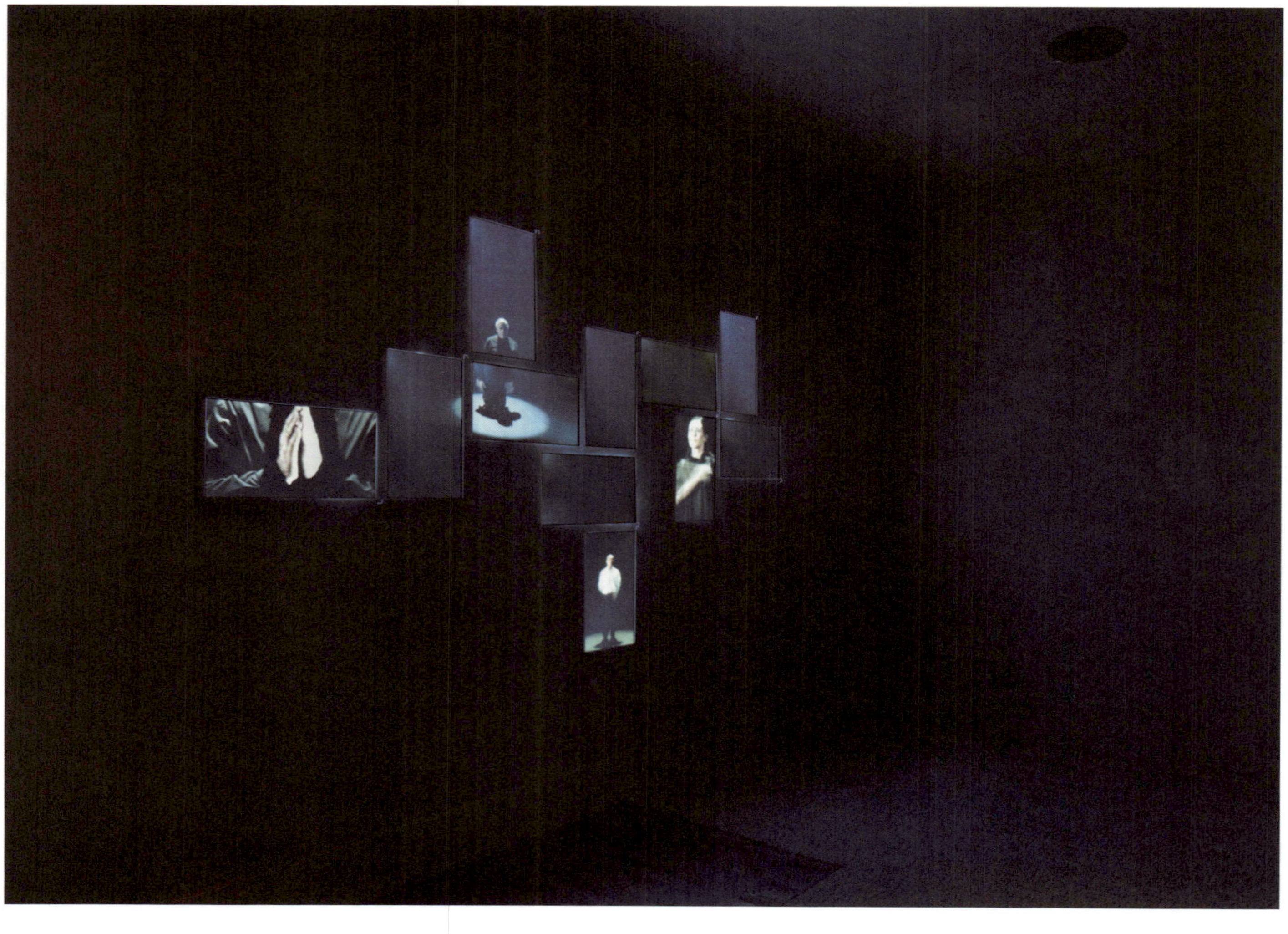

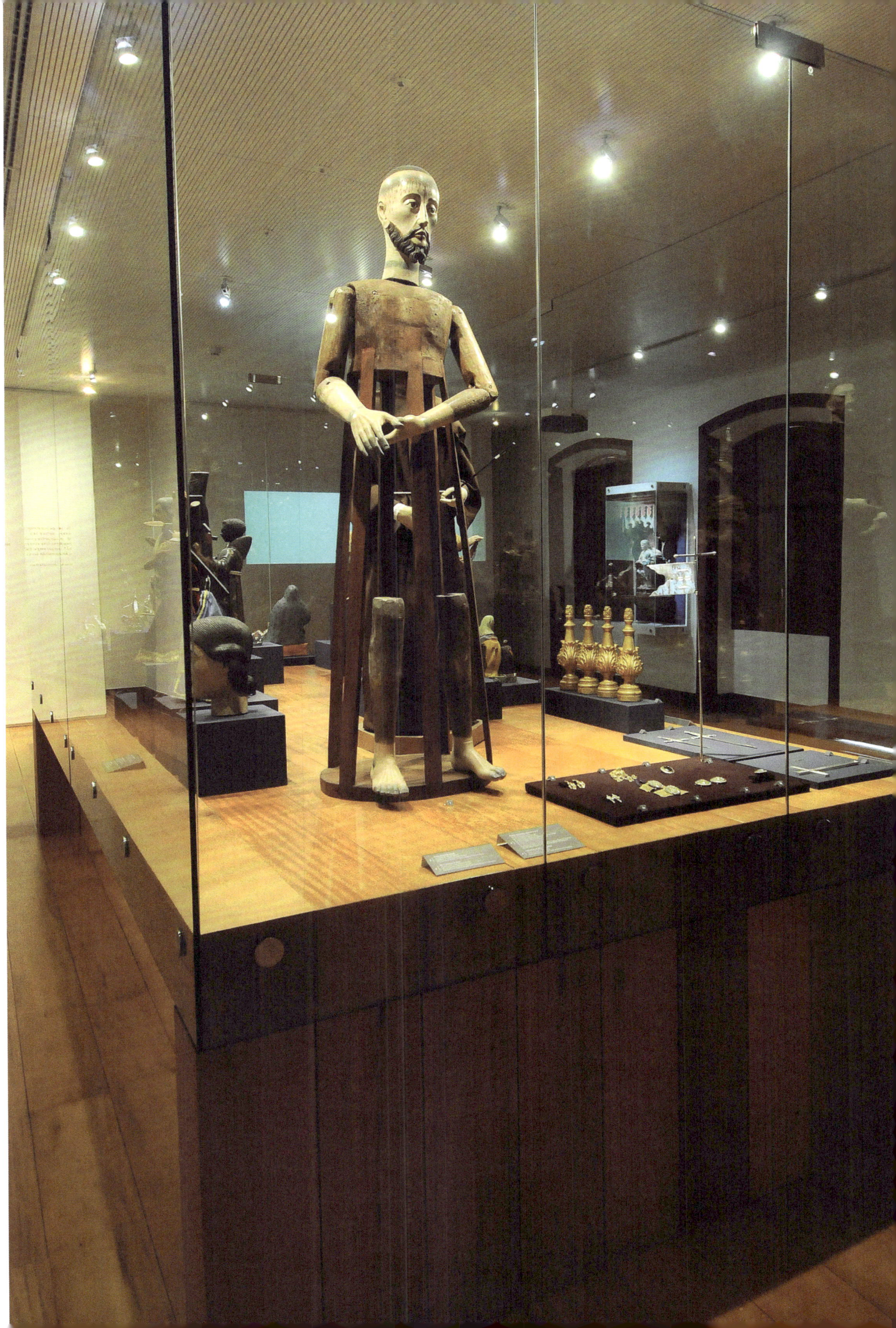

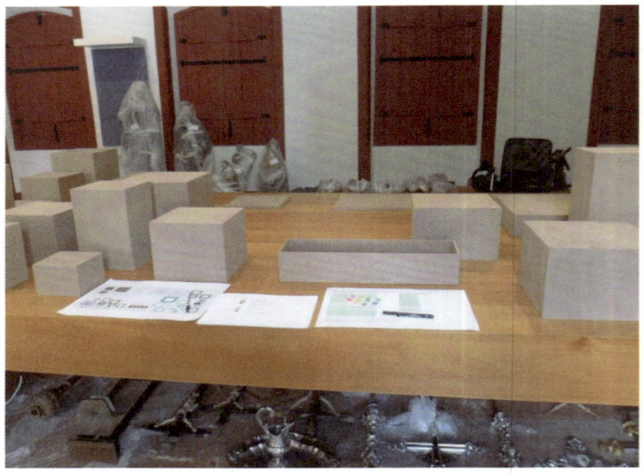

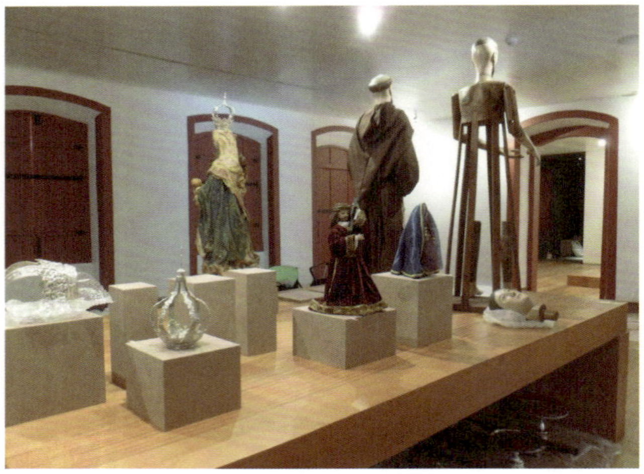

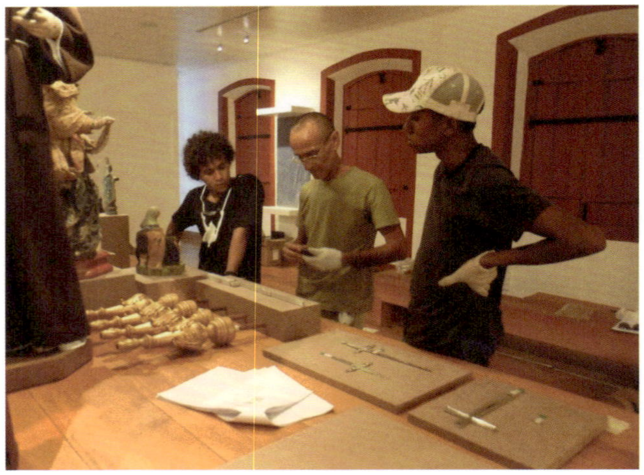

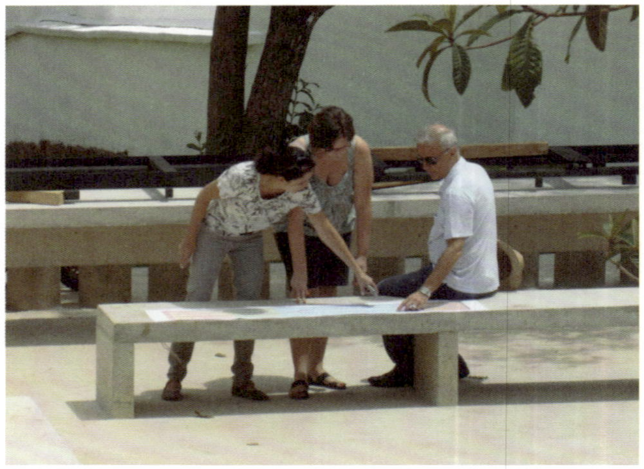

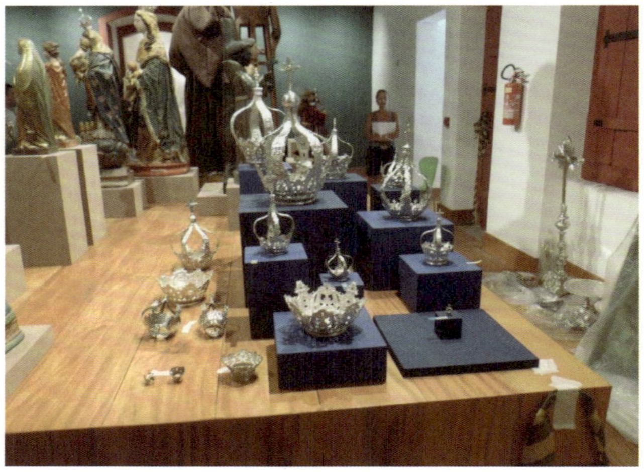

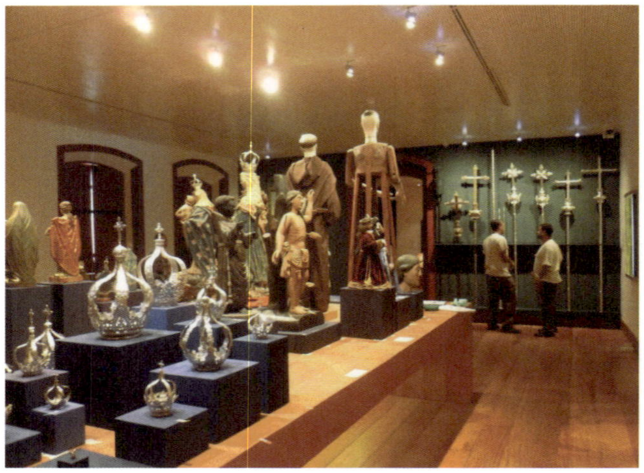

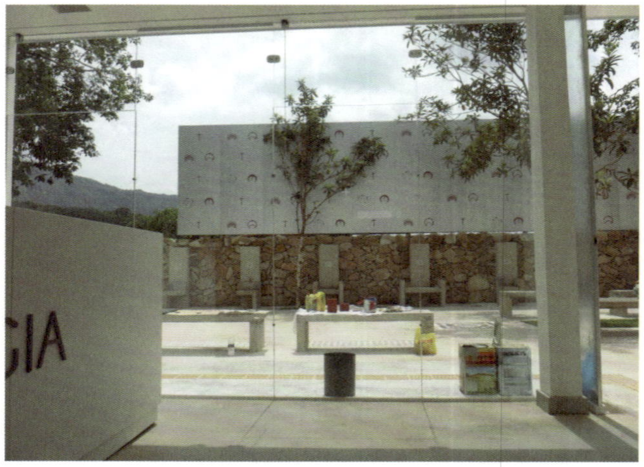
GIA

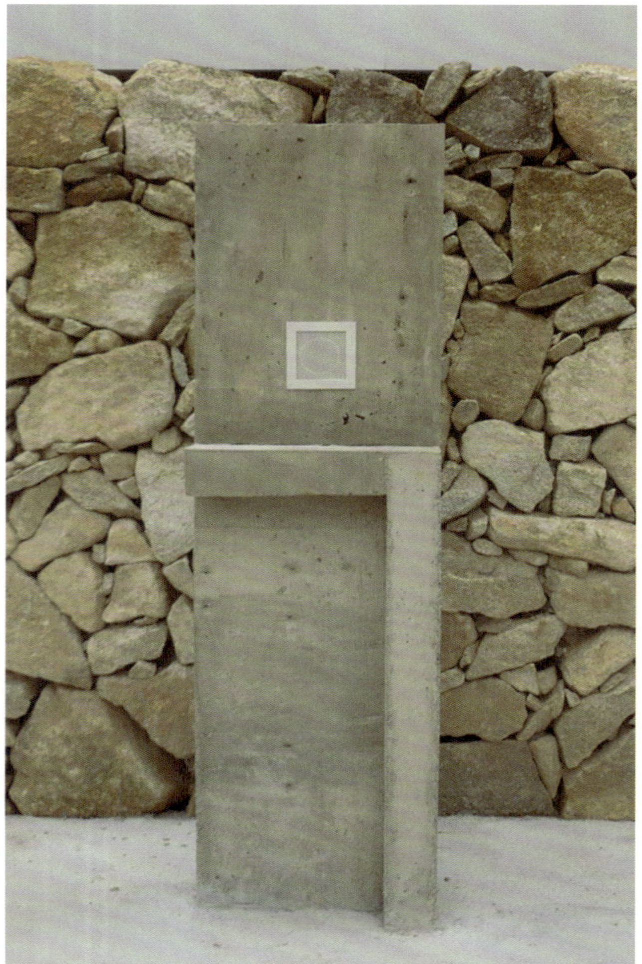

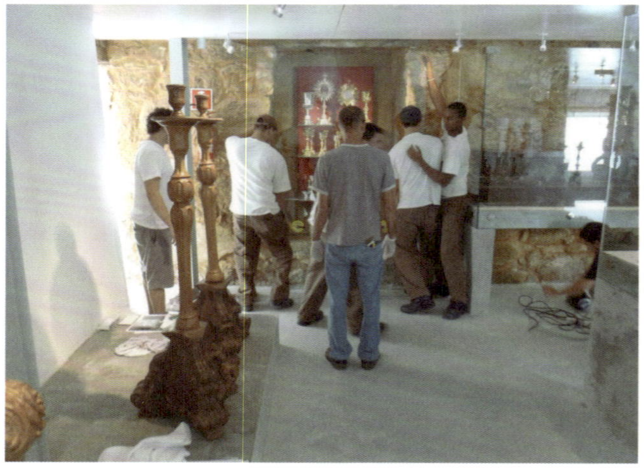

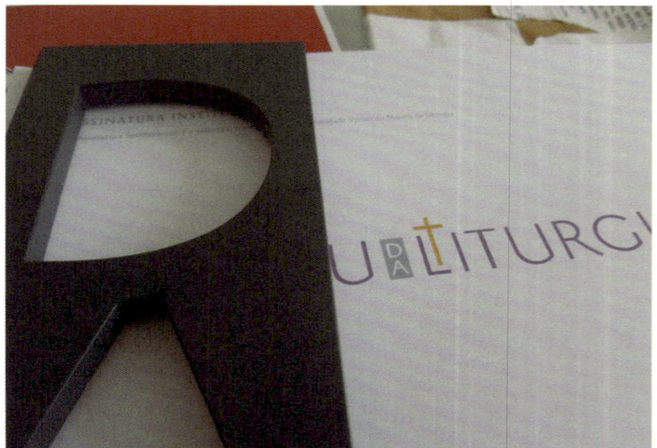
LITURGI

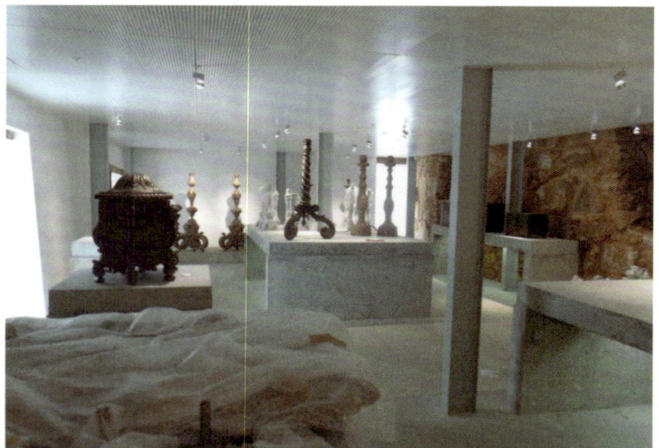

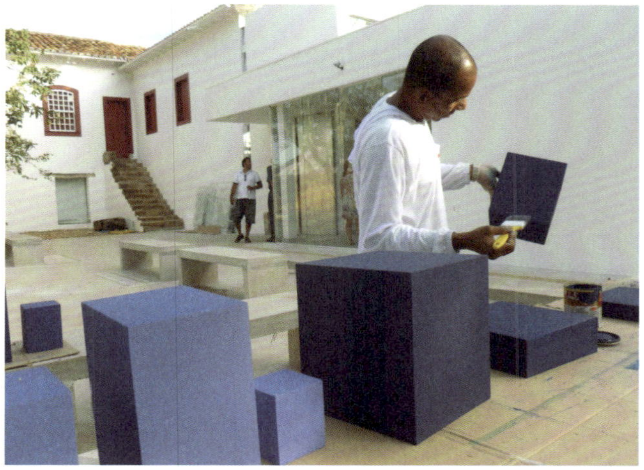

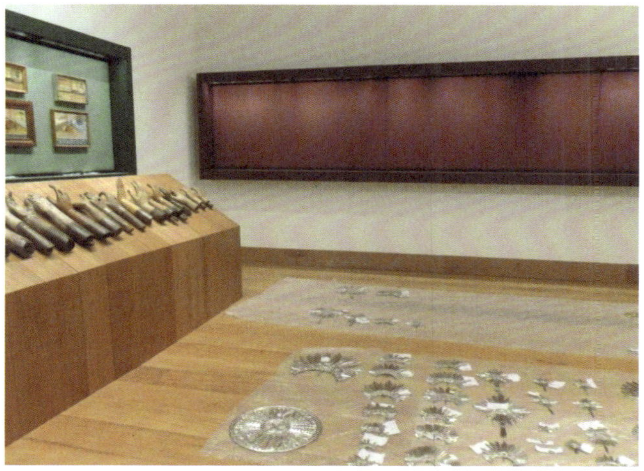

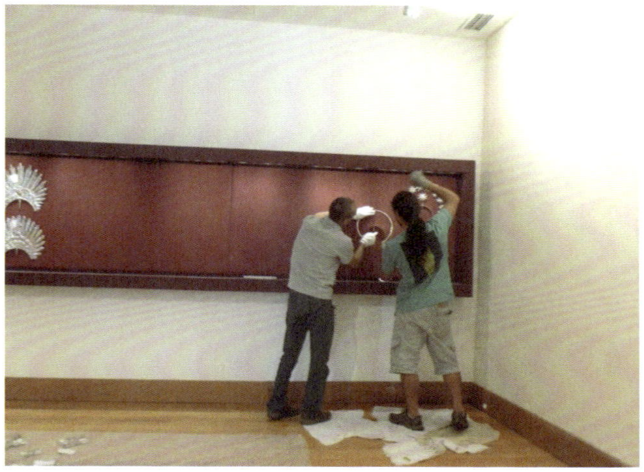

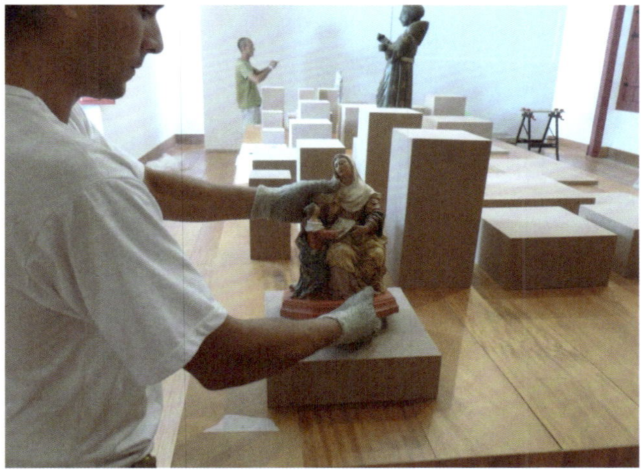

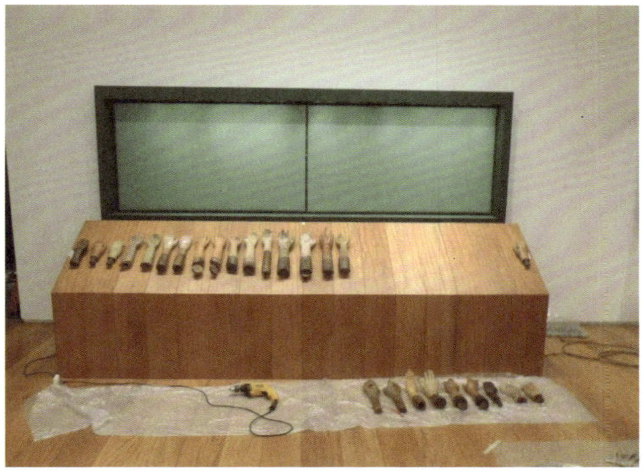

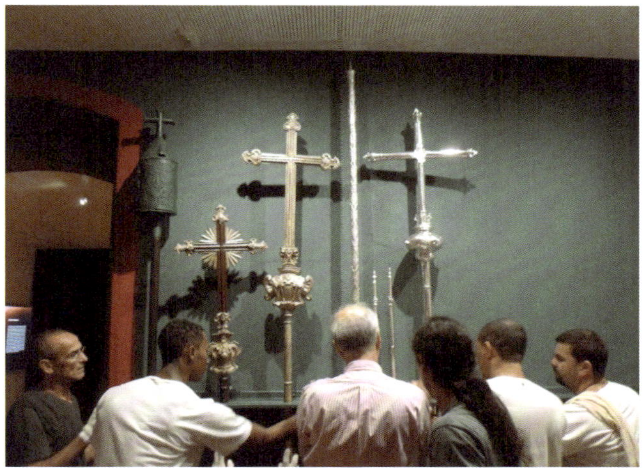

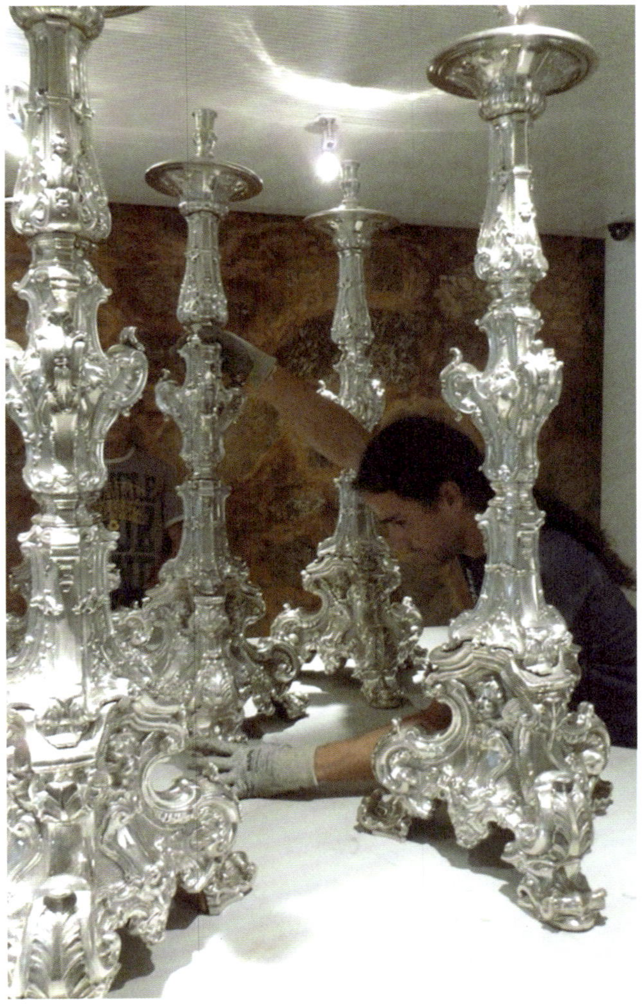

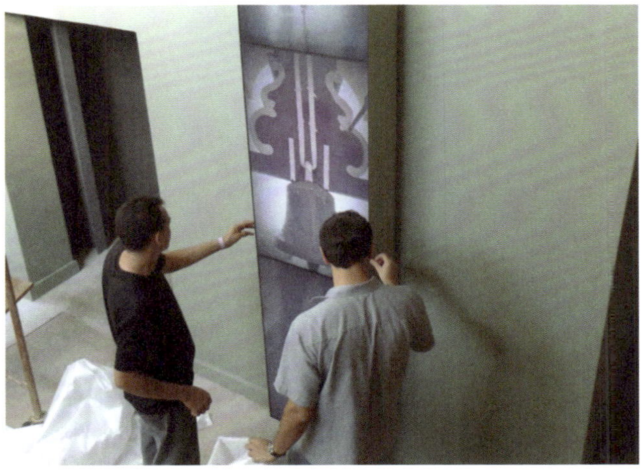

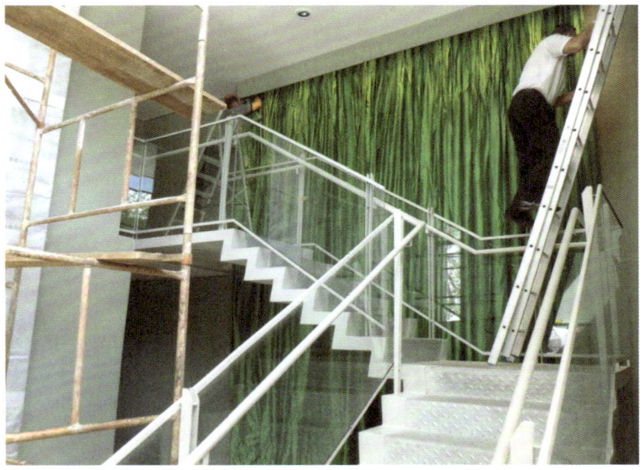

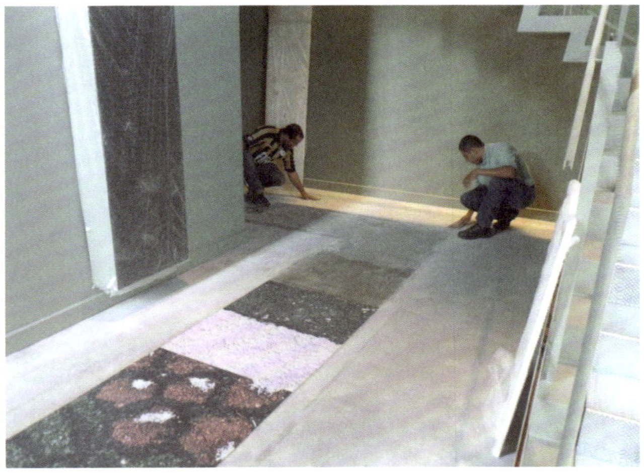

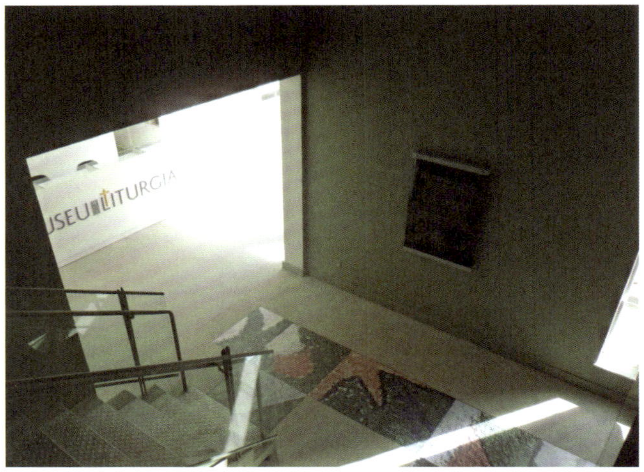
USEU LITURGIA

CENTROS DE MEMÓRIA

VILA VELHA, ES, 1999

CENTRO DE DOCUMENTAÇÃO E MEMÓRIA CHOCOLATES GAROTO

Criada em 1929 pelo imigrante alemão Heinrich Meyerfreund como Fábrica de Balas H. Meyerfreund & Cia., em Vila Velha, a Garoto ganhou esse nome porque os produtos eram vendidos inicialmente em tabuleiros por garotos nos pontos de bonde da cidade. Quando, em 1934, Meyerfreund comprou a primeira máquina de chocolate, as Balas do Garoto já eram conhecidas em todo o estado e assim ele decidiu assumir o nome. Desde aquele momento a empresa atravessou diversas fases, chegando aos anos 1980 como uma das principais marcas nacionais do segmento. Também se tornou referência fundamental da economia e da cultura do Espírito Santo, porque praticamente inexistiam outros bens industriais de consumo produzidos no estado que tivessem atingido dimensão nacional, como os chocolates da Garoto.

A empresa paulista Memória e Identidade, uma das pioneiras da área de memória empresarial no Brasil, foi chamada pela Garoto para a implantação de um Centro de Documentação e Memória (CDM). Encarregada do projeto, a historiadora Élida Gagete identificou o enorme potencial das antigas embalagens, máquinas e peças publicitárias, sugerindo que se deveria fazer mais com aquele acervo do que simplesmente catalogá-lo e conservá-lo.

O Studio Ronaldo Barbosa foi encarregado de dar forma ao espaço museológico que a empresa decidiu então implantar, com o objetivo de contar sua história e de seus produtos. Era preciso homenagear o orgulho dos capixabas em relação à companhia, rememorando produtos descontinuados que haviam feito parte da vida de muitos, e chamar a atenção do público de outros estados sobre toda a tradição que estava por trás da conhecida caixa amarela de bombons.

O Museu Garoto lançou uma nova proposta de mostra empresarial, valorizando não só a informação contida em objetos em si, mas a exposição articulada de memórias e sensações que a história dos antigos produtos podia provocar. Visitantes costumam se emocionar durante a visita, ao verem embalagens originais de produtos relacionados a momentos marcantes de suas vidas. Ao adquirir o controle da Garoto em 2002, a multinacional Nestlé manteve e ampliou o Centro.

FICHA TÉCNICA
REALIZAÇÃO
Chocolates Garoto
EXPOGRAFIA
Ronaldo Barbosa
PRODUÇÃO, DESIGN GRÁFICO E MONTAGEM
Studio Ronaldo Barbosa
PESQUISA HISTÓRICA E TEXTOS
Memória e Identidade
Élida Gagete

O Chocolate do Brasil
A HISTÓRIA DO CHOCOLATE
Preservar para saber
BALAS
PASTILHA DE HORTELÃ

EMBALAGENS

E MEMÓRIA GAROTO
Preservar para saber

CANDY BARS
DESDE 1949 ALIMENTANDO PAIXÕES

ORIXIMINÁ, PA, 2000

CASA DA MEMÓRIA MRN

A Mineração Rio do Norte (MRN) é a maior produtora brasileira de bauxita, matéria-prima do alumínio. Instalou-se em 1979 na região oeste do Pará, às margens do Rio Trombetas, numa área de mata então só povoada por indígenas e quilombolas. A empresa implantou uma cidade no meio da floresta, batizada de Porto Trombetas, até hoje só acessível de avião ou de barco. A viagem fluvial até a cidade mais próxima, Oriximiná, dura cerca de quatro dias.

Em 2000, a primeira casa construída em Porto Trombetas para ocupação pelos engenheiros, que foram abrir a mina e levantar a cidade, estava praticamente condenada e seu destino quase certo era a demolição. Ao mesmo tempo, havia carência de equipamentos culturais e de lazer para a comunidade local. A diretoria da MRN decidiu então criar ali um espaço que preservasse a história da ocupação e fosse um centro de convivência.

Ao contrário do que os idealizadores da Casa da Memória imaginaram originalmente, o SRB rompeu com a ideia de que a casa deveria manter suas características rústicas originais para criar um espaço simultaneamente moderno e acolhedor à visitação da comunidade. O piso é de cimento queimado, refratário até mesmo às botas pesadas e às vezes enlameadas, usadas pelos colaboradores. O mobiliário usa alumínio, produto que é feito a partir da matéria-prima ali extraída. As janelas foram fechadas para a criação de um ambiente que valorizasse os painéis retroiluminados. Um pequeno auditório abriga tanto apresentações institucionais quanto ações comunitárias.

O espaço consegue integrar temas complexos, apresentados com leveza e de forma didática, contemplando a trajetória da empresa, toda a descrição dos processos de mineração da bauxita e sua transformação em alumínio, as histórias das comunidades presentes na região, sem esquecer a delicada questão ambiental na Amazônia e a inserção da MRN nesse contexto.

FICHA TÉCNICA
REALIZAÇÃO
Mineração Rio do Norte
EXPOGRAFIA
Ronaldo Barbosa
PRODUÇÃO, DESIGN GRÁFICO E MONTAGEM
Studio Ronaldo Barbosa
PESQUISA HISTÓRICA E TEXTOS
Memória e Identidade
Élida Gagete

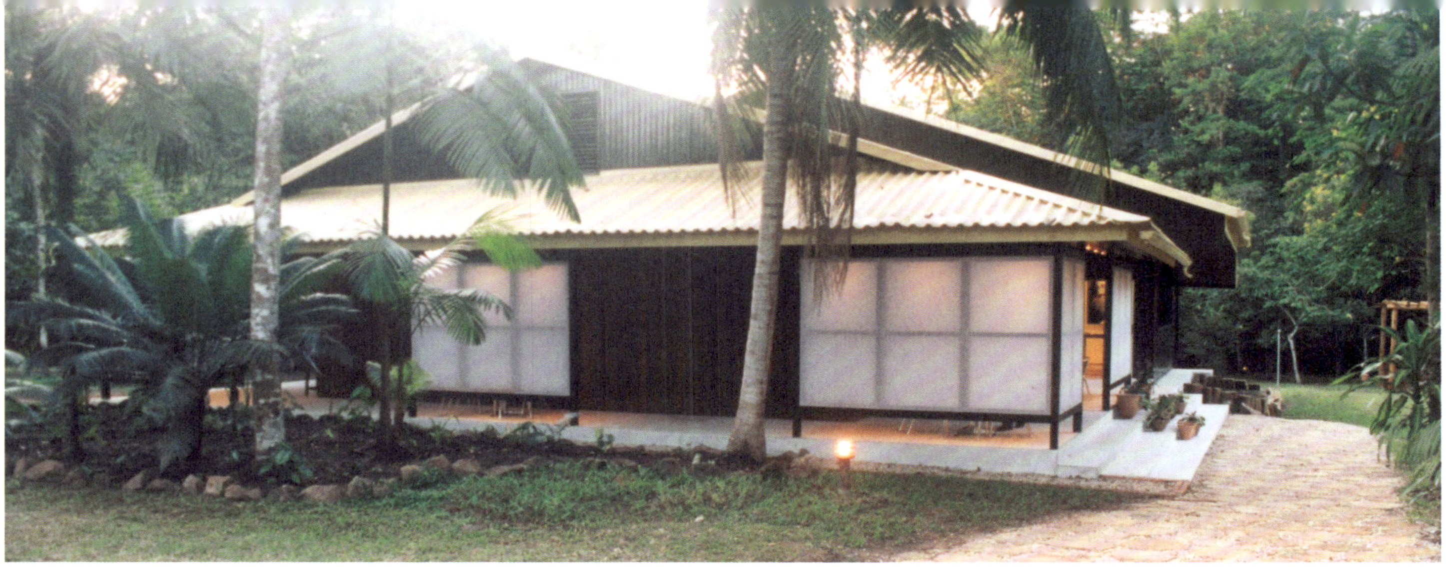

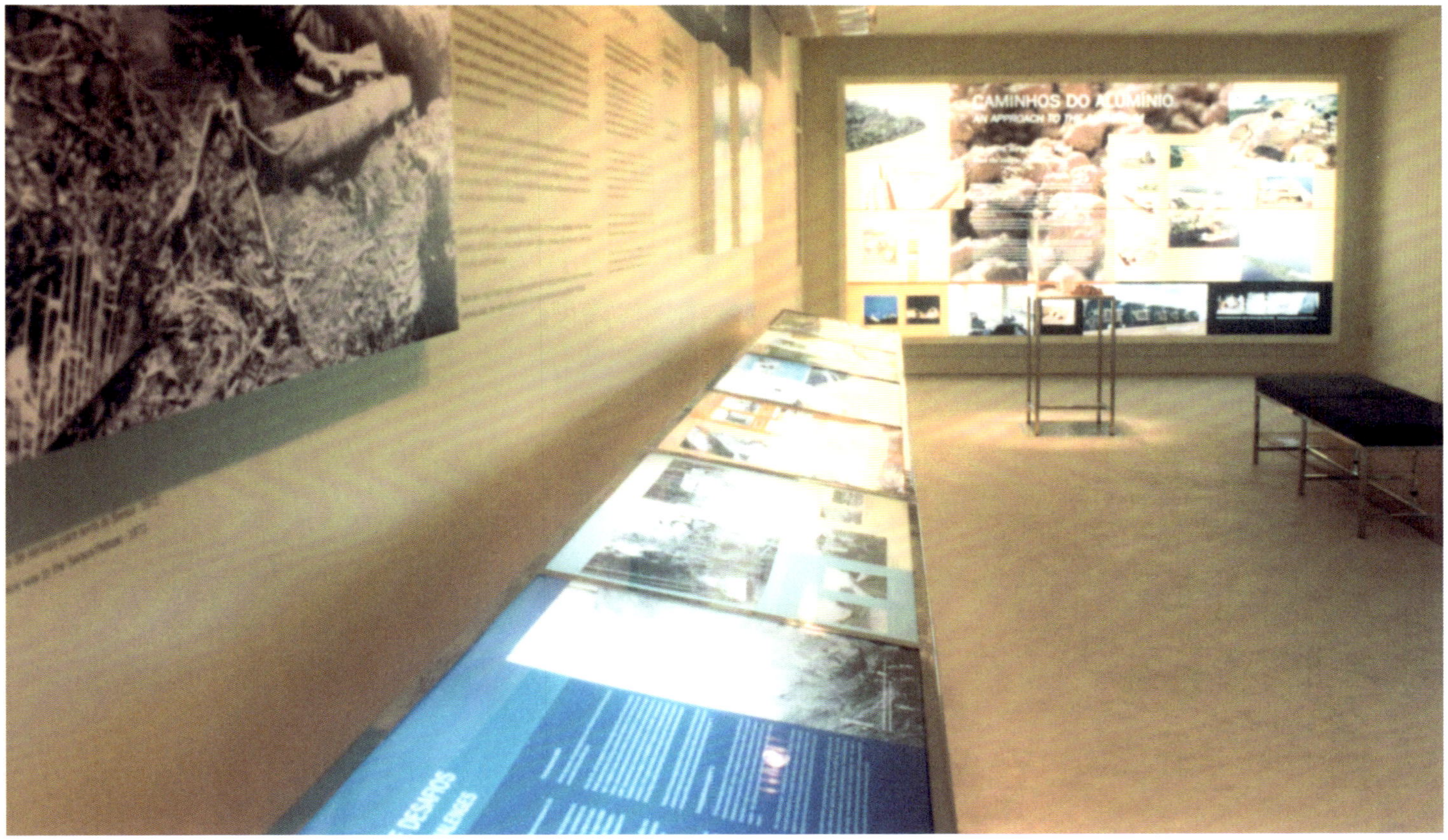
CAMINHOS DO

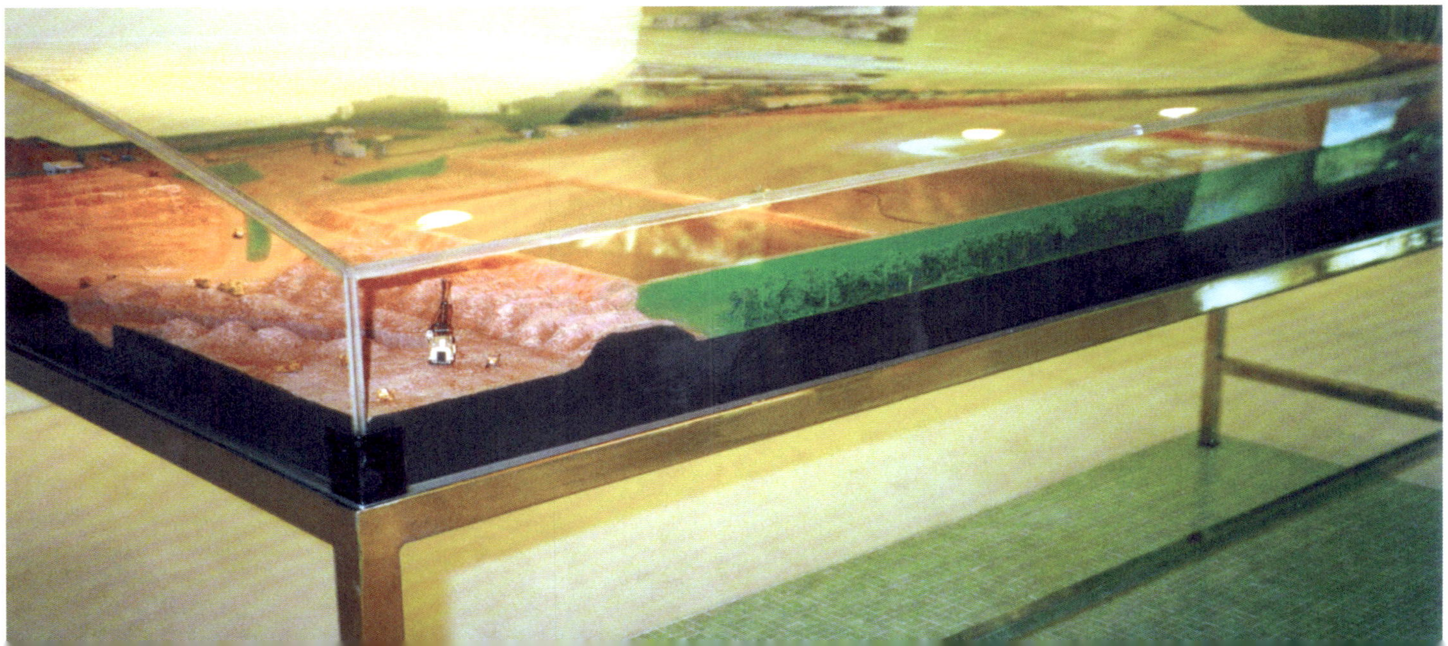

SÃO PAULO, SP, 2001

ESPAÇO DO CONHECIMENTO ULTRAGAZ

Fundada em 1937 no Rio de Janeiro, a Cia. Ultragaz foi pioneira no Brasil na comercialização de gás de cozinha engarrafado (gás liquefeito de petróleo ou GLP). Anteriormente, equipamentos a gás só eram acessíveis aos moradores das áreas centrais das grandes cidades onde existiam redes de gás de carvão canalizado, de modo que a introdução do GLP foi determinante para que um número muito maior de pessoas pudesse abandonar os velhos e pouco práticos fogões a lenha.

A Ultragaz deu origem a uma das mais sólidas corporações do Brasil, o Grupo Ultra, e foi uma das primeiras empresas do Brasil a investir na criação, ainda em 1992, de um Centro de Documentação e Memória (CDM), denominado Espaço do Conhecimento.

Em 2001, o CDM decidiu criar uma área expositiva em sua sede na região central de São Paulo. A ideia principal era contar a história da empresa e do Grupo e, principalmente, evidenciar os benefícios de modernidade trazidos pelo GLP, uma vez que esse espaço era contíguo ao chamado "Viver com Ultragaz", um showroom voltado a arquitetos, a estudantes e a outros públicos sobre os vários usos domésticos do GLP.

O Studio Ronaldo Barbosa criou uma exposição composta sobretudo por imagens antigas, valendo-se do rico acervo iconográfico que o Espaço do Conhecimento possuía. Como ponto alto da exposição, a partir de imagens usadas em campanhas publicitárias dos anos 1950 – época em que a Ultragaz expandiu sua atuação para todo o país – foram recriados dois ambientes: uma cozinha com fogão a lenha, marcada pela fuligem e grande número de apetrechos e, em contraposição, uma cozinha moderna e equipada com vários eletrodomésticos.

FICHA TÉCNICA
REALIZAÇÃO
Grupo Ultra
EXPOGRAFIA
Ronaldo Barbosa
DESIGN GRÁFICO E MONTAGEM
Studio Ronaldo Barbosa
PESQUISA HISTÓRICA, ORGANIZAÇÃO DE ACERVO E TEXTOS
Memória e Identidade
Élida Gagete

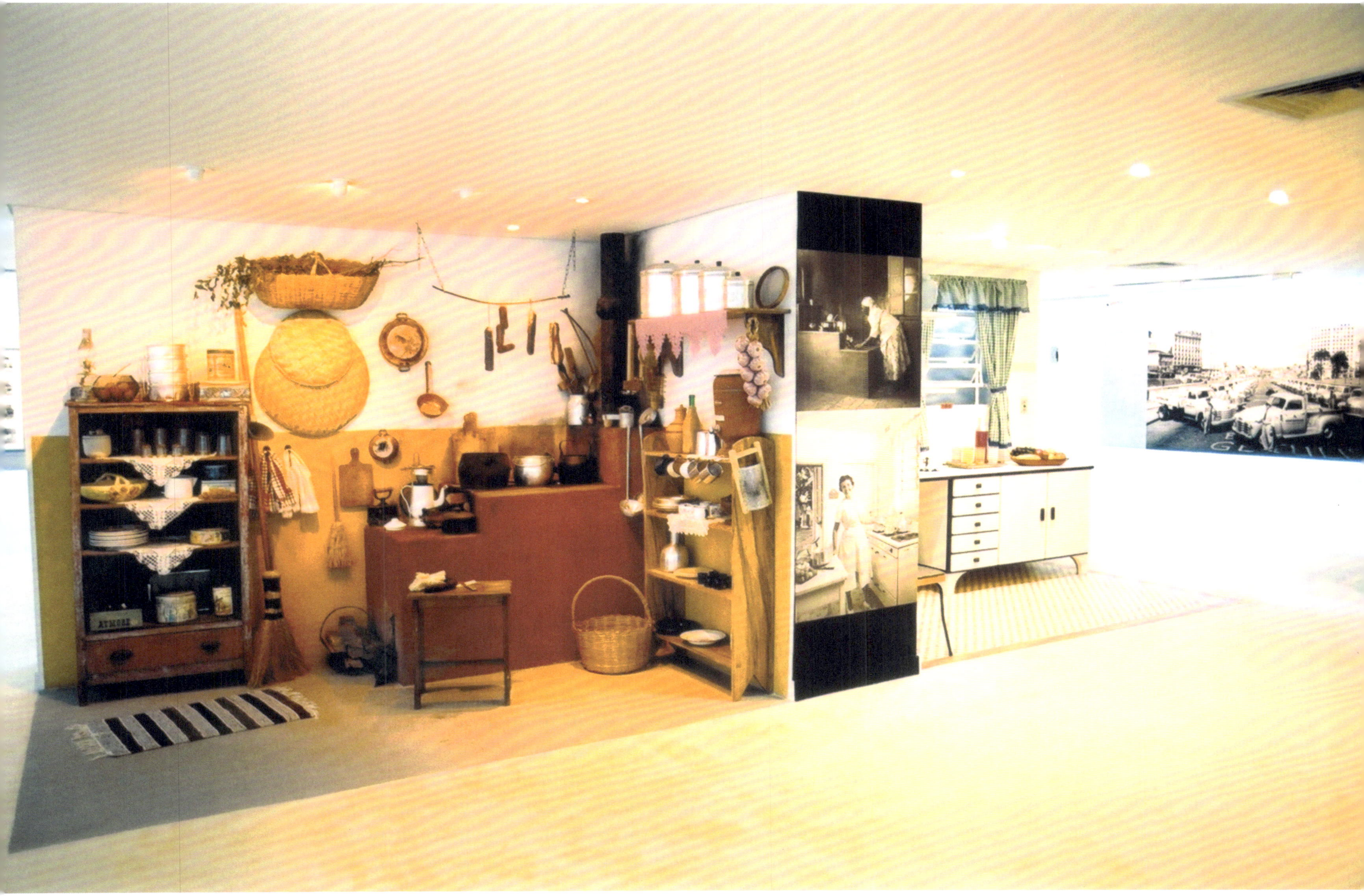

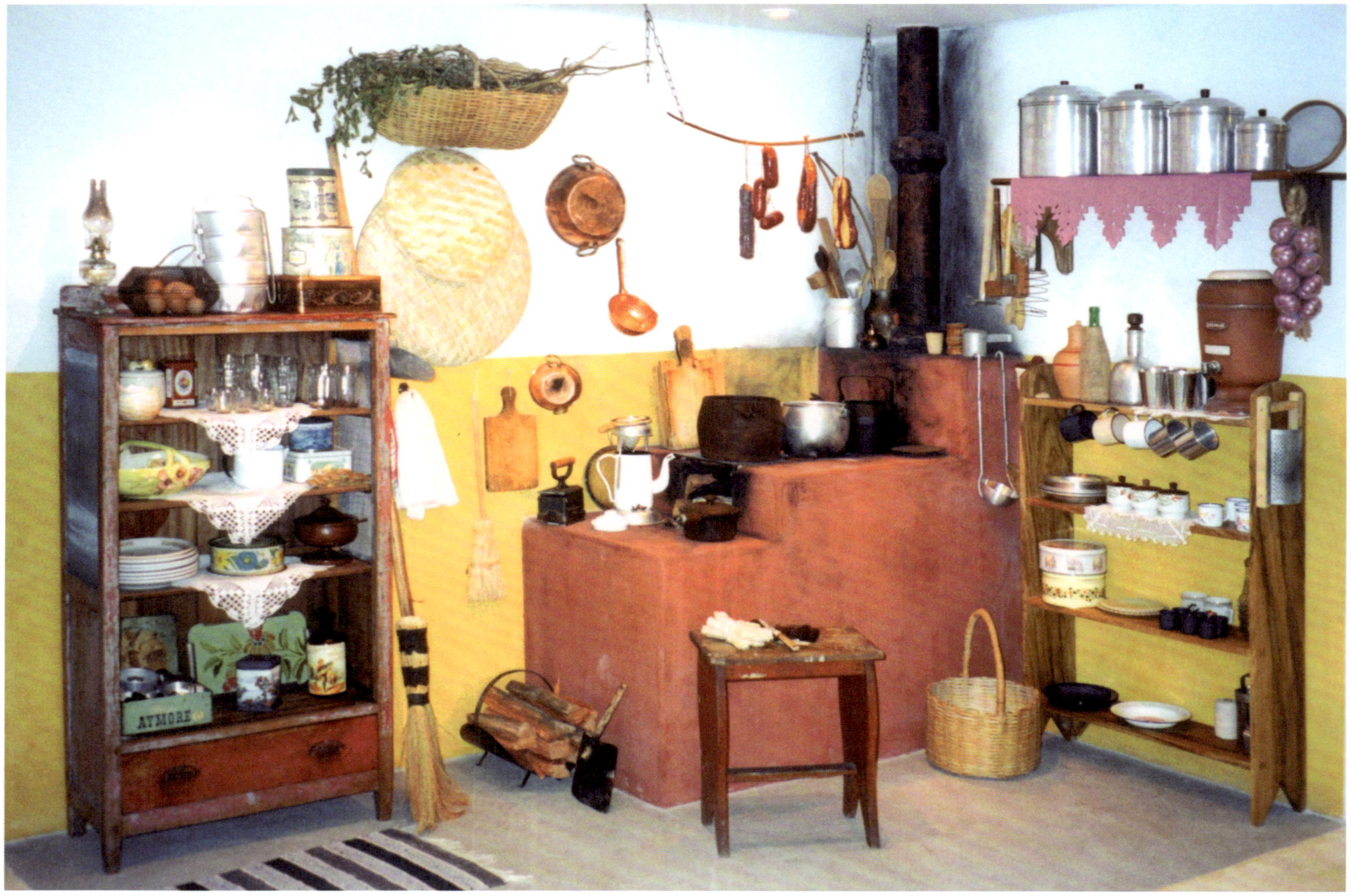
AYMORE

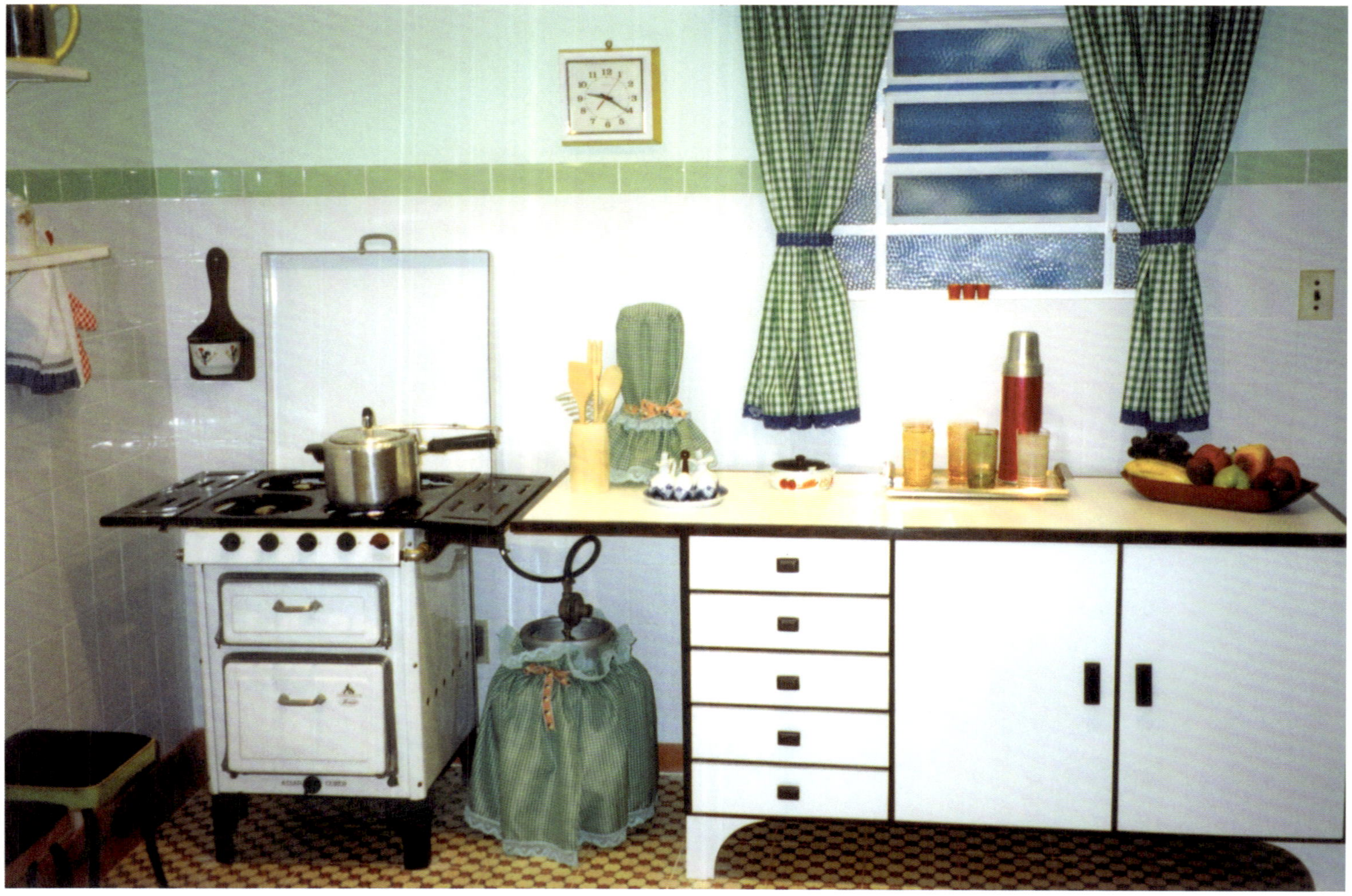

exaustor

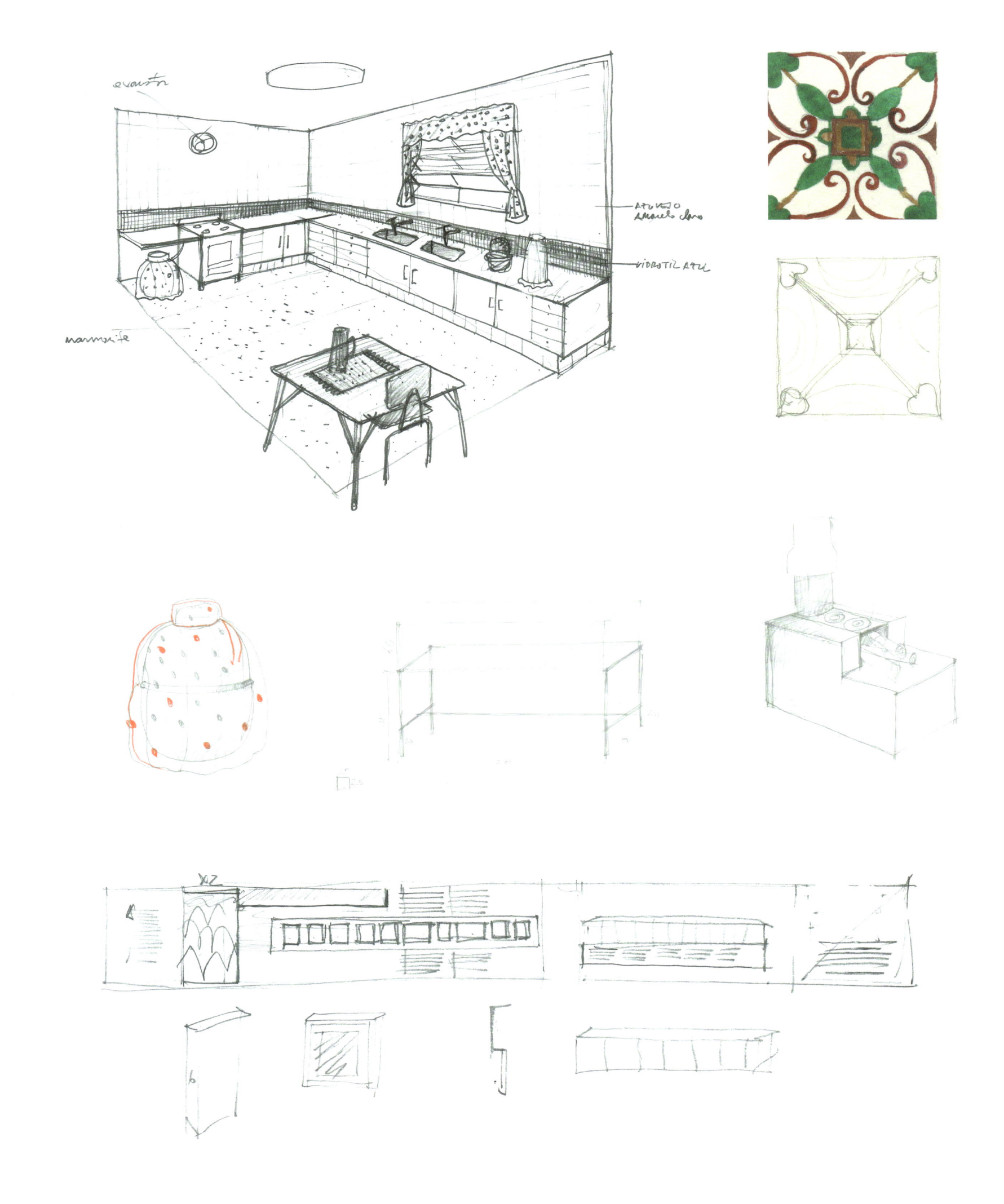

azulejo
amarelo claro

vidrotil azul

marmita

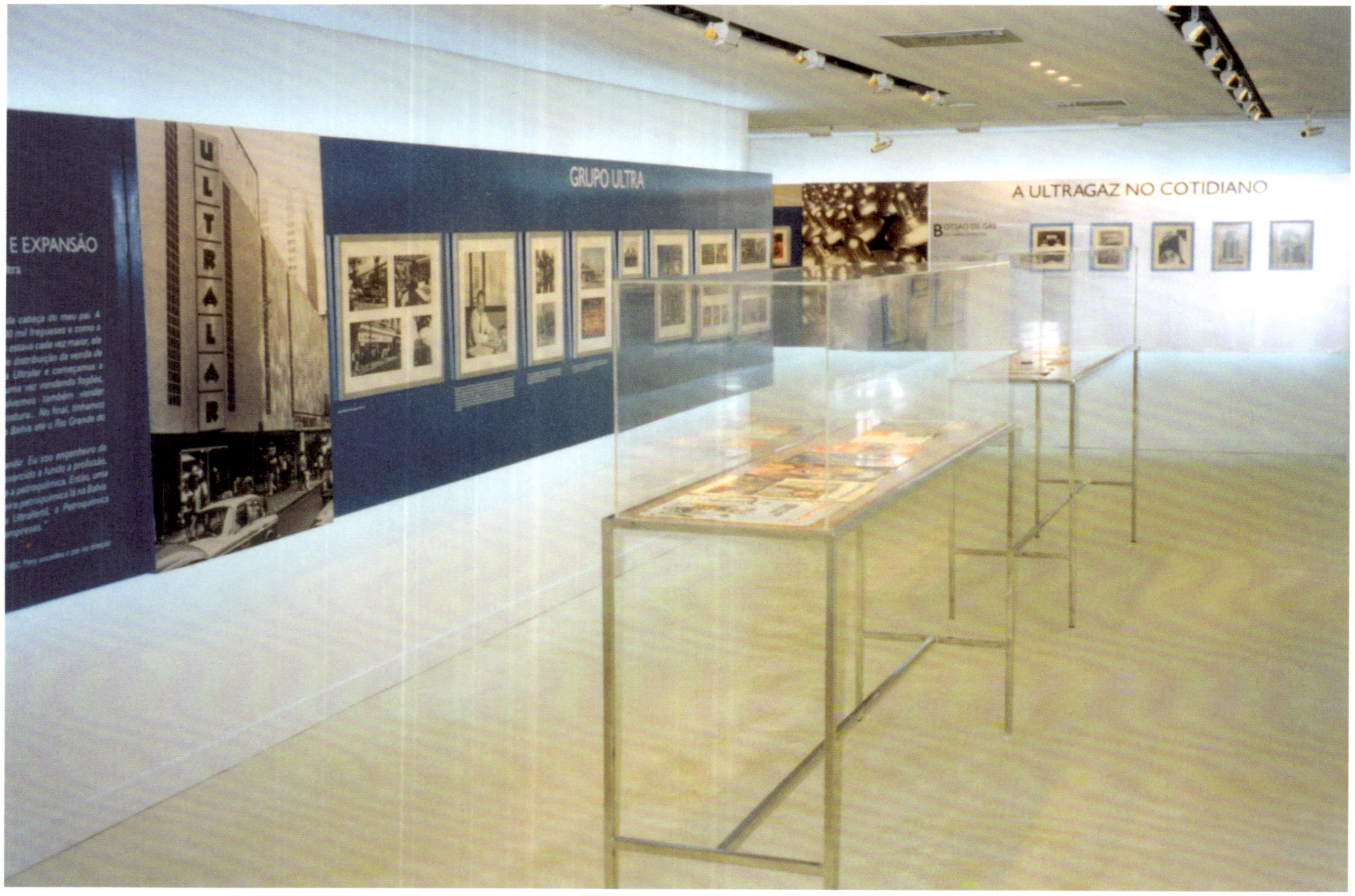
GRUPO ULTRA
E EXPANSÃO
ULTRALAR
A ULTRAGAZ NO COTIDIANO

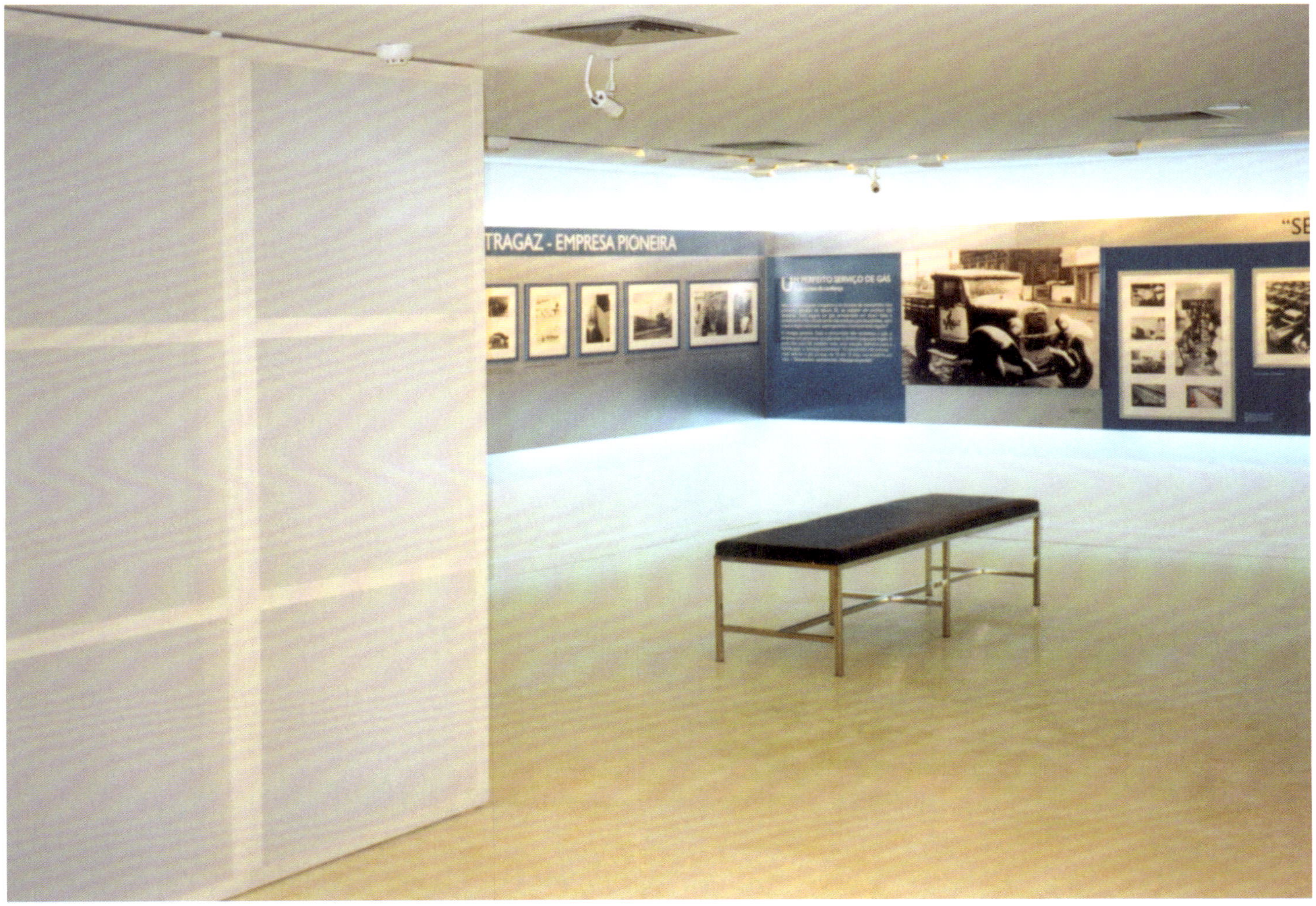
TRAGAZ - EMPRESA PIONEIRA

SÃO PAULO, SP, 2003

CENTRO HISTÓRICO COPERSUCAR

A Copersucar foi criada em 1959, a partir da fusão de diversas cooperativas de produtores de açúcar e álcool de São Paulo. Em 1973 adquiriu a União, a mais importante marca de açúcar do estado, conquistando assim a completa integração vertical do agronegócio da cana-de-açúcar.

Na sede que ocupava em 2001, um prédio antigo no tradicional bairro da Mooca, em São Paulo, existia uma cozinha experimental, um dos principais programas de relacionamento com os consumidores mantidos pela organização. Em espaço contíguo à cozinha idealizou-se uma exposição focada em três temas: a agroindústria da cana-de-açúcar no Brasil, os negócios da Copersucar e a história da marca União.

O conceito criado para a mostra foi a utilização de produtos e elementos referentes ao setor – como sacas de açúcar e terra – e a integração à cozinha experimental por meio de um grande painel translúcido adesivado com imagens de canaviais.

FICHA TÉCNICA
REALIZAÇÃO
Copersucar
EXPOGRAFIA
Ronaldo Barbosa
DESIGN GRÁFICO E MONTAGEM
Studio Ronaldo Barbosa
PESQUISA HISTÓRICA, ORGANIZAÇÃO DE ACERVO E TEXTOS
Memória e Identidade
Élida Gagete

TORTA DE FILTRO
FERMENTAÇÃO
CENTRIFUGAÇÃO
VINHO
TRATAMENTO DO
LEITE DE LEVEDURA
LEITE DE LEVEDURA

COPERSUCAR
AÇÚCAR

SERRA, ES, 2005

ESPAÇO LIVRO ABERTO CST

A hoje denominada ArcelorMittal Tubarão é uma unidade de produção integrada de aços planos. Suas origens remetem ao início dos anos 1960, quando se idealizou implantar uma usina siderúrgica aproveitando o potencial logístico da região de Vitória – ali é onde chega o minério de Minas Gerais, via sistema ferroviário, e onde é recebido o carvão mineral importado que é insumo para a produção do aço, via porto. A estrutura portuária também seria fundamental para o escoamento da produção.

A Companhia Siderúrgica de Tubarão (CST) foi fundada em 1974, como uma parceria entre o governo brasileiro e duas empresas internacionais, a japonesa Kawasaki e a italiana Finsider. Entrou em operação em 1983 e em 1992 foi privatizada. Em 2003 teve início o projeto Memória Viva da Companhia Siderúrgica de Tubarão (CST), em função das comemorações de 30 anos do início da operação da empresa, hoje denominada ArcelorMittal Tubarão.

O projeto surgiu a partir de uma demanda da Diretoria de Recursos Humanos. Na ocasião, como muitos dos colaboradores que presenciaram a construção do complexo estavam em fase de aposentadoria, a ideia foi registrar suas memórias em um livro institucional. Na sequência, diante do potencial do material pesquisado, a empresa decidiu criar um espaço expositivo com a finalidade de apresentar a história da CST aos visitantes que não podiam acessar as áreas industriais.

O Espaço Livro Aberto possuía um hall de entrada, onde foi inserido um grande fluxograma de produção, a sala principal, com painéis contando a trajetória da empresa e, ainda, um auditório.

FICHA TÉCNICA
REALIZAÇÃO
Companhia Siderúrgica de Tubarão
(Atual Arcelor Mittal Tubarão)
CONCEPÇÃO ARQUITETÔNICA E EXPOGRAFIA
Ronaldo Barbosa
DESIGN GRÁFICO E MONTAGEM
Studio Ronaldo Barbosa
PROJETO ARQUITETÔNICO E COMPLEMENTARES
RG Arquitetura
TEXTOS
Francisco Aurélio Ribeiro
PESQUISA HISTÓRICA
Cassius Gonçalves
Carolina Júlia

CONSTRUÇÃO DA CST
CST CONSTRUCTION

Há gente que acredita e faz.
Há gente que duvida e pára.
Há, sobretudo, gente que
dorme e que sonha.
(Renato Pacheco)

PERÍODO ESTATAL
STATE-OWNED PERIOD

O homem e a hora são um só
Quando Deus faz e a história é feita.
(Fernando Pessoa)

CONSTRUÇÃO DA CST

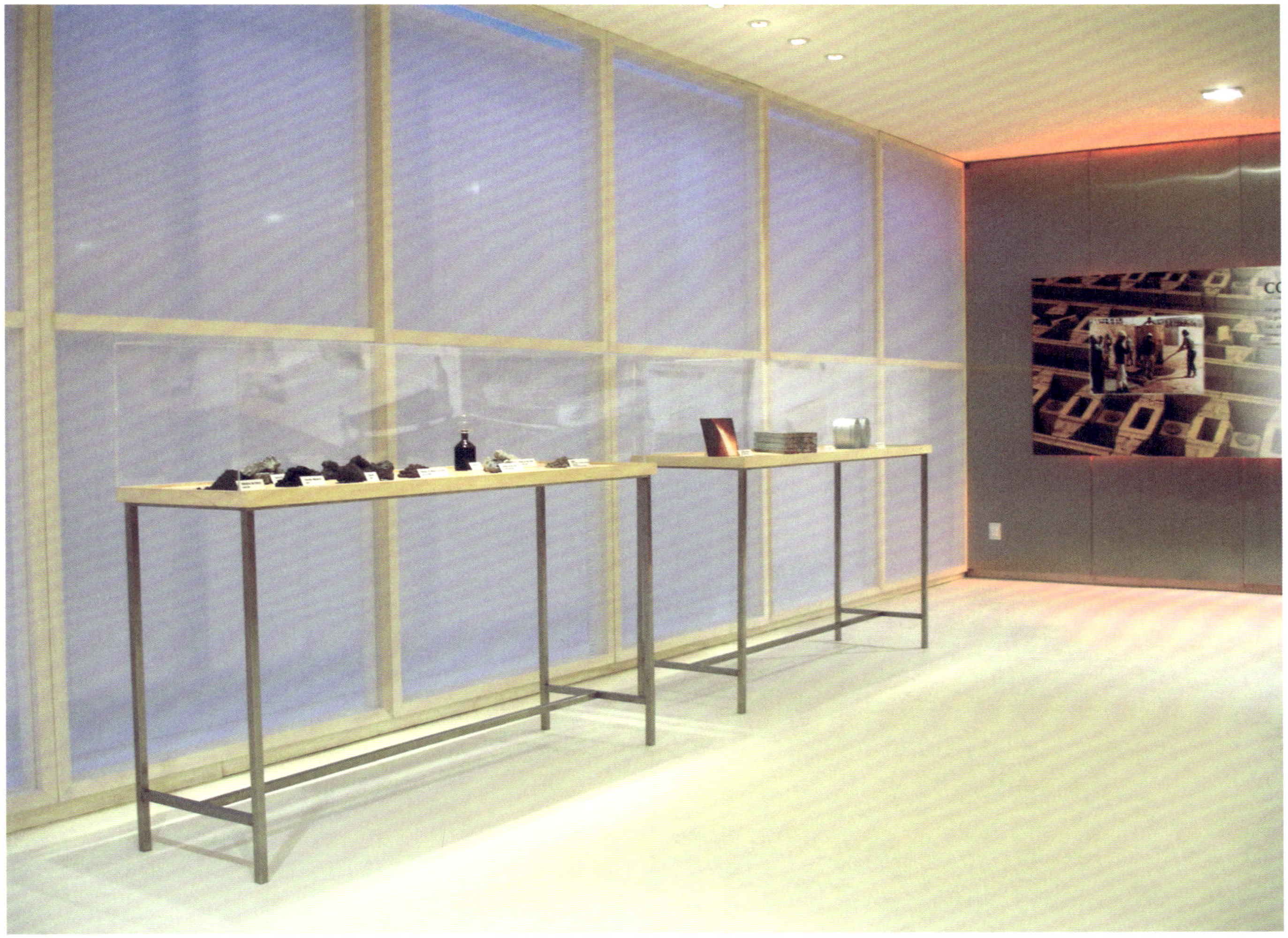

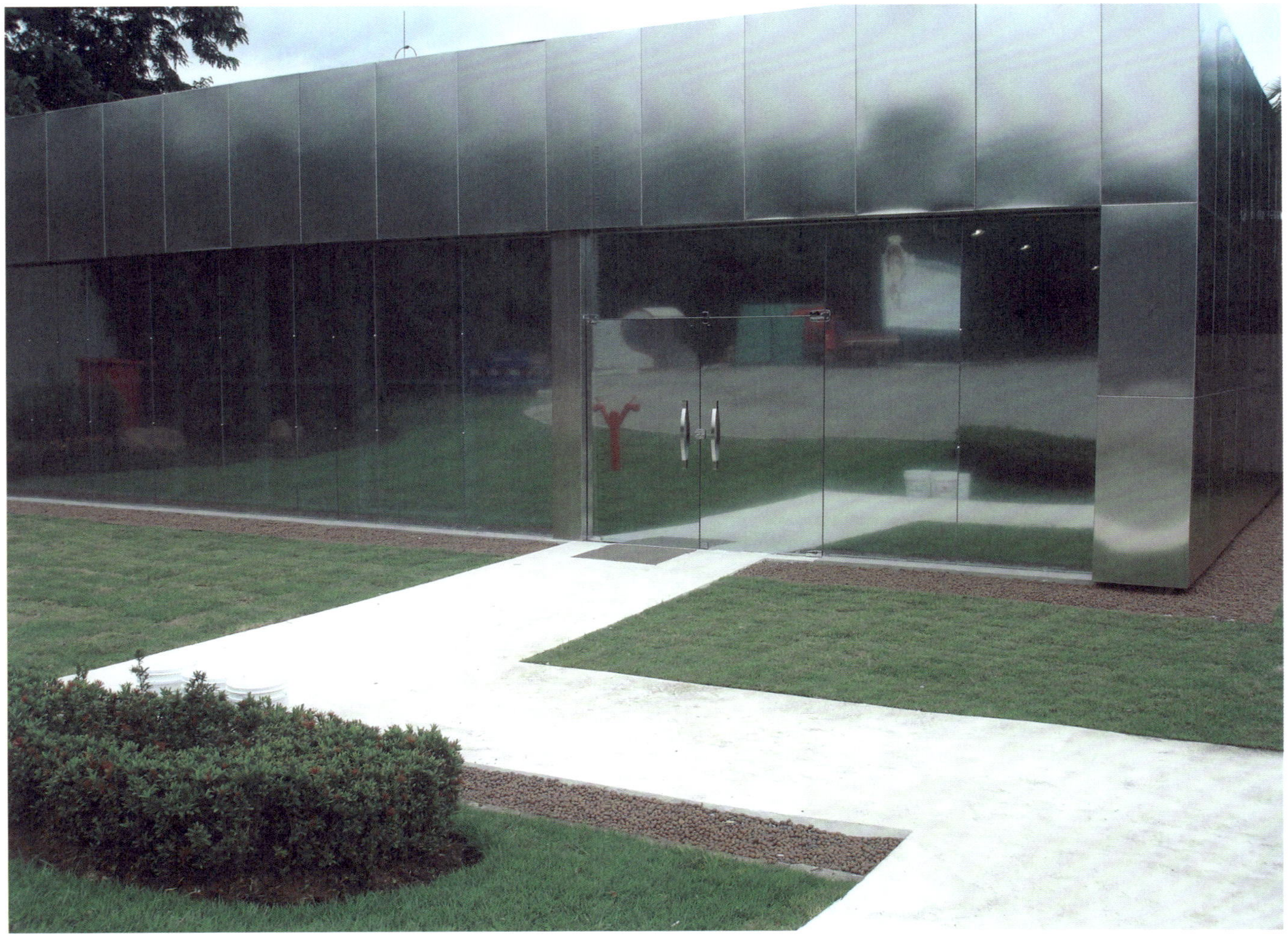

CARIACICA, ES, 2006

CENTRO DE DOCUMENTAÇÃO E MEMÓRIA ÁGUIA BRANCA

Com origem em 1946, a Viação Águia Branca se tornou referência em transporte rodoviário no Brasil. Aos poucos foi constituído o Grupo Águia Branca, hoje uma das principais organizações empresariais do Espírito Santo, com frota de mais de cinco mil veículos e atuação em serviços de transporte rodoviário e aéreo de passageiros, comércio e locação de automóveis e veículos comerciais, logística e saneamento básico.

Na comemoração dos 60 anos de fundação do Grupo Águia Branca, decidiu-se implantar um Centro de Documentação e Memória (CDM). Uma área interna da empresa foi destinada ao espaço de guarda do acervo, enquanto a área expositiva foi instalada no interior de um ônibus antigo, em referência às origens do Grupo.

O ônibus circulou pelas cidades do país onde existiam operações do Grupo, contando a história de todos os negócios. Pelo ineditismo e criatividade, naquele ano o projeto foi vencedor na categoria Responsabilidade Histórica e Memória Empresarial do Prêmio Aberje Brasil 2008, considerado o mais importante reconhecimento na área de comunicação empresarial no país.

FICHA TÉCNICA
REALIZAÇÃO
Grupo Águia Branca
EXPOGRAFIA
Ronaldo Barbosa
DESIGN GRÁFICO E MONTAGEM
Studio Ronaldo Barbosa
PROJETO ARQUITETÔNICO E COMPLEMENTARES
Contemporânea Engenharia
PROJETO 3D
Walter Neto (in memorian)
PESQUISA HISTÓRICA E ORGANIZAÇÃO DE ACERVO
Cassius Gonçalves

BRANCA
LOGÍSTICA
COMÉRCIO
UNIDADE DE NEGÓCIOS
INFRA-ESTRUTURA

A Viabilização dos Negócios década de 1960
Empresa de Ônibus Águia Branca

PANCAS
EXPRESSO RODOVIARIO

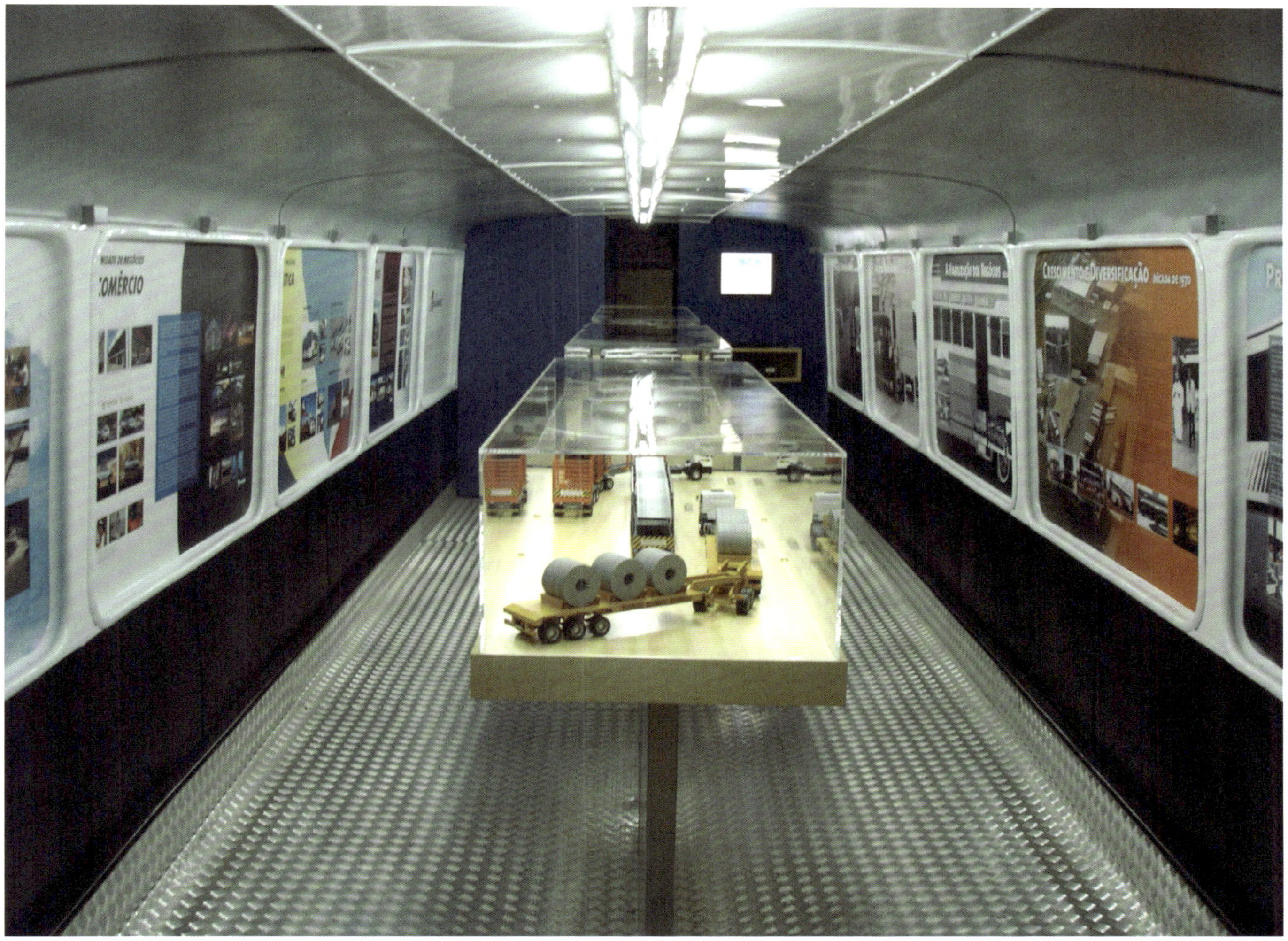

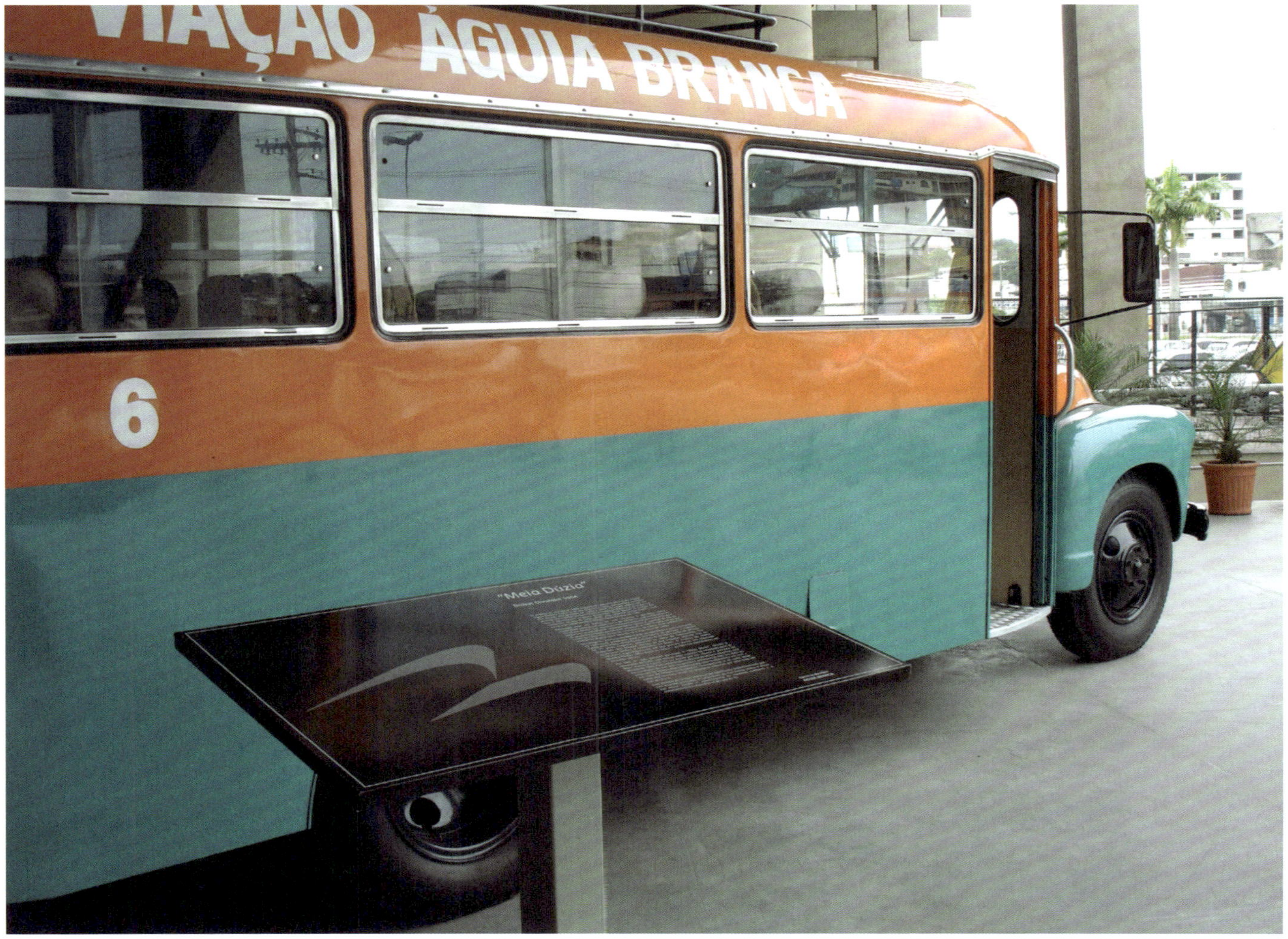
VIAÇÃO ÁGUIA BRANCA
6

NOVA LIMA, MG, 2006

FUNDAÇÃO DOM CABRAL

A Fundação Dom Cabral foi criada em 1976, como instituição autônoma e sem fins lucrativos para a formação de executivos, no Brasil e no exterior, a partir de uma rede de alianças internacionais.

Em 2006, no marco de seus 30 anos, foram desenvolvidas duas exposições, uma itinerante e uma permanente. A história da fundação foi associada à temática mineira da obra Grande Sertão Veredas, de Guimarães Rosa, que completava seu cinquentenário no mesmo ano. A ideia era demonstrar como, apesar de a FDC expandir-se mundialmente, mantinha seus valores regionais, expressos na máxima "o sertão é do tamanho do mundo".

FICHA TÉCNICA
REALIZAÇÃO
Fundação Dom Cabral
EXPOGRAFIA,
DESIGN GRÁFICO E MONTAGEM
Studio Ronaldo Barbosa
PESQUISA HISTÓRICA
Cassius Gonçalves

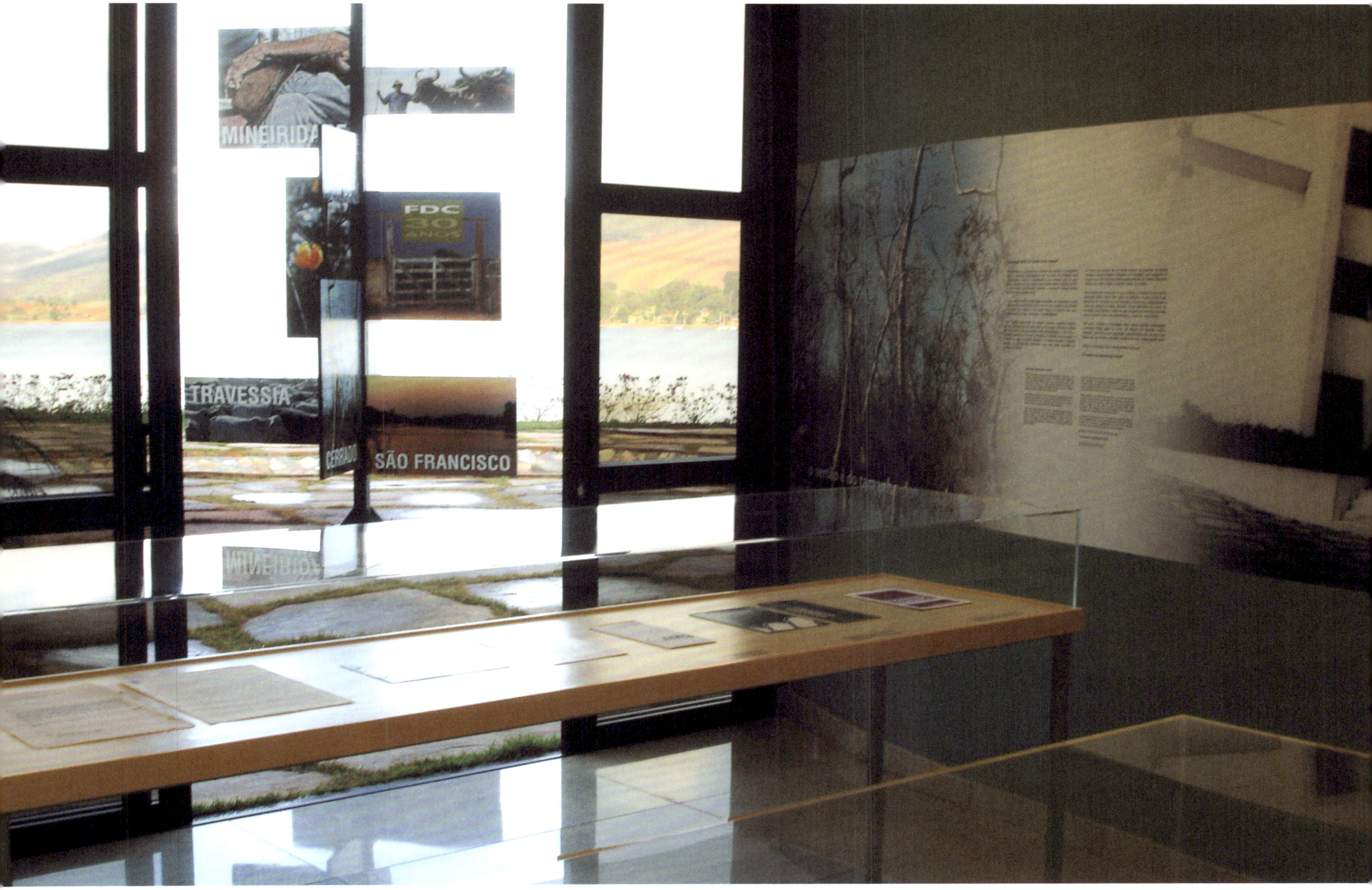
MINEIRIDA
FDC
30
ANOS
TRAVESSIA
CERRADO
SÃO FRANCISCO

VITÓRIA, ES, 2010

CENTRO DE DOCUMENTAÇÃO E MEMÓRIA BANDES

O Banco de Desenvolvimento do Espírito Santo (Bandes) é uma instituição financeira criada em 1967 como Companhia de Desenvolvimento Econômico do Espírito Santo (Codes) para ser um instrumento de revitalização da economia capixaba. Atualmente, o Bandes atua com recursos próprios e é agente credenciado repassador de recursos do Banco Nacional de Desenvolvimento Econômico e Social (BNDES), alavancando recursos federais para projetos produtivos no estado.

Em 2010 foi criado o Centro de Documentação e Memória Bandes, espaço para reunir os acervos e apresentar os serviços realizados. Diante da carência de acervo iconográfico, foi realizada uma campanha entre os clientes do banco e arrecadadas imagens para exposição.

FICHA TÉCNICA
REALIZAÇÃO
Banco de Desenvolvimento do
Estado do Espírito Santo (Bandes)
EXPOGRAFIA
Ronaldo Barbosa
**DESIGN GRÁFICO,
DESIGN DE MÓVEIS E MONTAGEM**
Studio Ronaldo Barbosa
PESQUISA HISTÓRICA
Cassius Gonçalves

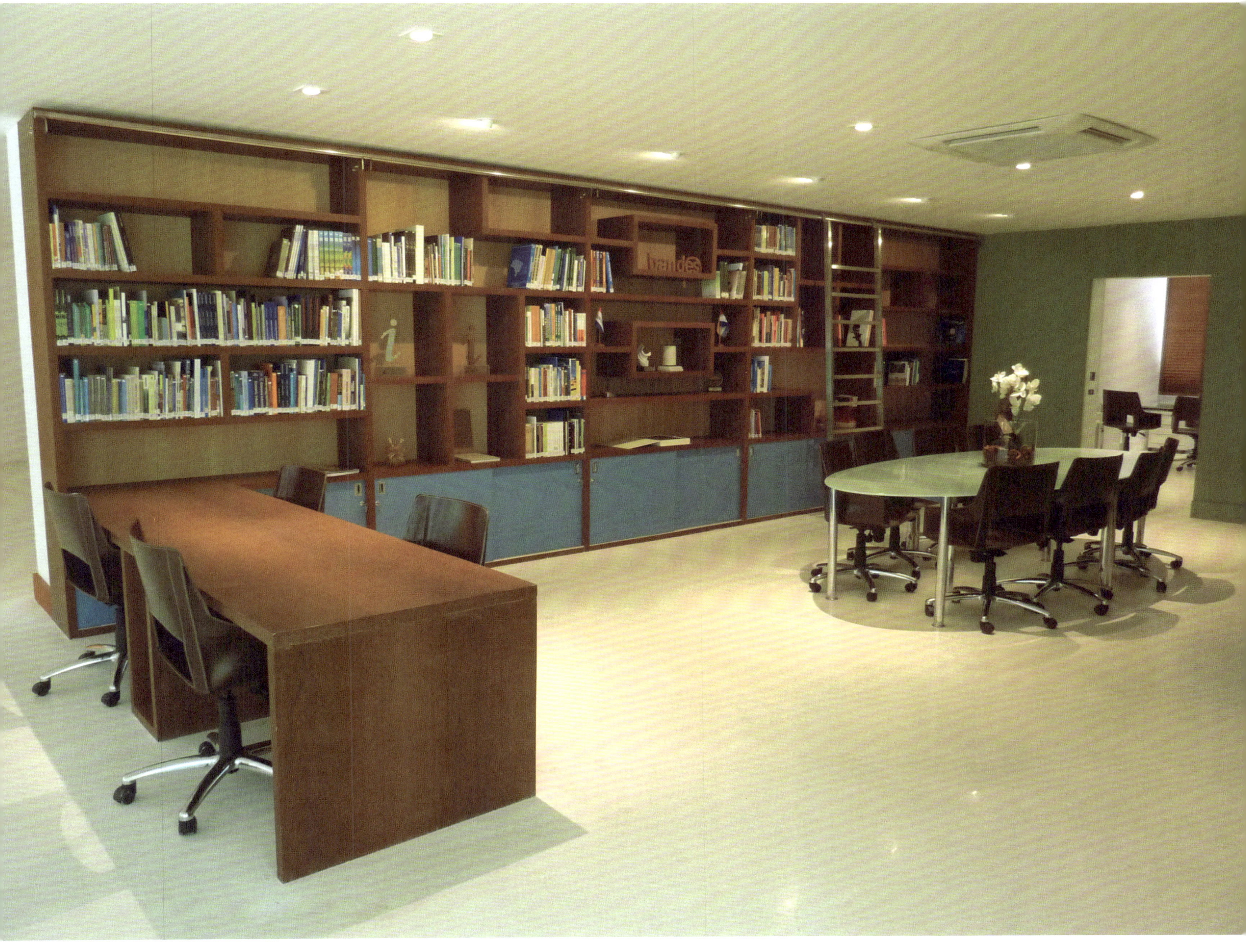

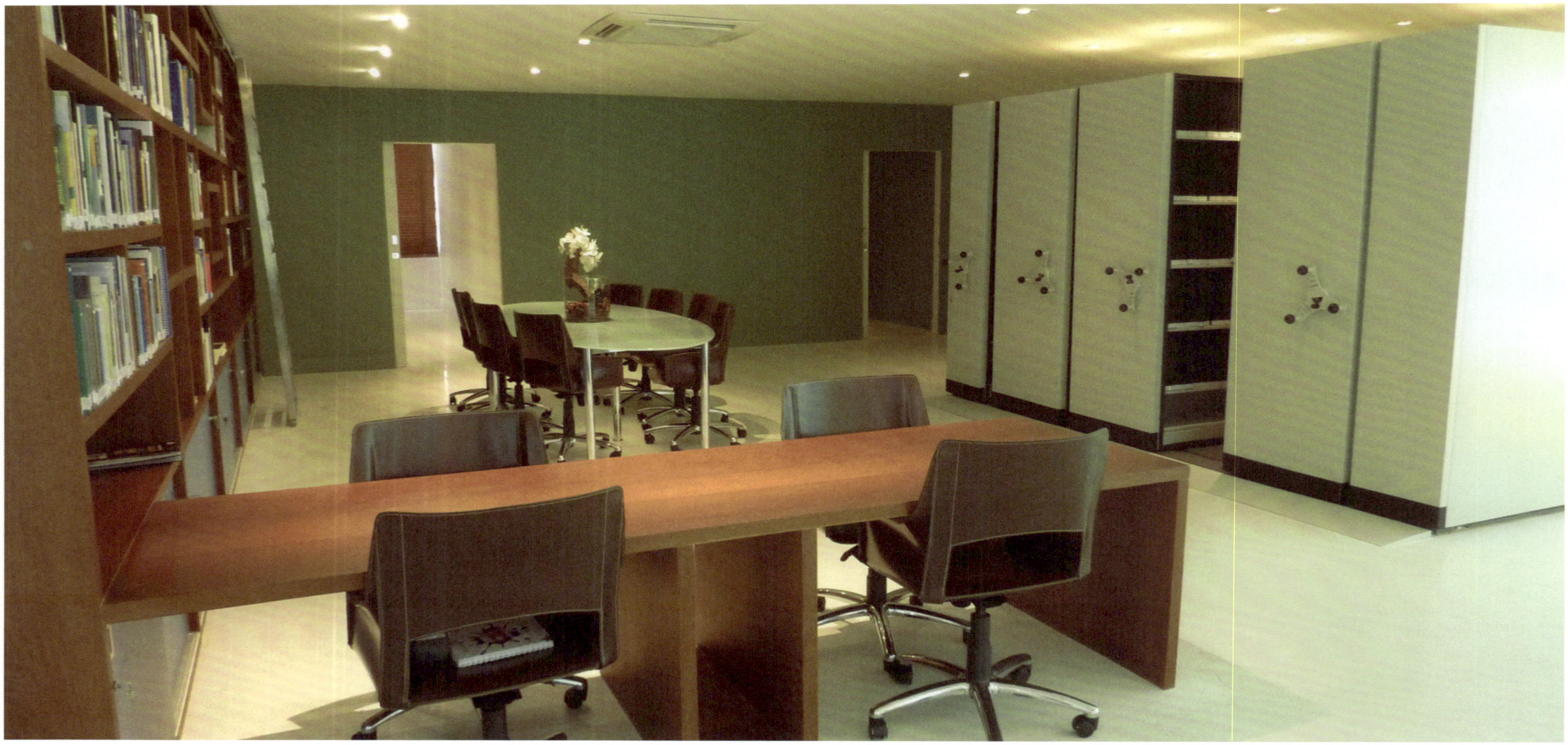

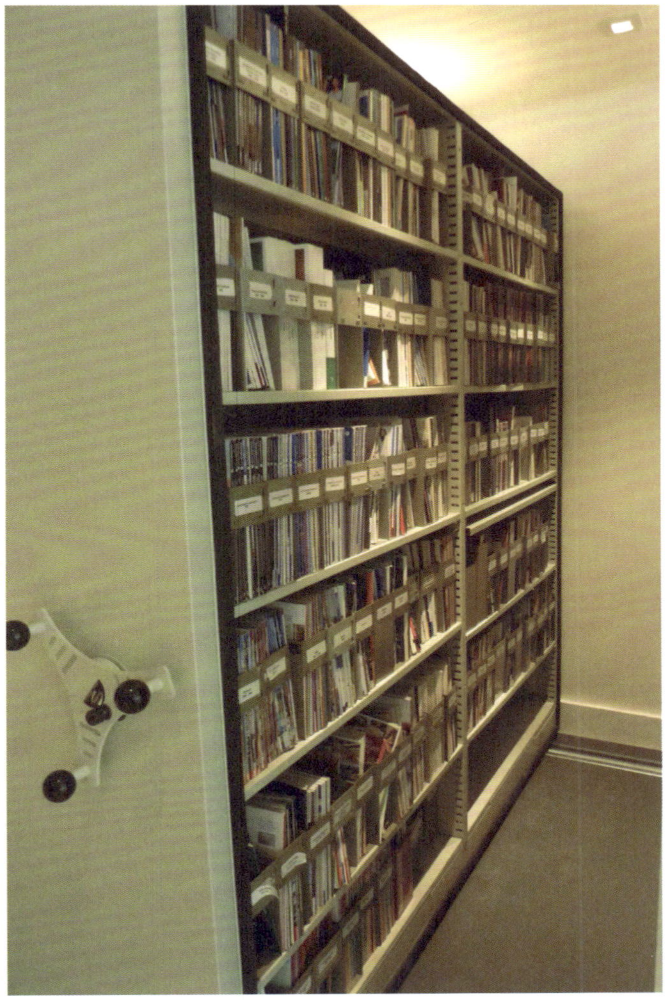

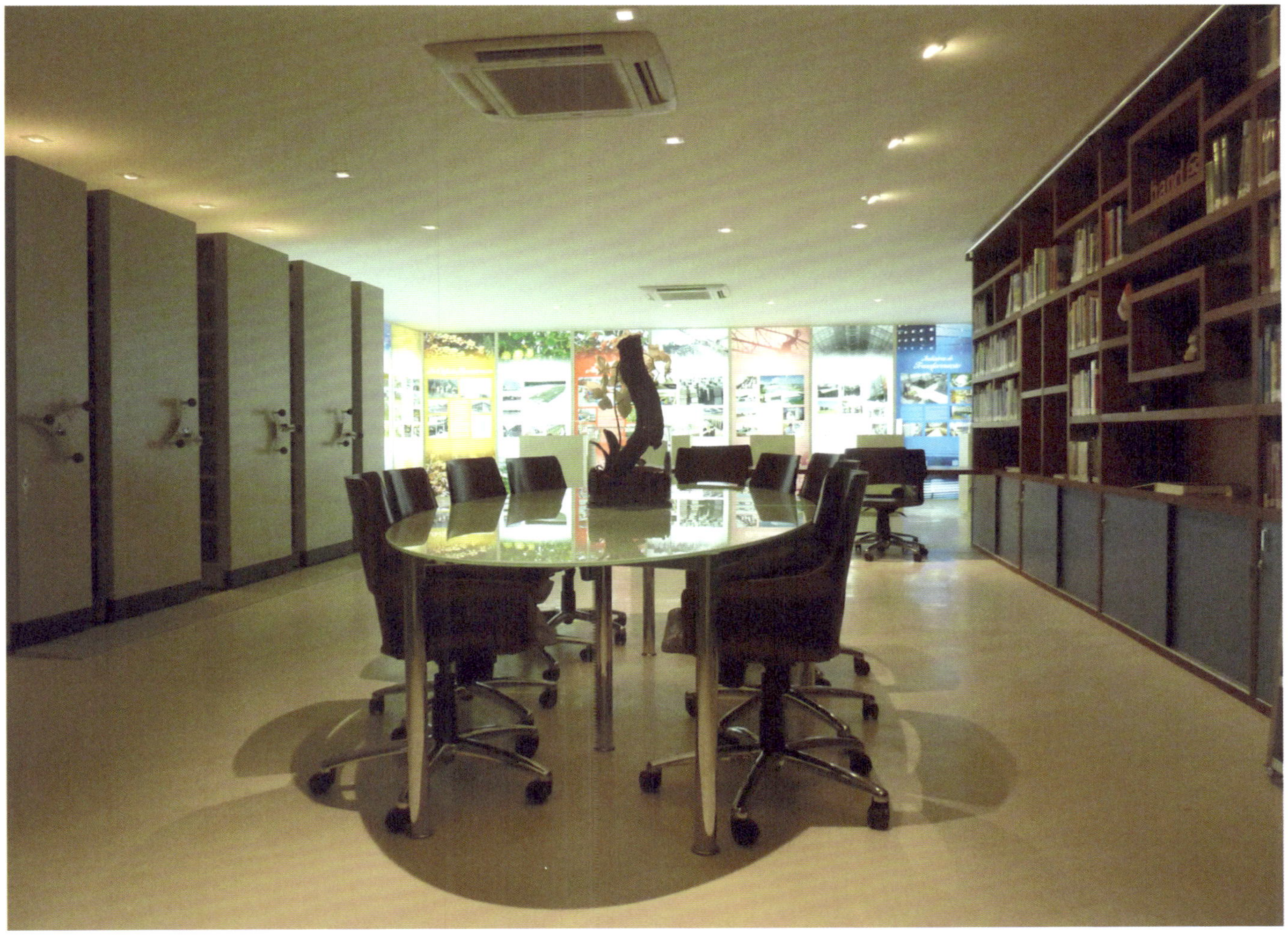

EXPOSIÇÕES

PIOS DA MATA

MUSEU DA CASA BRASILEIRA, SÃO PAULO, SP, 2004

O desejo de valorizar e divulgar a cultura capixaba, dentro e fora do estado, é uma constante na trajetória de Ronaldo Barbosa. A exposição Pios da Mata se insere nessa linha de atuação. Ele se encarregou da curadoria e da expografia da mostra, dedicada à Fábrica de Pios Maurílio Coelho, em Cachoeiro de Itapemirim, que então completava 101 anos.

Foram apresentados 37 modelos de pios, instrumentos confeccionados em madeira que ao serem soprados reproduzem com perfeição o som das aves locais, sendo usados como instrumentos musicais ou com o objetivo de atrair os pássaros que se deseja observar ou fotografar.

A expografia valorizou o ecossistema da Mata Atlântica, de onde os objetos se originam. Imagens da mata enveloparam as paredes do espaço expositivo, enquanto um odorizador de ambientes trazia o odor da mata. Bancadas de trabalho da fábrica e ferramentas usadas na confecção foram levados para a exposição, ressaltando o paciente e delicado trabalho artesanal de confecção dos pios. A mostra contextualizou os pios como um valioso patrimônio material e imaterial, e depois do Museu da Casa Brasileira seguiu para o Museu de Arte do Espírito Santo, em Vitória, 2005.

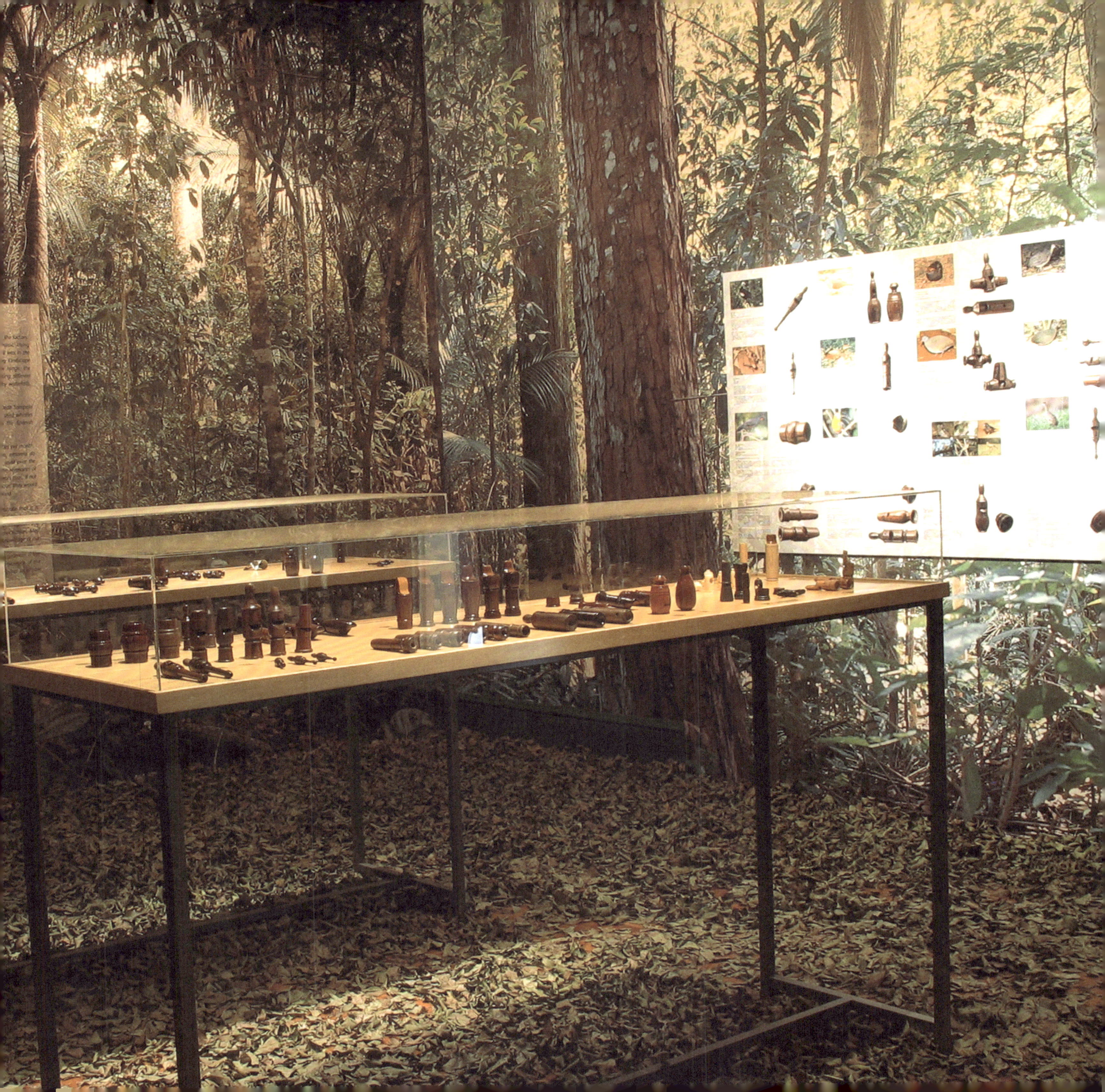

REALIZAÇÃO
Governo do Estado do Espírito Santo
Secretaria de Estado de Cultura
Sebrae Espírito Santo
CURADORIA E EXPOGRAFIA
E DESIGN GRÁFICO
Ronaldo Barbosa
PRODUÇÃO
Imago Escritório de Arte
Maria Clara Rodrigues
TEXTOS DA EXPOSIÇÃO E DO CATÁLOGO
Adélia Borges
FOTOS
Jorge Sagrilo

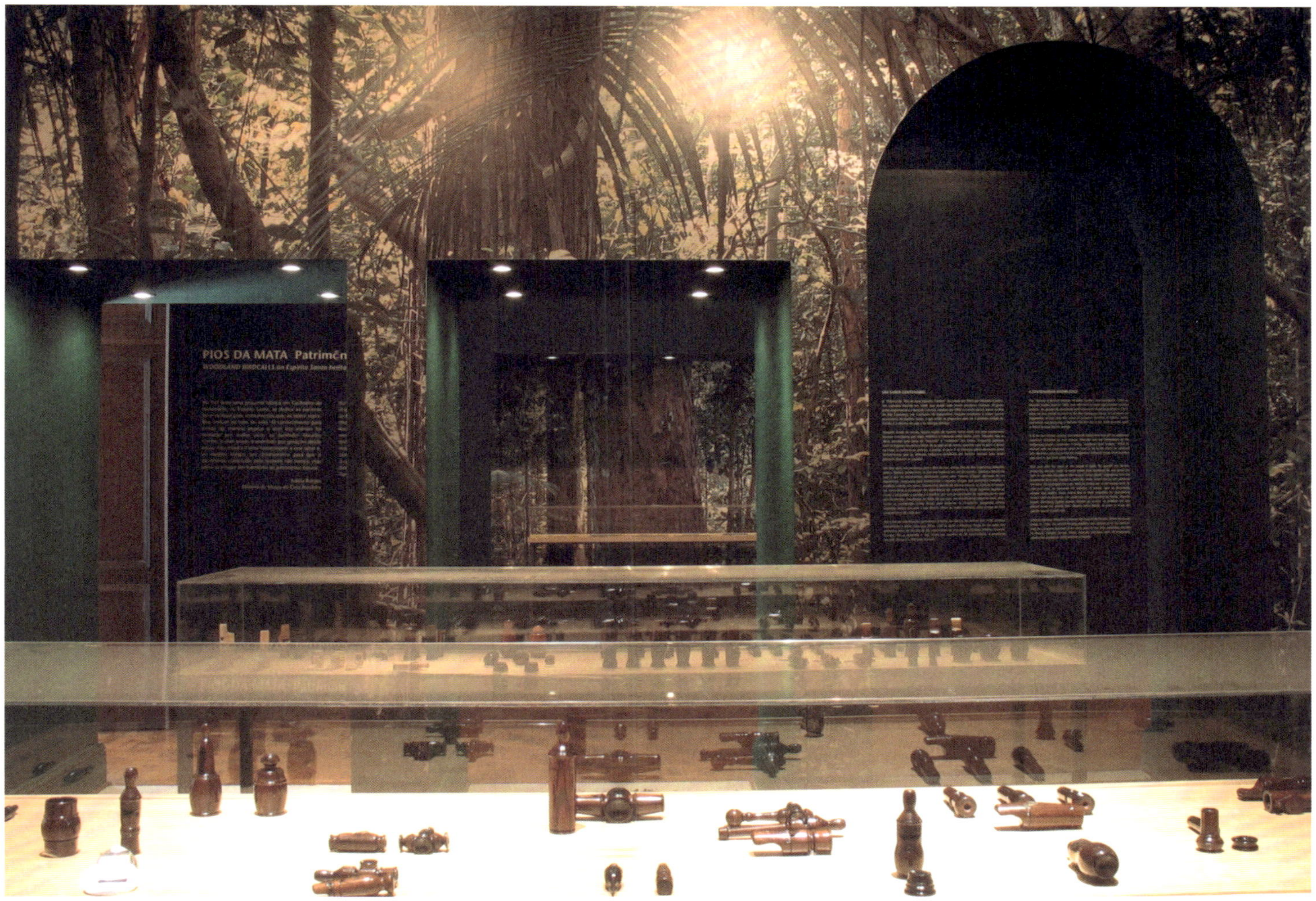
PIOS DA MATA

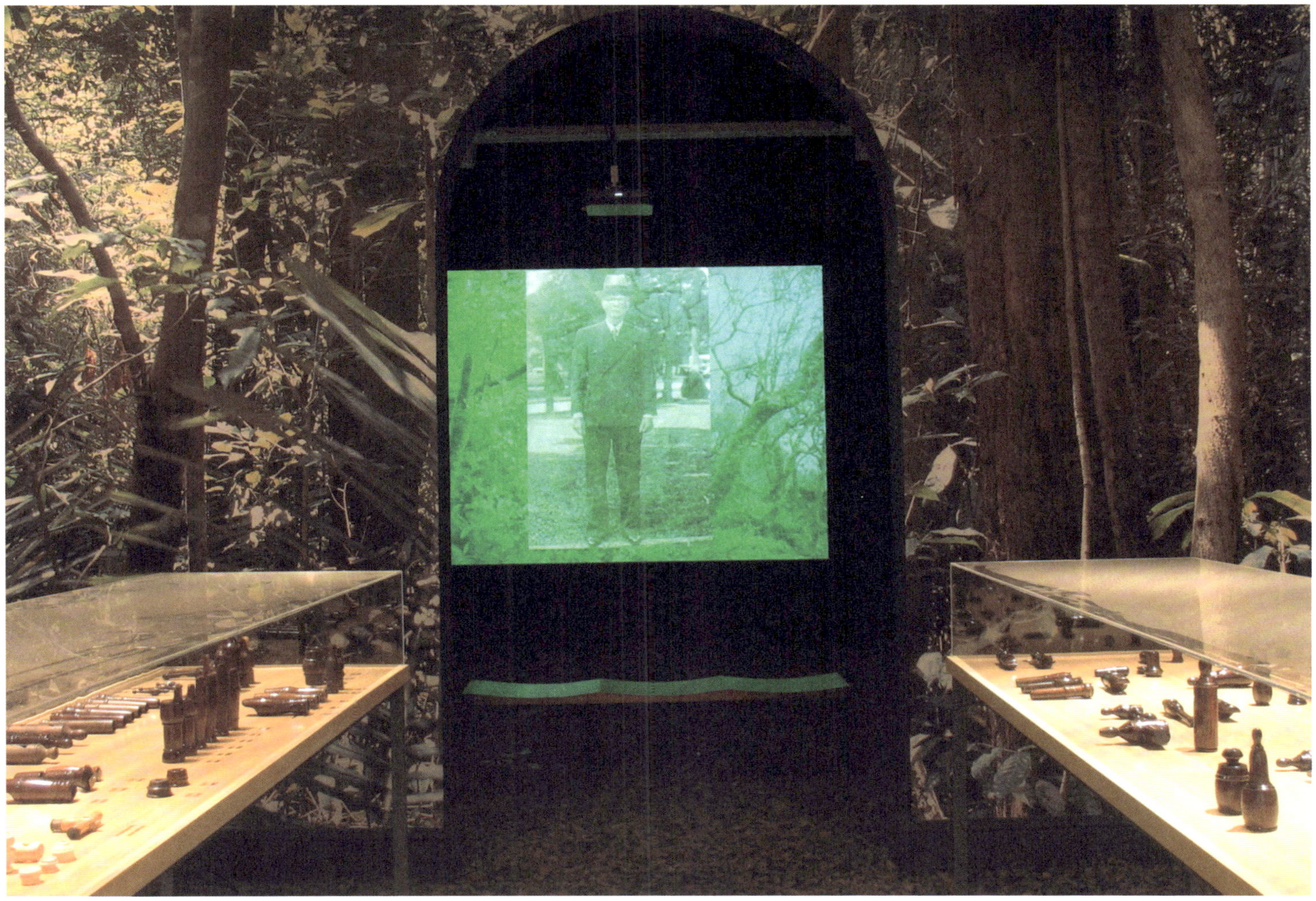

DIONÍSIO DEL SANTO

MUSEU DE ARTE DO ESPÍRITO SANTO, VITÓRIA, ES, 2008

A exposição apresentou uma retrospectiva da obra gráfica e pictórica de Dionísio del Santo, considerado o mais significativo artista moderno capixaba. Realizada dez anos após a sua morte, reuniu obras do acervo do Museu de Arte do Espírito Santo, de instituições públicas e privadas e de colecionadores particulares de São Paulo, Rio de Janeiro e Vitória, permitindo uma análise conjunta dos diferentes momentos de sua trajetória criativa.

A curadora Almerinda Lopes apresentou a gramática poética do artista nascido em 1925 em Colatina (ES), das xilogravuras figurativas que remetem à sua origem rural até a "pintura ora abstrata ora estruturada por elementos figurais de matriz geométrica". A curadora destacou a sua atuação na serigrafia, caracterizada pela "estruturação e justeza dos meios, equilíbrio e assepsia das composições, ousadia e harmonia no emprego das cores".

Como habitualmente, o Studio Ronaldo Barbosa optou por um design expositivo que não roubasse o protagonismo das obras apresentadas. As salas de acesso e expositivas foram pintadas de cores diferentes, retiradas da paleta do próprio artista – verdes, alarajandos, azuis, amarelos e cinzas. As salas permaneceram na penumbra e se projetou uma iluminação que valorizasse as obras. Uma fotografia de del Santo foi ampliada em grandes dimensões, ocupando uma parede inteira.

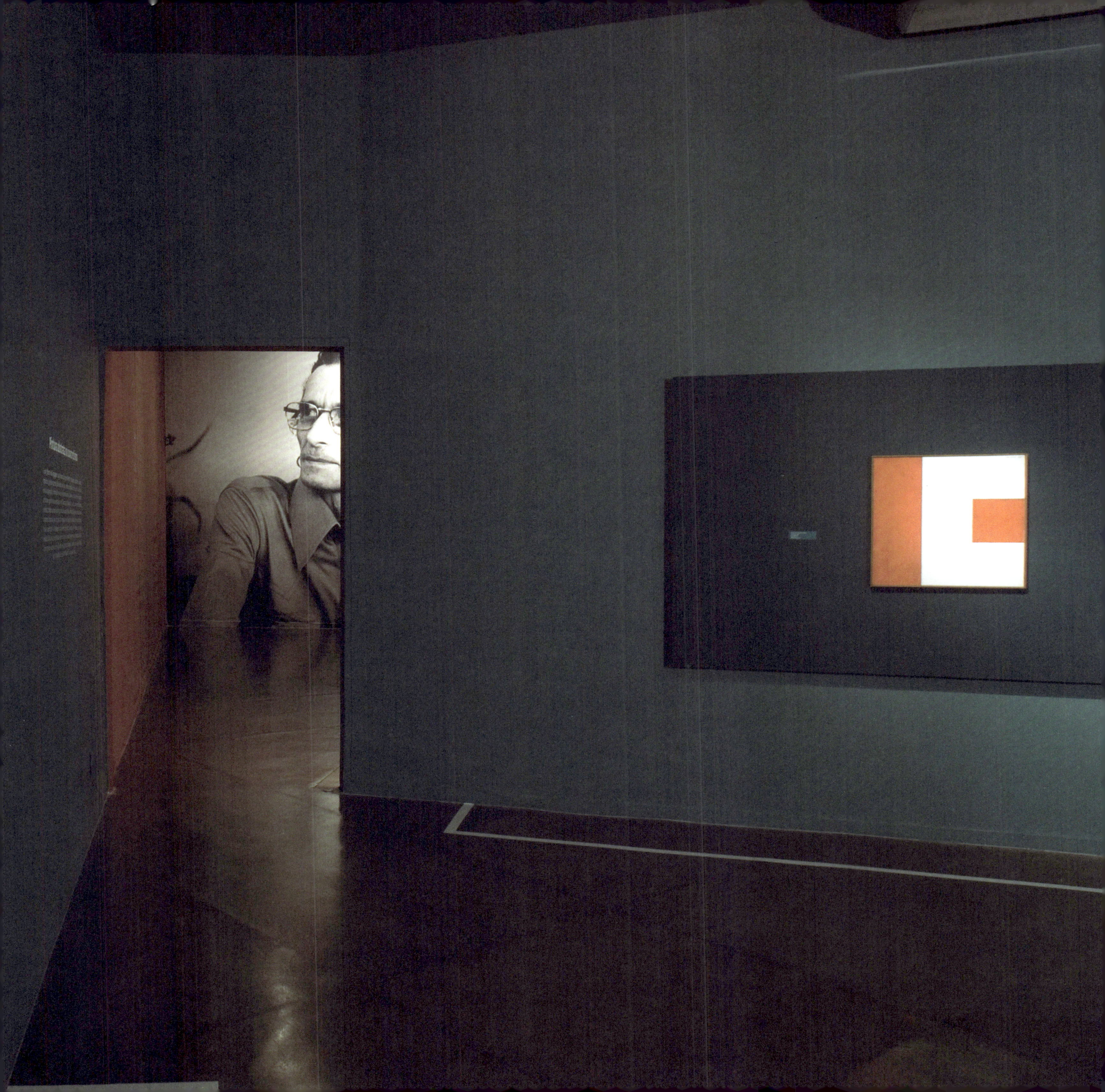

REALIZAÇÃO
Museu de Arte do Espírito Santo (MAES)
EXPOGRAFIA
Ronaldo Barbosa
PRODUÇÃO
Artviva
Ana Regina Machado Carneiro

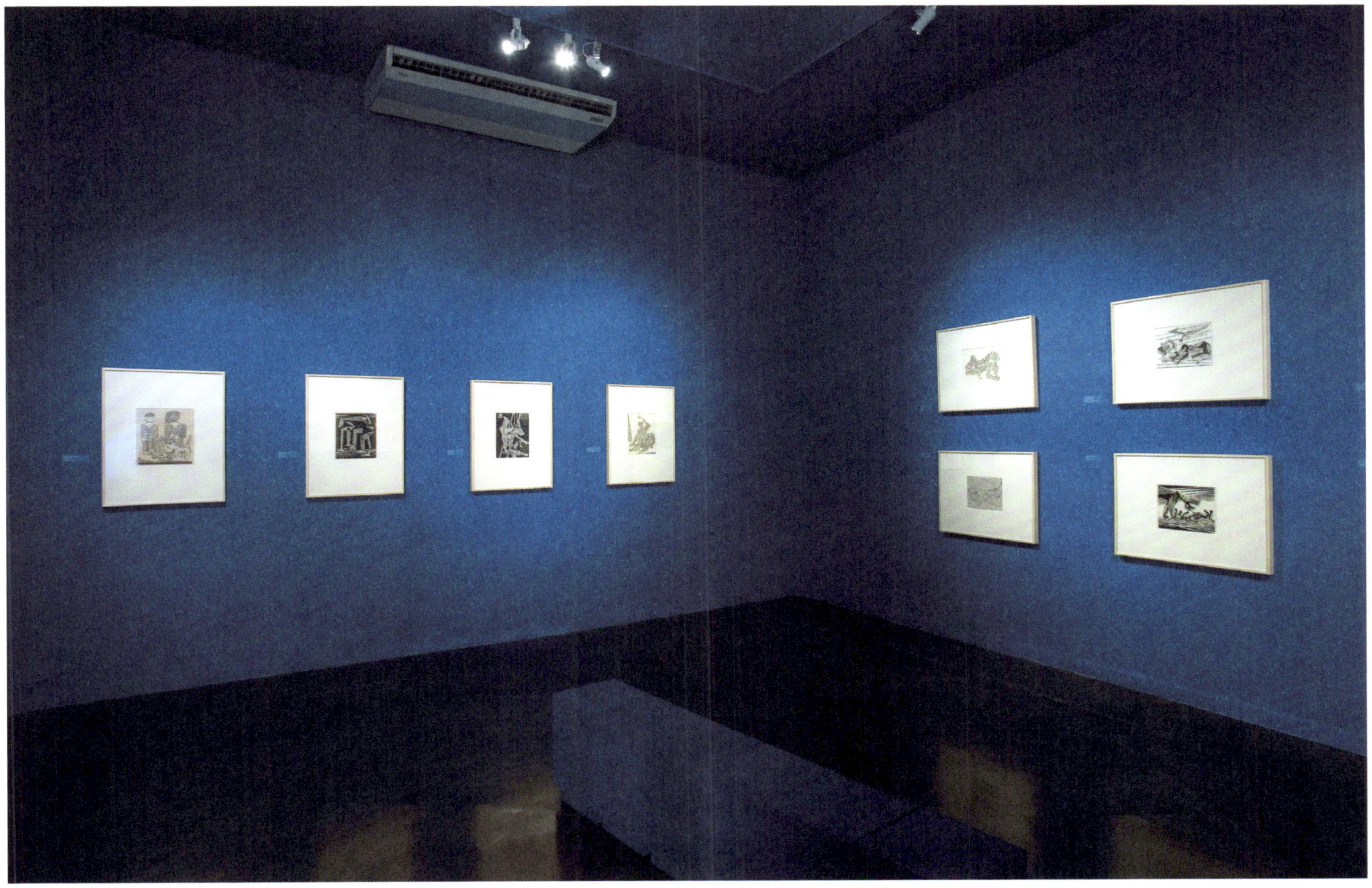

COPAS DO MUNDO DE A A Z

MUSEU DO FUTEBOL, SÃO PAULO, SP, 2010

Como seria um jogo de futebol disputado pelas letras do alfabeto? Esse foi o mote da exposição Copas do Mundo de A a Z, realizada no Museu do Futebol, em São Paulo, durante a Copa do Mundo de 2010, com curadoria de Marcelo Duarte. Seu propósito foi contar a história das Copas do Mundo de forma lúdica, por meio de vídeos, imagens, músicas e objetos. A mostra não teve a pretensão de elencar os fatos mais importantes ocorridos nos mundiais, e sim, segundo Clara Azevedo, diretora executiva do Museu do Futebol, "proporcionar aos visitantes pequenas experiências a partir de histórias e personagens curiosos".

Num trajeto semelhante ao de um labirinto, os visitantes passaram por 26 salas, cada uma dedicada a uma letra do alfabeto. O desafio do Studio Ronaldo Barbosa foi projetar salas de diversos tamanhos, formas e cores, e várias delas com elementos de interação com o público. Logo no início, o visitante conheceu um pouco mais sobre a África do Sul, país sede da Copa naquele ano. Em seguida, foi a vez de acompanhar as "bolas foras" de alguns jogadores nos mundiais. Após "chocolates" e dribles desconcertantes, entraram em cena imagens de galinhas (referência aos frangos tomados pelos goleiros), reproduções de dribles e figurinhas de época de grandes nomes do futebol.

No processo de desenvolvimento, várias salas tiveram desenhos à mão elaborados por Ronaldo Barbosa.

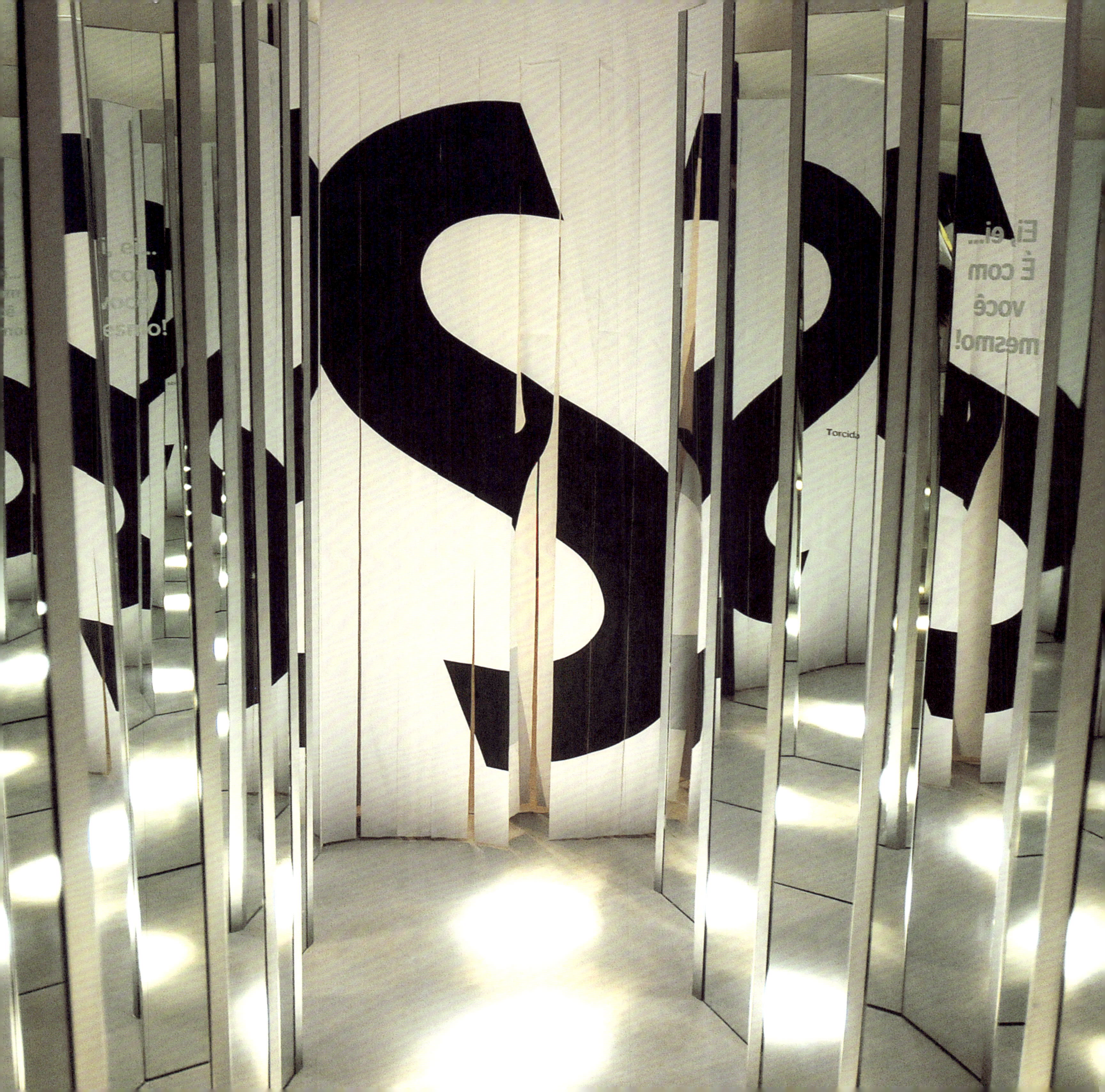
Ei, ei...
É com
você
mesmo!
Torcida

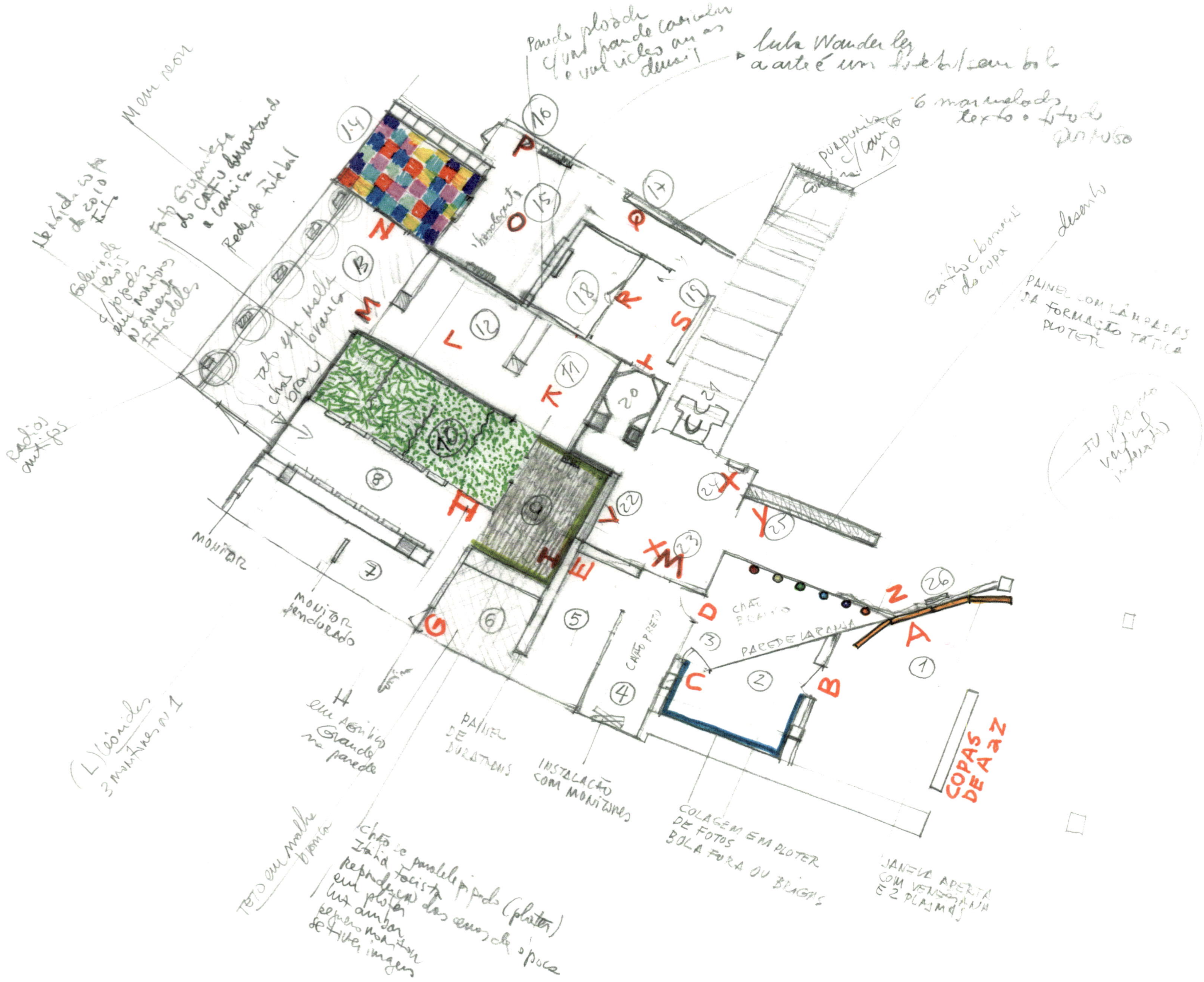

COPAS DE A a Z
PAREDE LARANJA
CHÃO BRANCO
CHÃO PRETO
MONITOR
MONITOR PENDURADO
PAINEL DE DURATRANS
INSTALAÇÃO COM MONITORES
COLAGEM EM PLOTER DE FOTOS
JANELA ABERTA COM VENEZIANA E 2 PLASMAS
PAINEL COM LÂMPADAS DA FORMAÇÃO TÁTICA PLOTER

REALIZAÇÃO
Museu do Futebol
Governo do Estado de São Paulo
CURADORIA
Marcelo Duarte
EXPOGRAFIA
Ronaldo Barbosa
DESIGN GRÁFICO
Studio Ronaldo Barbosa

África do Sul

Fé de jogadores e torcedores, suplicam e jubilam

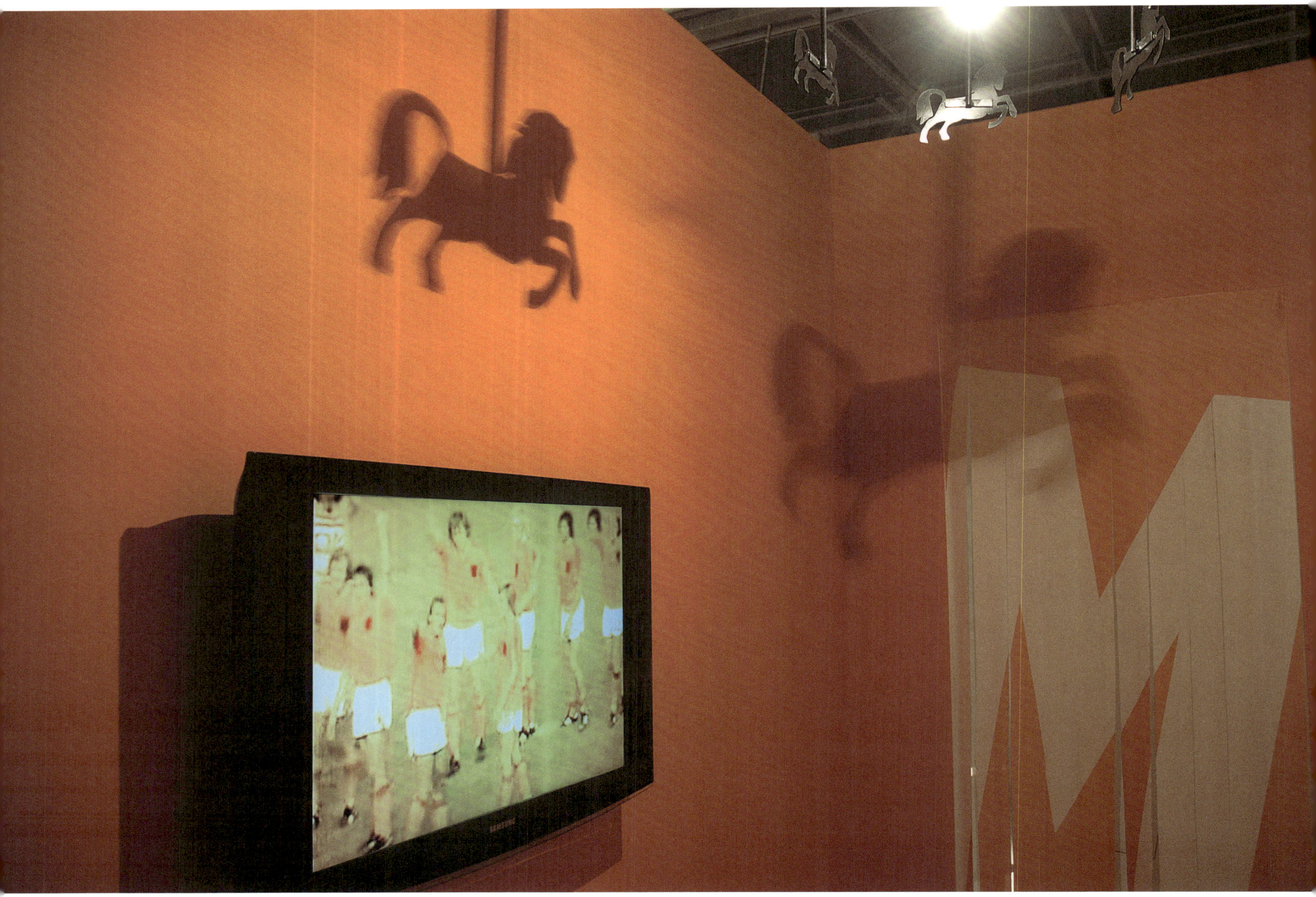

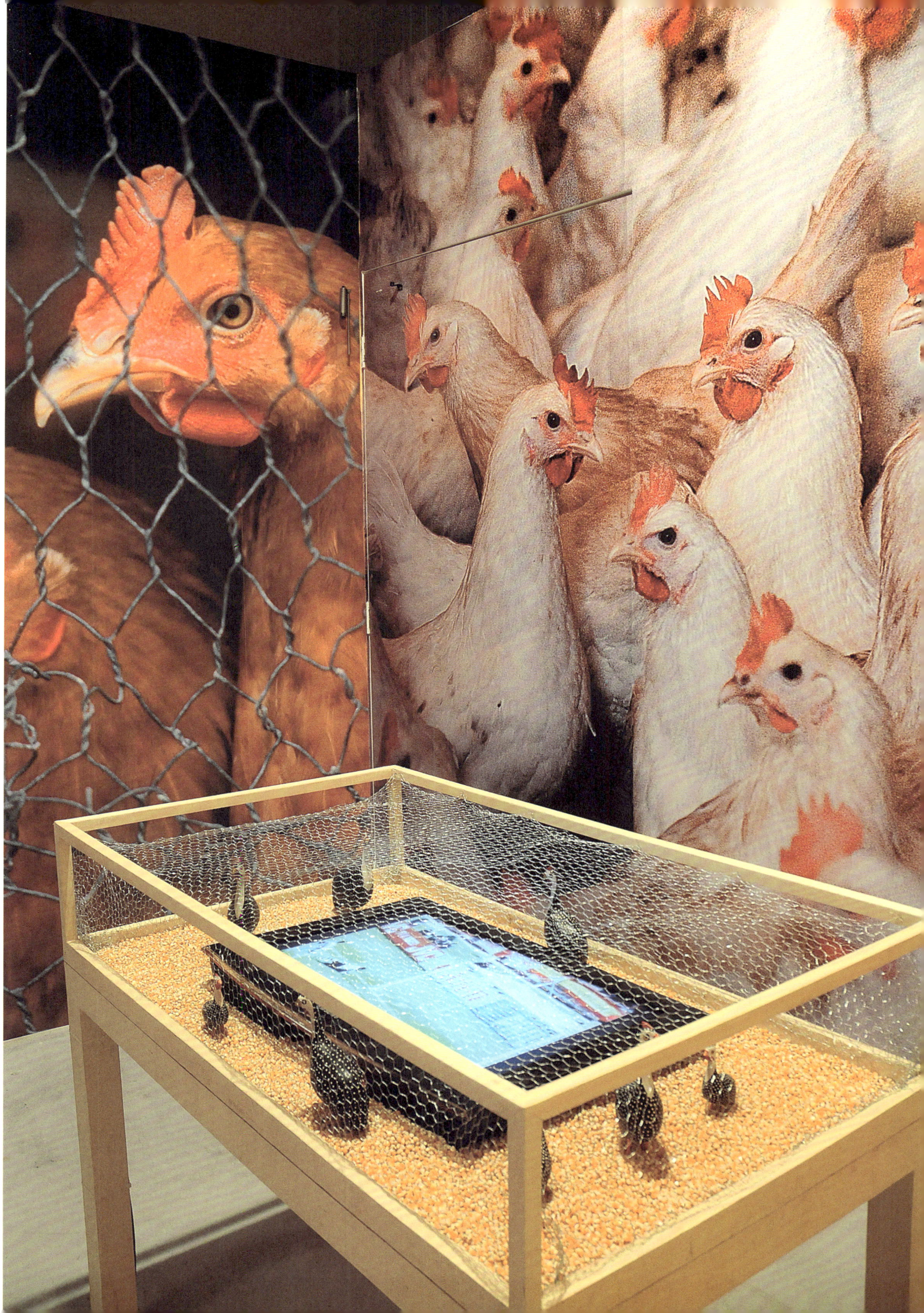

AMAZÔNIA, CICLOS DA MODERNIDADE

CENTRO CULTURAL BANCO DO BRASIL, RIO DE JANEIRO, RJ, 2012

Realizada no contexto da Conferência Rio+20 e ocupando um andar inteiro do Centro Cultural Banco do Brasil, a exposição buscou mostrar a contribuição singular da Amazônia na formação cultural e simbólica do País. O curador Paulo Herkenhoff traçou um percurso visual dos episódios marcantes de renovação e modernização da Amazônia, sem se ater a uma história linear única. "Trata-se de unir fios de capilaridades e movimentos enviesados, silêncios e ausência de diálogo", enunciou ele.

O Studio Ronaldo Barbosa adotou soluções diferentes para cada ambiente, em sintonia com seu conteúdo. A sala inicial, em que criações indígenas conviviam com uma escultura de Maria Martins, recebeu pintura azul nas paredes e uma iluminação rebaixada, como se fosse um igarapé à luz do luar. Já o espaço dedicado à primeira modernidade da Amazônia, no iluminismo pombalino no século 18, ganhou em clareza, sem dramaticidades.

Os temas da mostra passaram pela exploração da borracha desde meados do século 19, que levou à acumulação de capital e seus reflexos na vida urbana e na ciência; e chegaram à contemporaneidade, em que a arte na região é "um complexo de ações desarticuladas e fragmentárias que resistem a qualquer totalização de um inexistente universo coeso". À parte e fora do percurso, apresentou-se a Sala Goeldi, em referência ao Museu Goeldi, em Belém do Pará, exclusivamente com obras arqueológicas.

O Studio teve que lidar com a variedade de tipos de obras – pinturas, gravuras, fotografias, esculturas, vídeos etc. – e com os diálogos que o curador propôs entre peças de características e épocas distintas valorizando a multiplicidade cultural da Amazônia, que resulta tanto do advento do urbanismo moderno como do cotidiano enraizado nas comunidades indígenas. O SRB assinou também toda a comunicação visual, a começar pelo banner externo na fachada do Centro Cultural Banco do Brasil, no centro do Rio de Janeiro.

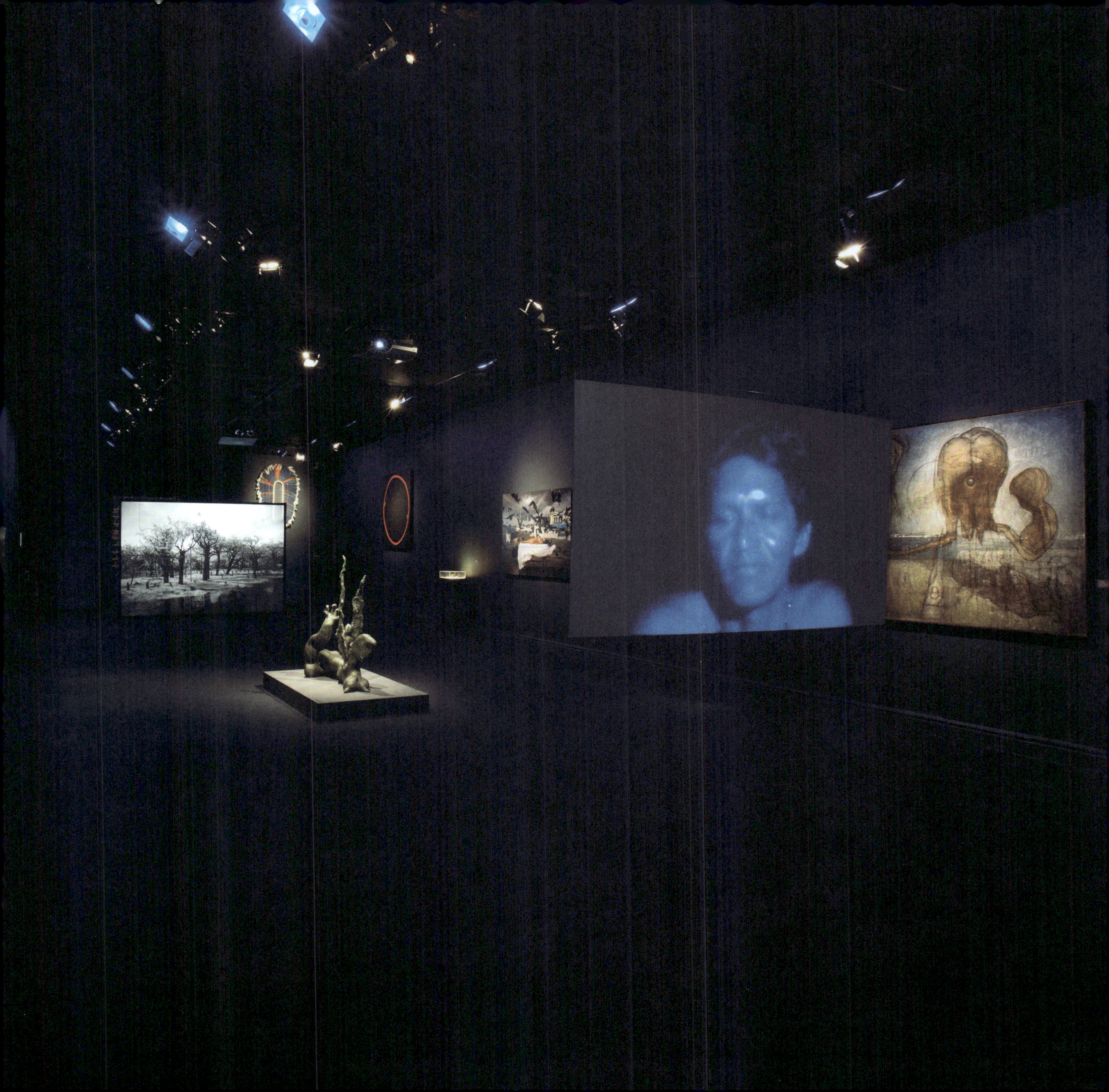

REALIZAÇÃO
Centro Cultural Banco do Brasil
CONCEPÇÃO E CURADORIA
Paulo Herkenhoff
COORDENAÇÃO
Imago Escritório de Arte
Maria Clara Rodrigues
EXPOGRAFIA
Ronaldo Barbosa
DESIGN GRÁFICO
Studio Ronaldo Barbosa
BANNER E FACHADA
Emmanuel Nassar

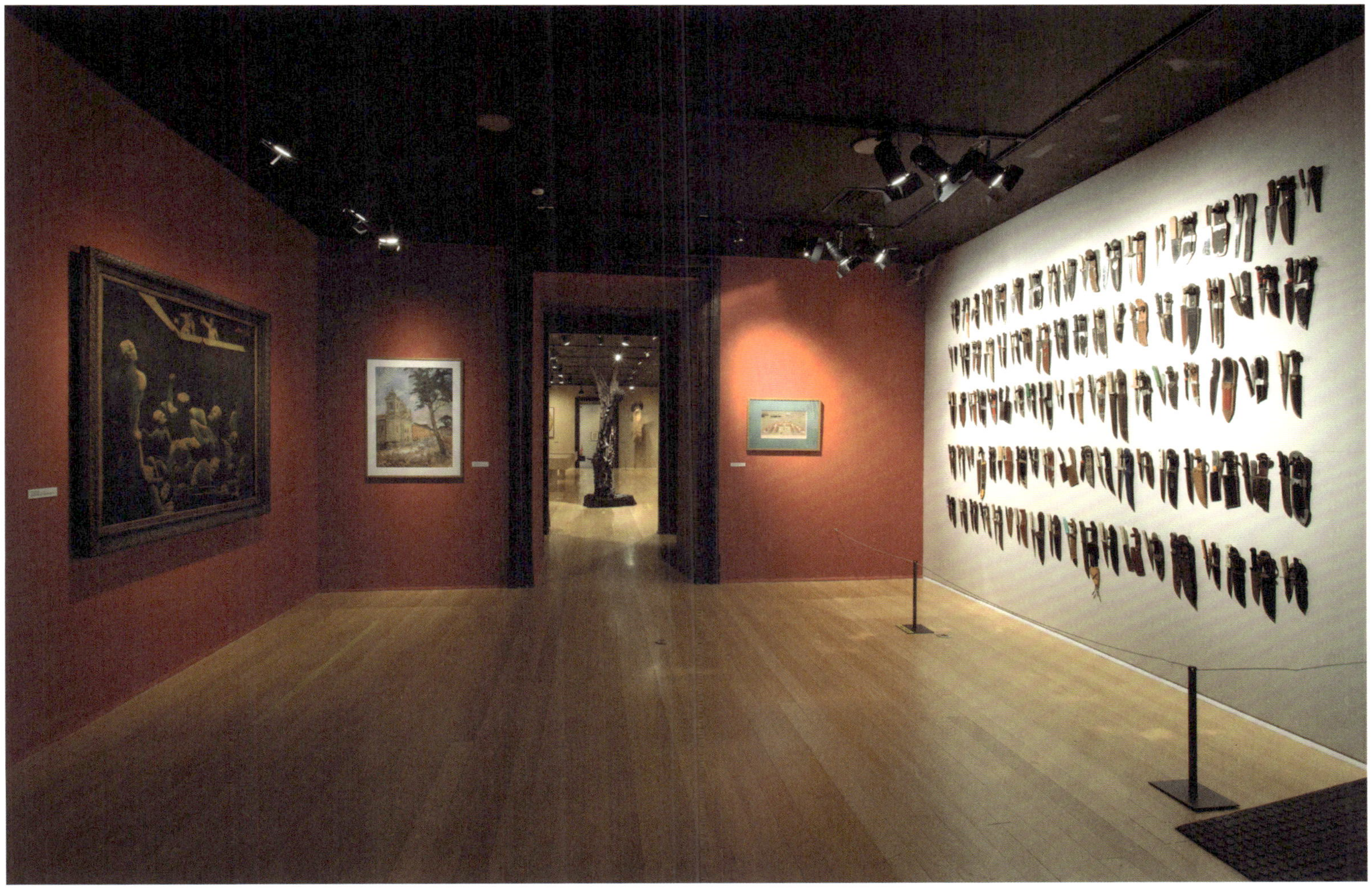

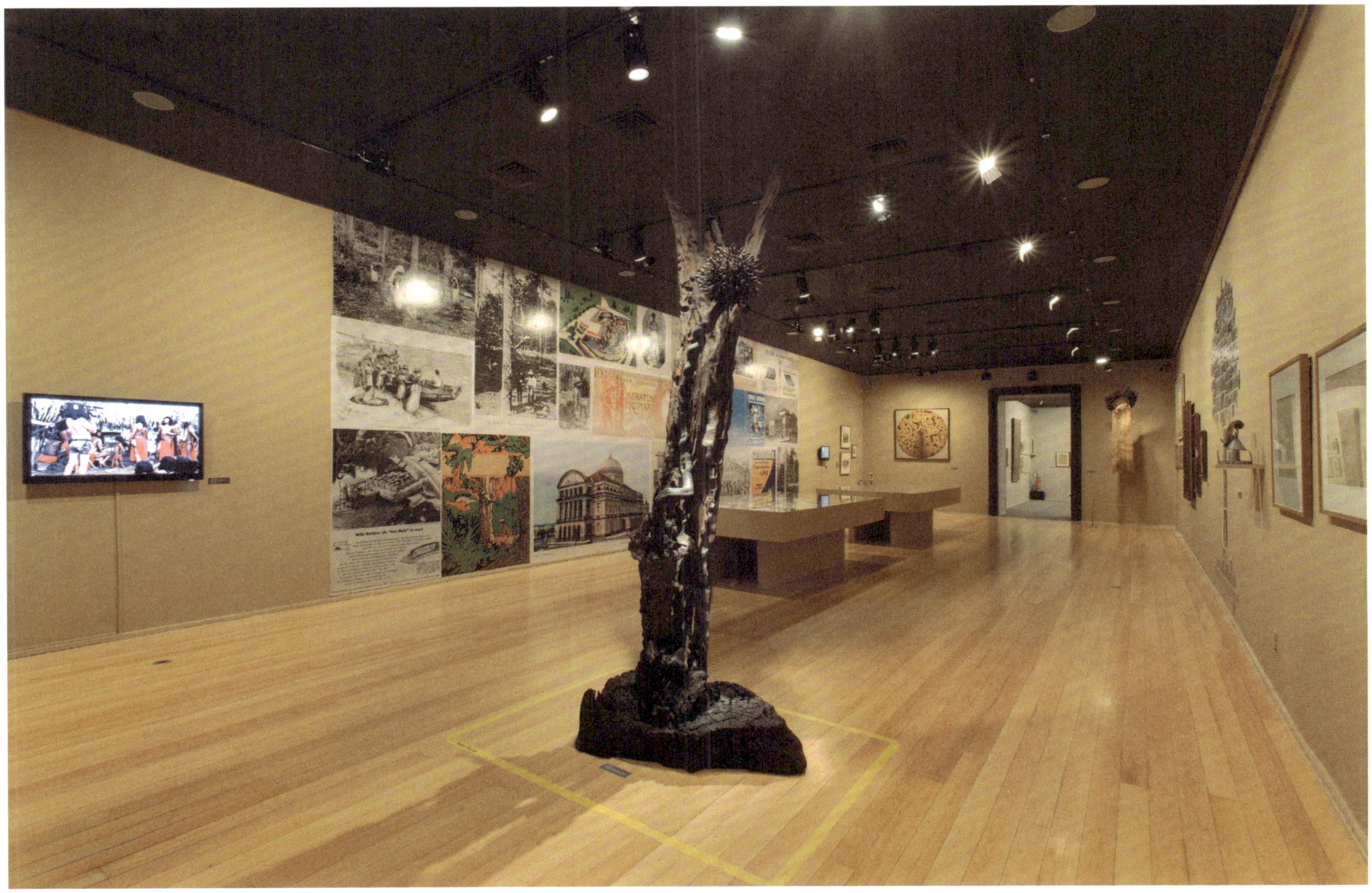

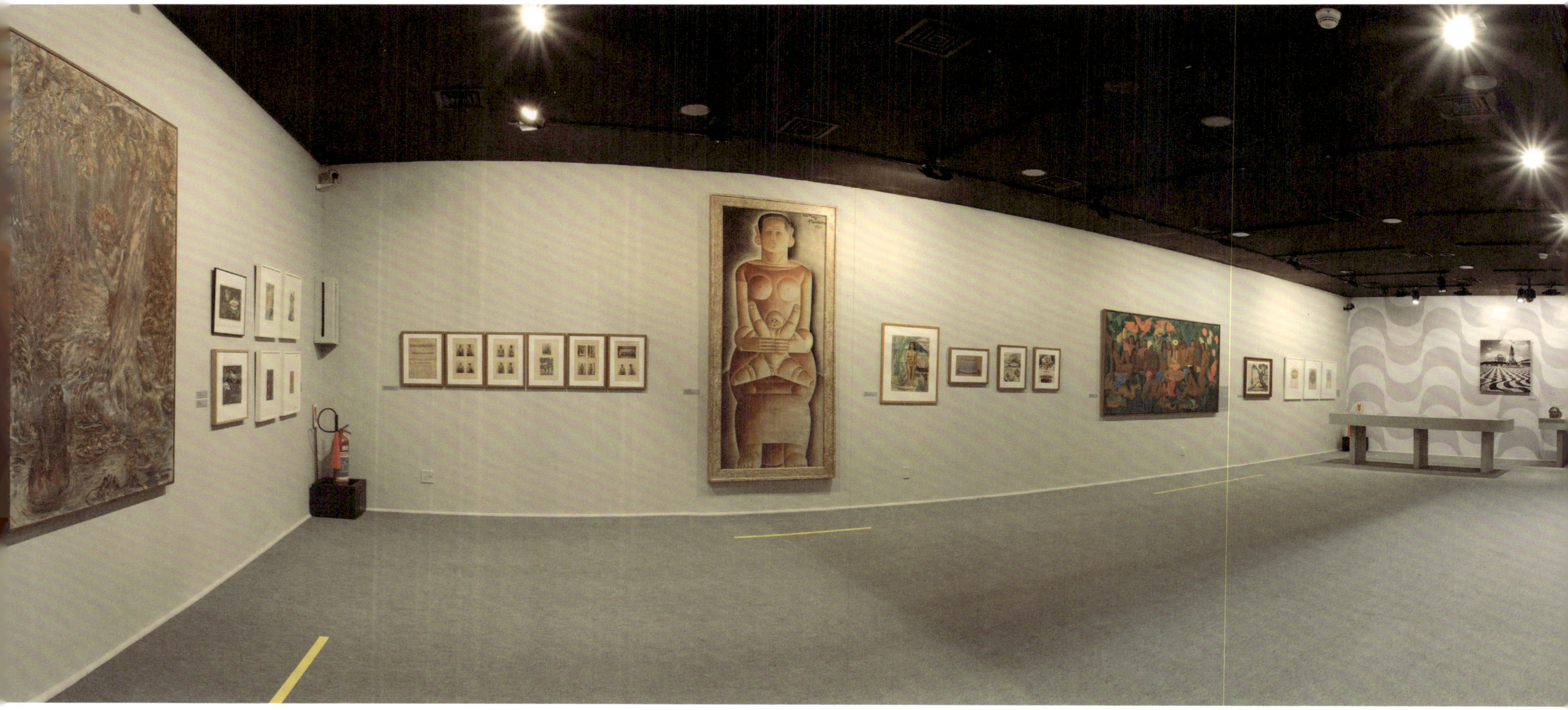

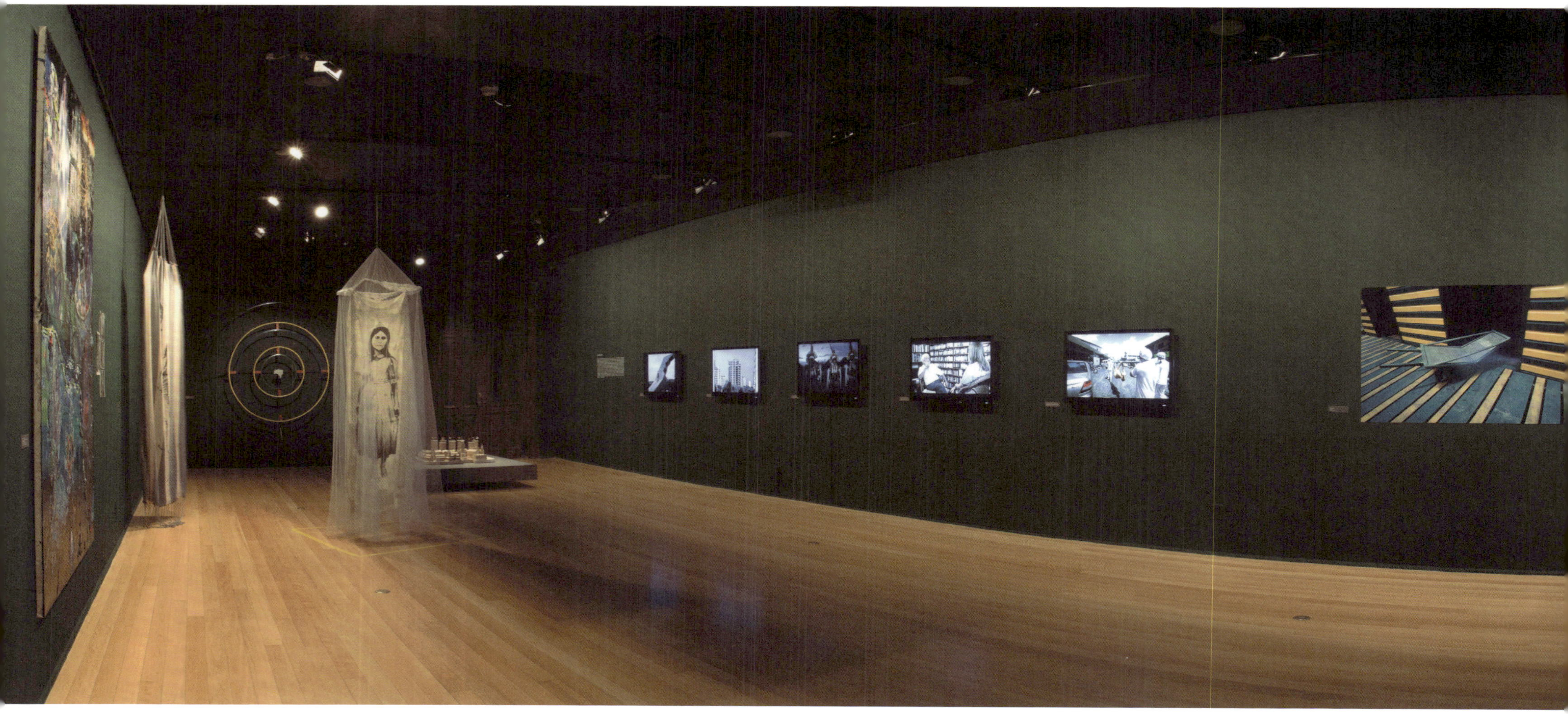

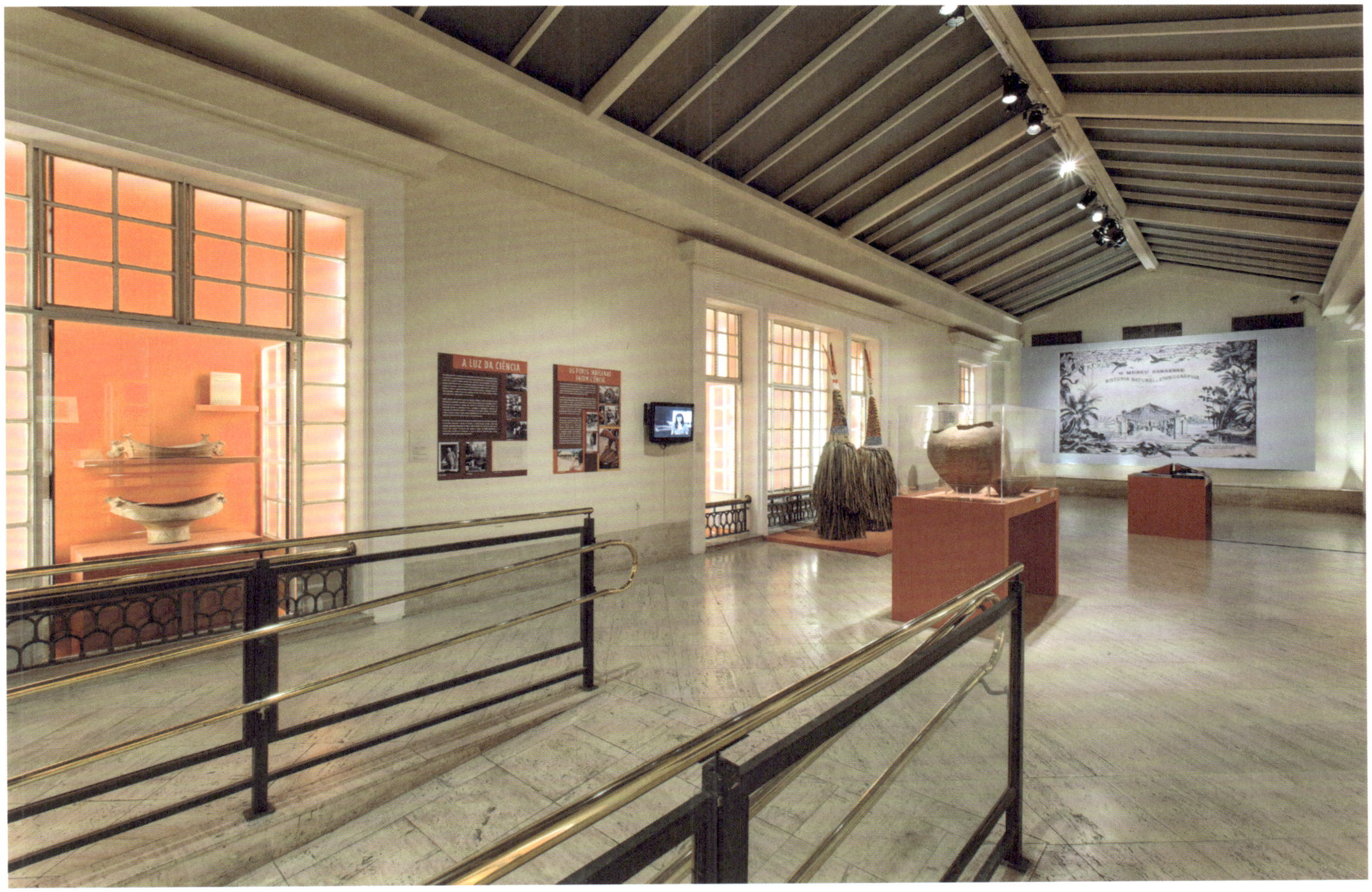
A LUZ DA CIÊNCIA

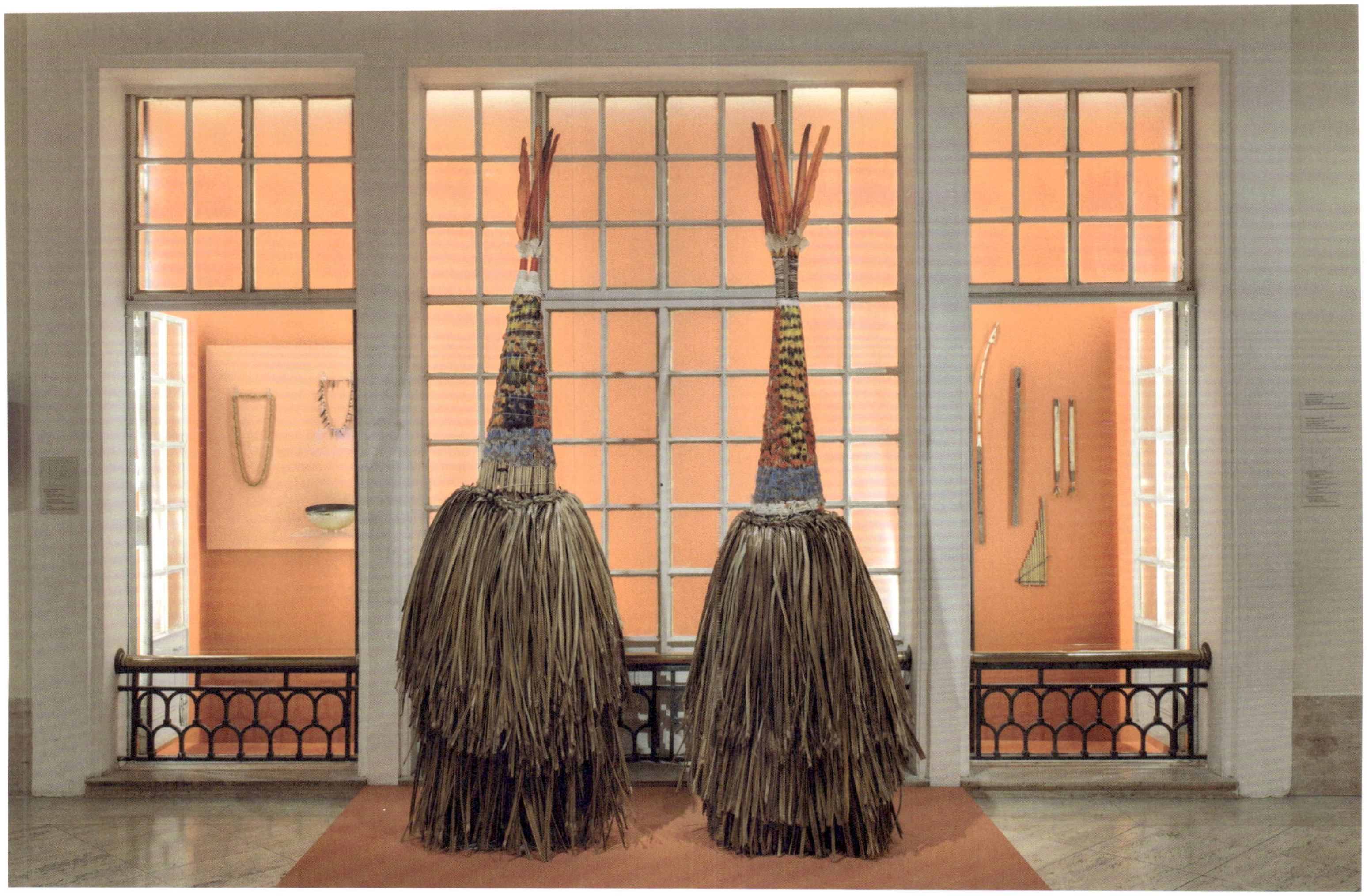

HALL DO HOTEL DESIGN, CASACOR ES

VITÓRIA, ES, 2016

Em 2016 a CASACOR Espírito Santo comemorou 30 anos de existência. Embora tenha atuação plural, o Studio Ronaldo Barbosa nunca havia participado de mostras de design de interiores e arquitetura. O evento de 2016 em Vitória iria ocorrer no antigo hotel Canto do Sol, cujo lobby de proporções generosas – 1.000 m2 de área e pé direito de 11 metros – pedia intervenções ousadas. Rita Tristão, franqueada da CASACOR no Espírito Santo e sua ex-aluna na Ufes, surpreendeu Ronaldo com o convite para ocupar o espaço, numa conversa de que participava também Patrícia Quentel, diretora da CASACOR Rio.

Ronaldo aceitou o desafio pela possibilidade de fazer algo que, ao mesmo tempo, tivesse uma presença cenográfica devido à escala da área e respeitasse a arquitetura do local. "Eu também tinha grande memória afetiva desse lugar, do Clóvis de Barros - um arquiteto muito amigo do Rio de Janeiro - que foi quem detalhou todo esse projeto para o Paulo Casé, arquiteto do projeto; das conversas com o amigo João Dalmácio, empresário e empreendedor dos dois Hotéis Porto do Sol, de Guarapari e Camburi, um homem muito à frente do seu tempo; e do primeiro test drive da cozinha do hotel, ainda com o piso de brita, em que estávamos à mesa João e sua esposa, o casal Thaís e Hilal, Paulo Casé, Clovis e eu", lembra Ronaldo.

Como habitual, o designer mesclou repertórios diversos, sem hierarquização de valores, juntando obras de arte contemporânea - dos mineiros Éder Santos, Thaïs Helt e Renato Morcatti - ao artesanato capixaba e a peças de seu acervo pessoal, como a icônica cadeira Vermelha, projeto de 1998 dos irmãos Campana. Para os elevadores, foram impressas imagens do século 17 do dinamarquês Albert Eckhout.

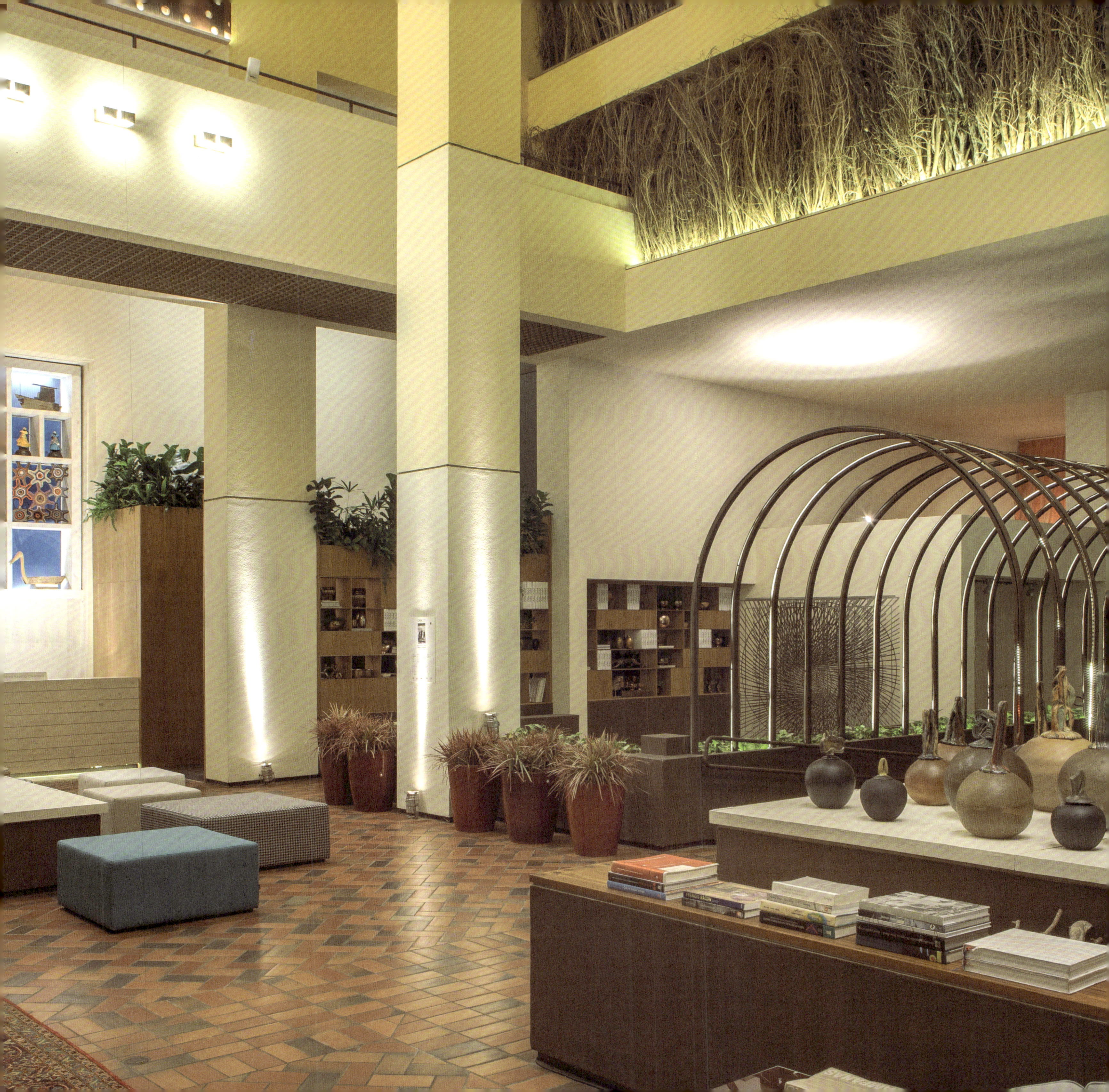

REALIZAÇÃO
Casacor Espírito Santo
CONCEPÇÃO E CURADORIA
Ronaldo Barbosa
COORDENAÇÃO E MONTAGEM
Studio Ronaldo Barbosa

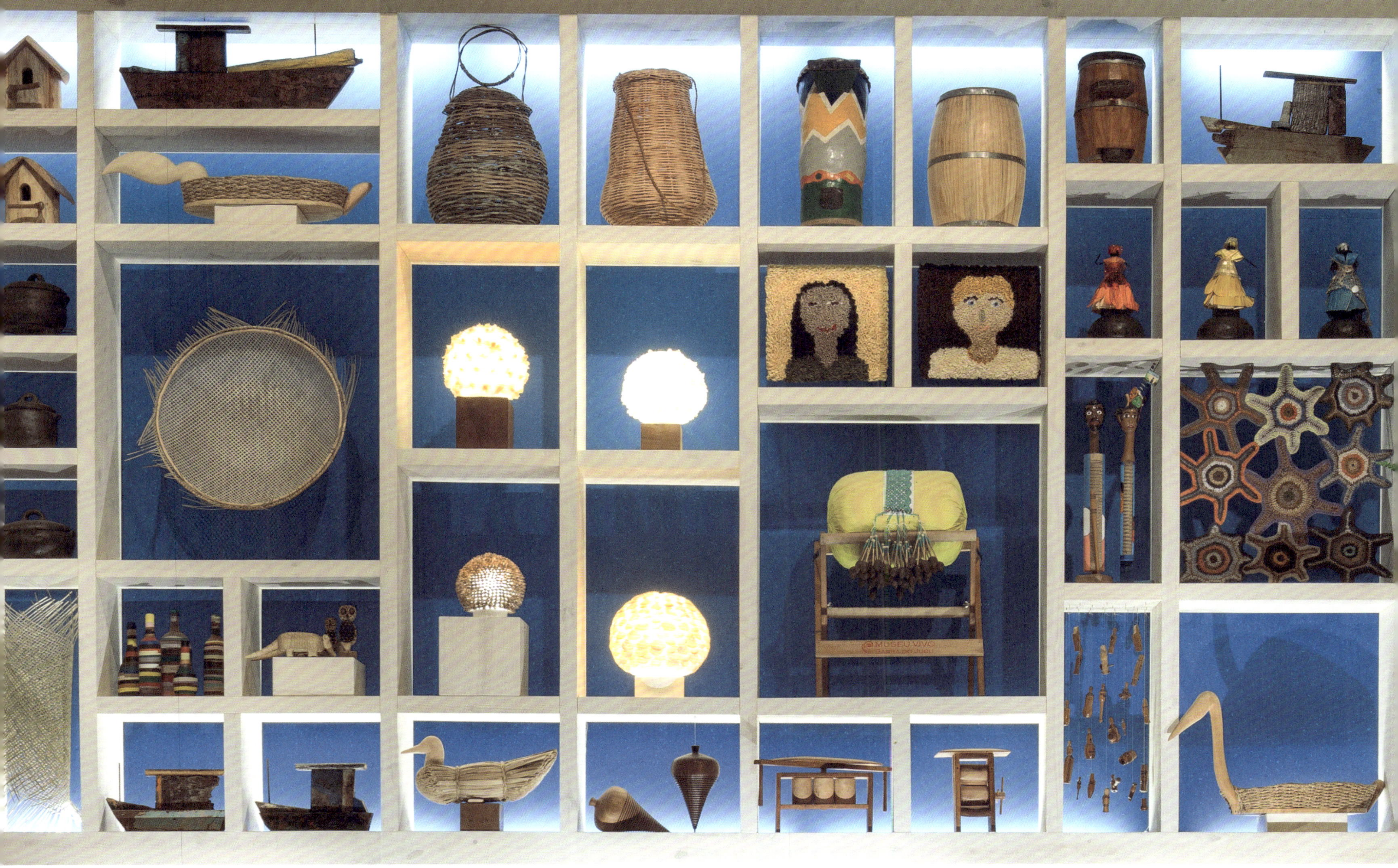

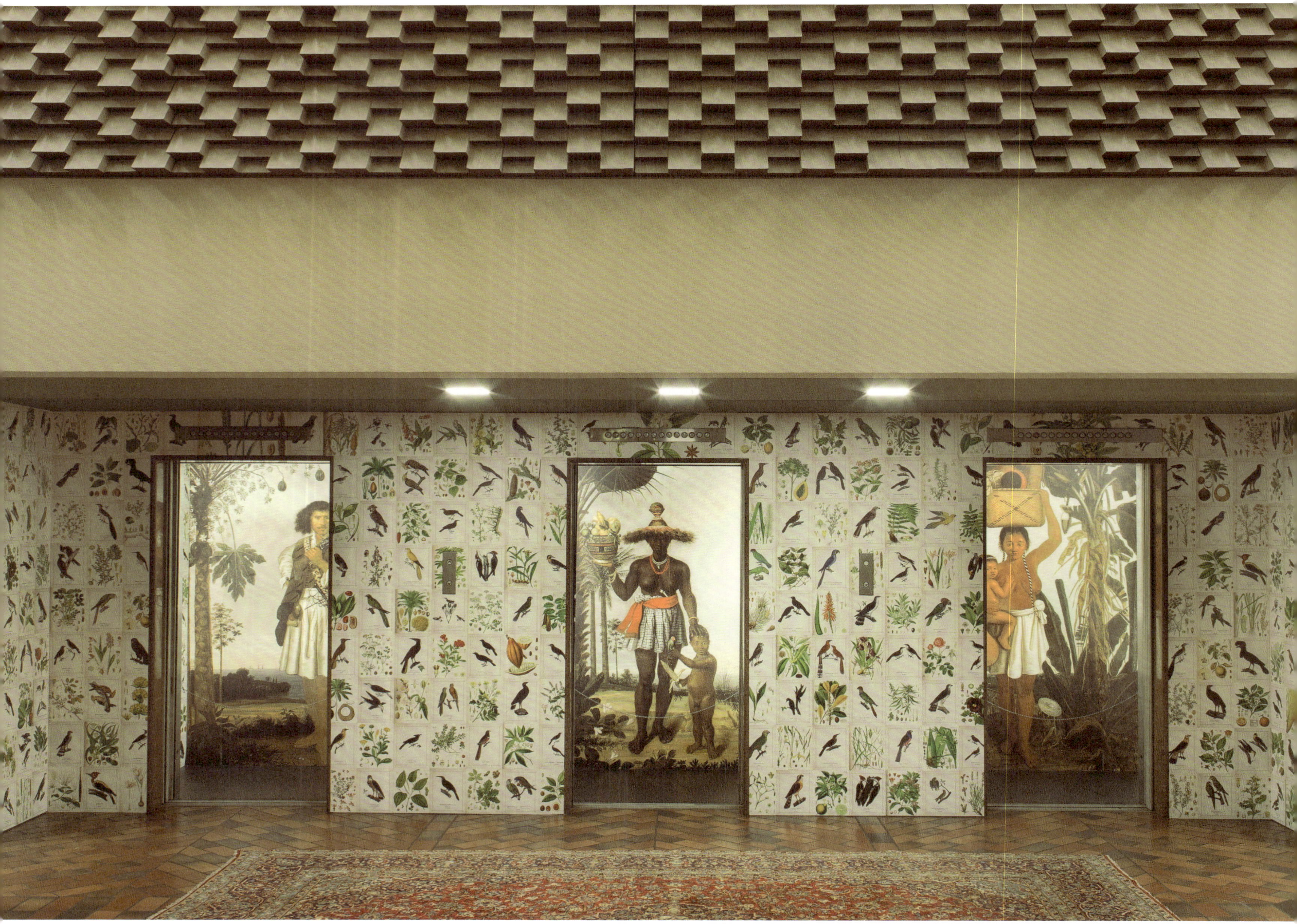

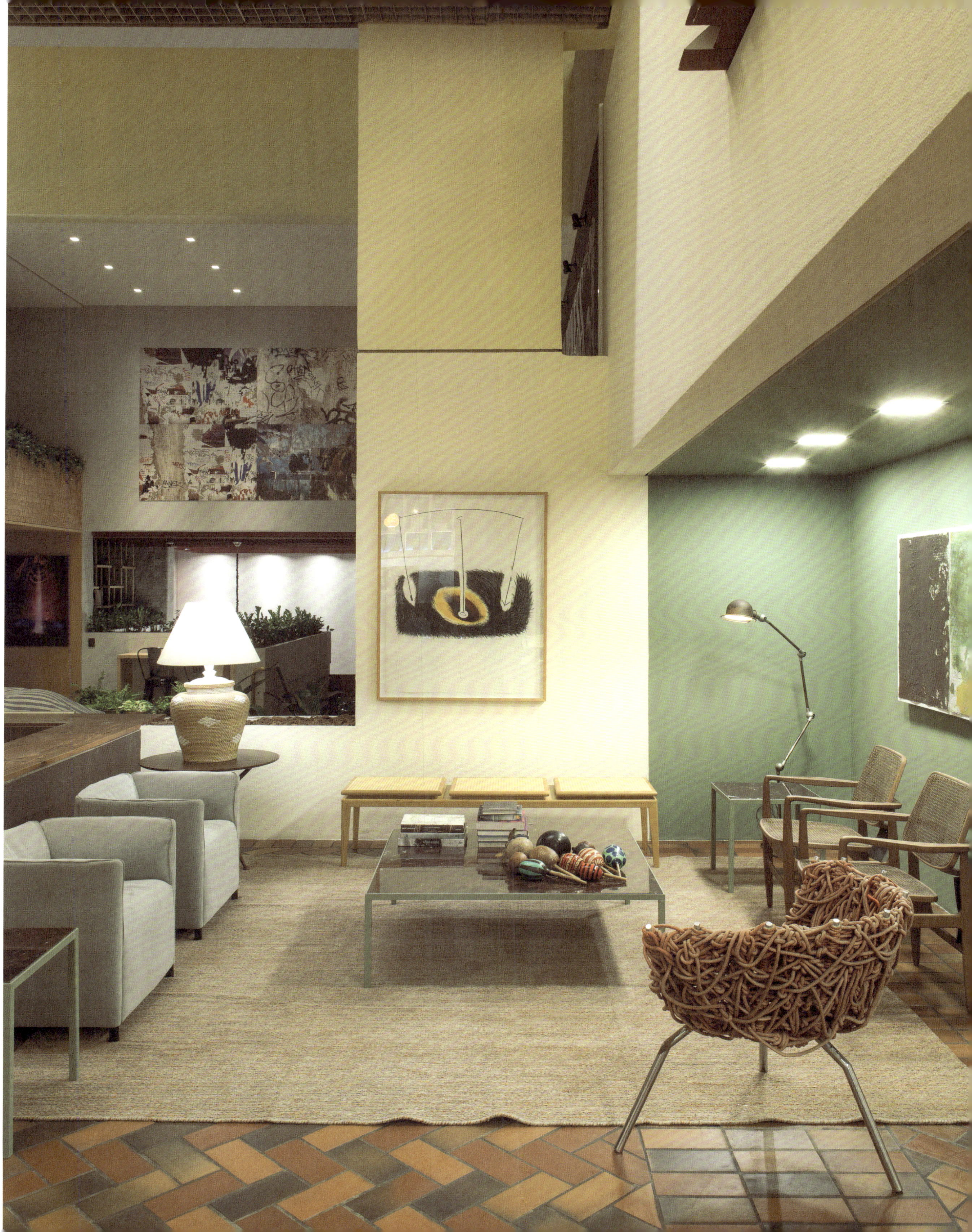

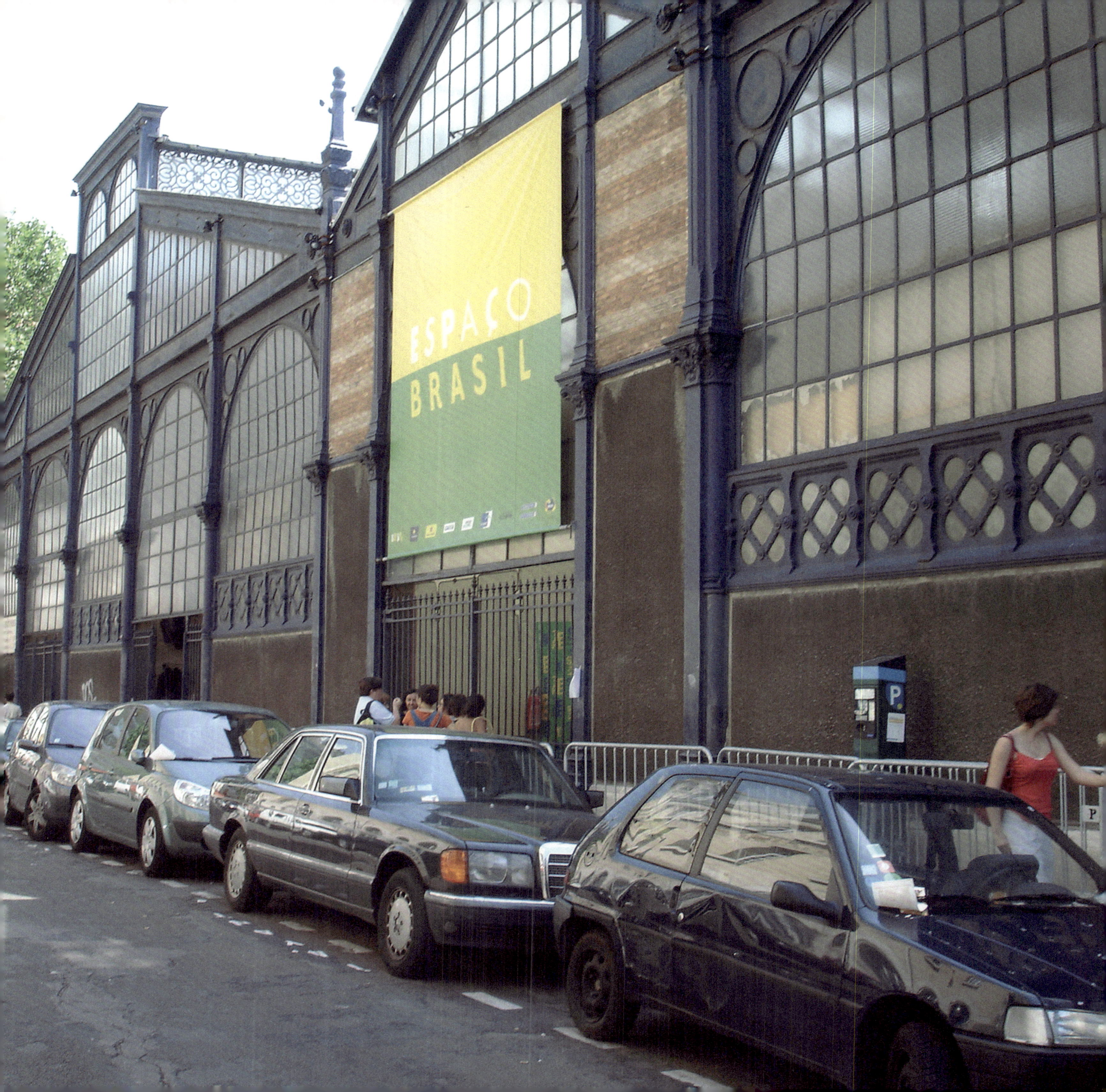
ESPAÇO
BRASIL

ESPAÇO BRASIL

ESPAÇO BRASIL

PARIS, FRANÇA, 2005

2005 foi o Ano do Brasil na França, ou Brésil, Brésils, um ciclo de eventos organizado em conjunto pelos governos brasileiro e francês. O tema inspirava a metáfora do singular ao plural e pretendia retratar a diversidade e a modernidade do país não só no âmbito cultural, como também no econômico, social e turístico. A programação oficial abrigou mais de 300 projetos chancelados pelos comissários gerais dos dois países, com cerca de 2.500 manifestações culturais das quais participaram 15 milhões de pessoas.

Entre essas, uma das mais importantes foi o Espaço Brasil, idealizado como uma vitrine da cultura dos estados brasileiros. O local destinado ao Espaço foi o Carreau du Temple, antigo mercado construído em 1863 e então utilizado para atividades de escolas e associações de moradores, no aprazível bairro do Marais.

O projeto resultou de uma parceria entre o Governo Federal e diferentes estados brasileiros, além da Prefeitura de Paris. Seu objetivo era "apresentar a criação cultural brasileira em sua dimensão mais diversa e contemporânea", de acordo com o enunciado com as assinaturas do então ministro da Cultura, Gilberto Gil; de Antonio Grassi, presidente da Funarte; e de Márcio Meira, comissário brasileiro do Ano do Brasil na França. O Espaço seria, assim, "um lugar de atualização da imagem do Brasil, um centro de representação artística gerador de encantamento e reflexão".

Ronaldo Barbosa foi integrado ao projeto quando ele já estava em desenvolvimento. Ou seja, as principais definições estavam tomadas e referendadas pelos vários interlocutores, tanto do Governo Federal quanto das secretarias estaduais de cultura. Em princípio, ele seria encarregado de fazer a direção de arte, o projeto de design e a comunicação visual do Espaço. O maior desafio foi trabalhar sobre um projeto pré-aprovado e, portanto, sem a possibilidade de realizar grandes mudanças estruturais, especialmente em relação às áreas destinadas a usos específicos: exposições de artes plásticas, apresentações de teatro, musicais e cinema, além de um setor denominado Bancada de Negócios, pois uma das metas do evento era aproximar não só a cultura, mas também a economia dos dois países.

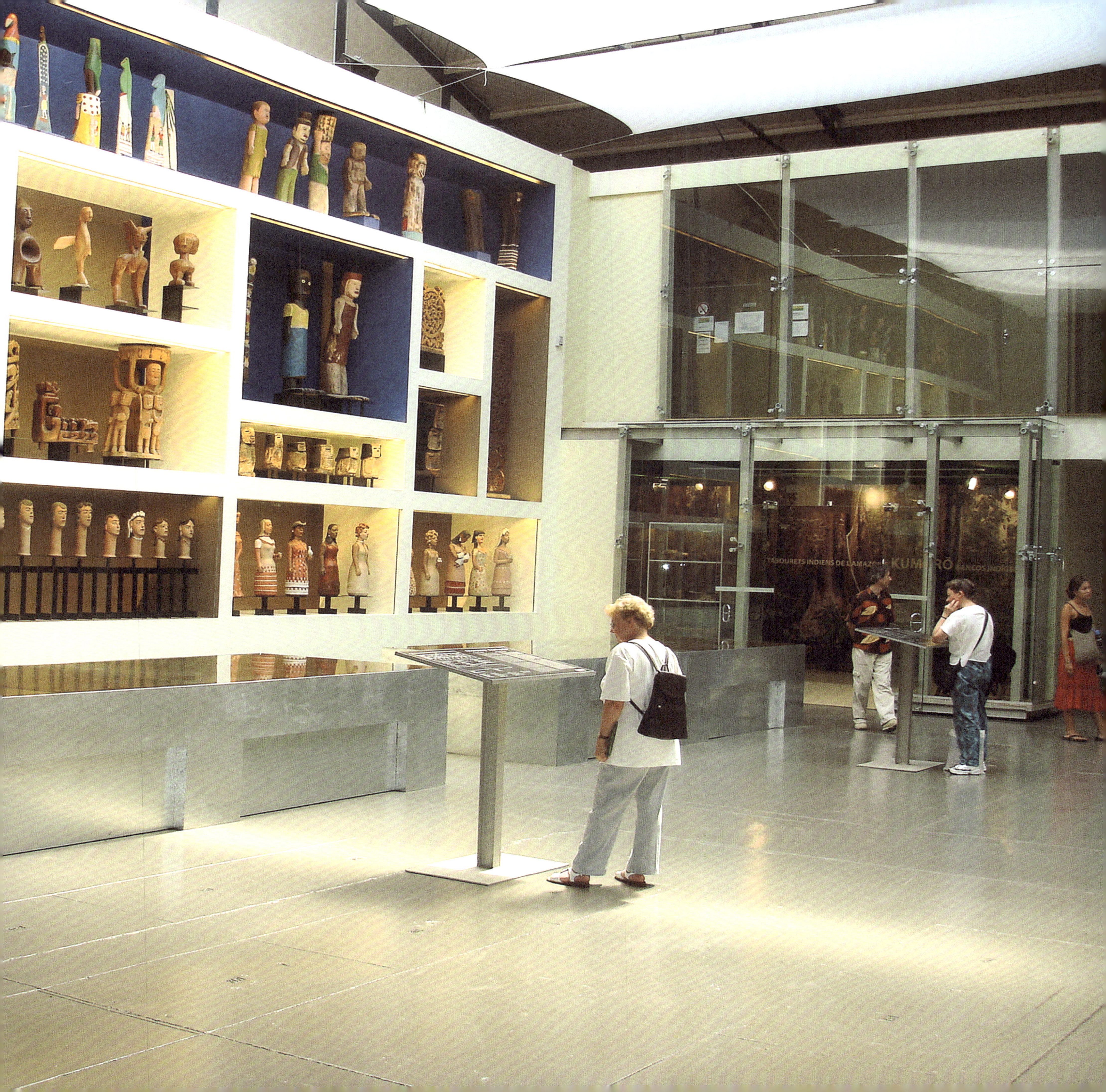
TABOURETS INDIENS DE L'AMAZO

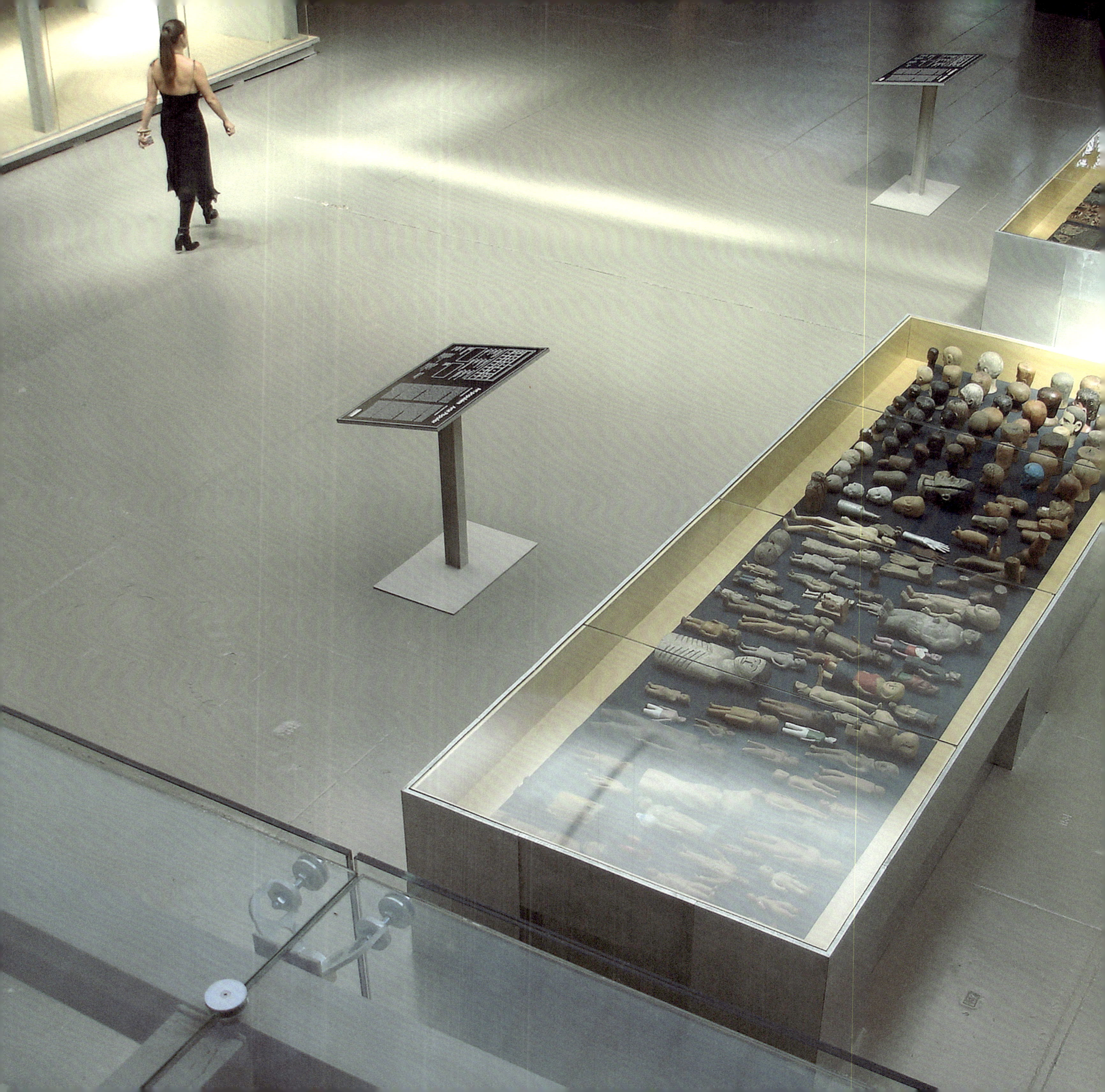

Logo no início o designer observou que algumas decisões já tomadas não coadunavam com os objetivos de celebração da diversidade brasileira, que haviam sido previamente delineados. A arte popular, por exemplo, estava totalmente ausente. Em cima de uma planta pré-aprovada, ele criou um setor destinado à arte popular, que foi organizado em uma estante de 17 por oito metros, comportando obras de artistas e artesãos de todo o país. Para a curadoria, Ronaldo convidou a arquiteta pernambucana Janete Costa, uma das mais experientes na área. Decidiu também criar uma pequena área para a representação de artefatos indígenas contemporâneos. Os banquinhos de sentar foram escolhidos, e a curadoria foi confiada a Adélia Borges, então diretora do Museu da Casa Brasileira, de São Paulo.

Ronaldo passou cerca de dois meses visitando vários estados para escolher o que seria apresentado nas iniciativas estaduais que também seriam abrigadas no Carreau du Temple. Seu objetivo era evitar os estereótipos rasos de carnaval, samba e mulata, para refletir um Brasil moderno e multifacetado. Assim, além das funções iniciais para as quais havia sido chamado, acabou assumindo um papel relacionado ao conteúdo do Espaço Brasil.

O SRB assinou toda a programação visual, incluindo a marca do evento, sinalização do espaço interno e externo, design dos painéis expositivos, dos fôlderes, dos uniformes das várias equipes e de cartazes e banners para colocação em equipamentos urbanos e nas estações de metrô.

Um grande desafio do projeto foi logístico, uma vez que se constatou que seria mais econômico criar e construir a estrutura necessária no Brasil e enviá-la de navio até a França, mesmo considerando o custo do traslado. Ronaldo passou um mês em um barracão no Rio de Janeiro, validando a montagem dos suportes e elementos expositivos. Peças de madeira, vidro e metal foram montadas, desmontadas, encaixotadas e enviadas a Paris em 19 contêineres, em materiais que pesaram mais de 200 toneladas. Cerca de 60 técnicos e operários brasileiros viajaram exclusivamente para montar e desmontar os suportes. Toda a estrutura expositiva era autoportante, já que no antigo mercado, tombado pelos órgãos de patrimônio, não era possível furar chão nem parede. Era necessário também se envolver com todas as instâncias públicas de Paris, relativas a pontos como a proteção contra incêndios e a segurança do local.

Uma das interações mais fortes do Studio se deu com a empresa que vencera a licitação para a montagem, a P&G Cenografia, dirigida por Abel Gomes – o mesmo que foi contratato pelo Comitê Olímpico Brasileiro para organizar as cerimônias de abertura e encerramento dos Jogos Olímpicos e Paralímpicos, realizados no Rio de Janeiro em 2016.

Após a abertura, Ronaldo continuou indo a Paris durante o período em que o Espaço Brasil permaneceu aberto - entre 25 de junho e 11 de setembro de 2005, para colaborar na ocupação diversificada do espaço. Nesse período, foram recebidos 105 mil visitantes e 71 grupos artísticos se apresentaram em 129 espetáculos numa área com capacidade para 1.500 pessoas, anfiteatro e sala de negócios.

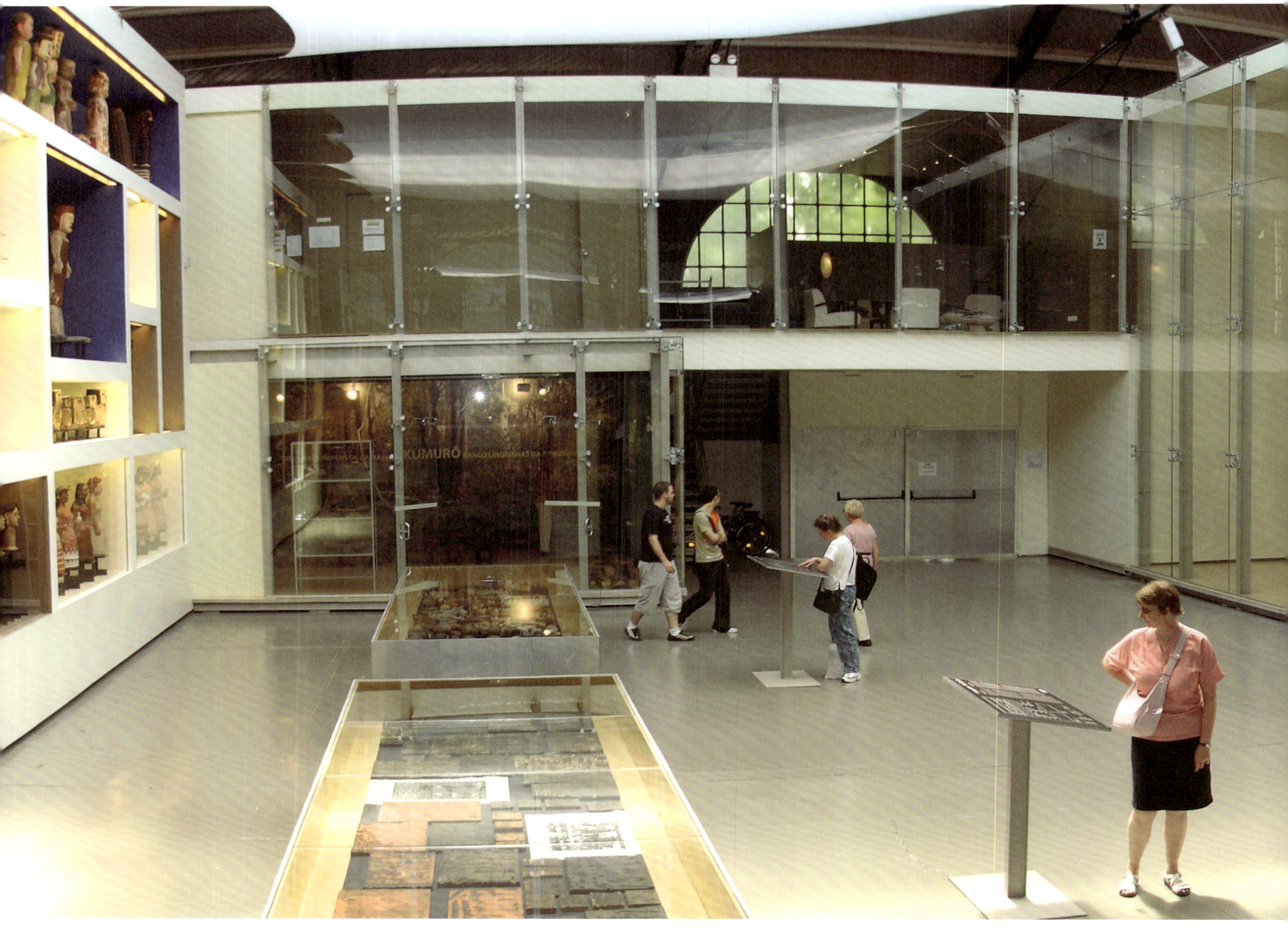
KUMURÓ

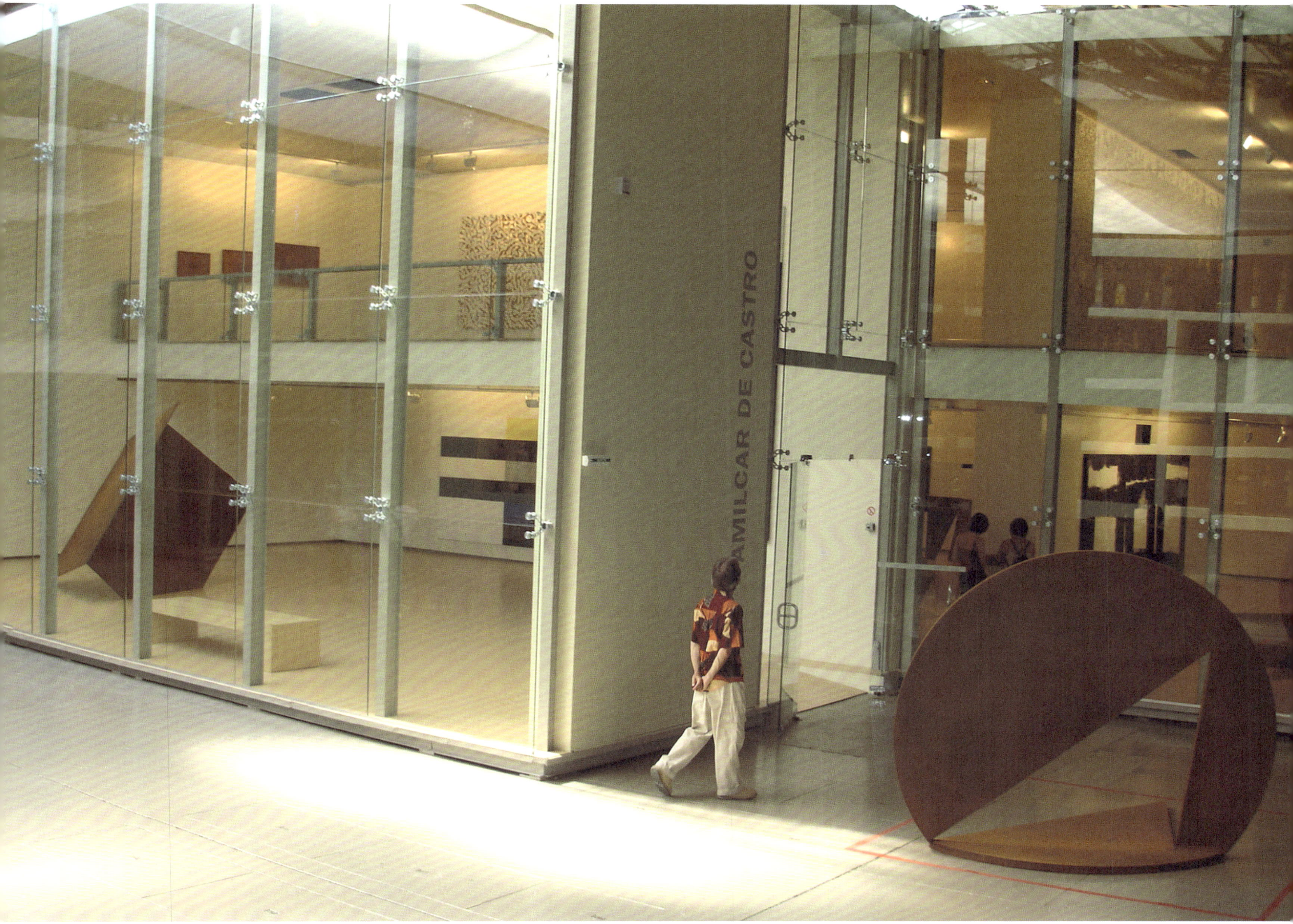
AMILCAR DE CASTRO

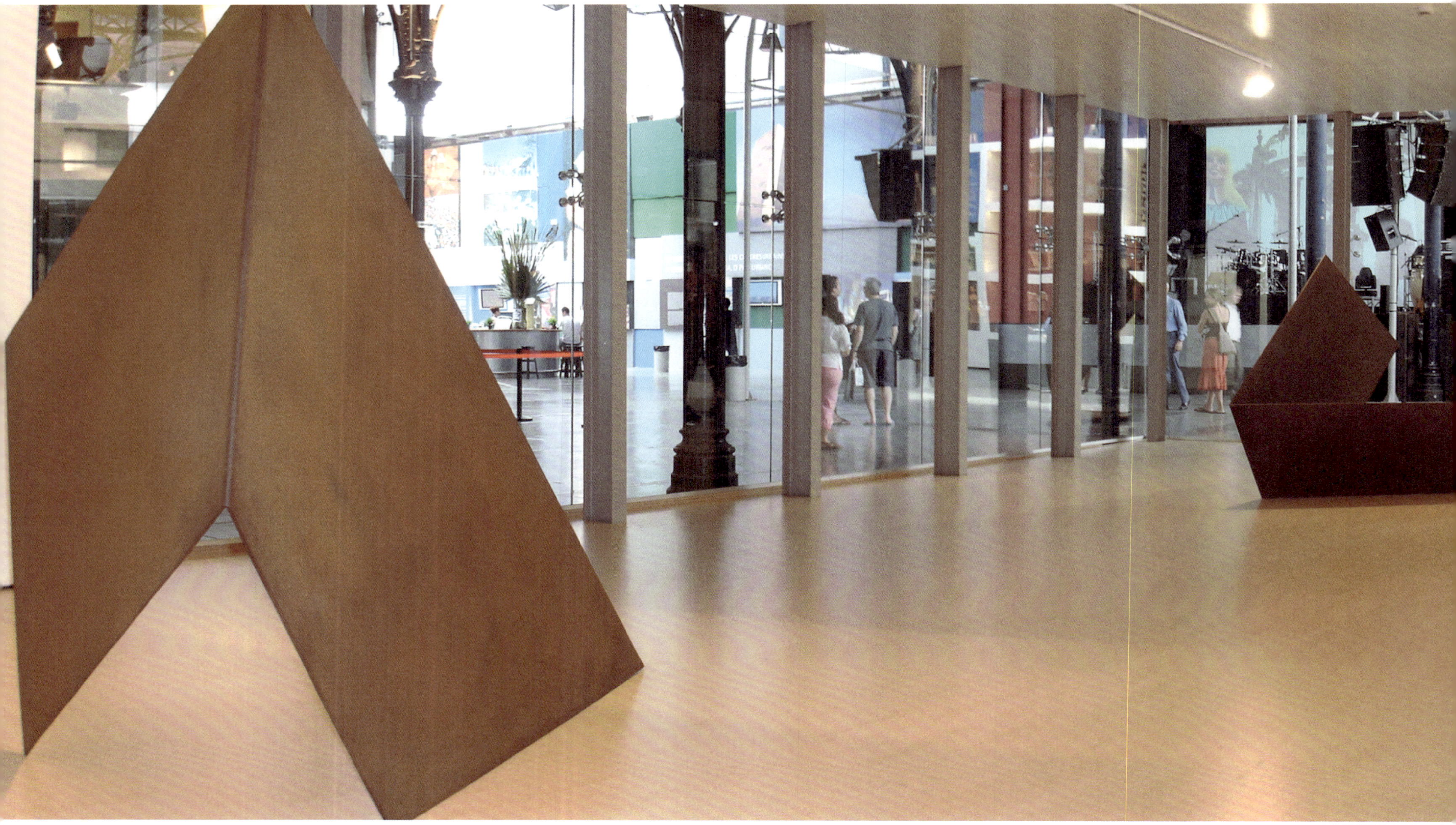

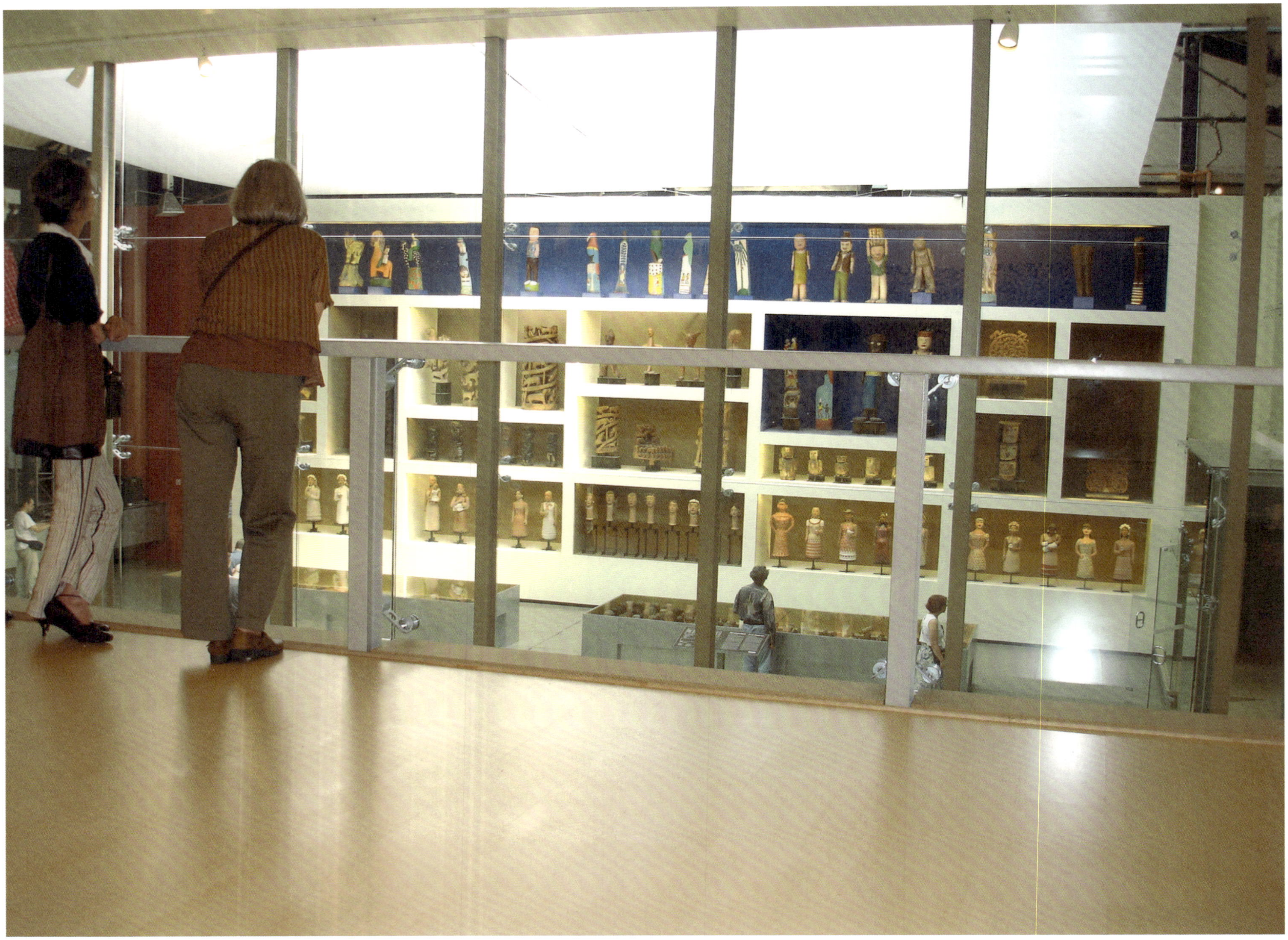

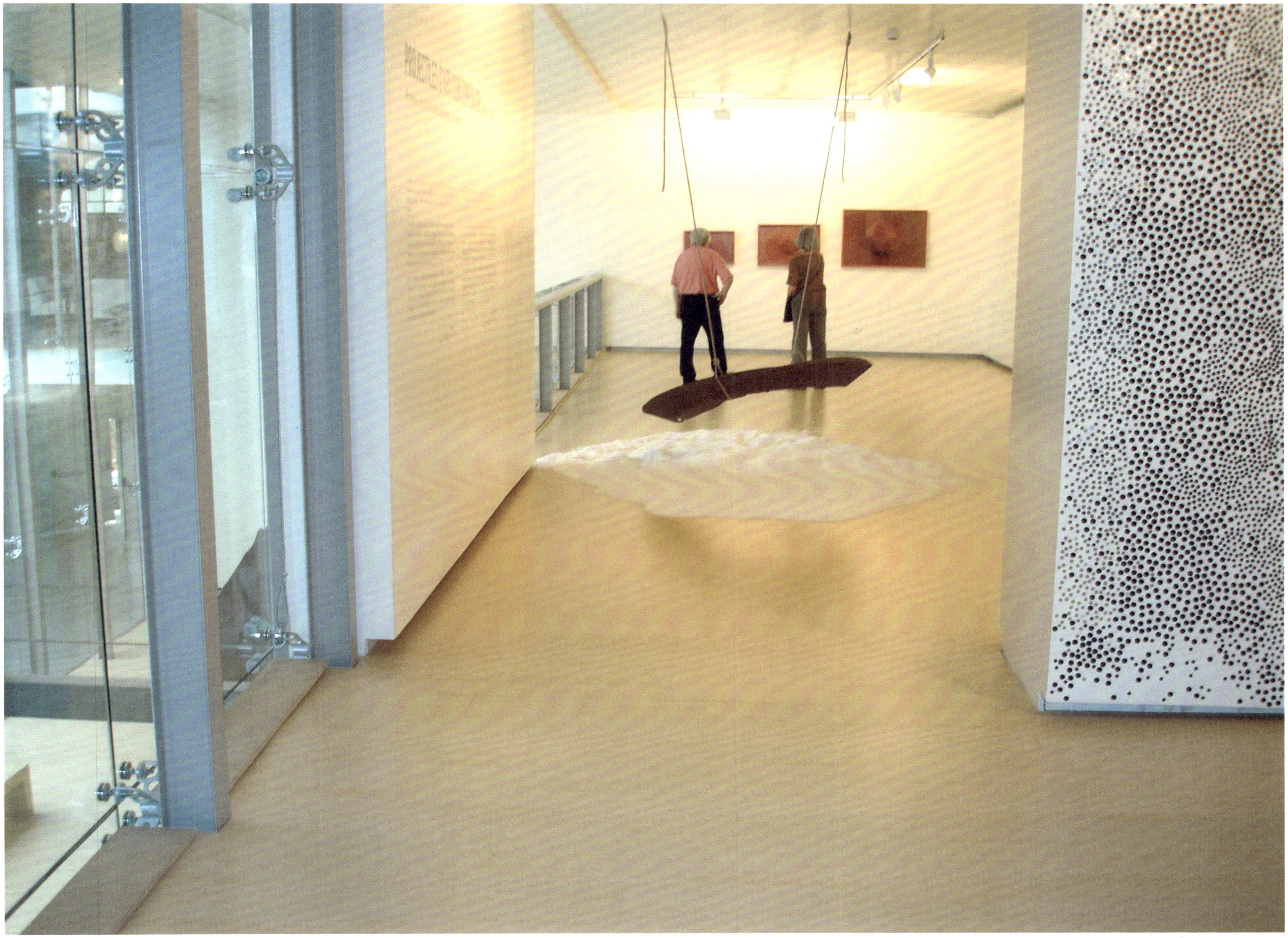

AMAZONIE KUMURÕ BANCOS INDÍGENAS DA AMAZÔNIA

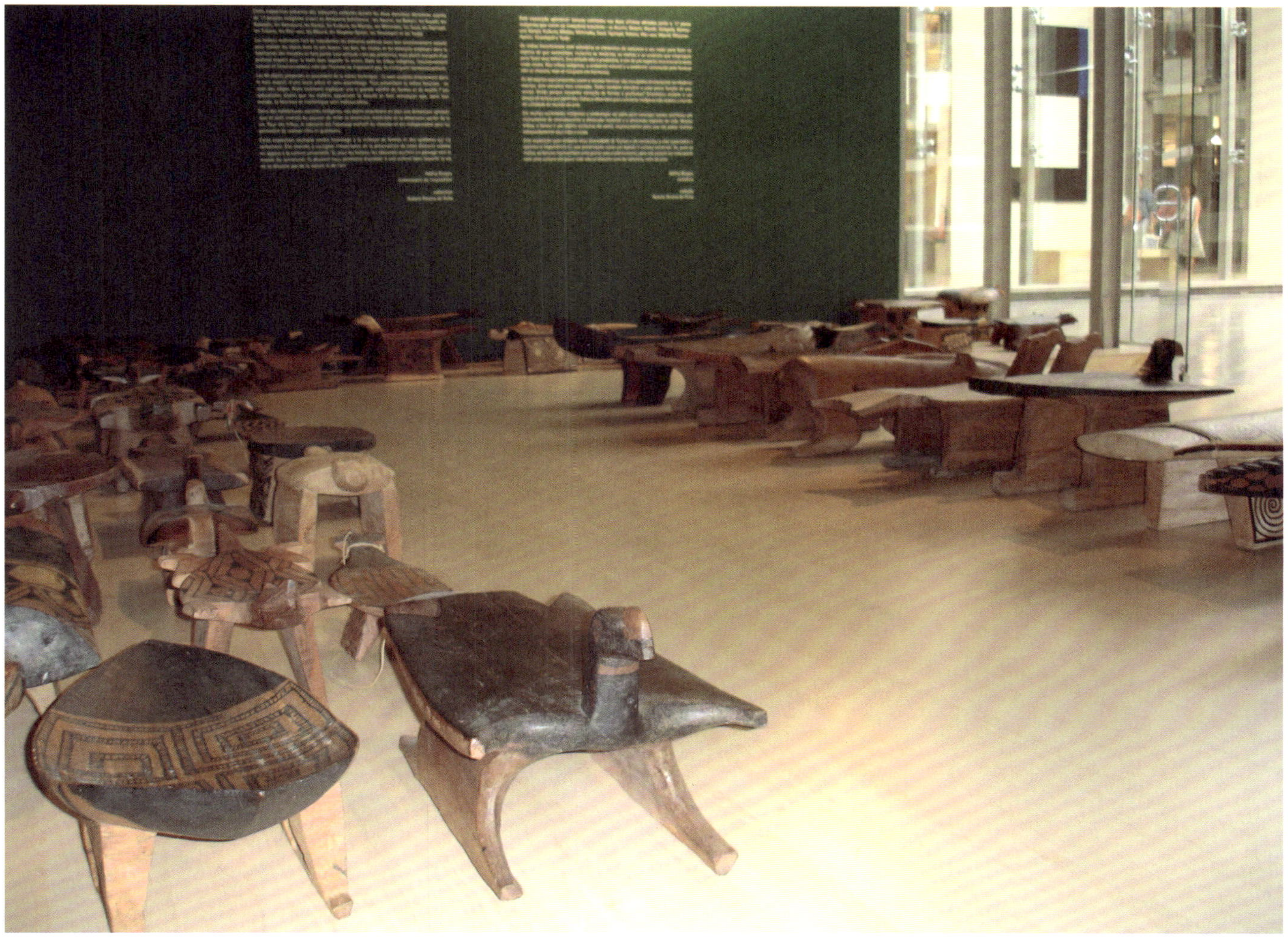

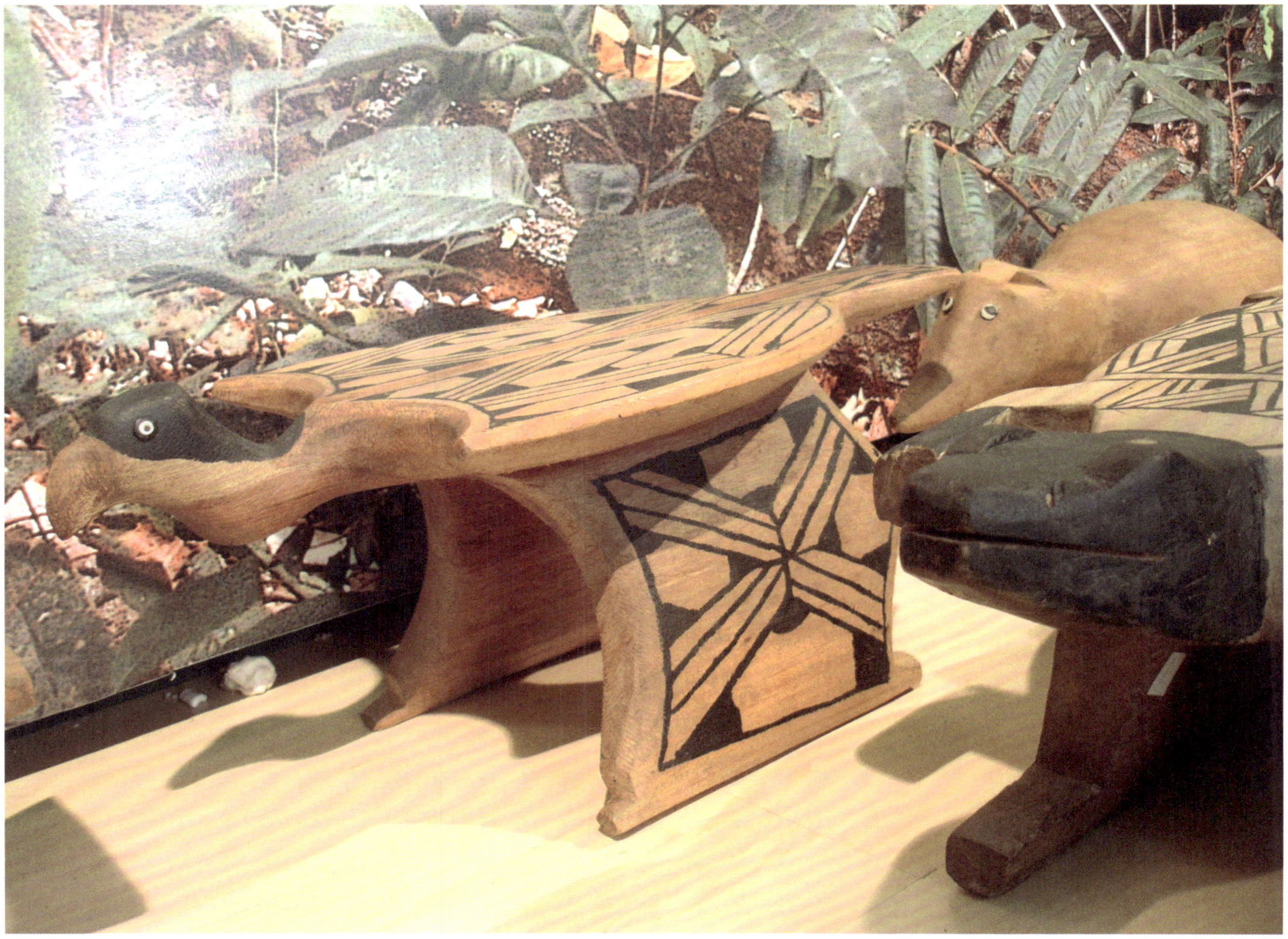

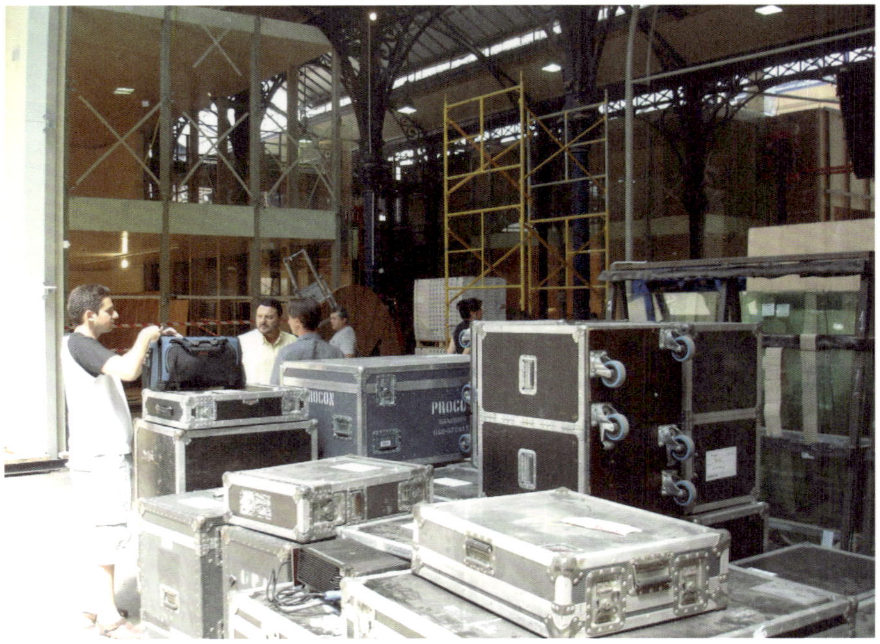

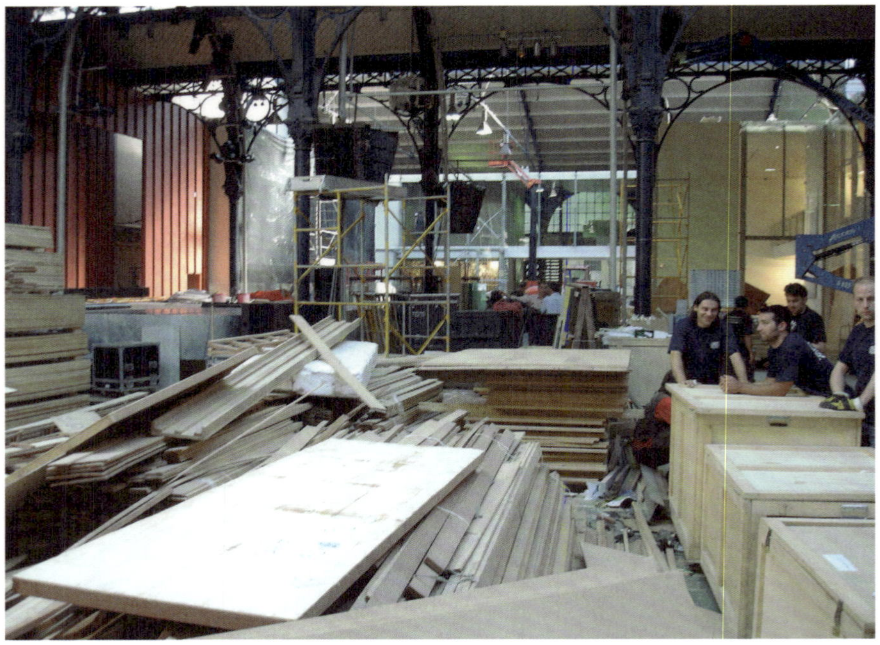

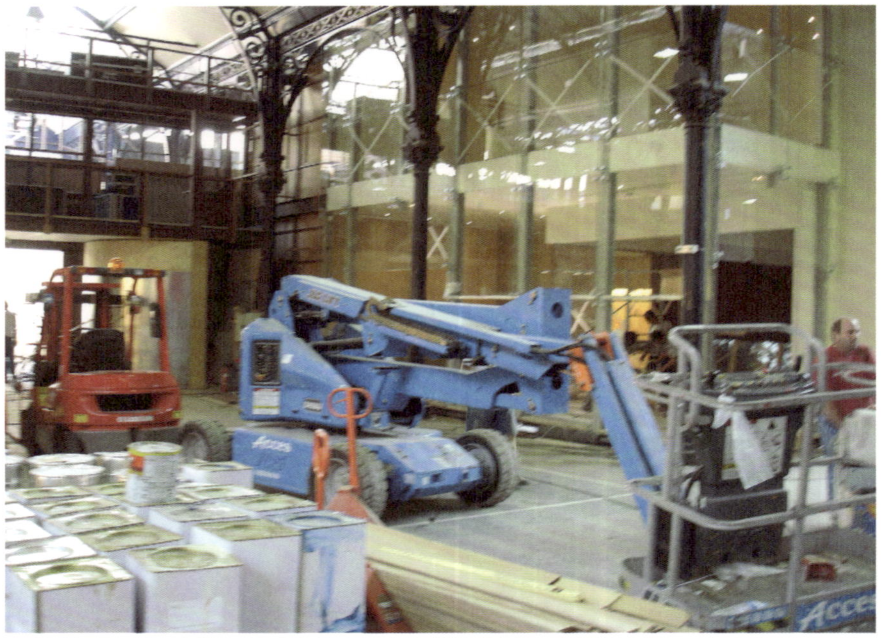

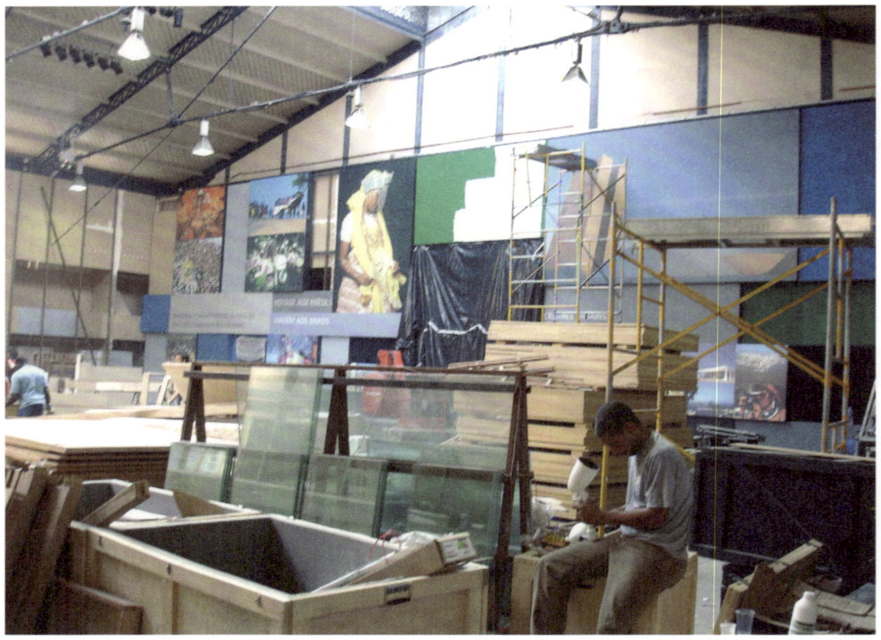

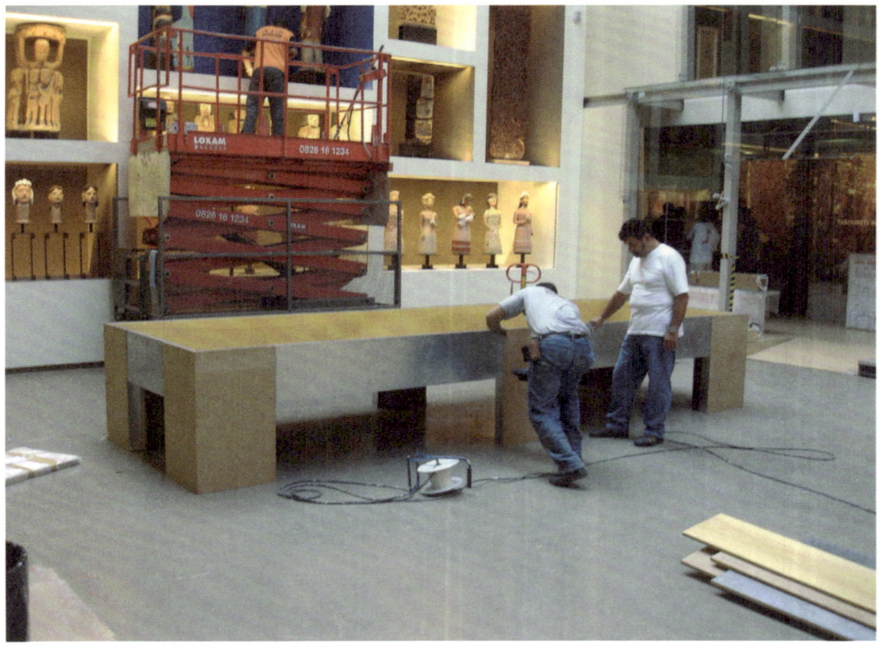

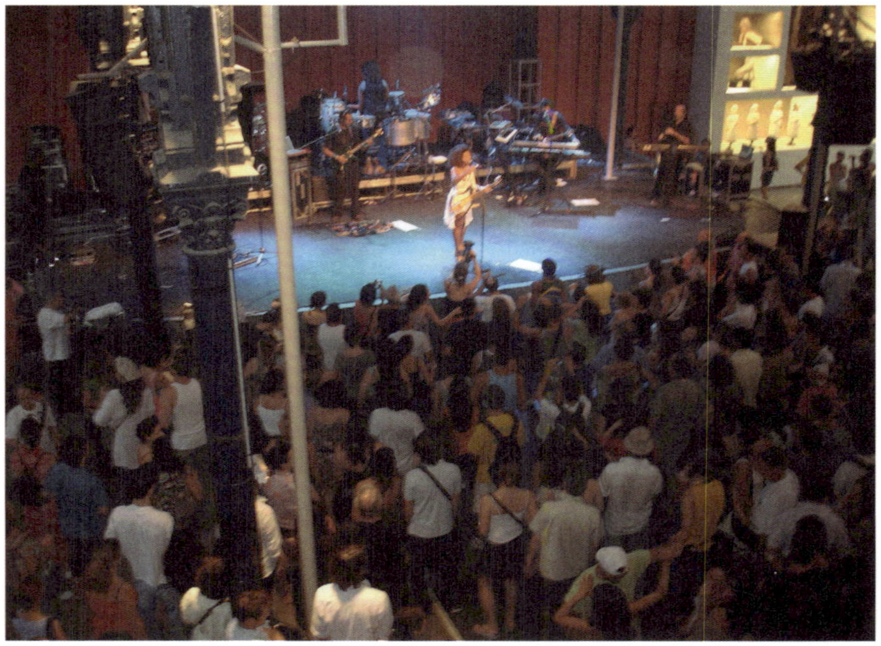

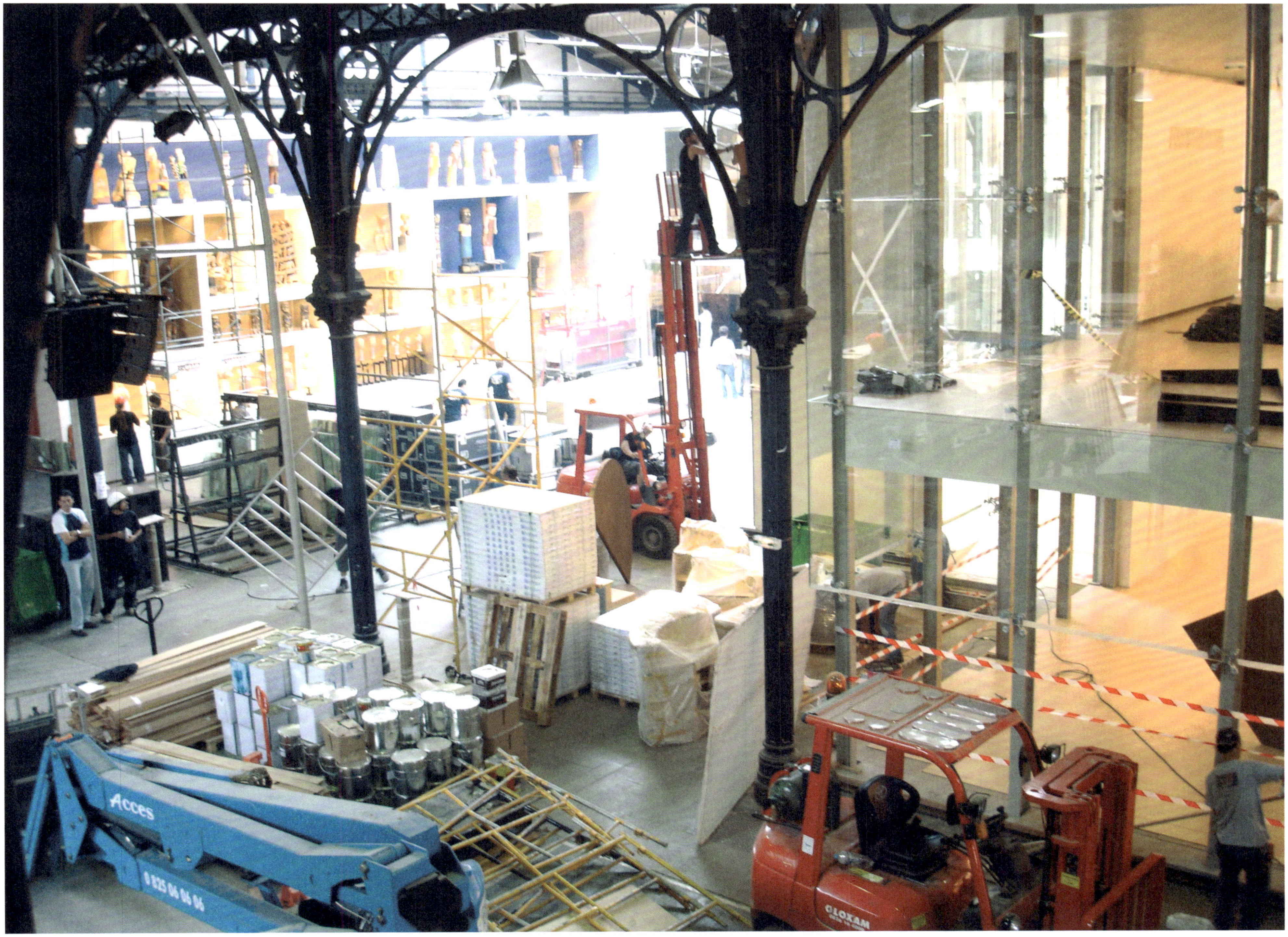
Acces
0 825 06 06 06
LOXAM

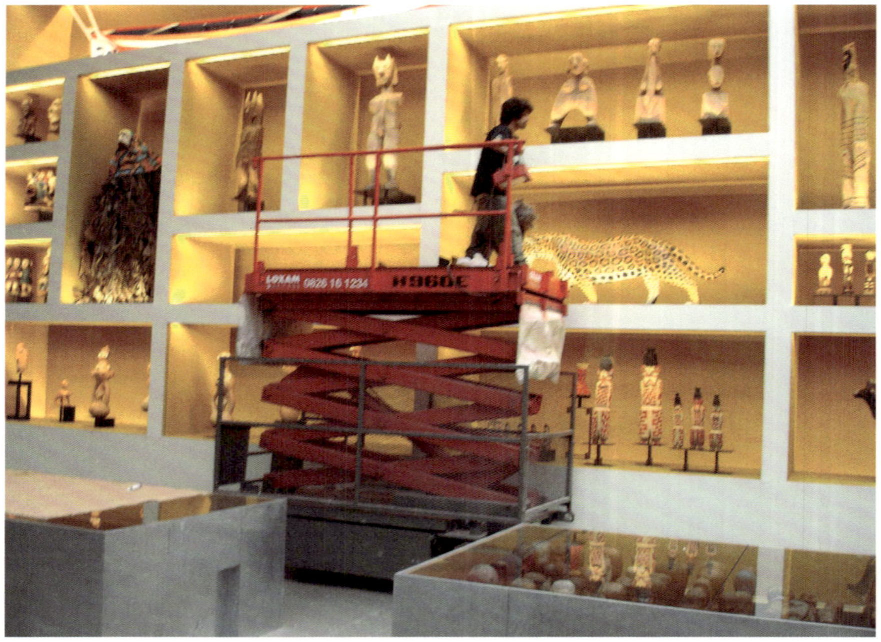
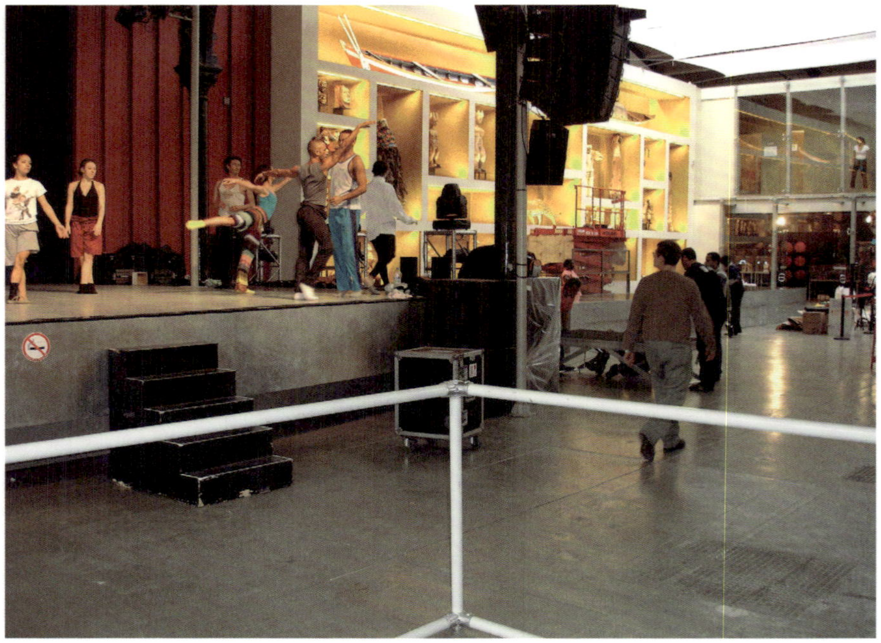
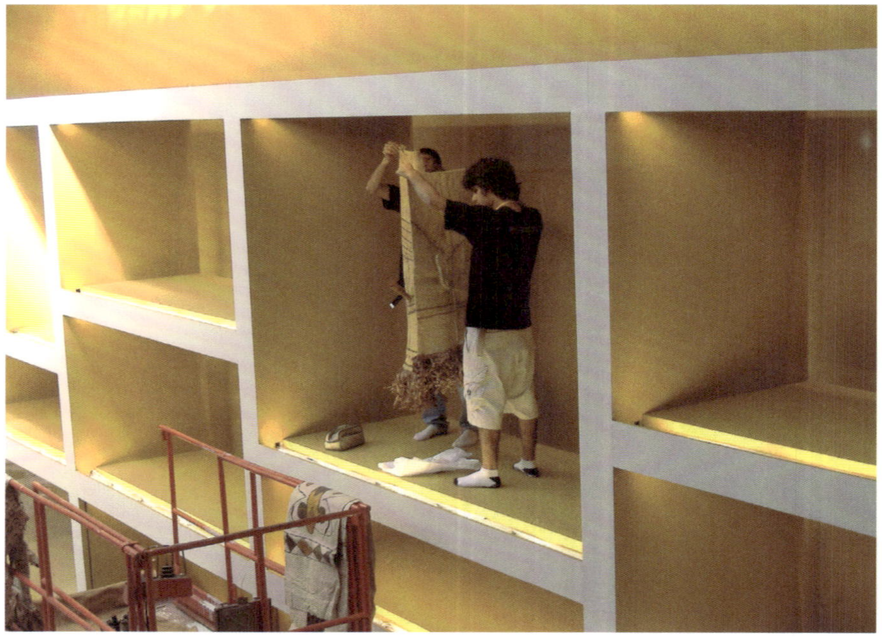
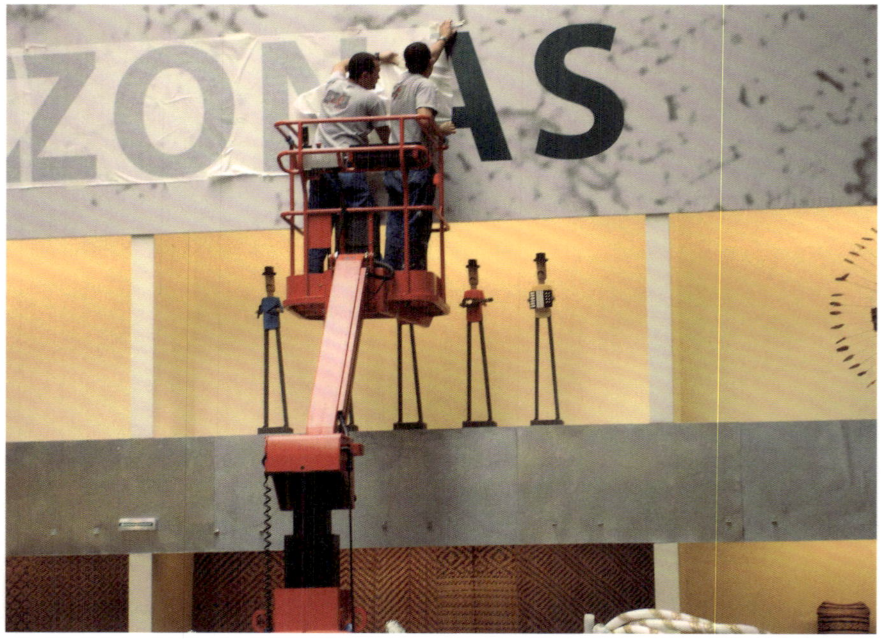
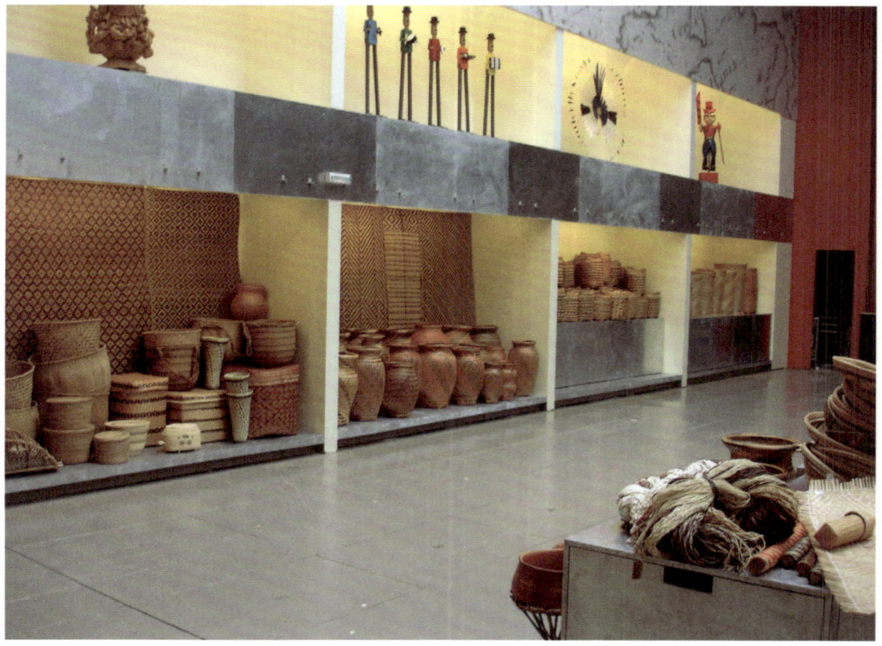
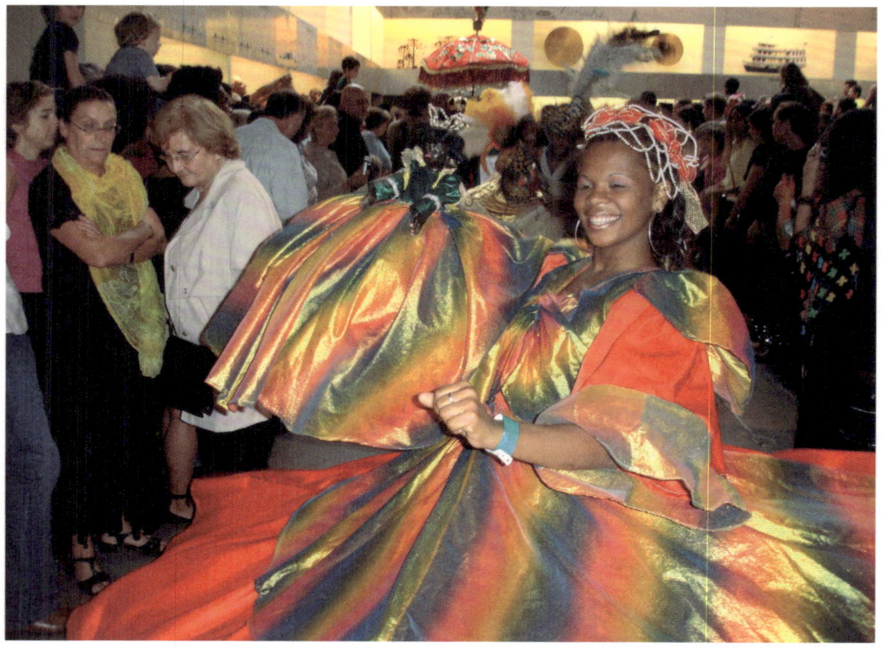

REALIZAÇÃO
Ministério da Cultura - Funarte
COORDENAÇÃO GERAL
Comissariado Brasileiro
DIREÇÃO DE PRODUÇÃO
D+3 Produções
DIREÇÃO DE ARTE, DESIGN E CENOGRAFIA
Ronaldo Barbosa
CONSTRUÇÃO E MONTAGEM
P&G Cenografia
EXPOSIÇÃO PROJÉTEIS DA ARTE CONTEMPORÂNEA
Funarte - Xico Chaves
CURADORIA NACIONAL DE ARTE CONTEMPORÂNEA
Evandro Salles
CURADORIA NACIONAL DE ARTE POPULAR
Janete Costa
CURADORIA DA EXPOSIÇÃO "KUMURÕ: BANCOS INDÍGENAS"
Adélia Borges
DESIGN GRÁFICO E COMUNICAÇÃO VISUAL
Studio Ronaldo Barbosa

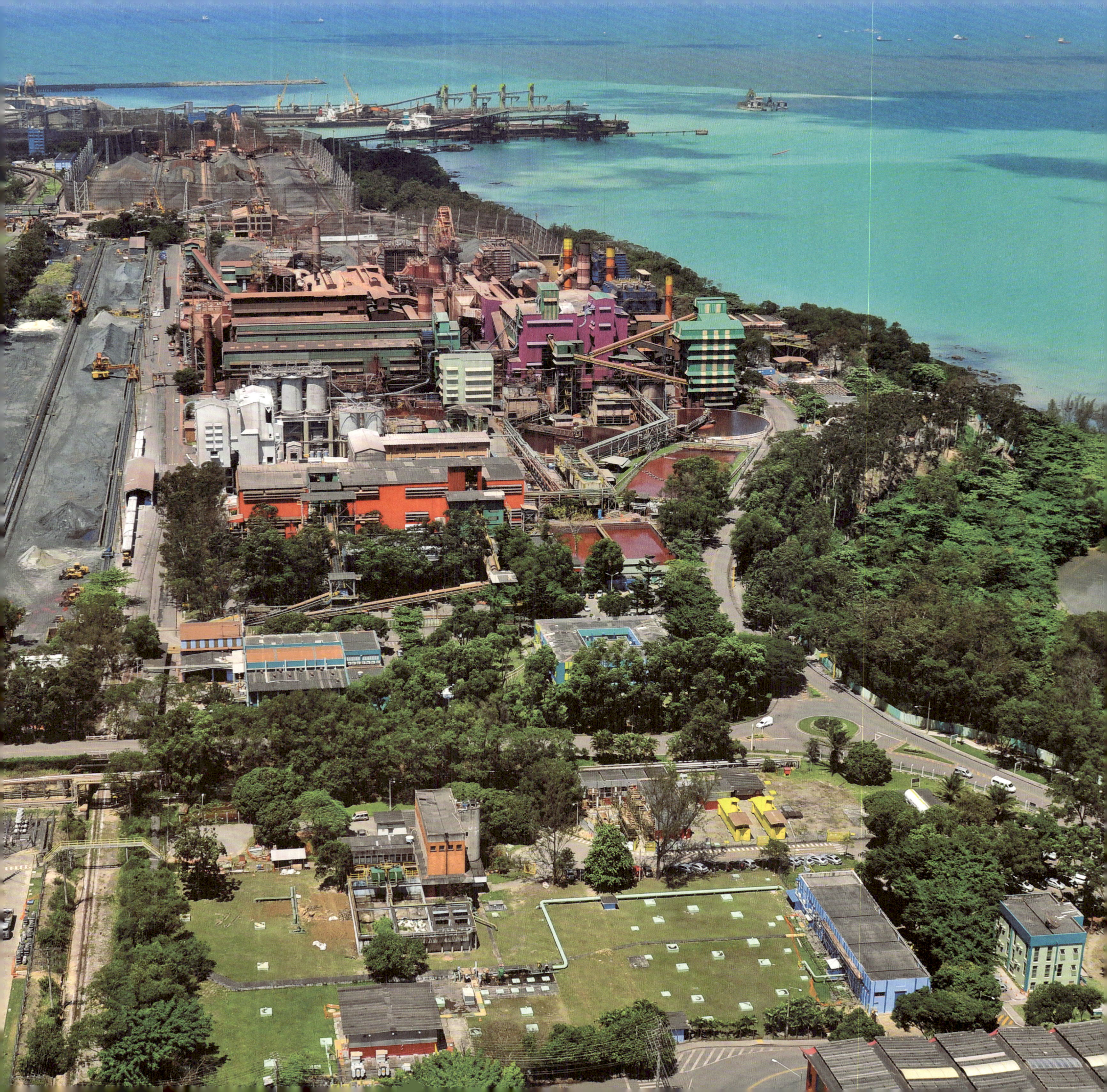

ESCALA AUMENTADA

VITÓRIA, ES, 2009-2014

VALE EM CORES

Escolhido em concorrência, o Studio Ronaldo Barbosa desenvolveu entre 2010 e 2013 o Vale em Cores, projeto *sui generis* no Brasil, que foi definido como Branding Ambiental. Numa área de 14 quilômetros quadrados da Vale no Complexo de Tubarão, em Vitória, foram feitas intervenções nas fachadas dos edifícios e nos equipamentos industriais, utilizando cores intensas, de 44 tonalidades, em substituição aos antigos brancos, cinzas e laranjas da década de 1960.

Os propósitos do projeto foram estabelecer uma relação mais próxima com a cidade, tornar o ambiente de trabalho mais agradável aos cerca de 13 mil funcionários da unidade e usar as cores como orientação de segurança. O que pode parecer algo simples exigiu uma logística muito apurada para não impactar o fluxo das atividades do Complexo. Na enorme área, ficam o maior pátio ferroviário da América Latina, oito usinas de pelotização e unidades operacionais e de serviços, exigindo muito planejamento e sintonia com a equipe da Vale.

Como parte do projeto, foi realizado um concurso voltado aos artistas capixabas, que deveriam criar desenhos para um dos prédios. O júri foi composto por pessoas externas ao projeto – o crítico de arte e curador Adolfo Montejo Navas, a artista plástica Iole de Freitas e Almerinda da Silva Lopes, pesquisadora e professora de história da arte na Ufes. O vencedor foi Rafael Corrêa, entre outras razões por ter adotado elementos visuais que "otimizam a arquitetura, oferecendo uma dinâmica estética inédita, qual partitura visual".

O projeto todo rendeu ao Studio Ronaldo Barbosa o prêmio IDF (Índice de Desempenho do Fornecedor) da Vale, em duas instâncias: o Prêmio Regional de Melhor Fornecedor de Pequeno Porte (em que o SRB concorria com outros fornecedores do Estado) e o Prêmio Nacional de Melhor Fornecedor de Projetos / Engenharia (em que o universo era de 17 mil empresas fornecedoras de serviços de engenharia e projetos para a Vale em todo o país, muitas delas de grande porte).

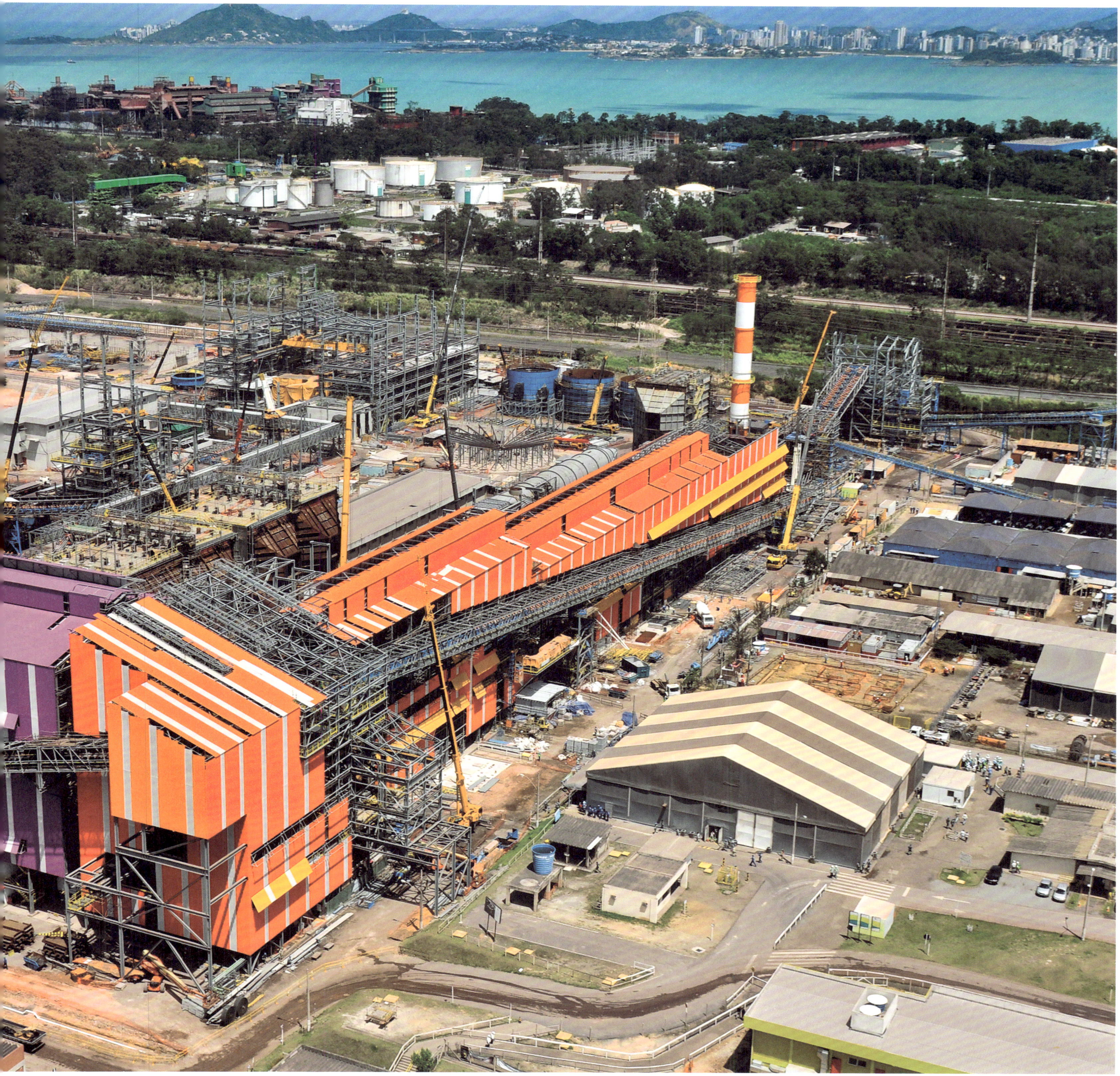

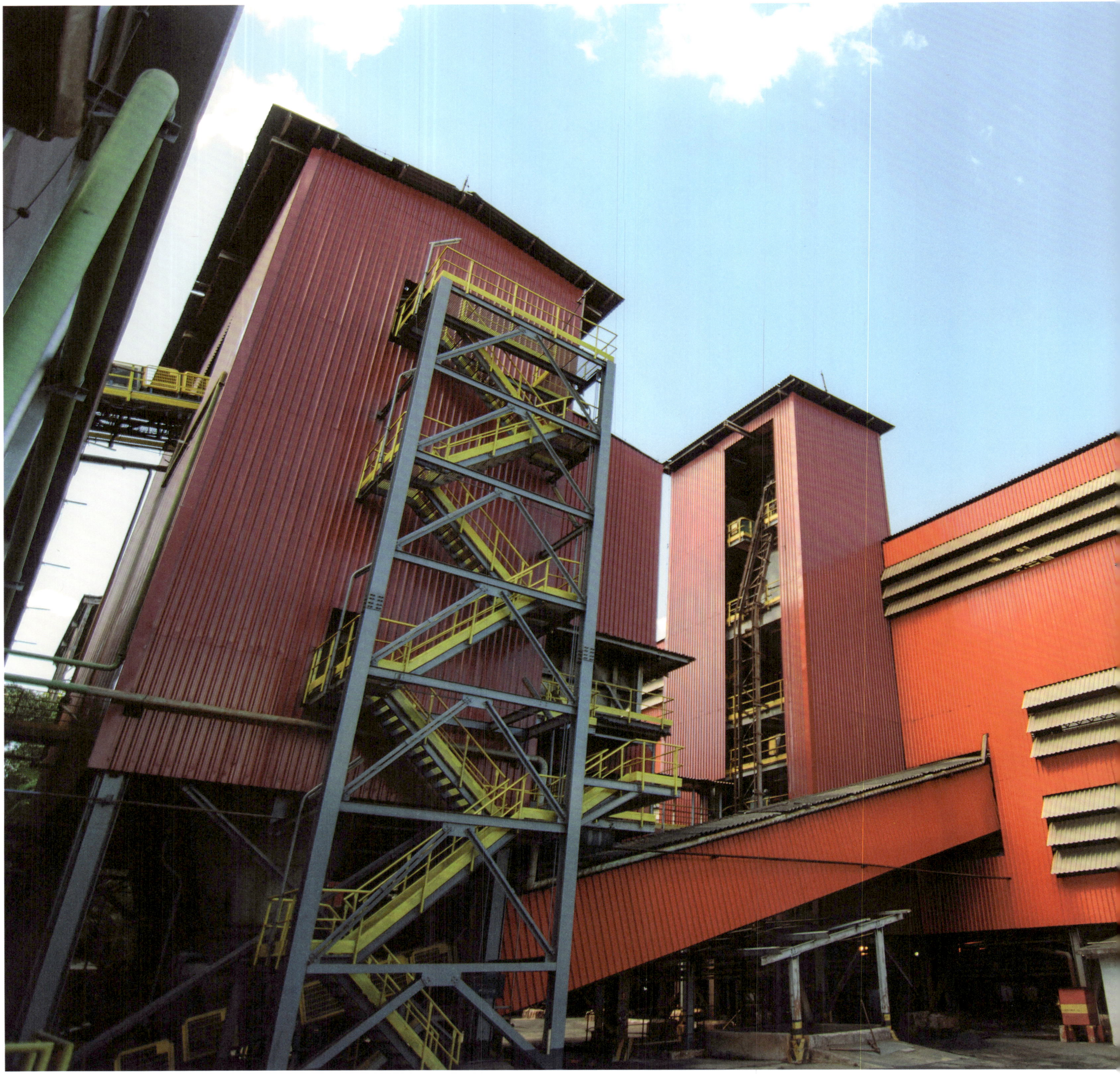

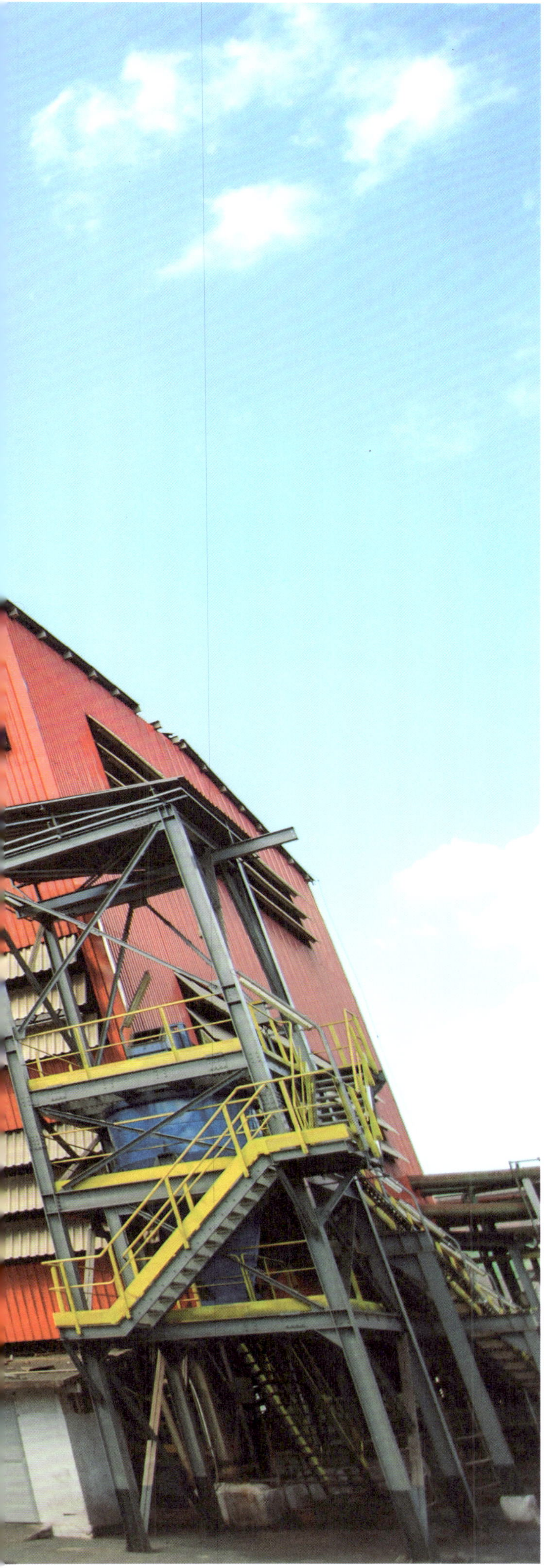

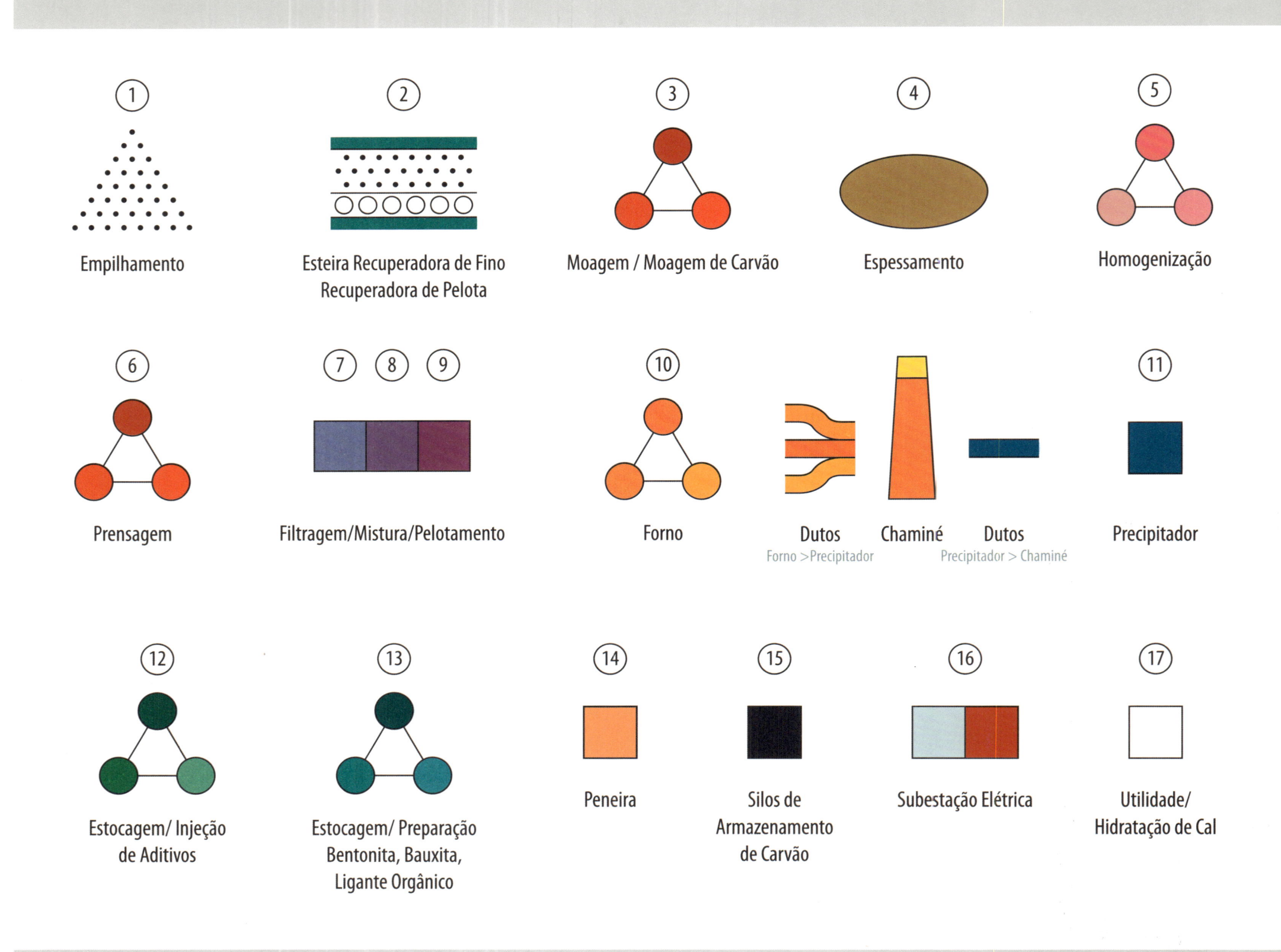

1. Empilhamento
2. Esteira Recuperadora de Fino / Recuperadora de Pelota
3. Moagem / Moagem de Carvão
4. Espessamento
5. Homogenização
6. Prensagem
7. 8. 9. Filtragem/Mistura/Pelotamento
10. Forno
Dutos (Forno > Precipitador)
Chaminé
Dutos (Precipitador > Chaminé)
11. Precipitador
12. Estocagem/ Injeção de Aditivos
13. Estocagem/ Preparação Bentonita, Bauxita, Ligante Orgânico
14. Peneira
15. Silos de Armazenamento de Carvão
16. Subestação Elétrica
17. Utilidade/ Hidratação de Cal

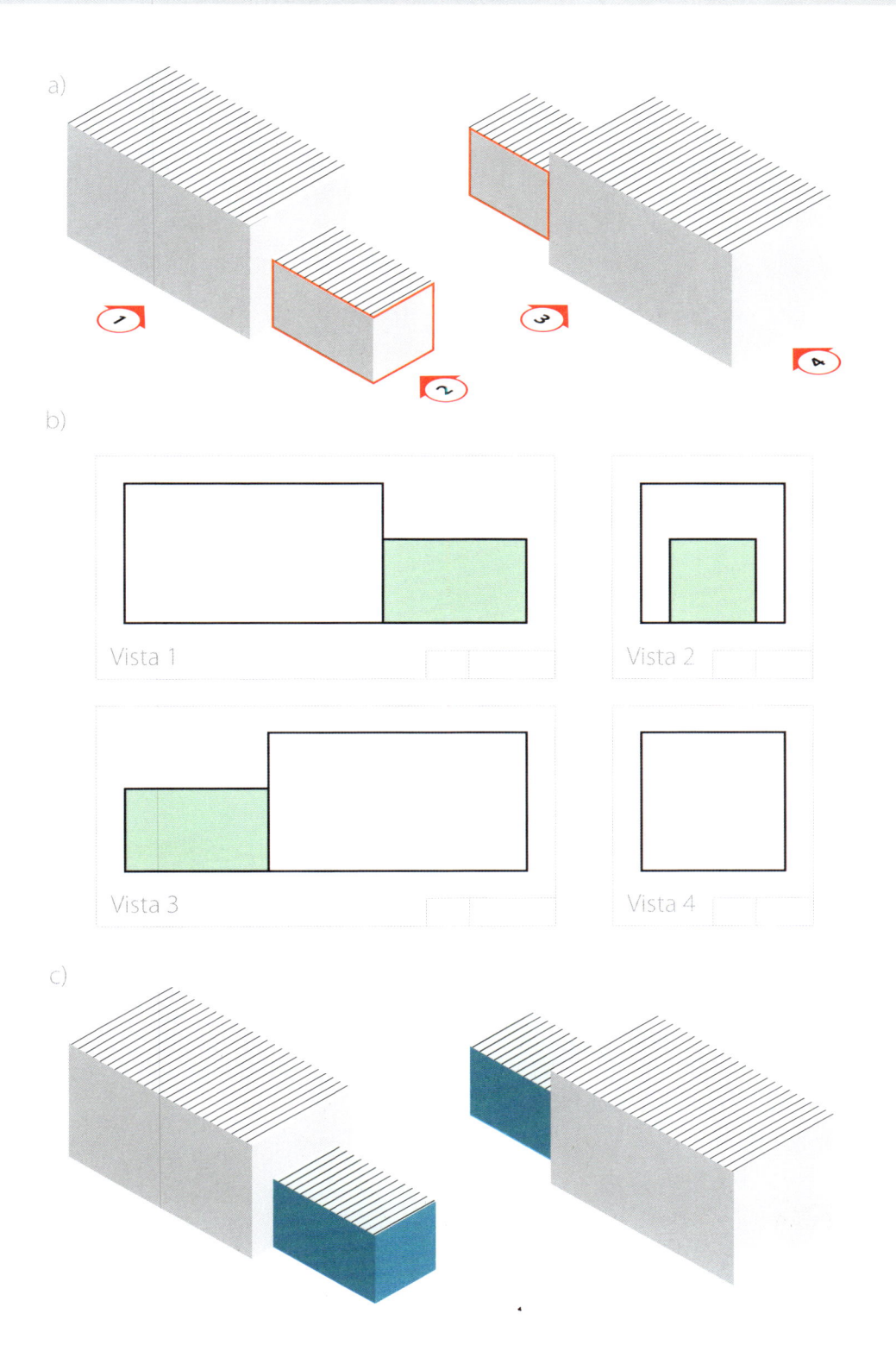

5. Critérios para Divisão dos Volumes

Deve-se seguir alguns critérios para a divisão dos volumes. Ao longo deste item serão exemplificadas situações onde ocorrem a divisão. É importante considerar para divisão seguintes premissas básicas:

Critério 1: Não se considera base e topo para a divisão de volumes.

Critério 2: O volume deve separar-se lateralmente em **3 vistas**.

Critério 3: Mudança de material é uma divisão física, mesmo que estejam em um mesmo nível.

Estão colocadas aqui 6 situações que exploram a questão da divisão dos volumes. É imprescindível que haja bastante precisão nesta aferição para não haver distorções no estabelecimento dos limites de cada cor. Caso não haja clareza em planta sobre determinada situação de divisão de volume, faz-se necessário *Observação in loco* (vide página 108) para que possa desambiguar quaisquer dúvidas. É fundamental também que o autor da interferência cromática seja acionado caso haja, em obra, alguma dúvida no momento da pintura. Devido à complexidade das estruturas arquitetônicas pode ocorrer a necessidade de decisões no local, e é de fundamental importância que estas decisões estejam alinhadas aos parâmetros estéticos desenvolvidos para o projeto Vale em Cores.

Situação 1.
a) Dois volumes visivelmente divididos em sua volumetria;
b) Nas vistas de fachadas, a divisão ocorre em pelo menos três vistas (vistas 1, 2 e 3), desconsiderando base e topo;
c) Demonstra-se claramente a separação de volumes.

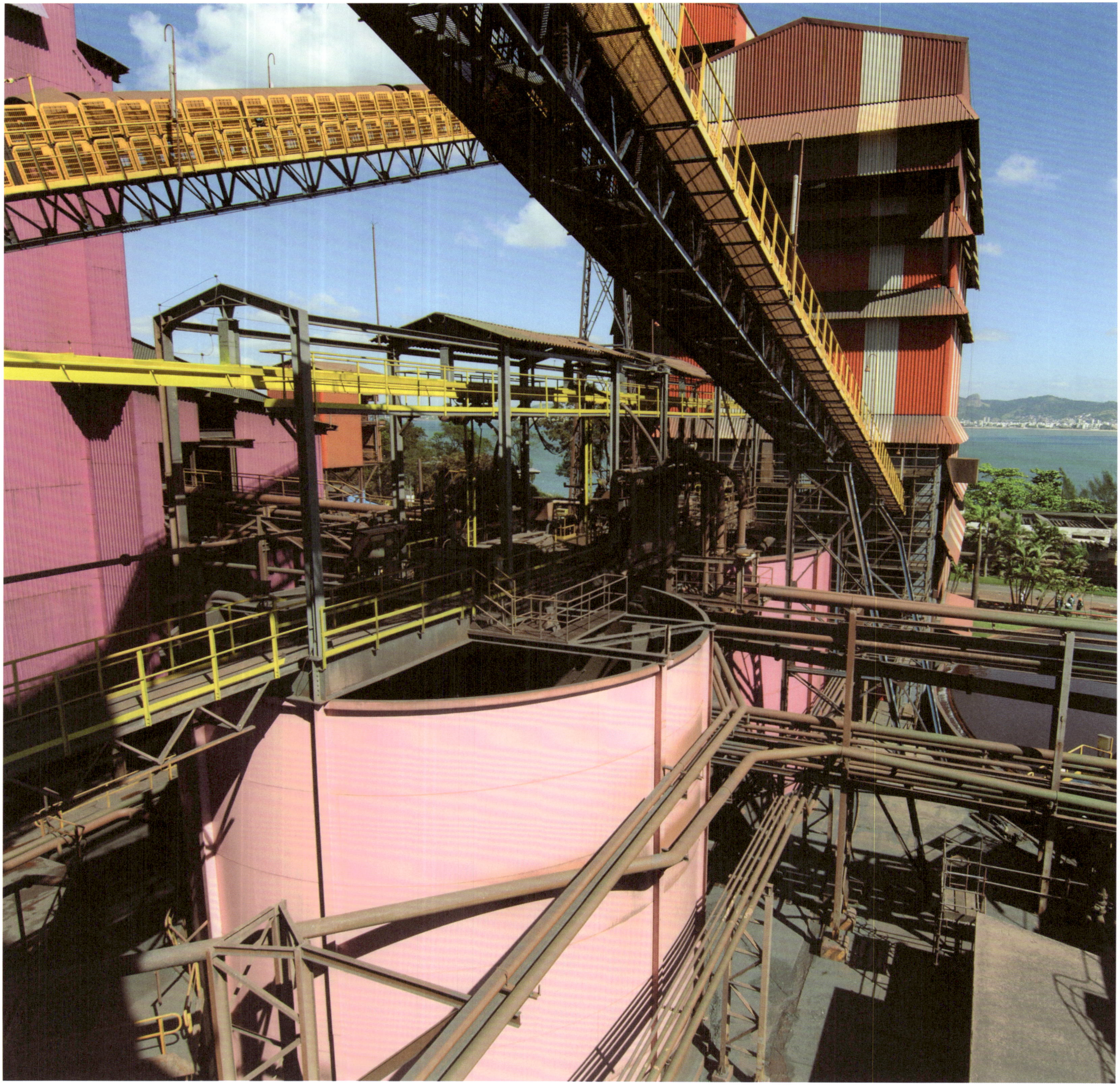

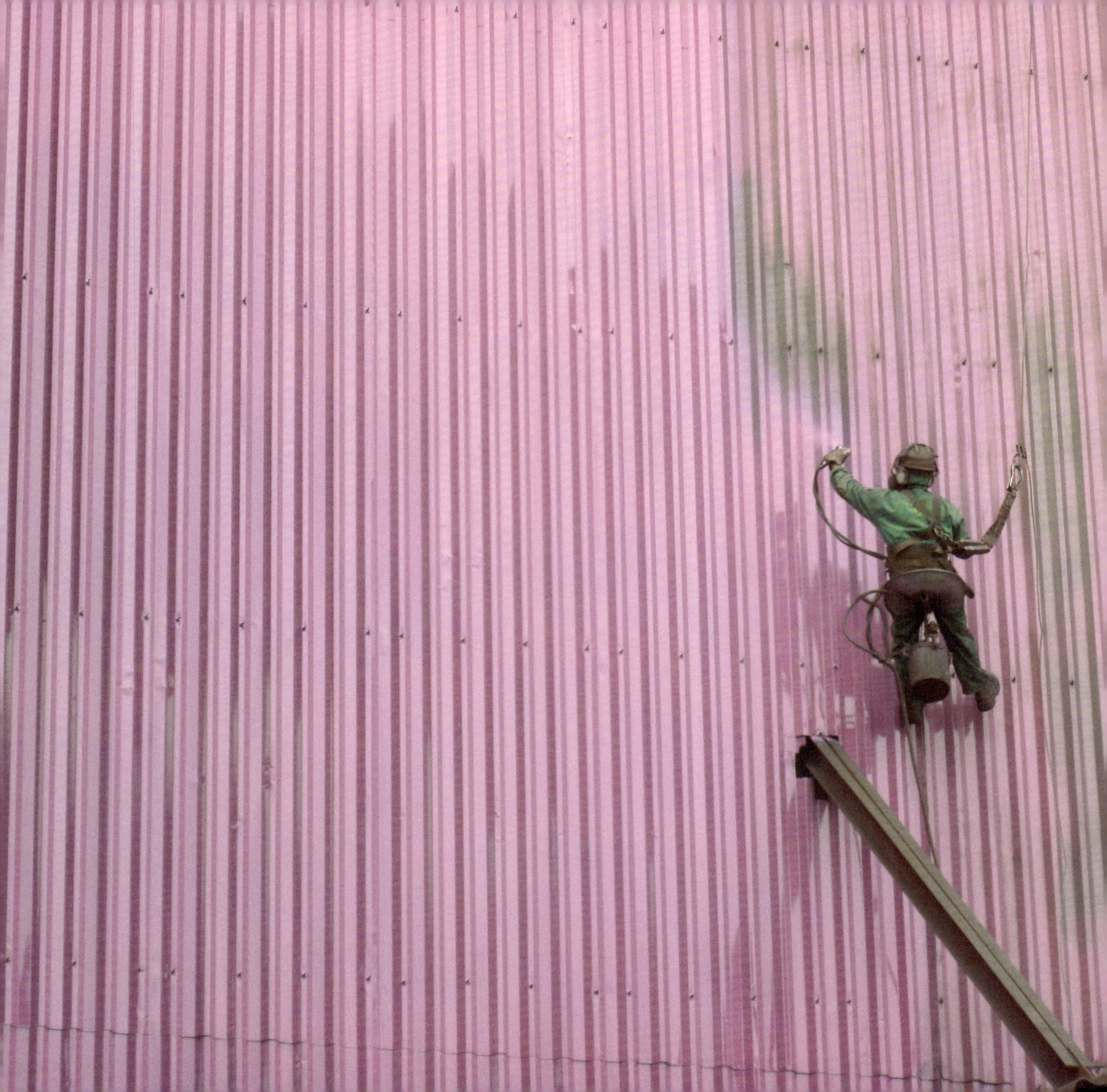

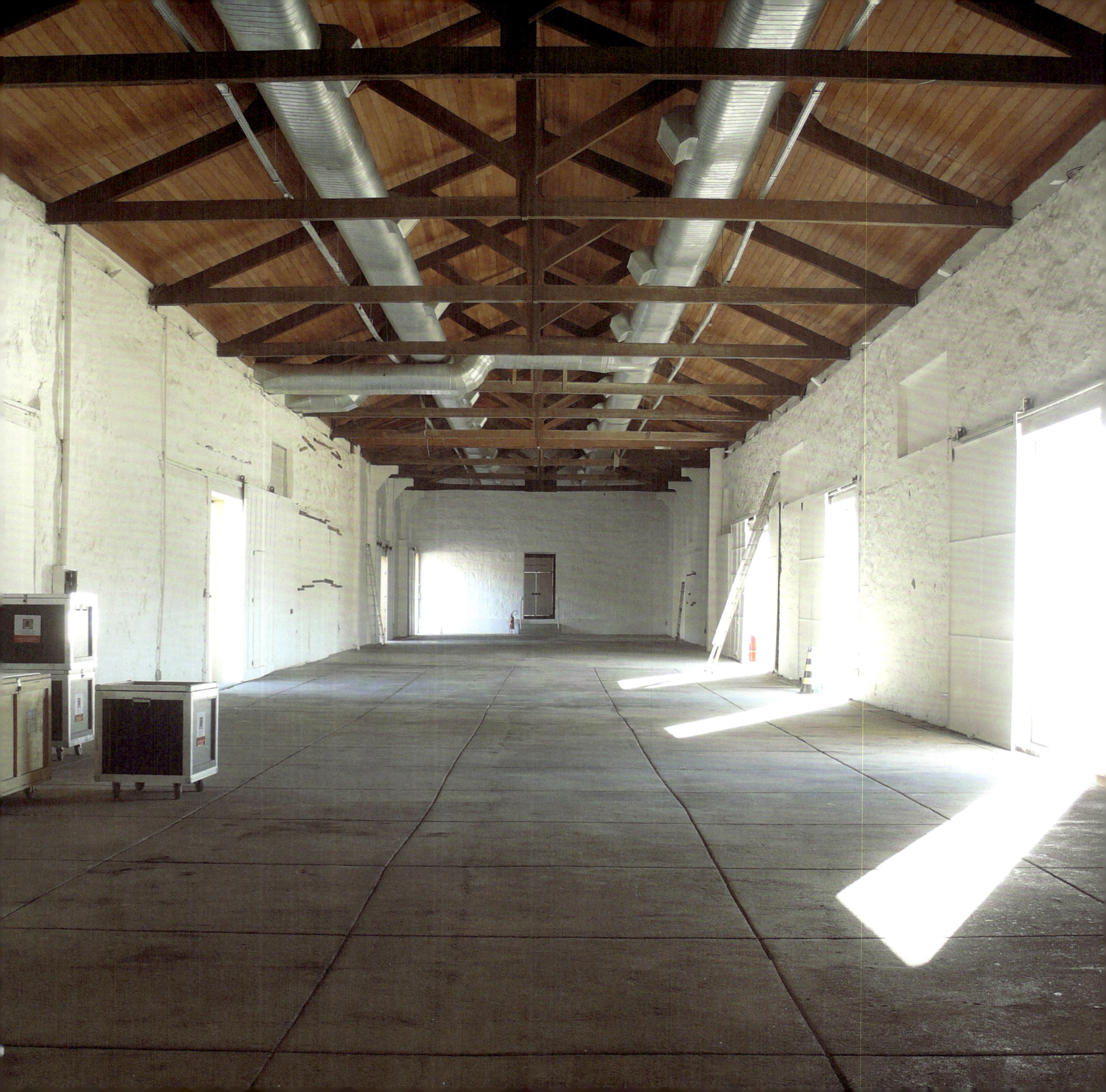

CONCEPÇÃO E CONSOLIDAÇÃO DE UM MUSEU

Desde cedo em sua trajetória, Ronaldo Barbosa se destacou pelas conexões culturais que empreende, num movimento sempre em dupla mão de direção: ele se interessa tanto em dar visibilidade interna e externa à cultura e à arte capixabas, quanto em levar para o Espírito Santo nomes e movimentos expressivos do cenário artístico nacional e internacional.

Na década de 1980, dirigira a Galeria de Arte e Pesquisa da Ufes, promovendo exposições que colocavam em foco a produção artística de vários professores. Também tivera a loja Ambiente, resultado de uma intenção deliberada de levar para Vitória o design internacional. Outras iniciativas em menor escala se sucederam, até que no final dos anos 1990 ele teve a oportunidade de ampliar exponencialmente sua atuação como gestor cultural, ao se tornar diretor do Museu Vale.

A ideia de criar um museu partiu de um grupo de ex-ferroviários, que queria reavivar a antiga estação São Carlos, da Estrada de Ferro Vitória a Minas (EFVM), em Vila Velha, inaugurada em 1927 e posteriormente rebatizada com o nome do engenheiro Pedro Nolasco. Em 1942, ao ser criada, a então estatal Companhia Vale do Rio Doce se tornara dona do local. Em 1962, a linha de trem parou de operar e o prédio passou a abrigar escritórios e depósitos. Desde meados da década de 1970, no entanto, estava praticamente abandonado, ilhado em área tipicamente industrial e portuária, com as águas da baía de Vitória de um lado, e, de outro, bairros de moradias de população socialmente vulnerável. O tombamento da estação, em 1986, não conseguira reverter a situação de descaso.

Com extensa atuação no Espírito Santo, a Vale viu na demanda dos ex-ferroviários a oportunidade de investir em um projeto cultural e social que beneficiasse a população capixaba. Em 1995 começaram os preparativos para a criação de um museu dedicado à memória da Estrada de Ferro Vitória a Minas, com a contratação da museóloga Maria Clara Medeiros Santos Neves para pesquisar e reunir o acervo histórico, gerando o conteúdo básico para uma exposição sobre a história da ferrovia e da estação. Em 1996, a Vale, representada por sua Fundação, e o Banco Real chamaram uma empresa do Rio, a Veriano e Camisão Arquitetos Associados, para fazer as reformas e o restauro do prédio, cujas obras se prolongaram até 1997.

Ronaldo nesse momento fazia o projeto do Museu Náutico da Bahia, instalado no Farol da Barra em Salvador, uma iniciativa do antigo Banco Real, e a equipe do Banco sugeriu seu nome em 1997 para desenvolver a concepção visual do museu no Espírito Santo. Encantado com o projeto e seu potencial, Ronaldo inovou totalmente a linguagem expográfica, utilizando o próprio acervo de cultura material utilizado pelos operários como elementos de suporte – trilhos, molas, válvulas e outros equipamentos comuns nas oficinas da estrada de ferro.

REALIZAÇÃO
Banco Real
Vale
EXPOGRAFIA
Ronaldo Barbosa
PESQUISA E TEXTOS
Maria Clara Medeiros Santos Neves
PROJETO DE RESTAURAÇÃO ARQUITETÔNICA
Veriano e Camisão Arquitetos Associados

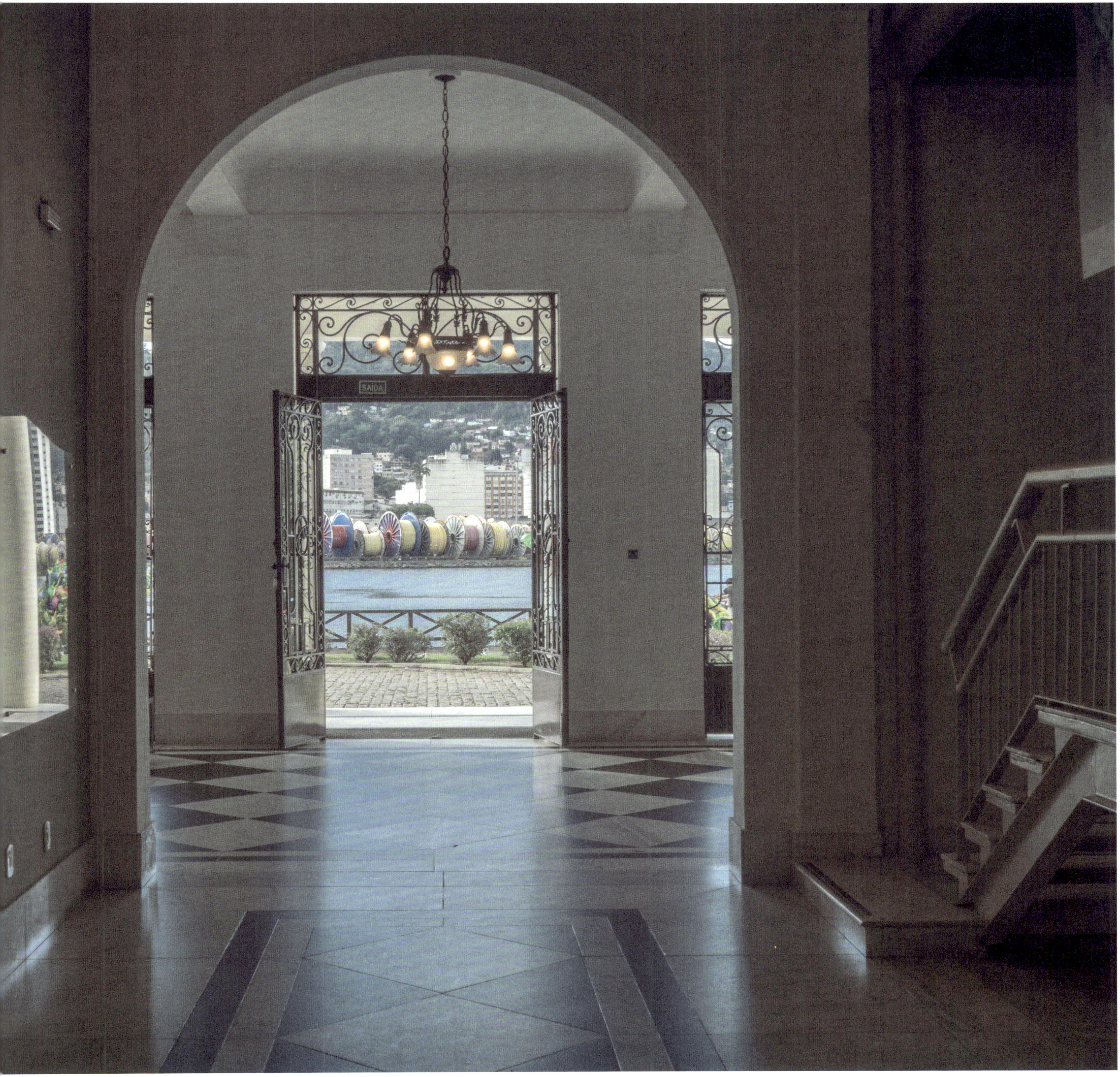
SAÍDA

CONSTRUÇÃO
A

Com essa linguagem inusitada, Ronaldo concebeu as Salas da Construção, da Manutenção e das Estações, espaços expositivos permanentes que apresentam a história da ferrovia. A maquete ferroviária com 34 m² de área construída – a maior da América Latina – inclui miniaturas de trens em movimento, viadutos, fábricas e ambientes naturais, representando o transporte de minério desde a extração em Minas Gerais até o porto de Vitória. Um painel interativo explica, por meio de sons e imagens, o processo de extração do minério, o carregamento e o descarregamento de vagões e de navios, o processamento do minério nas usinas de pelotização no Complexo de Tubarão e seu transporte.

Toda a expografia permite uma imersão dos visitantes na história da ferrovia de forma agradável e envolvente. Além da maquete, mais de 160 itens estão expostos, entre fotos, equipamentos e ferramentas de trabalho dos ferroviários, objetos antigos, documentos e publicações, enquanto cenários recriam ambientes que já não existem mais.

Na área externa, em frente ao prédio, fica a Maria-Fumaça, uma locomotiva a vapor vinda da Filadélfia, nos Estados Unidos, adquirida em 1945 e restaurada em 1997. Esse equipamento ainda se encontra em funcionamento, bem como sua composição de carro de passageiros e vagão de cargas.

Em vez de limitar o Museu à memória ferroviária, Ronaldo sugeriu uma mudança no projeto original, propondo que a instituição dedicasse uma sala no primeiro andar a pequenas mostras de arte contemporânea – pequenas pela limitação espacial, não pela representatividade dos artistas convidados. Por suas ideias e entusiasmo, ainda no decorrer dos preparativos e antes da abertura da instituição, Ronaldo foi convidado para dirigir o Museu.

Em 15 de outubro de 1998, a Fundação Vale, em parceria com o Banco Real, inaugurou o Museu Ferroviário Vale do Rio Doce (posteriormente rebatizado de Museu Vale do Rio Doce e, em 2007, seguindo a nova denominação da própria empresa, de Museu Vale). Na abertura, a pequena sala abrigava a mostra de um artista capixaba, Hilal Sami Hilal. Em seguida, ali estiveram exposições de importantes artistas brasileiros e estrangeiros, como Joseph Beuys (obras da colecionadora Paola Colacurcio), José Damasceno, Jorge Guinle, José Rufino e Leda Catunda. A boa repercussão das primeiras exposições de arte contemporânea no Museu Vale reiterou a pertinência daquele trabalho, principalmente considerando a carência de espaços culturais no estado.

CONSTRUÇÃO

A

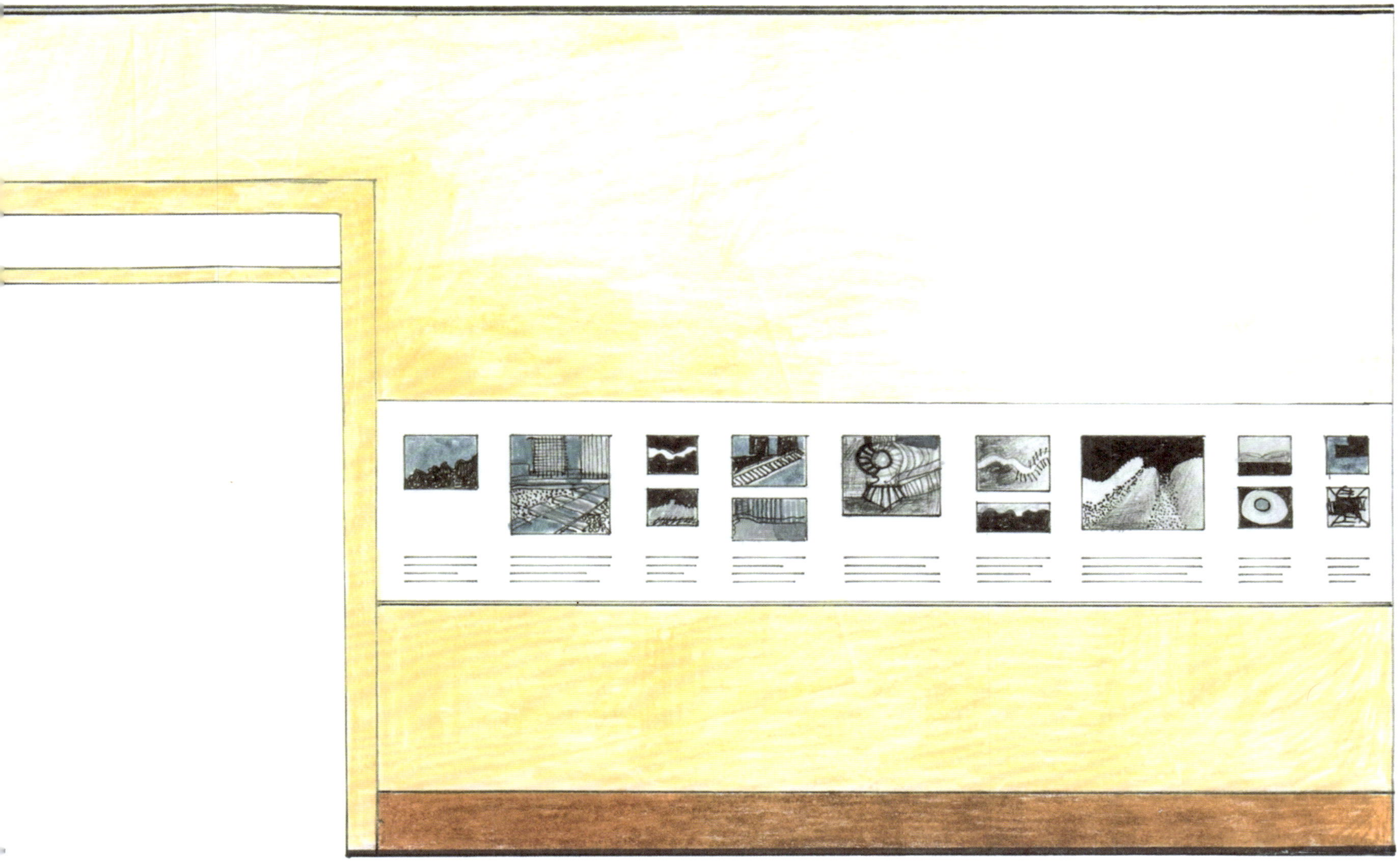

CONSTRUÇÃO

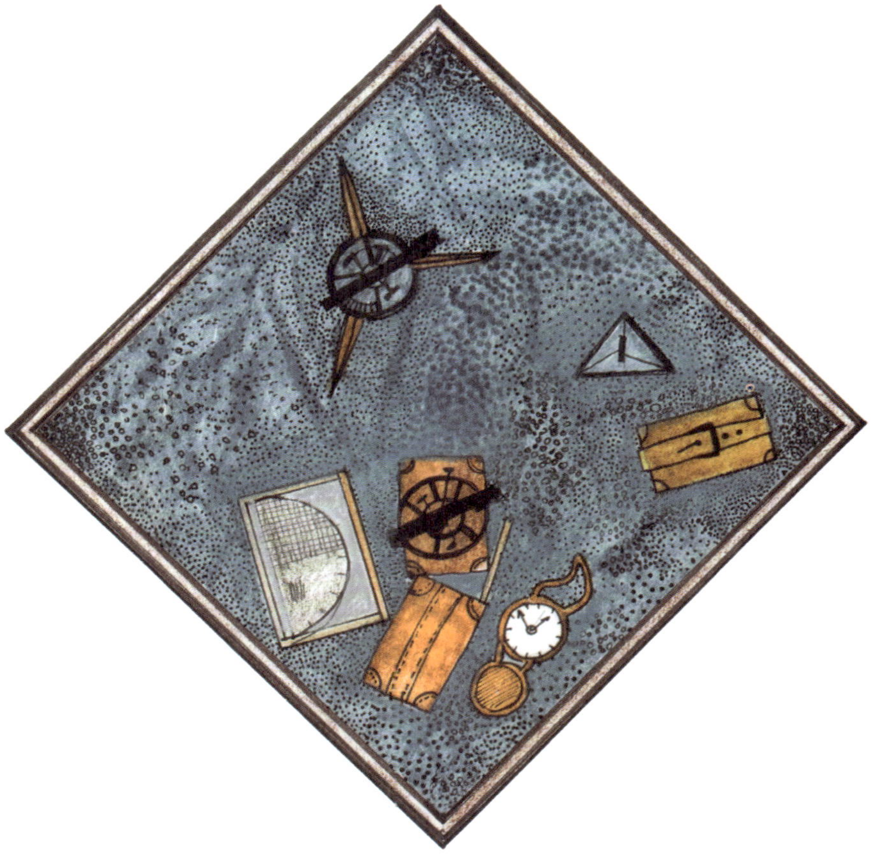

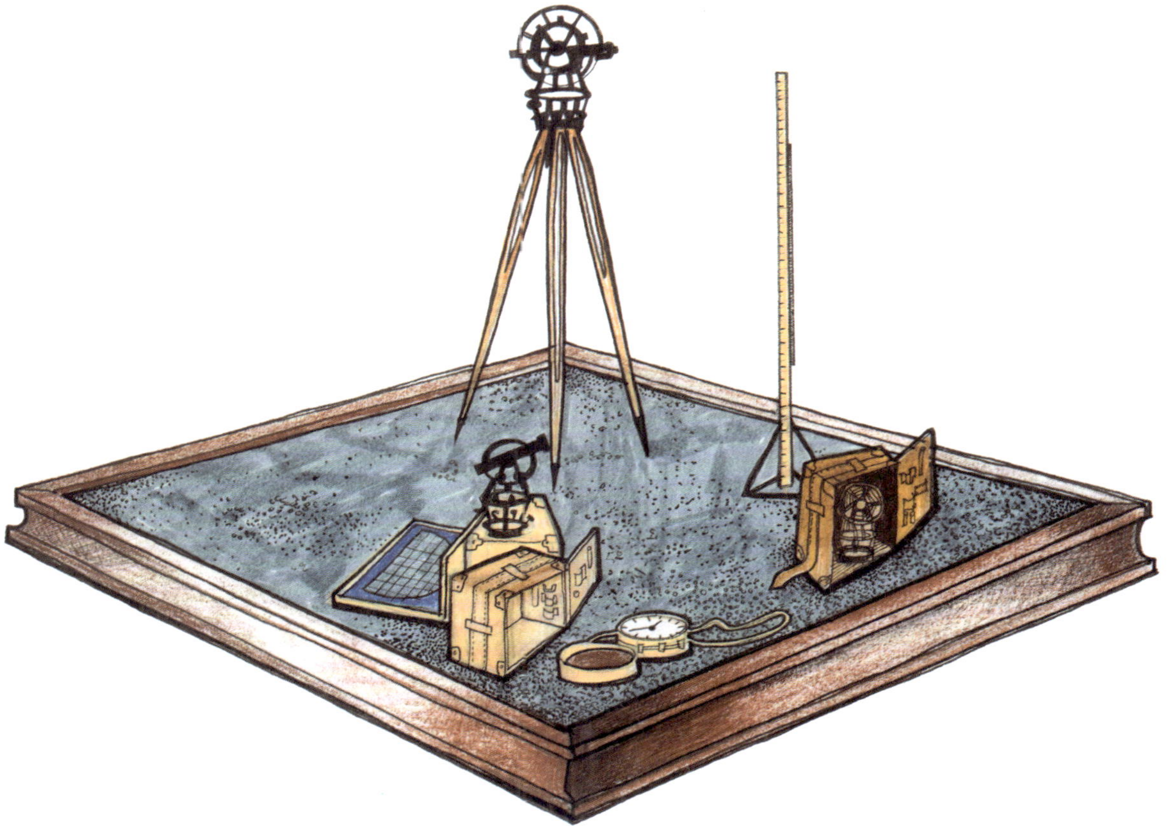

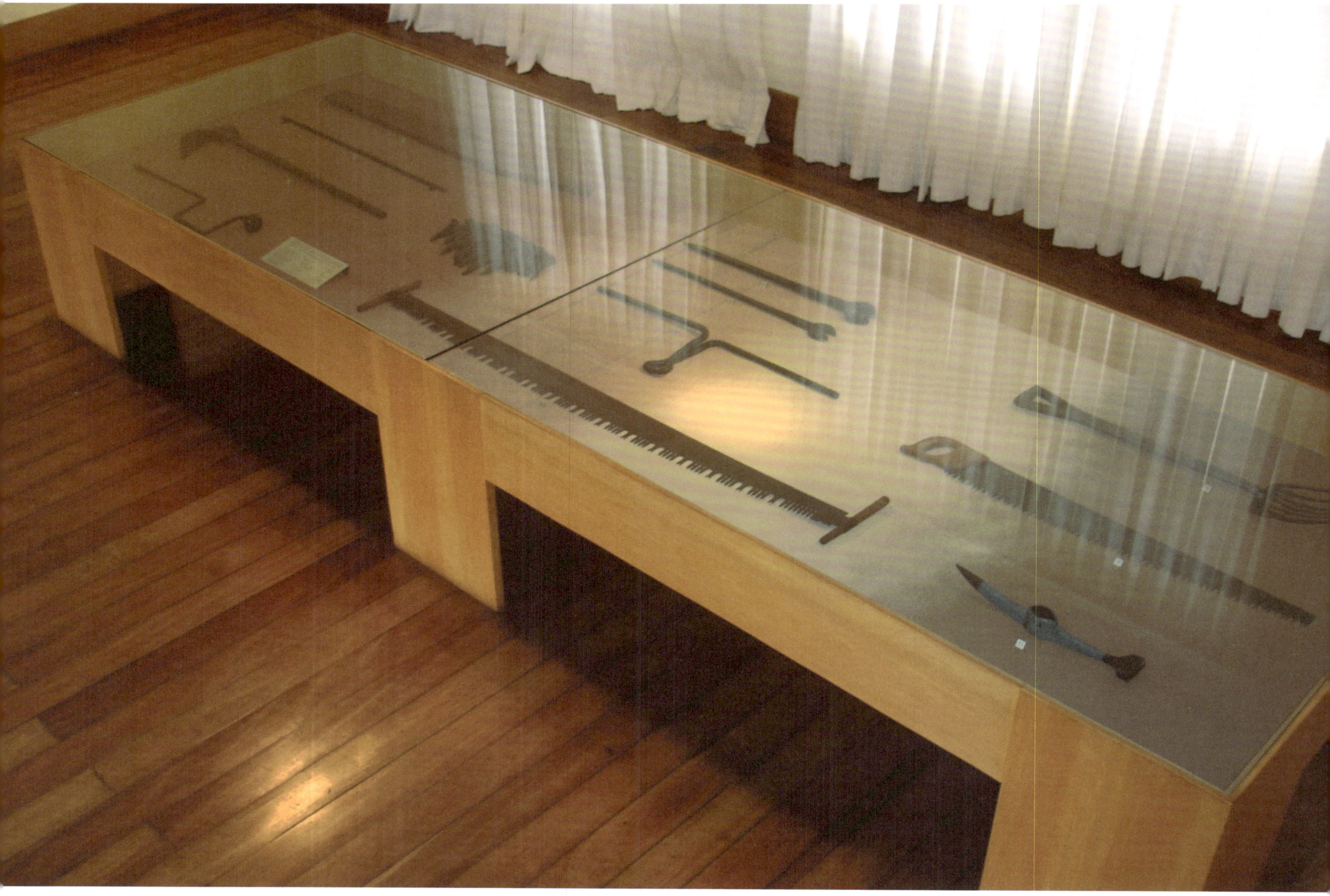

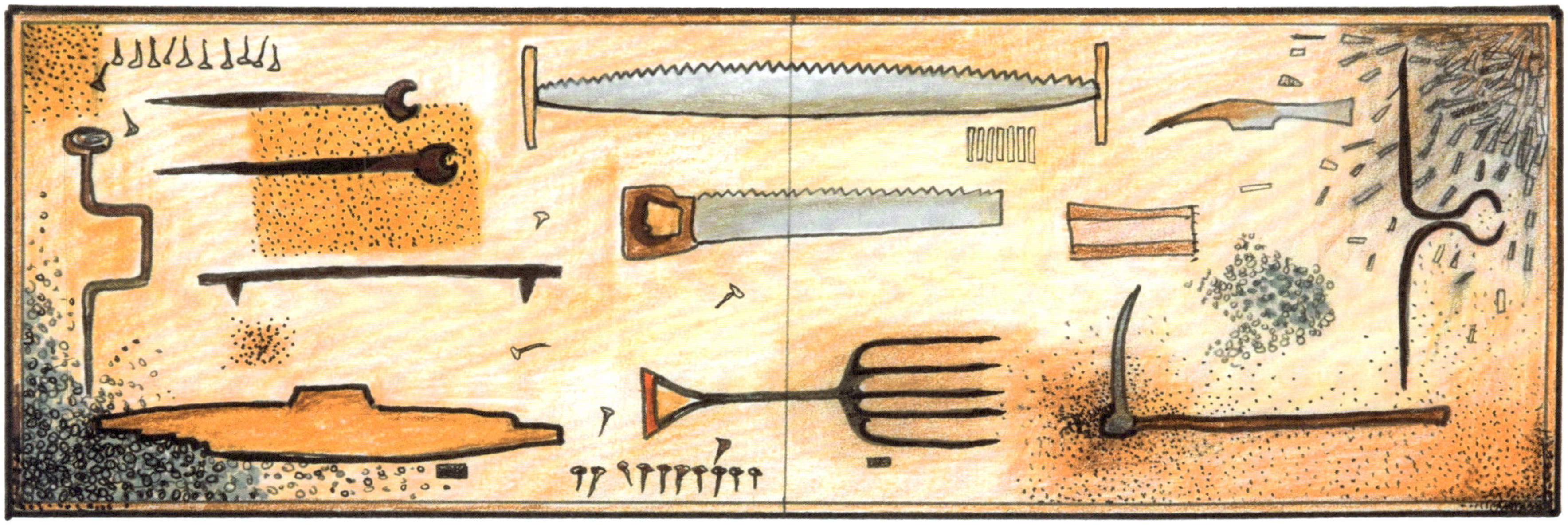

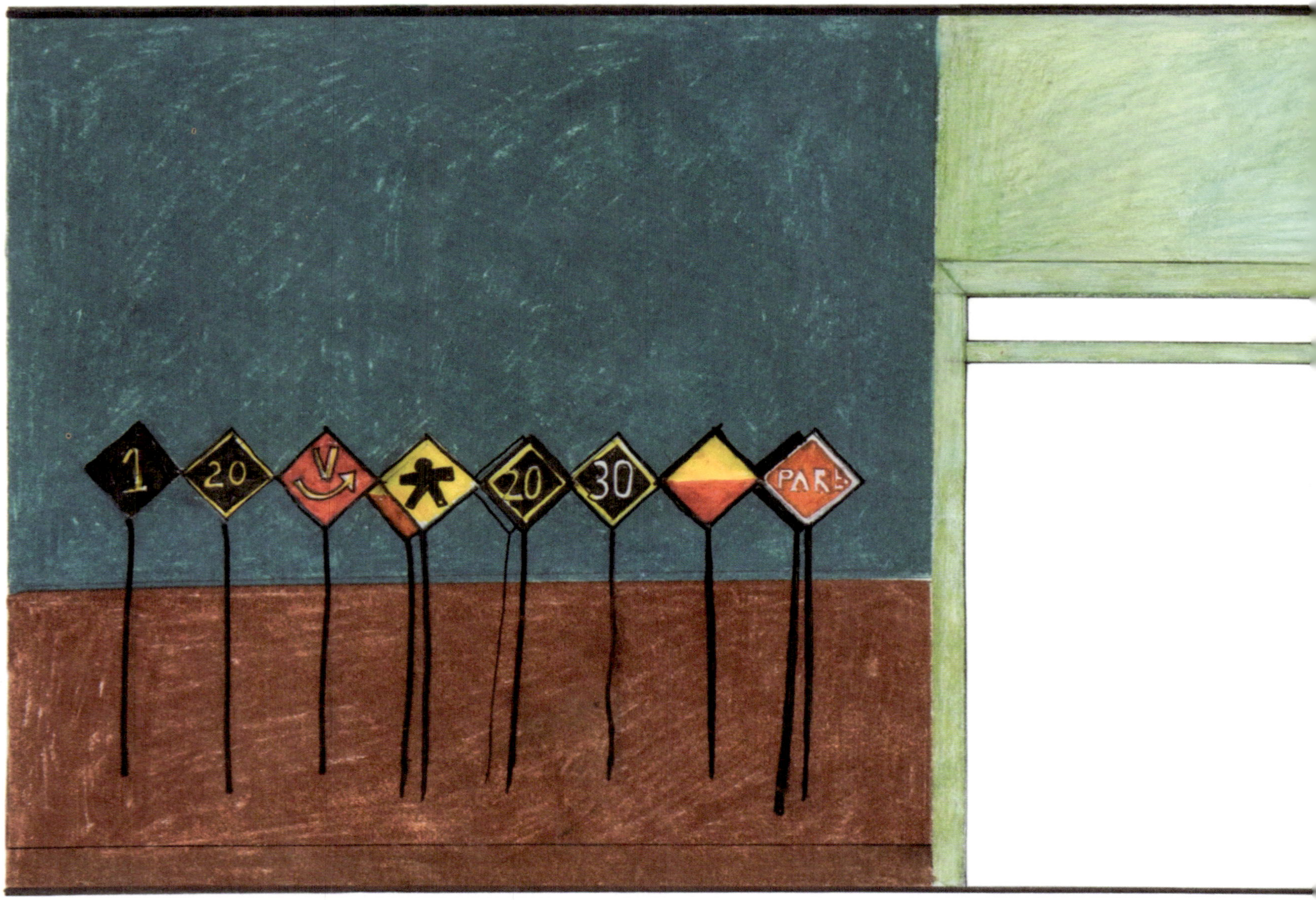
1
20
V
20
30

CONSERVAÇÃO

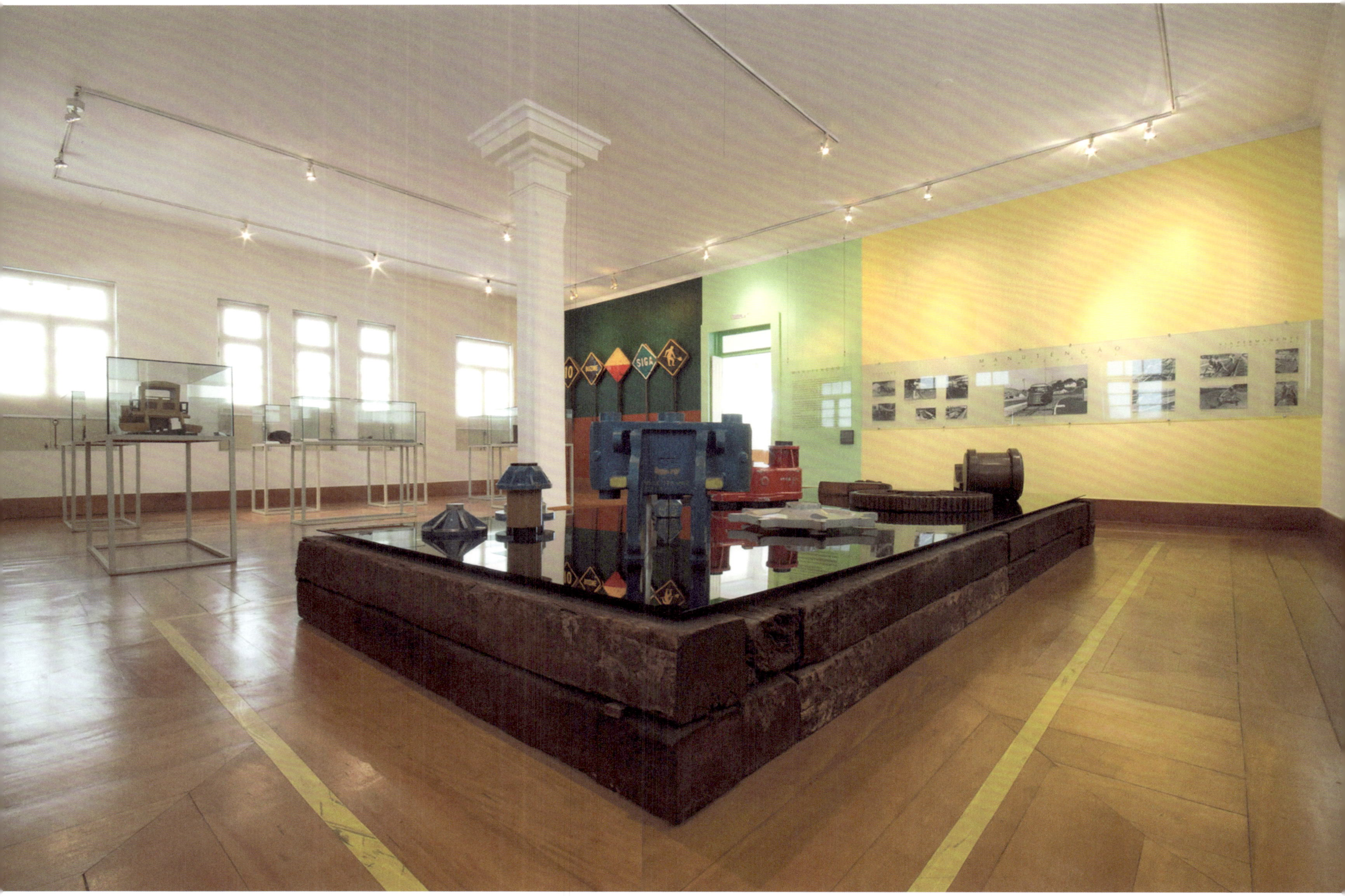
SIGA
MANUTENÇÃO

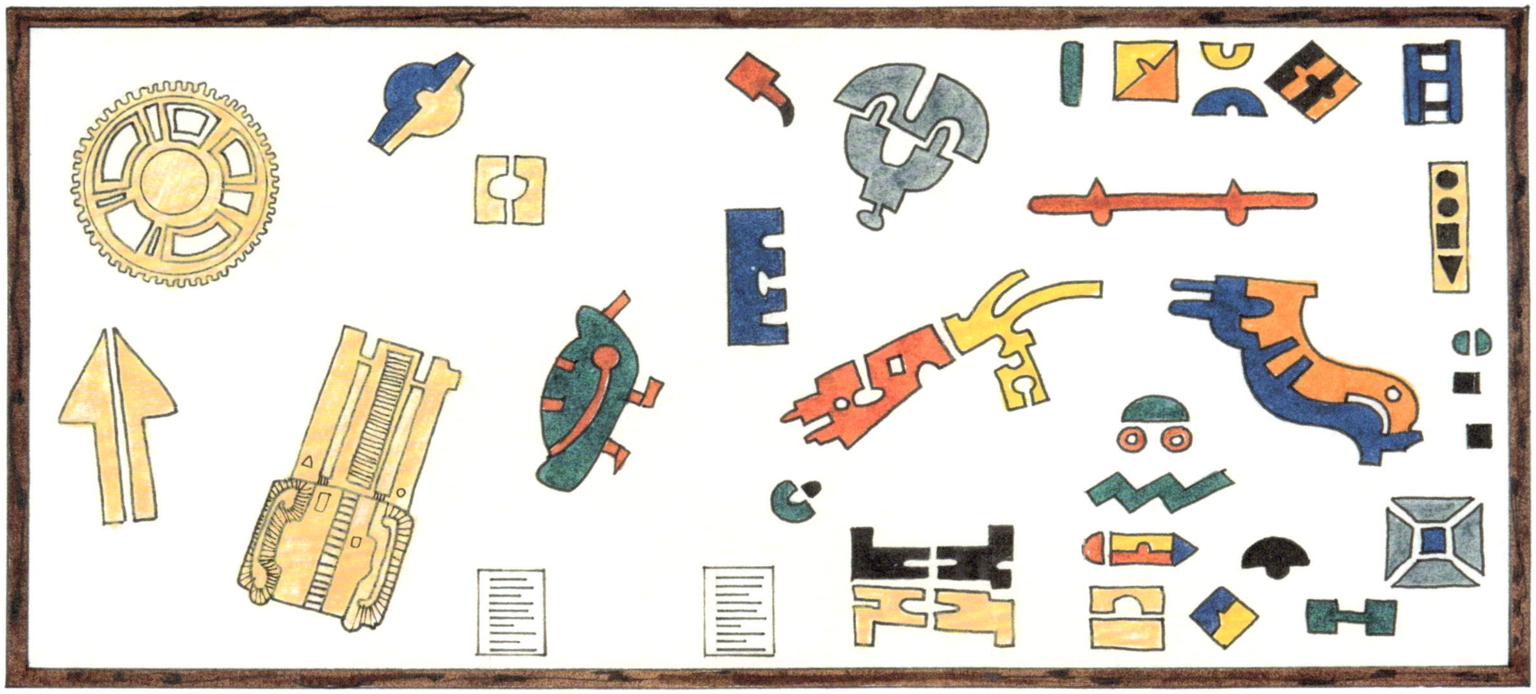

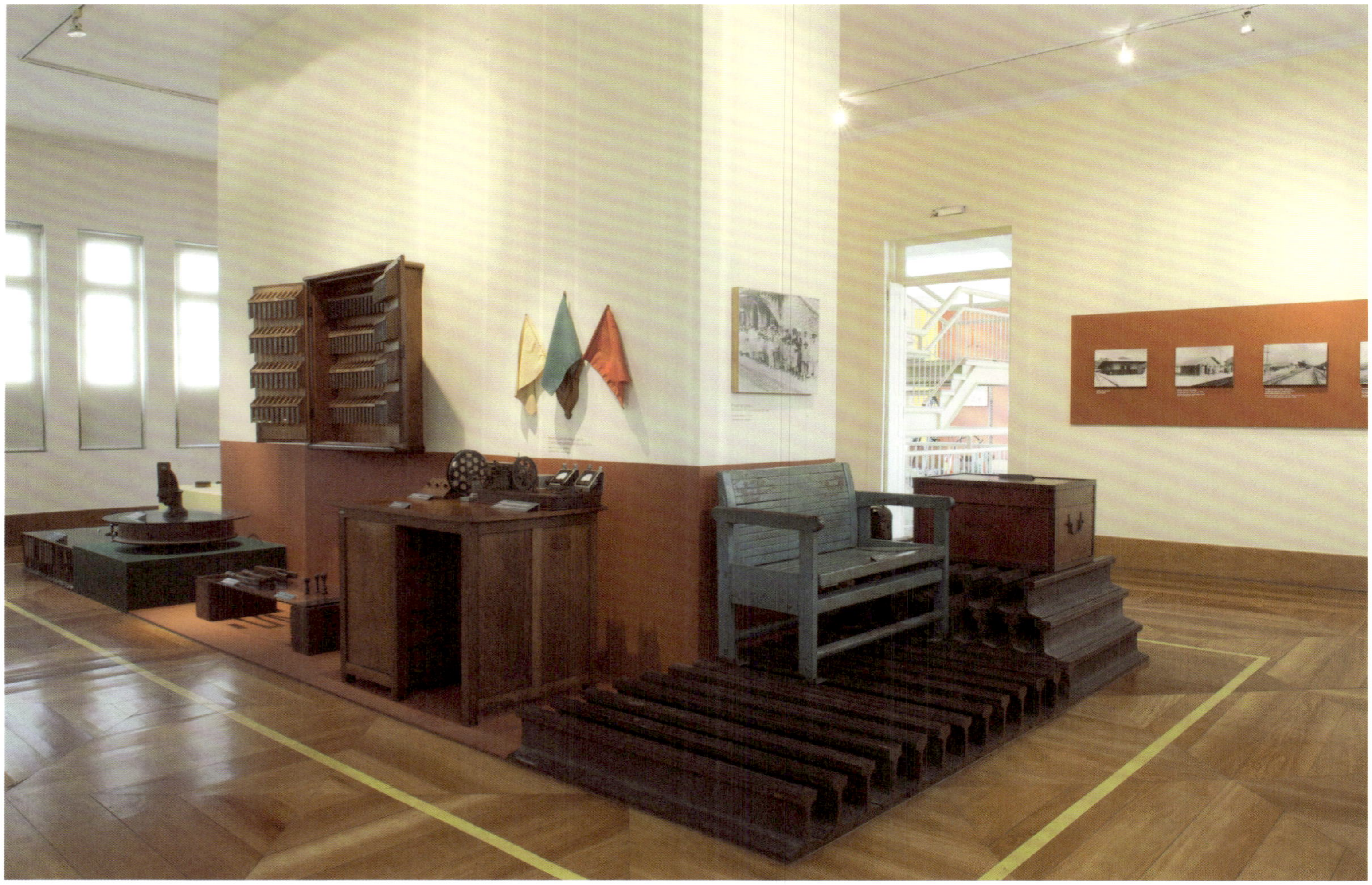

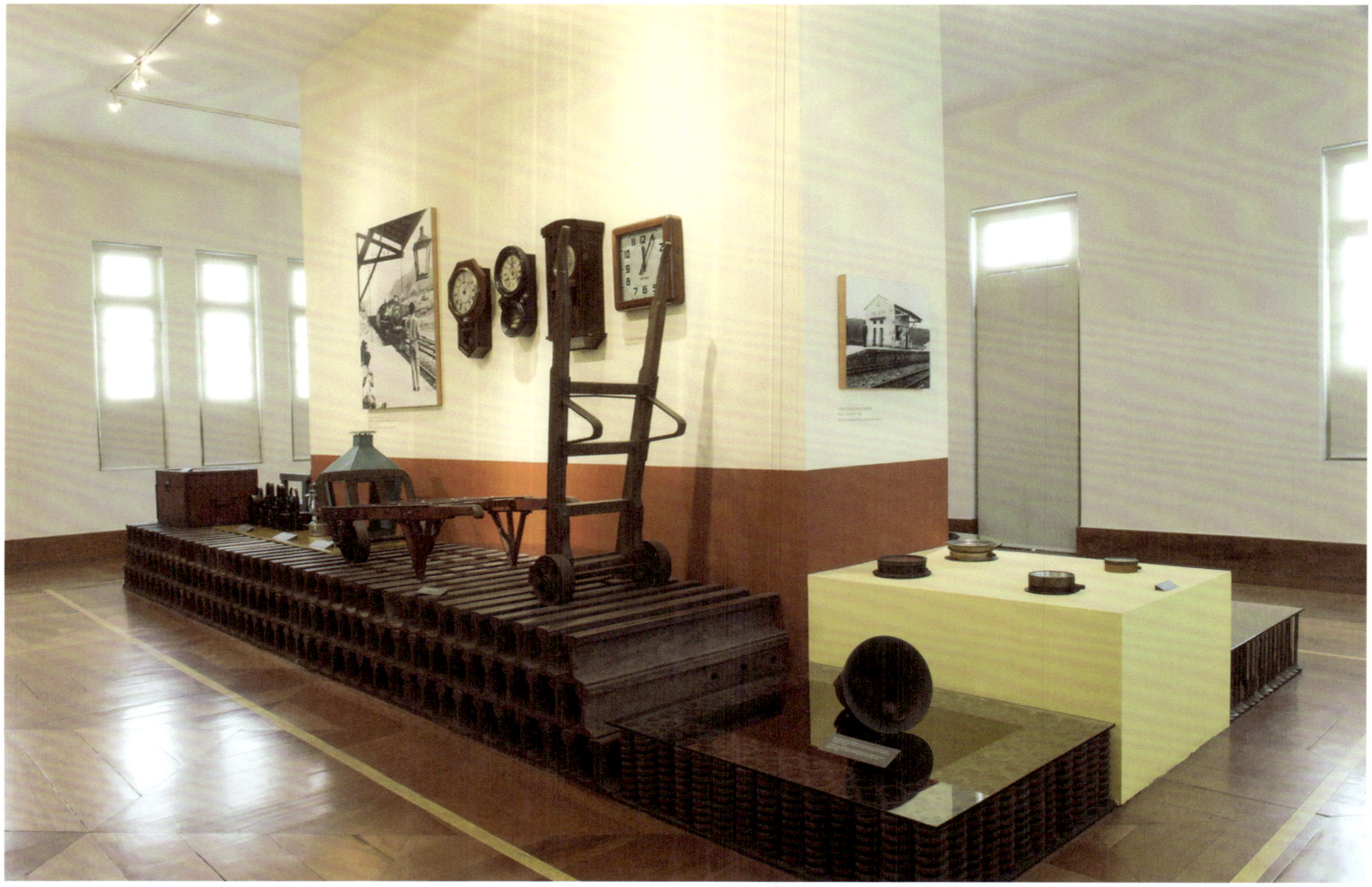

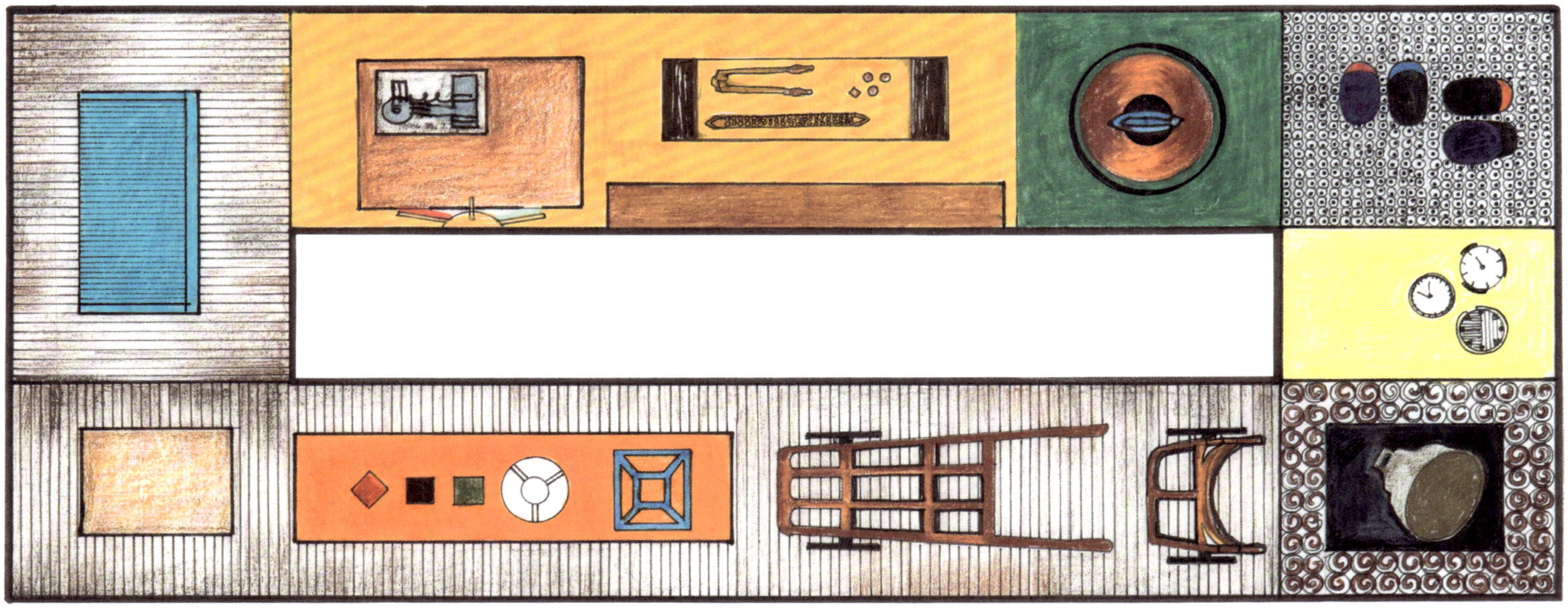

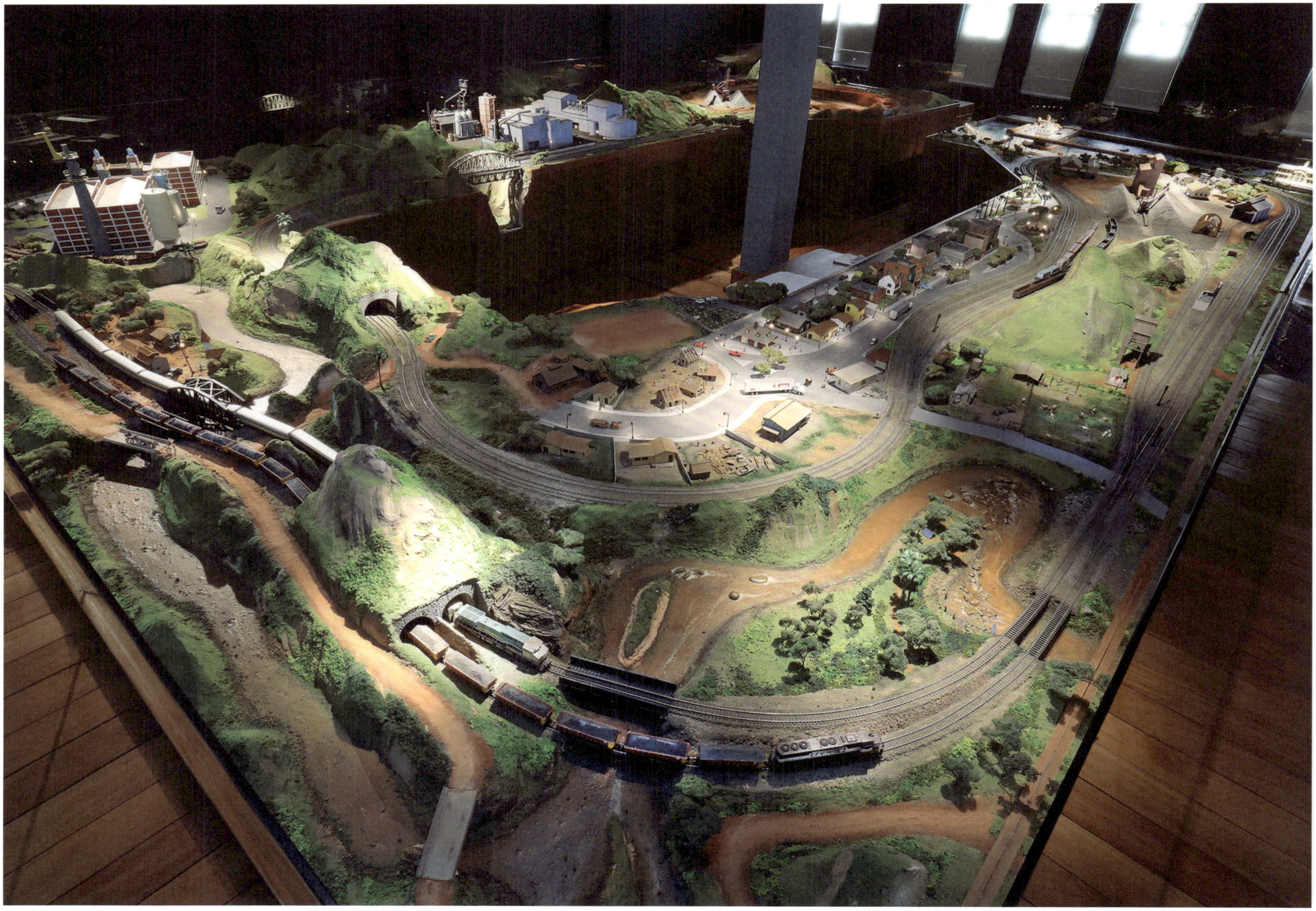

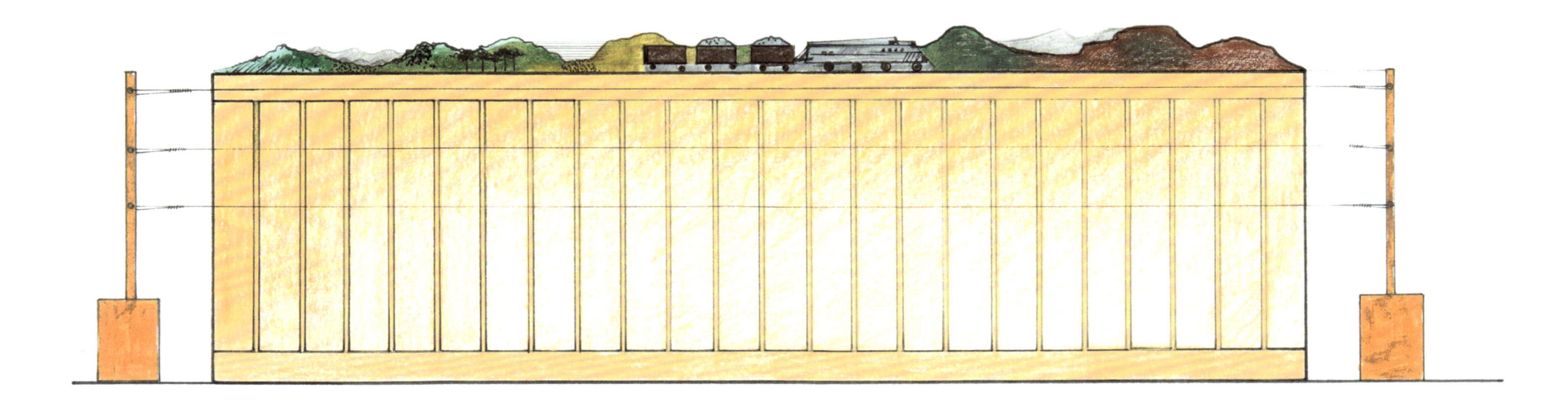

Ronaldo sugeriu então a ampliação da área destinada a elas. No terreno do Museu havia um antigo galpão com arquitetura industrial marcada pelas pedras aparentes e enorme vão interno, quase sem paredes ou pilares, originalmente dedicado à guarda de mercadorias. Com uma intervenção mínima – que não mascara ou edulcora a gênese do espaço, apenas o adapta ao uso museográfico – o galpão se transformou num espaço privilegiado, capaz de comportar mostras à altura dos melhores circuitos de arte nacionais e internacionais.

Com a inauguração do galpão de exposições, em outubro de 2000 – dois anos após a abertura do Museu – a quantidade de visitantes deu um salto expressivo. Apenas a abertura da primeira exposição teve a presença de mais de 1.200 pessoas. Nos anos seguintes, o público continuou comparecendo em peso e as exposições muito prestigiadas pela sociedade e imprensa capixabas.

Ronaldo implantou um programa com uma clara linha condutora, e não deixou que terceiros influenciassem no eixo curatorial que definira. Artistas do porte de Abraham Palatnik, Adriana Varejão, Amilcar de Castro, Ana Maria Tavares, Ângelo Venosa, Anna Bella Geiger, Anna Maria Maiolino, Antonio Dias, Antonio Manuel, Arthur Lescher e Arthur Omar – isso para ficarmos só na letra A – tiveram suas obras expostas no Museu *(ver a lista completa de artistas no final deste livro)*.

As condições técnicas e geográficas do galpão de 800 metros quadrados levaram o diretor a conduzir uma linha de exposições cuja característica *site specific* foi aos poucos tornando-se a natureza e o caráter daquele espaço. Assim, artistas convidados vinham ao Museu e faziam projetos inéditos, específicos para o galpão.

Algumas mostras saíram de lá para itinerar por outras instituições. A exposição Babel, por exemplo, que apresentou o trabalho de Cildo Meireles em 2006, foi depois para a Estação Pinacoteca do Estado de São Paulo, conquistando o troféu da Associação Paulista de Críticos de Arte (APCA) como melhor exposição do ano. Outro exemplo é a exposição Seu Sami, sobre a obra de Hilal Sami Hilal, que estreou no Museu Vale em 2007 e durante 2008 percorreu espaços de prestígio como o Museu de Arte Moderna do Rio de Janeiro, o Palácio das Artes em Belo Horizonte e o Sesc Pompéia, em São Paulo.

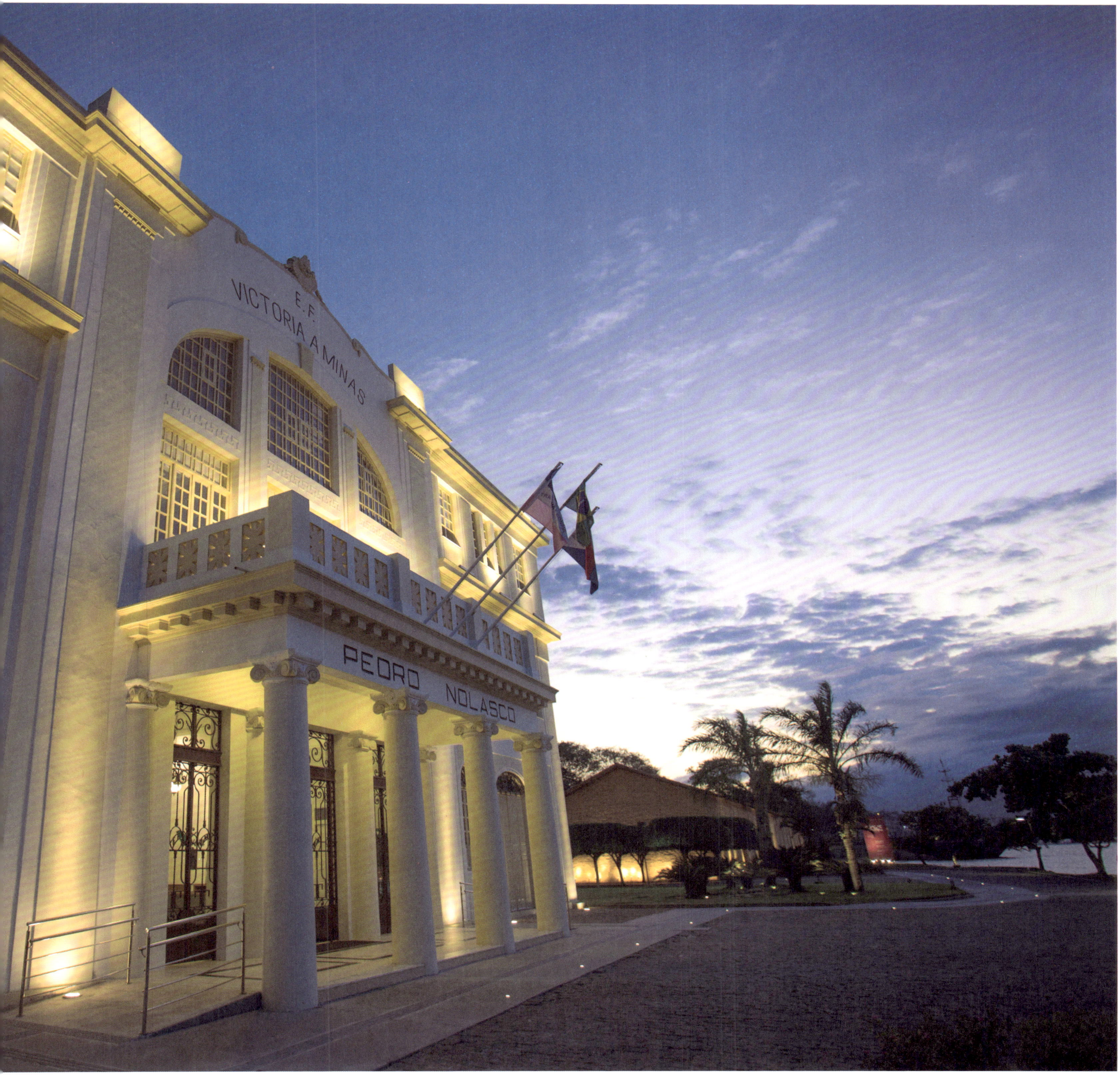
E.F.
VICTORIA A MINAS
PEDRO NOLASCO

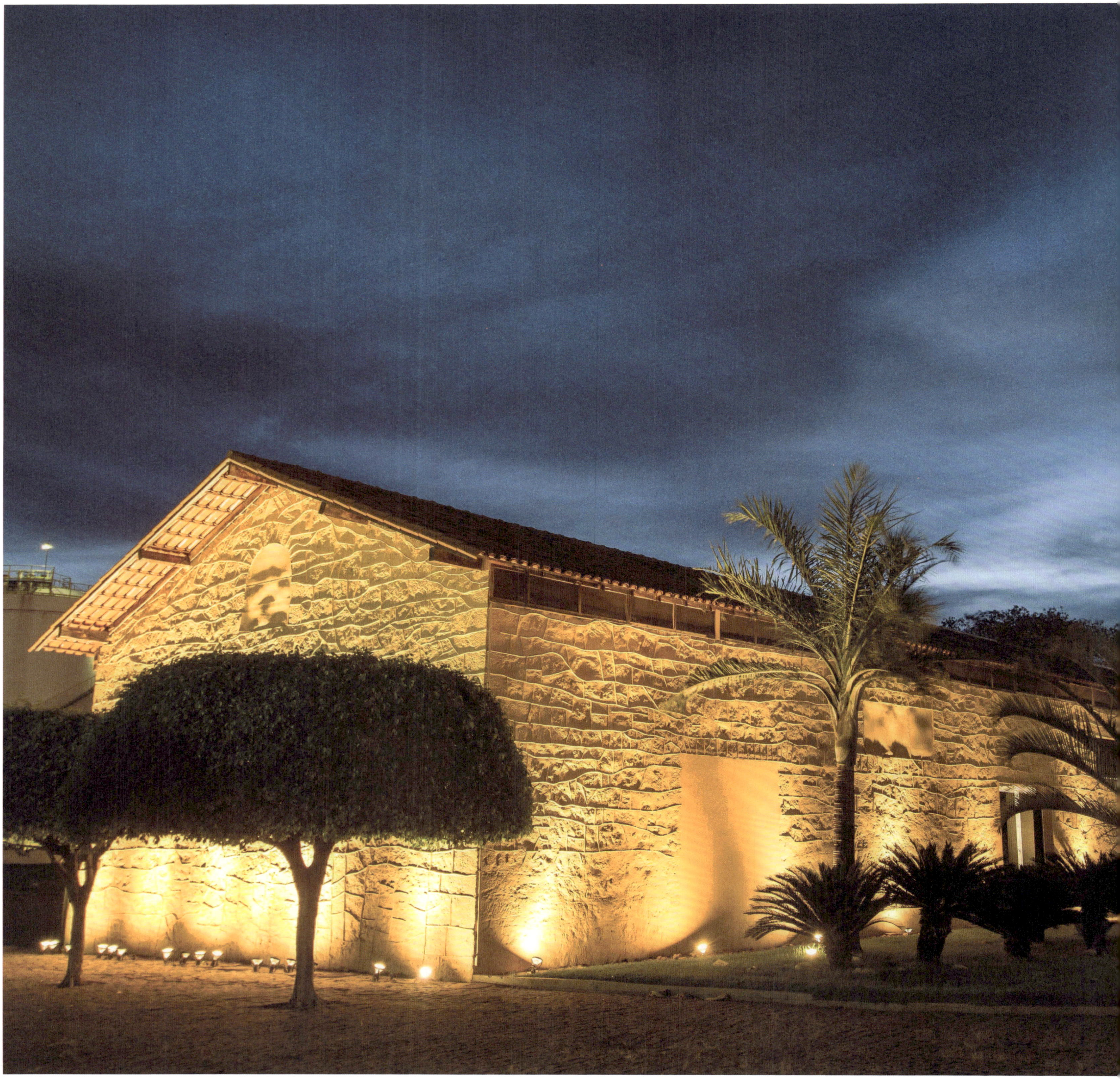

Grande atenção foi dada aos artistas capixabas. Além de Hilal, expuseram no Museu Vale nomes como Álvaro Abreu, Falcatrua, Dionísio Del Santo, Filipe Borba, Gustavo Vilar, Paulo Vivacqua, Tom Boechat, Regina Chulam e Rosilene Ludovico. Algumas curadorias, especialmente de artistas locais, foram feitas por Ronaldo. A maioria, contudo, teve profissionais convidados para esse papel, entre os quais Evandro Salles, Paulo Herkenhoff, Moacir dos Anjos, Lígia Canongia, Bitu Cassundé, Kátia Canton, Jürgen Harten e Vanda Klabin. Um ponto importante a ser observado é que todas as exposições realizadas no Museu Vale são acompanhadas de catálogos.

A compreensão do espaço como um elemento definidor da experiência da fruição da arte, certamente herdada do curso de design e pelo interesse desde sempre em arquitetura, foi um diferencial em relação a outros gestores culturais. Ronaldo pôde assim definir conceitos inovadores de aproveitamento do espaço. Em vez de encerrar as exposições entre as paredes dos espaços expositivos, abriu-se à área externa e ao entorno, tirando partido da paisagem fabril, da proximidade da água e da visão que descortina a baía.

Algumas exposições vêm se destacando nesse diálogo com o espaço externo. Shirley Paes Leme fez uma captação de vídeo em tempo real do porto de Vitória e projetou as imagens na parede no interior do galpão, cujo chão ficou totalmente coberto por um espelho, reproduzindo assim toda a dimensão portuária dentro do galpão e abrindo virtualmente a parede do galpão para a baía.

Iole de Freitas estabeleceu, com suas grandiosas e ao mesmo tempo leves esculturas translúcidas, um diálogo potente com a paisagem do lugar (depois ela apresentou o conceito desse trabalho na Documenta de Kassel). Outras ocupações memoráveis dos espaços internos e externos do Museu ocorreram nas mostras Arte Para Crianças, Ivens Machado, Éder Santos e Casa: Poética da Arte Contemporânea. A abertura do calendário cultural de 2017 trouxe a exposição Jardins Móveis, com 21 esculturas de bichos imaginários de grande formato de Rosana Ricalde e Felipe Barbosa, feitas de diversos materiais infláveis. Essa foi a primeira vez em que a exposição aconteceu totalmente do lado de fora e o Projeto Educativo ocorreu dentro do galpão, trabalhando a pergunta "qual é o lugar da arte?".

EDUCAÇÃO

Um dos pontos mais importantes na atuação do Museu Vale é o papel protagonista exercido pelo Programa Educativo, que teve início ainda em 1998. Com o objetivo de organizar visitas guiadas ao Museu para estudantes, grupos de turistas e outros interessados, uma equipe de monitores foi especialmente treinada para transmitir informações sobre a estrada de ferro e sobre as exposições de arte contemporânea. Para o público estudantil, foram organizados concursos de redação e desenho.

Em 2003, com a inauguração do galpão, o Programa passou a adotar um formato inédito. A obra e o conceito do trabalho do artista em cartaz são tema de workshops ministrados por universitários de cursos relacionados à arte, que são capacitados e atuam como estagiários de monitores no Museu. Após o treinamento, de cerca de um mês, esses estudantes ministram oficinas para professores e alunos de escolas de Educação Infantil, Ensino Fundamental e Ensino Médio, tanto da rede pública quanto particular da Grande Vitória. Os professores são capacitados antes da visita de seus alunos e estimulados a trabalharem em sala de aula os temas relacionados à exposição.

Os trabalhos finais desenvolvidos durante o Programa são expostos na Sala Multimeios, em mostras paralelas inauguradas junto à exposição de arte contemporânea subsequente. Em 2016, o Programa já atendia cerca de 3.500 crianças por mês, sendo 1.200 a 1.800 para os workshops das exposições.

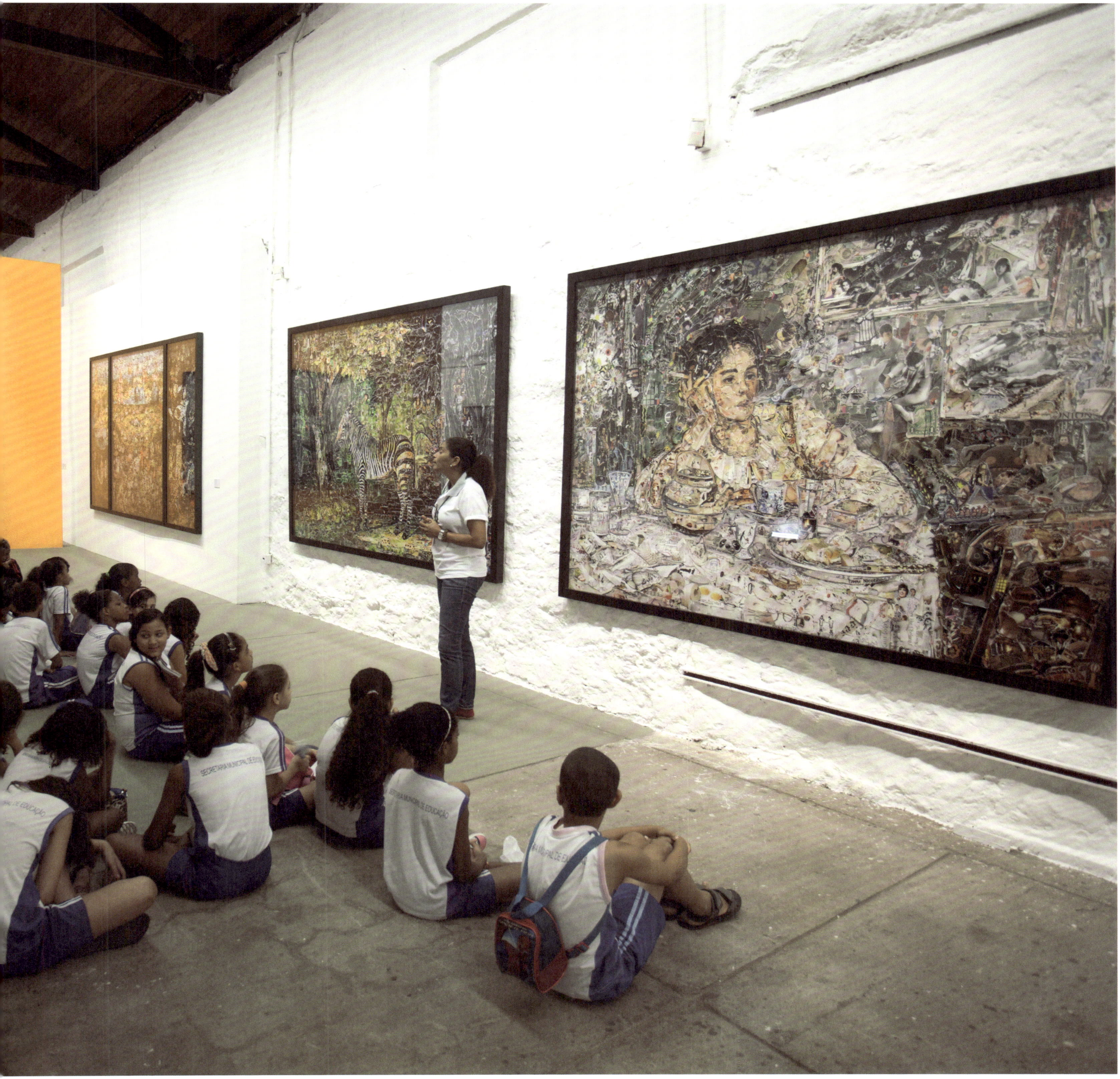

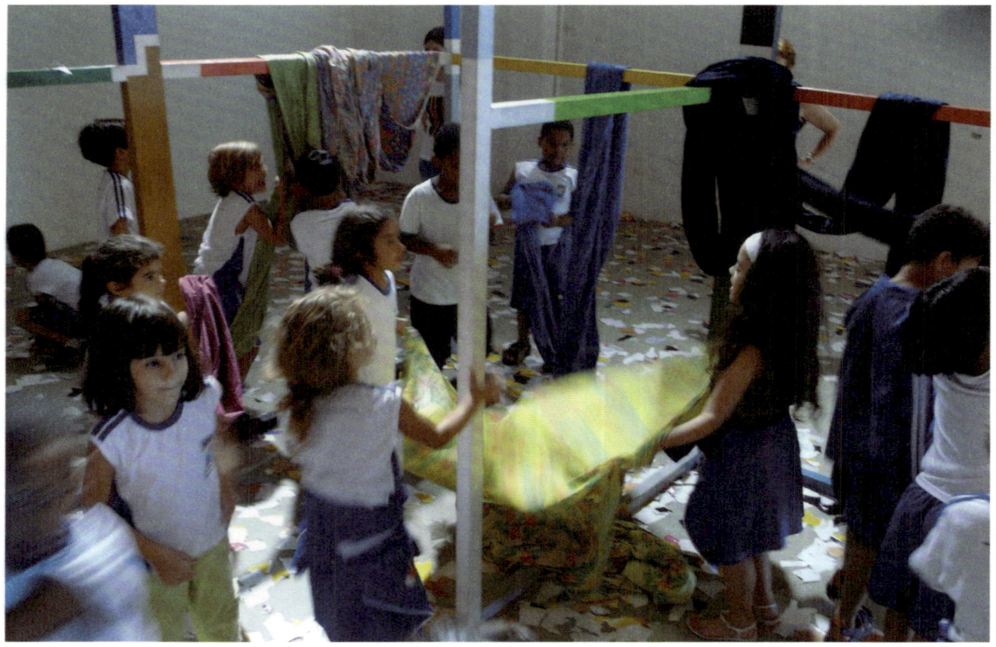
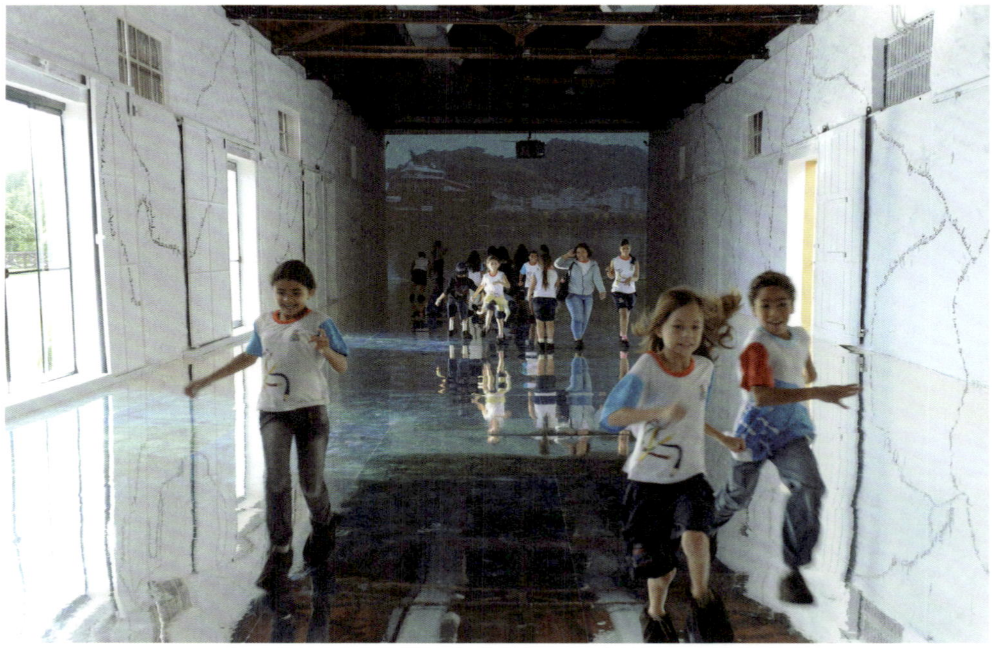
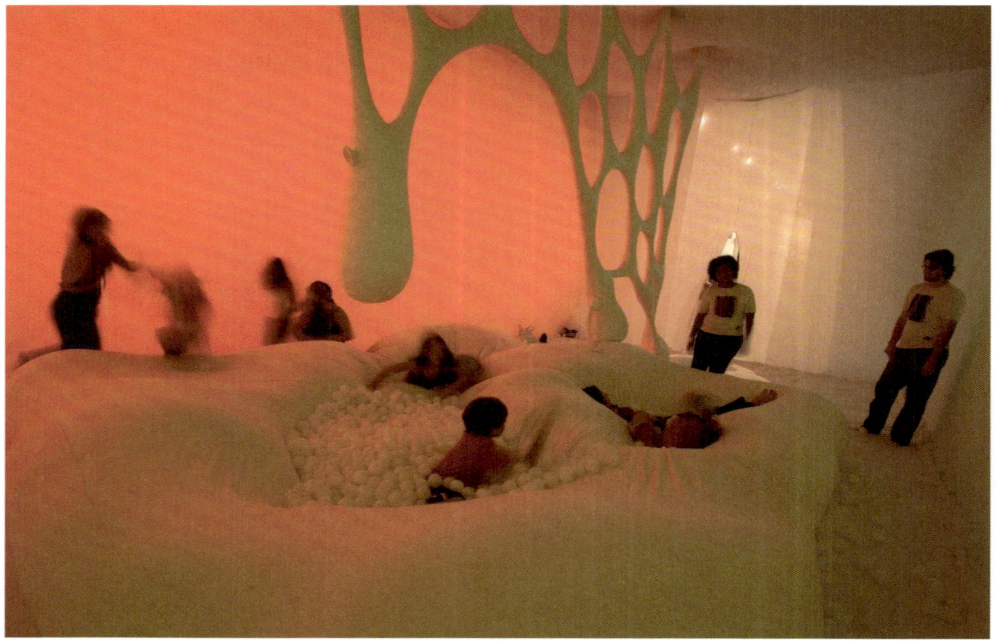
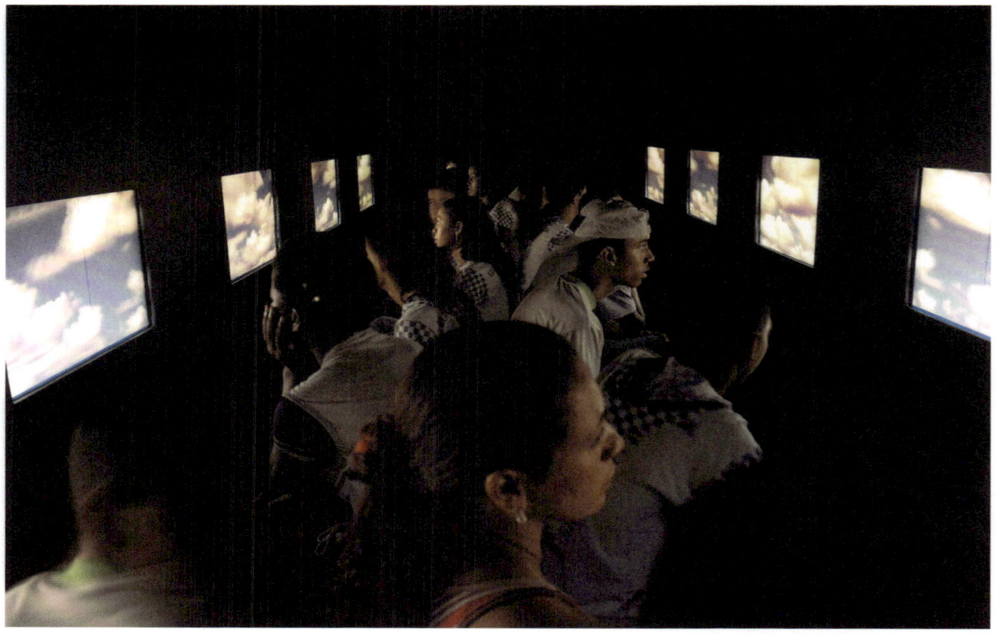
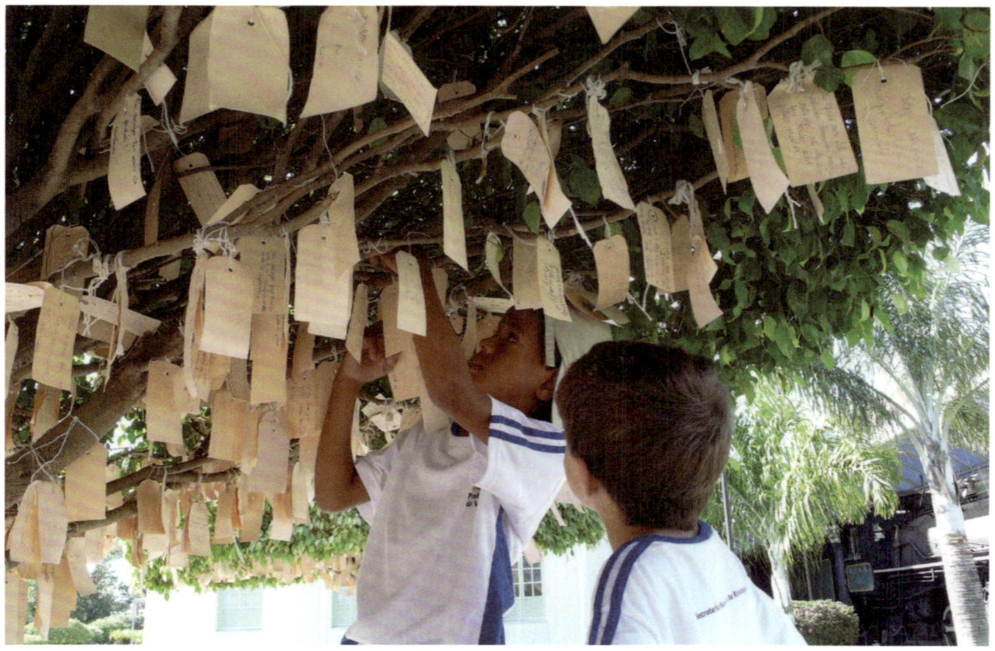
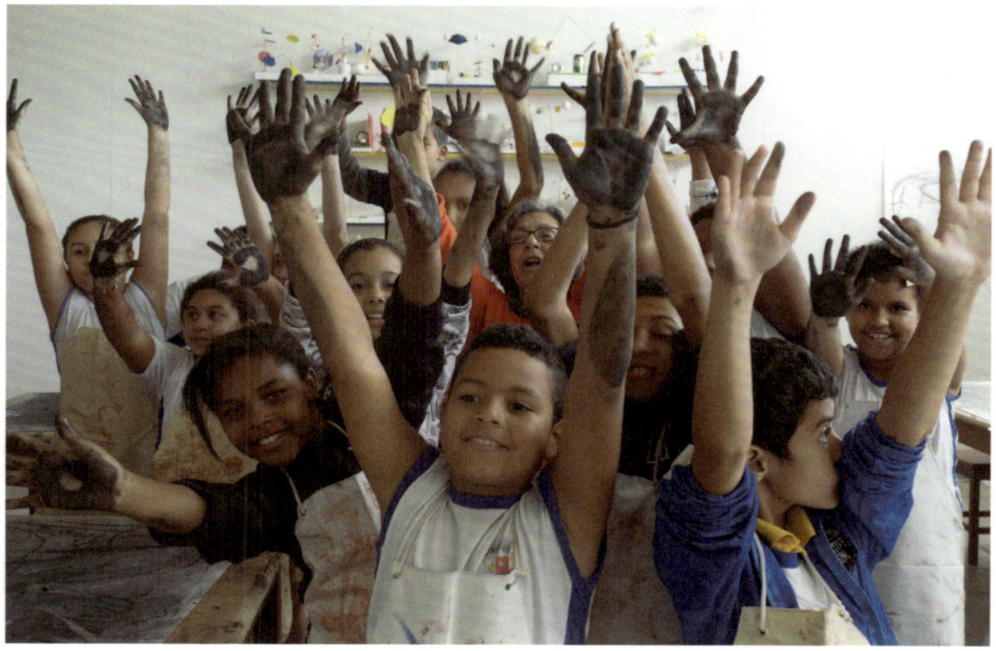

Em 2005 foi criado o Programa Aprendiz, com a intenção de formar jovens em ofícios relativos à montagem das exposições. A cada mostra, um grupo de dez a quinze jovens moradores das comunidades do entorno ao Museu, uma região de alto risco social, tem a oportunidade de participar de um curso teórico ministrado pelo próprio museu nas áreas de museologia, comunicação visual e cenografia e arte pública, além de um convênio com o Senac para aulas de marcenaria e pintura. Em seguida, atuam como ajudantes na montagem das exposições temporárias no galpão de exposições.

Ronaldo define que a base do programa educativo é o exercício de uma "escuta sensível" dos visitantes. "Nessa escuta nós conseguimos fazer com que as crianças e jovens se abram conosco, nos coloquem suas questões, o que muitas vezes não podem fazer no contexto de sala de aula. Aqui no Museu Vale elas exercem o direito à cidadania, pois o espaço oferece um ambiente saudável, com profissionais que os recebem com respeito e carinho. As interpretações que eles fazem dos trabalhos apresentados no Museu são fenomenais. Nesse sentido, lembro especialmente das passagens dos irmãos Campana e de Vik Muniz por aqui. Quando um museu está inserido em seu território e atento a ele com competência e humildade, pensamos que a arte como elemento de transformação fornece ferramentas concretas para que possamos estimular novas soluções de vida, interpretações e conquistas. Portanto o Museu Vale tem um papel decisivo na formação dessas crianças e jovens, procurando contribuir efetivamente para suas escolhas, suas demandas e seu futuro."

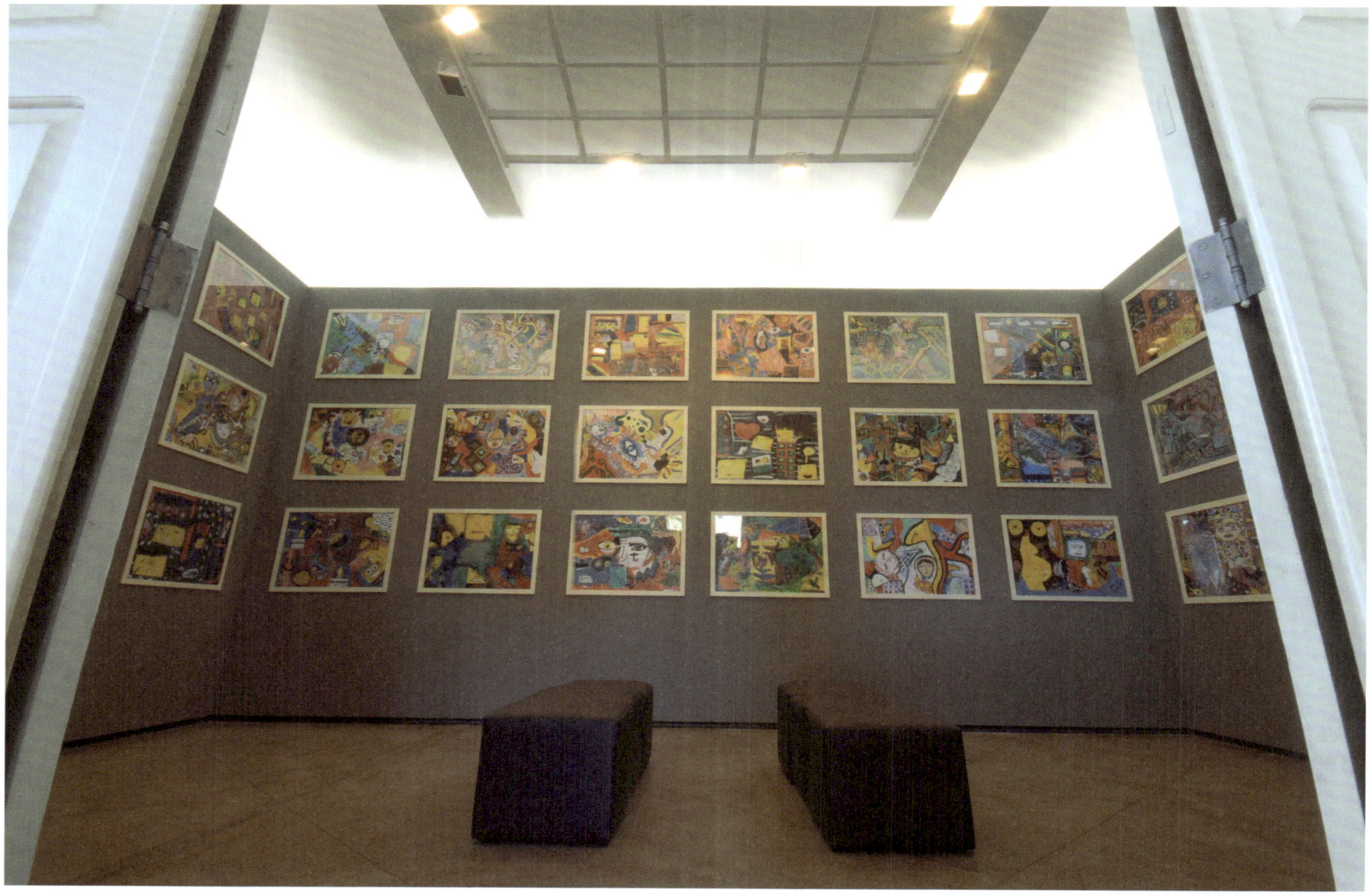

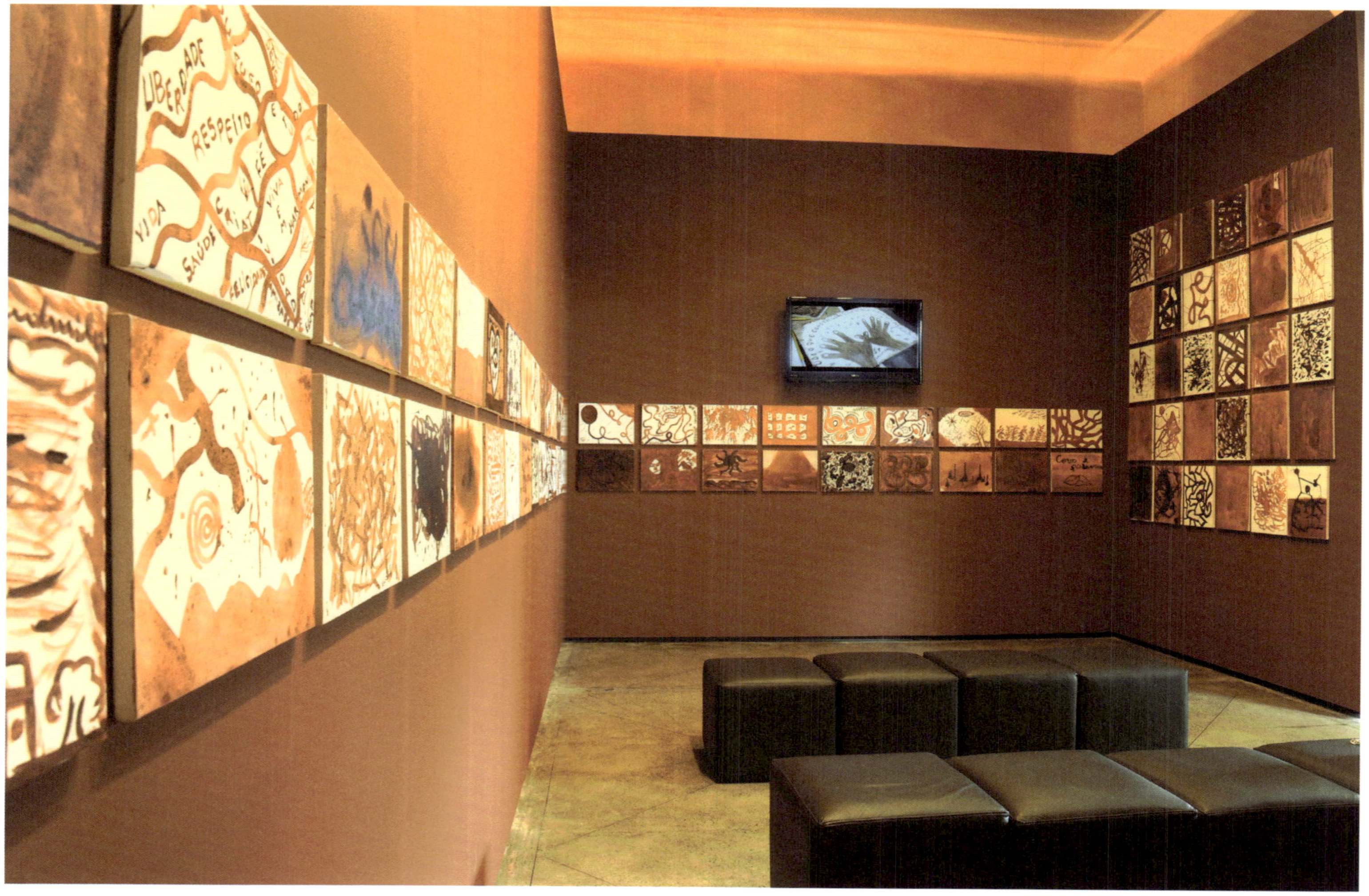

LIBERDADE
RESPEITO
VIDA
SAUDE

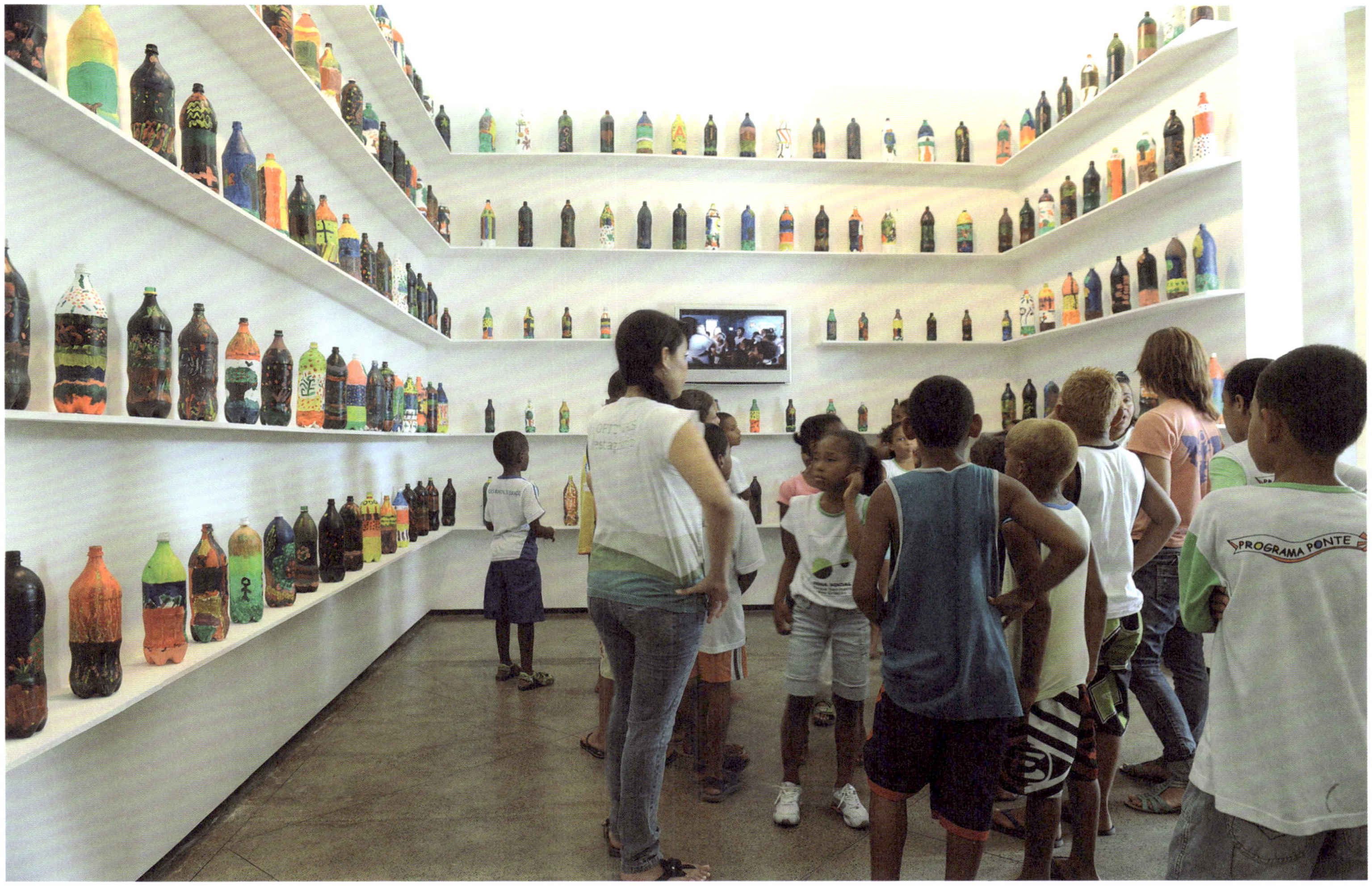
PROGRAMA PONTE

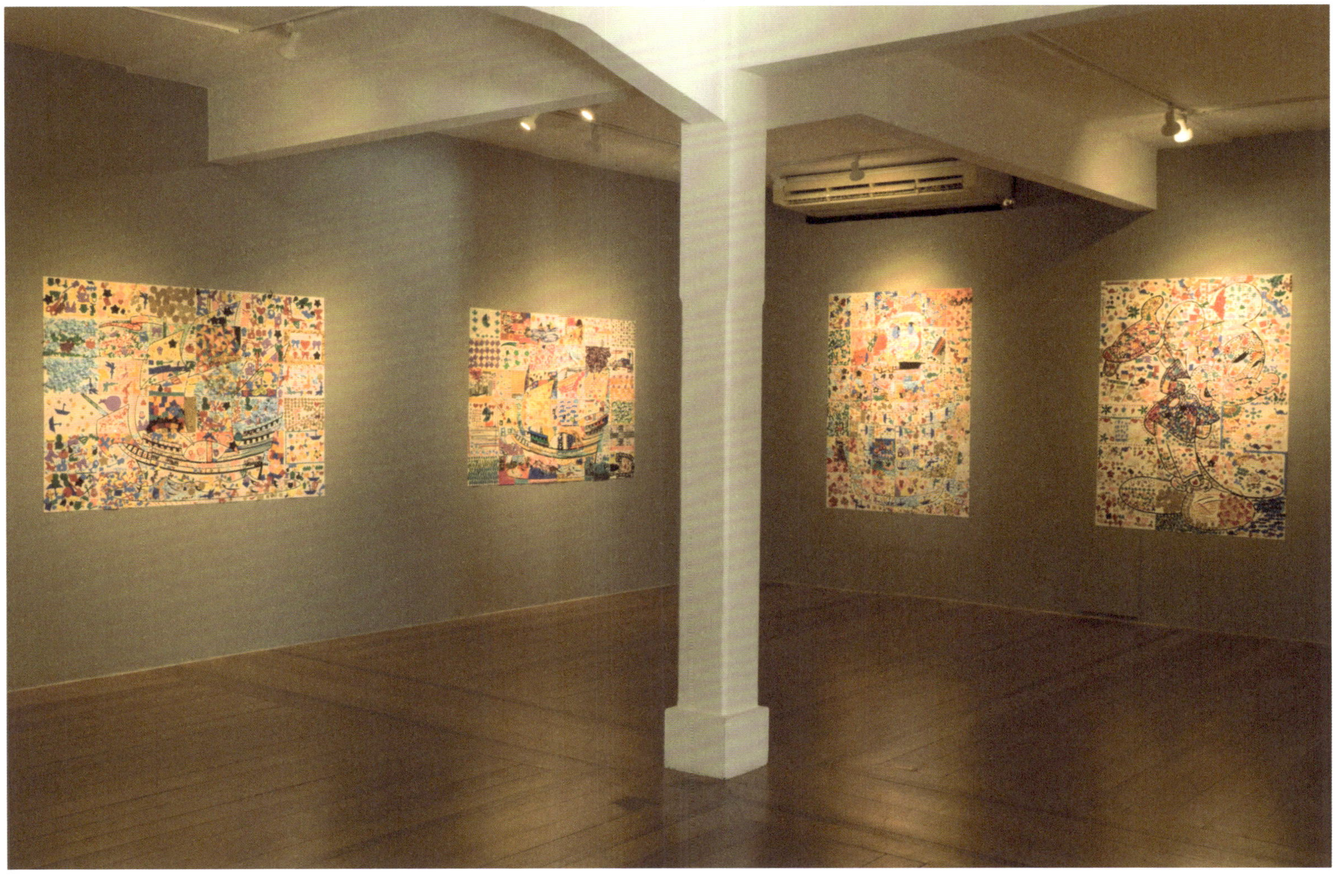

SEMINÁRIOS

Um desdobramento do programa educativo foi a realização de seminários internacionais para ampliar a reflexão sobre arte e cultura. Entre 2006 e 2013, foram realizados oito seminários, com temas ligados aos sentidos da arte contemporânea, à questão da cidade e do uso dos espaços públicos, e à criação e crítica artística. Todos tiveram a participação, na curadoria e organização, do filósofo Fernando Pessoa, da Ufes.

De críticos de arte, design e arquitetura a diretores de museus, de filósofos a jornalistas; de antropólogos a artistas de várias linguagens, foram 119 palestrantes, entre os quais Agnaldo Farias, Fernando Cocchiarale, Katia Canton, Nelson Brissac Peixoto, Suely Rolnik, Almerinda da Silva Lopes, Antonio Cícero, Paulo Sergio Duarte, Ana Maria Machado, Clarissa Diniz, José Miguel Wisnik, Maria Rita Kehl, Moacyr Scliar, Ivaldo Bertazzo, Heloisa Buarque de Hollanda e Roberto da Matta. Entre os palestrantes, 25 vieram do exterior, tais como Jean Galard, ex-diretor de cultura do Museu do Louvre, França; Simon Biggs, da Universidade de Edimburgo, Escócia; Lev Manovich, crítico literário e professor russo; Deyan Sudjic, diretor do Museu de Design de Londres; John Sallies, da Pennsylvania State University, e Françoise Dastur, da Université Nice Sophia Antipolis.

Todos os seminários tiveram as íntegras das palestras publicadas em livros, contribuindo para ampliar a reflexão para além dos muros do Museu Vale e do território capixaba.

Lost in Translation
Seminários Internacionais Museu Vale 2011
SE ESSA RUA FOSSE MINHA... SOBRE DESEJOS E

CENTRO DE MEMÓRIA

Ainda no campo da preservação e difusão do conhecimento, o Museu Vale abriga o Centro de Memória da Estrada de Ferro Vitória a Minas (EFVM), com o objetivo de preservar, organizar e disponibilizar documentação histórica e obras historiográficas sobre a ferrovia, evidenciando a sua importância local, nacional e internacional. Aberto ao público em 2006, o Centro tem acervo de mais de 23 mil itens catalogados (filmes, fotos, mapas, documentos, depoimentos em áudio e textos históricos) sobre a ferrovia por onde passa o único trem de passageiros diário do Brasil.

Projetos de restauração do próprio acervo englobaram 11.252 negativos, cerca de 4.000 documentos, 358 livros e 36 rolos de filme 16 milímetros copiados em formato DVD. Possui também livros, catálogos, revistas e fôlderes de artistas nacionais e internacionais, tudo disponível para consulta de estudantes, pesquisadores e pessoas interessadas. Especial atenção é dada à organização e acessibilidade do banco de dados, bem como à adequada guarda e climatização do ambiente, de forma a evitar deteriorações.

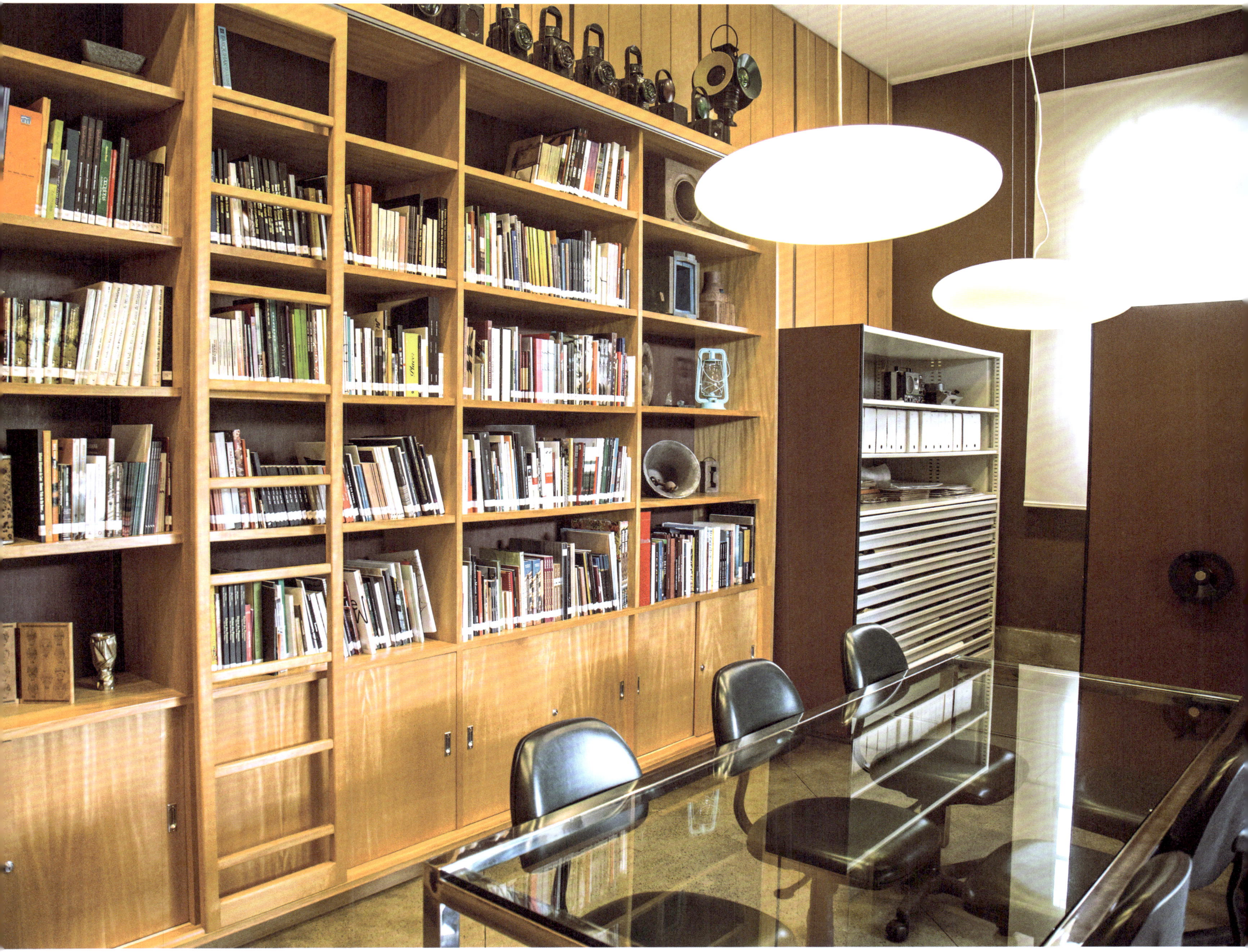

CONSOLIDAÇÃO RECONHECIDA

De área degradada e evitada pela população de Vila Velha e de Vitória, o Museu Vale se tornou um dos pontos turísticos mais visitados da área metropolitana. No momento de elaboração dessa publicação, a marca era de mais de 1,7 milhão de visitantes, dos quais 453 mil alunos, 4 mil professores e 11 mil grupos escolares. Em 2014 e 2016, recebeu o certificado de excelência do TripAdvisor, site de viagens que recolhe e fornece informações e opiniões de conteúdos relacionados ao turismo, com base nas avaliações feitas por milhares de viajantes. A decisão de instalar um restaurante num vagão de trem nos jardins do Museu certamente colaborou para atrair o público para uma região da área metropolitana vista até então como "fora de mão" – não é um lugar de passagem, mas sim destino que precisa ser decidido previamente.

Em 2004 a Associação Brasileira de Críticos de Arte (ABCA) concedeu o prêmio Destaque Especial ao Museu Vale por sua "contribuição à cultura e à arte brasileira", ecoando o reconhecimento das personalidades da área cultural do país. Em 2013, por ocasião de seus 15 anos de funcionamento, o Museu Vale foi homenageado em sessão solene na Assembleia Legislativa do Espírito Santo, em Vitória.

Em 2014, o então presidente do Instituto Brasileiro de Museus (Ibram), órgão do Ministério da Cultura encarregado dos museus, Ângelo Oswaldo, designou Ronaldo representante da sociedade civil para compor o Conselho Consultivo do Patrimônio Museológico por seu "notório e especial conhecimento nos campos de atuação do Ibram". Para o museólogo Marcelo Mattos Araújo, sucessor de Oswaldo na presidência do Ibram e no cargo em 2017, no momento de preparação deste livro, Ronaldo "se afirmou como um dos mais destacados gestores culturais brasileiros". "Suas múltiplas competências, visão organizacional e dedicação profissional, o tornaram uma referência de qualidade em nosso cenário; além de interlocutor e parceiro privilegiado para todas as instituições museológicas brasileiras."

Certamente esse amplo reconhecimento resulta da visão da instituição como um espaço vivo, dinâmico, num trabalho sempre educador e abrangente, em que a cultura é considerada nas suas dimensões simbólica, social e econômica, tornando assim o Museu Vale uma das experiências culturais mais notáveis das últimas duas décadas no Brasil.

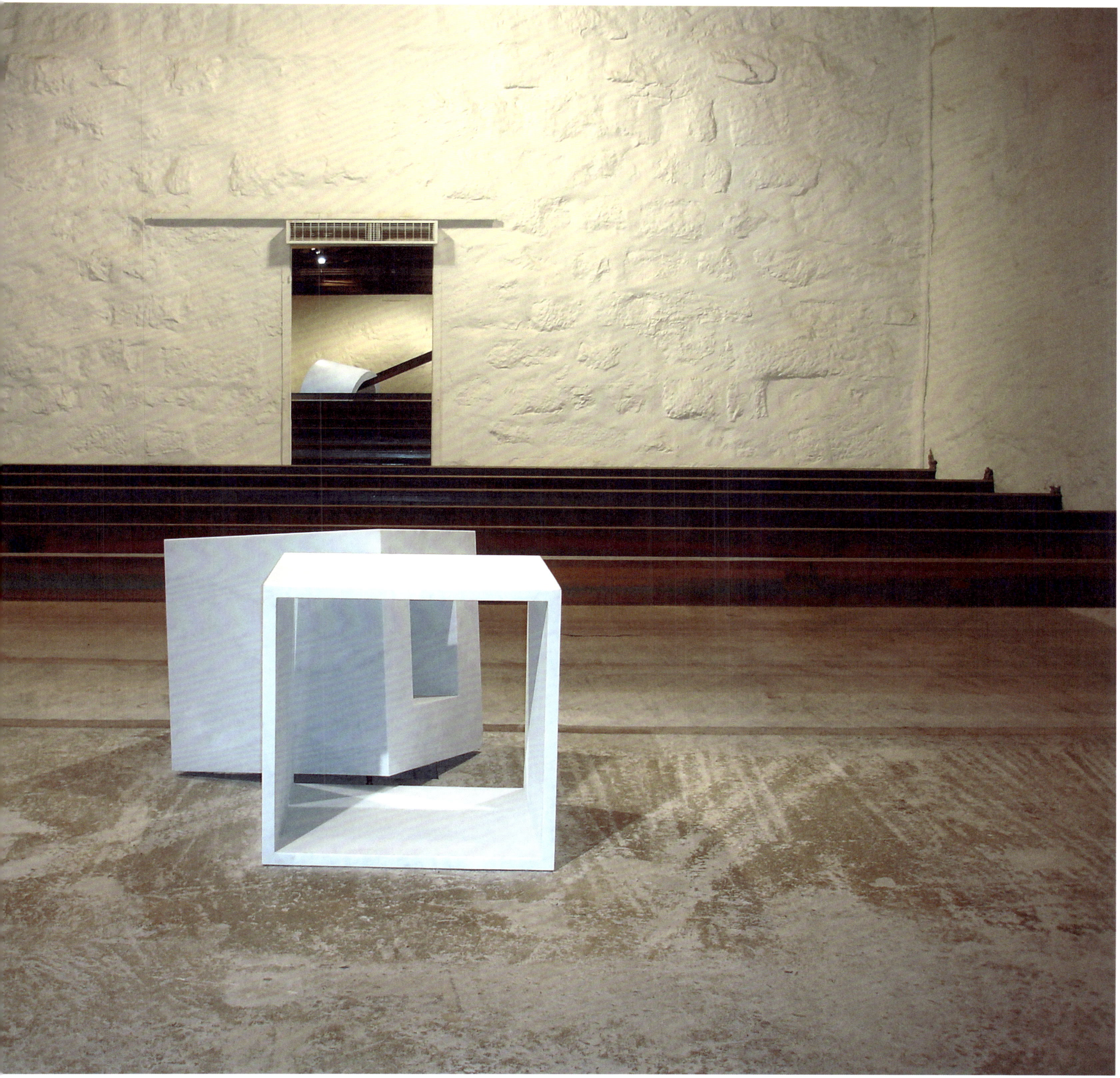

2000 - MUSEU VALE - VILA VELHA - ES

A FORMA E OS SENTIDOS

PRODUÇÃO
Museu Vale
ARTISTAS
Amilcar de Castro
José Bento
Cristiano Rennó
Renato Madureira
Marcus Coelho Benjamim
Cao Guimarães
Solange Pessoa
Valeska Soares
Lygia Clark
CURADORIA
Katia Canton
Ronaldo Barbosa
COORDENAÇÃO E EXPOGRAFIA
Ronaldo Barbosa

BETWEEN

Inventário de pequenas

Estamos acostumados a falar apenas de
o limite de uma vida fosse marcado d...
mento e de outro pela morte. Se cons...
conceito de morte, deduziríamos ve...
está presente em tudo, em cada mic...
e que os limites são expansivos.

Os limites são justamente este lug...
mostram na ténue expressividade...

Em cada segundo morrem milhõ...
po, em cada segundo enchemos...
do ar.

Between é o lugar e o momento...
que está dentro do que está f...
que atravessa do que resta.

MUSEU VALE, VILA VELHA, ES, 2001

BILBAO, A TRANSFORMAÇÃO DE UMA CIDADE

PRODUÇÃO
Museu Vale
APOIO
Bilbao, Metropoli-30
Prefeitura Municipal de Vitória
Qualicidades 2001
COORDENAÇÃO, CURADORIA E EXPOGRAFIA
Ronaldo Barbosa

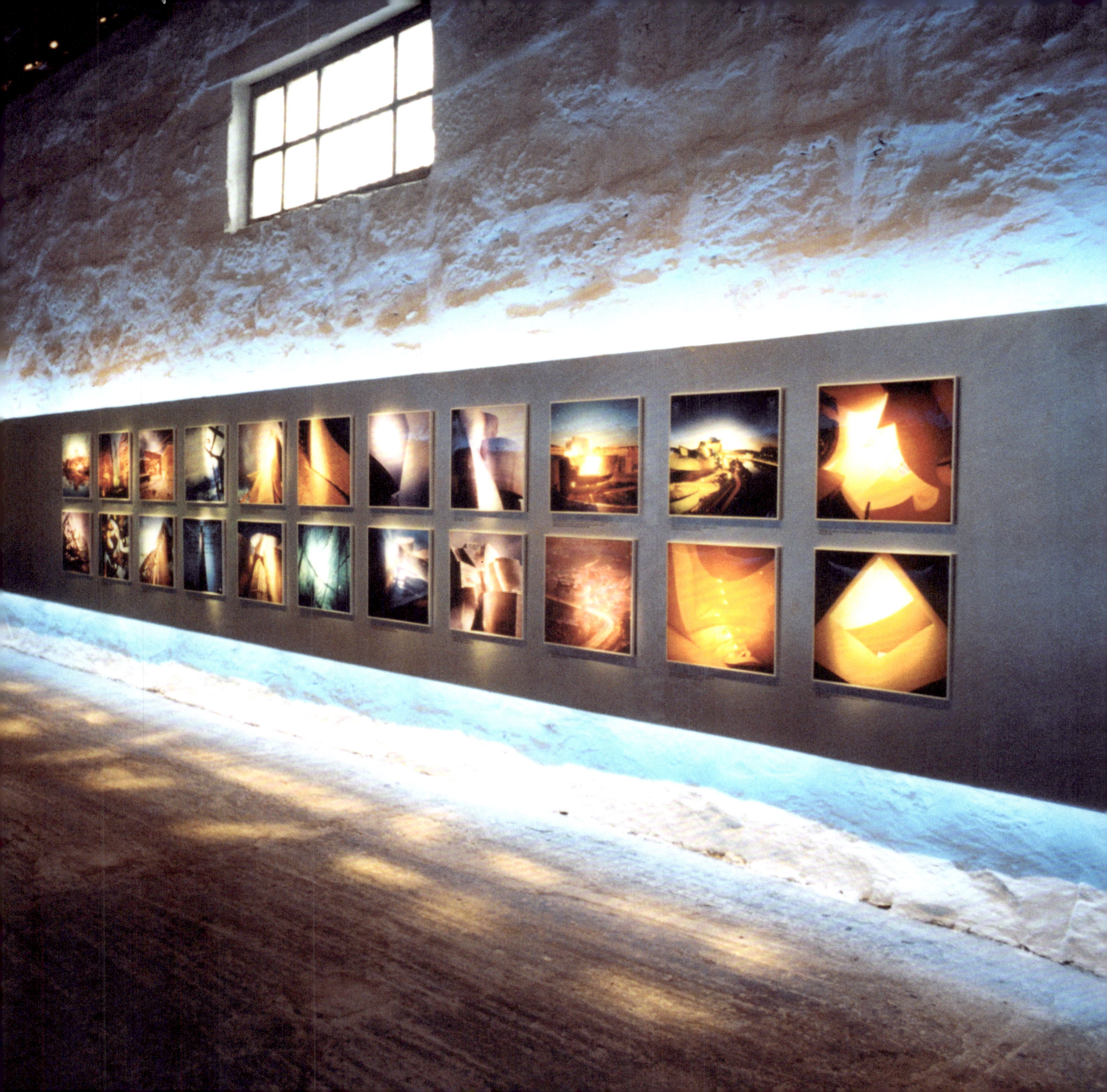

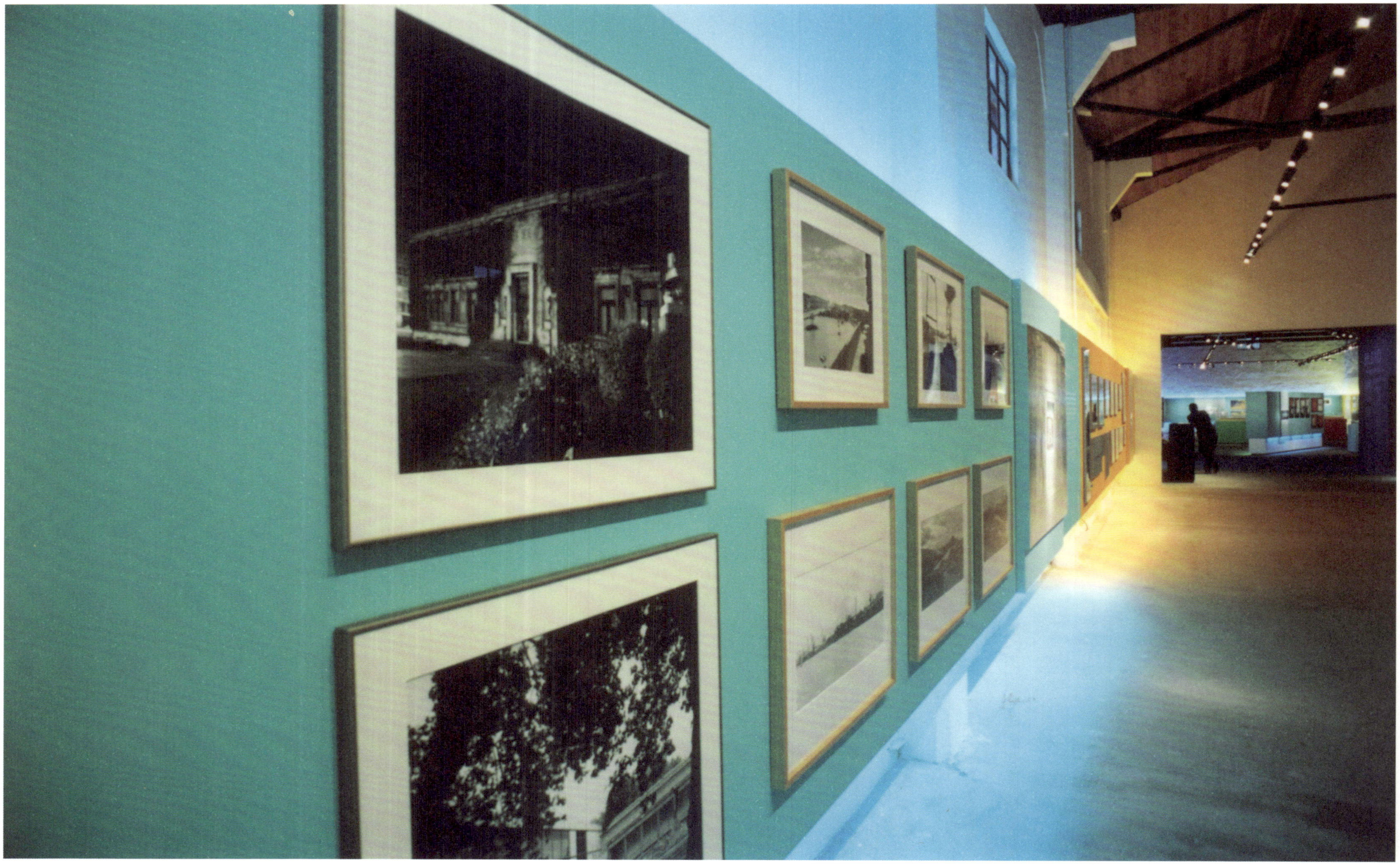

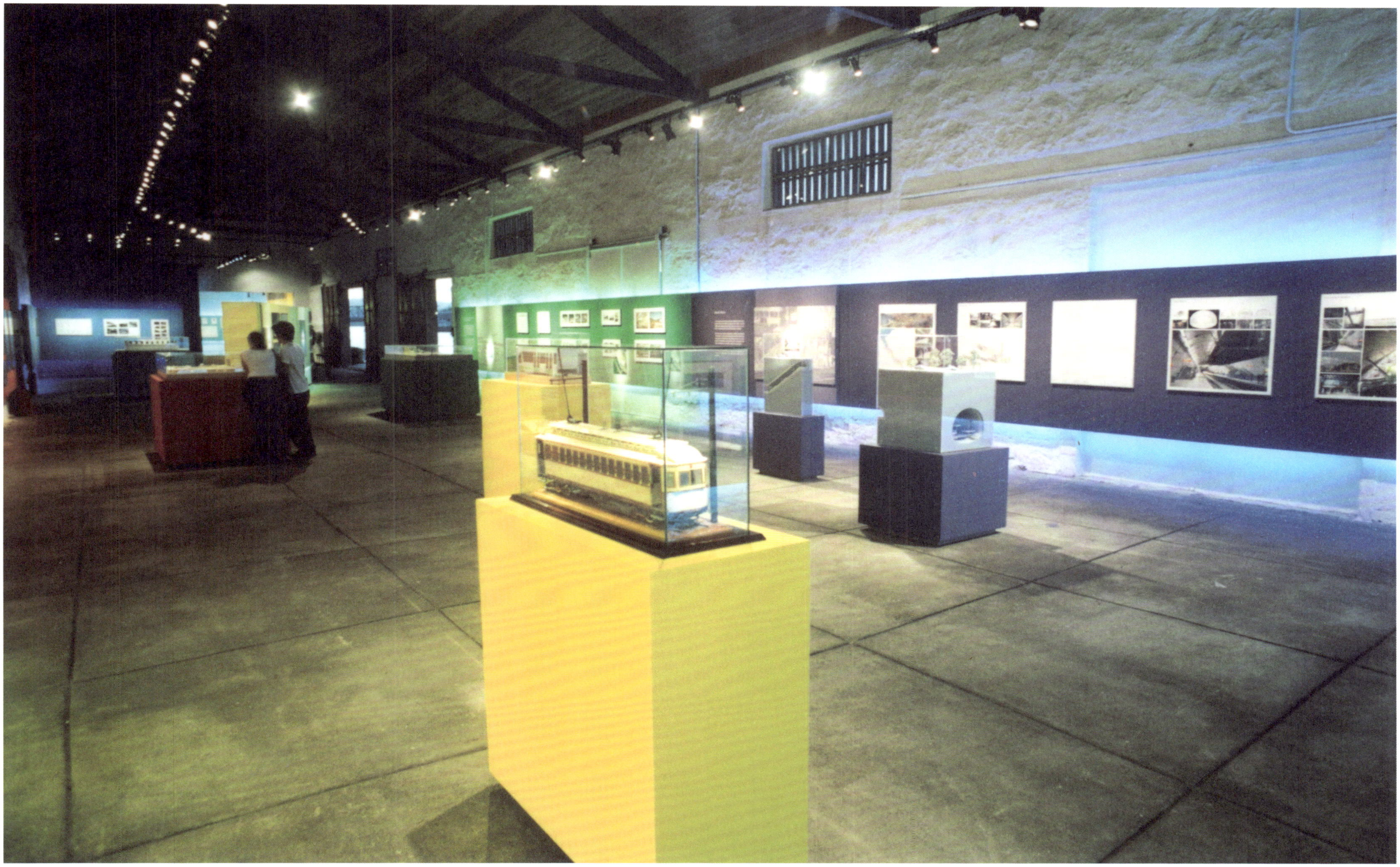

MUSEU VALE, VILA VELHA, ES, 2005

PASSAGENS E ITINERÁRIOS DA ARTE

PRODUÇÃO
Imago Escritório de Arte
COORDENAÇÃO
Maria Clara Rodrigues
CURADORIA
Almerinda da Silva Lopes
Ronaldo Barbosa
EXPOGRAFIA
Ronaldo Barbosa

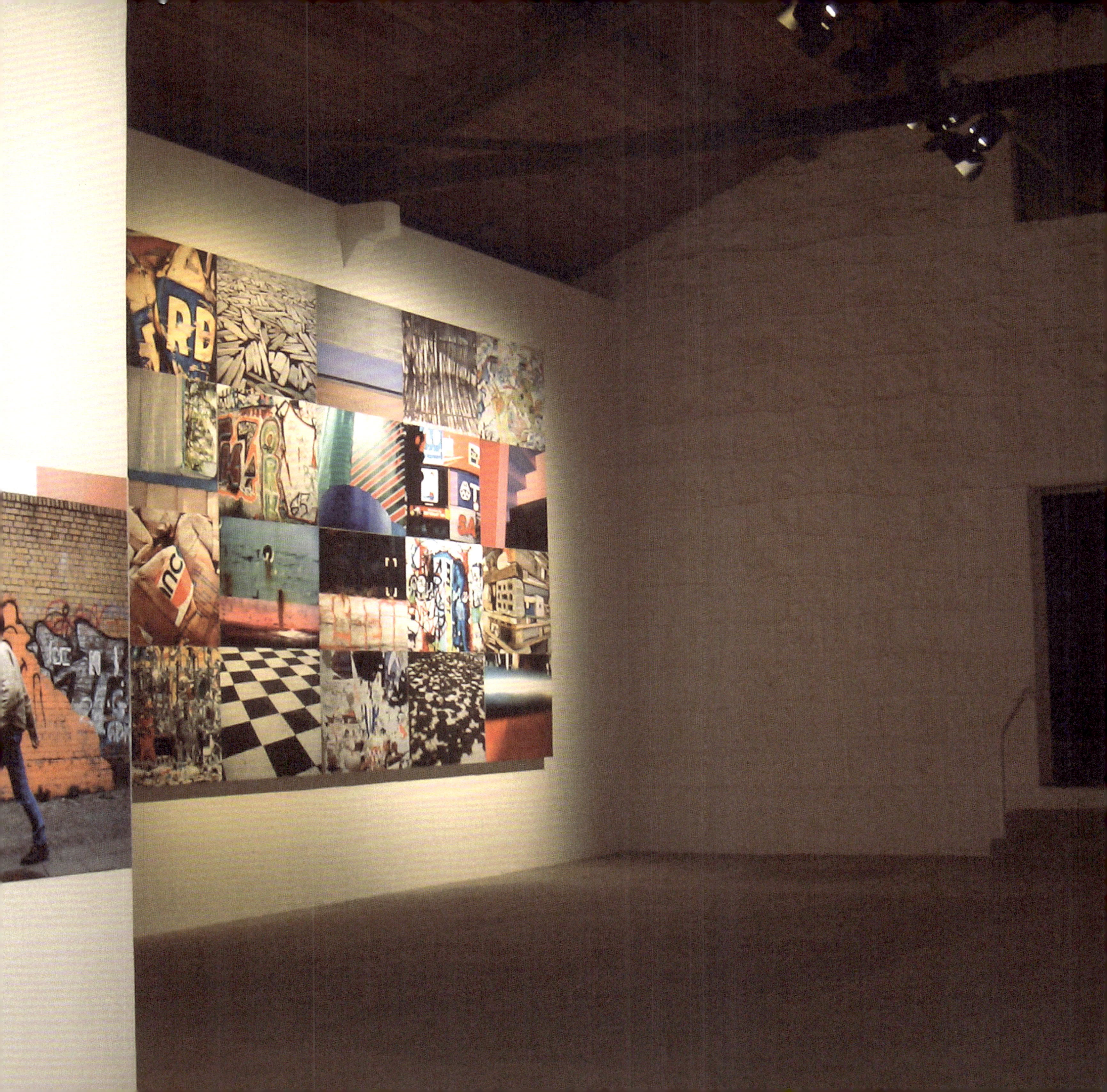

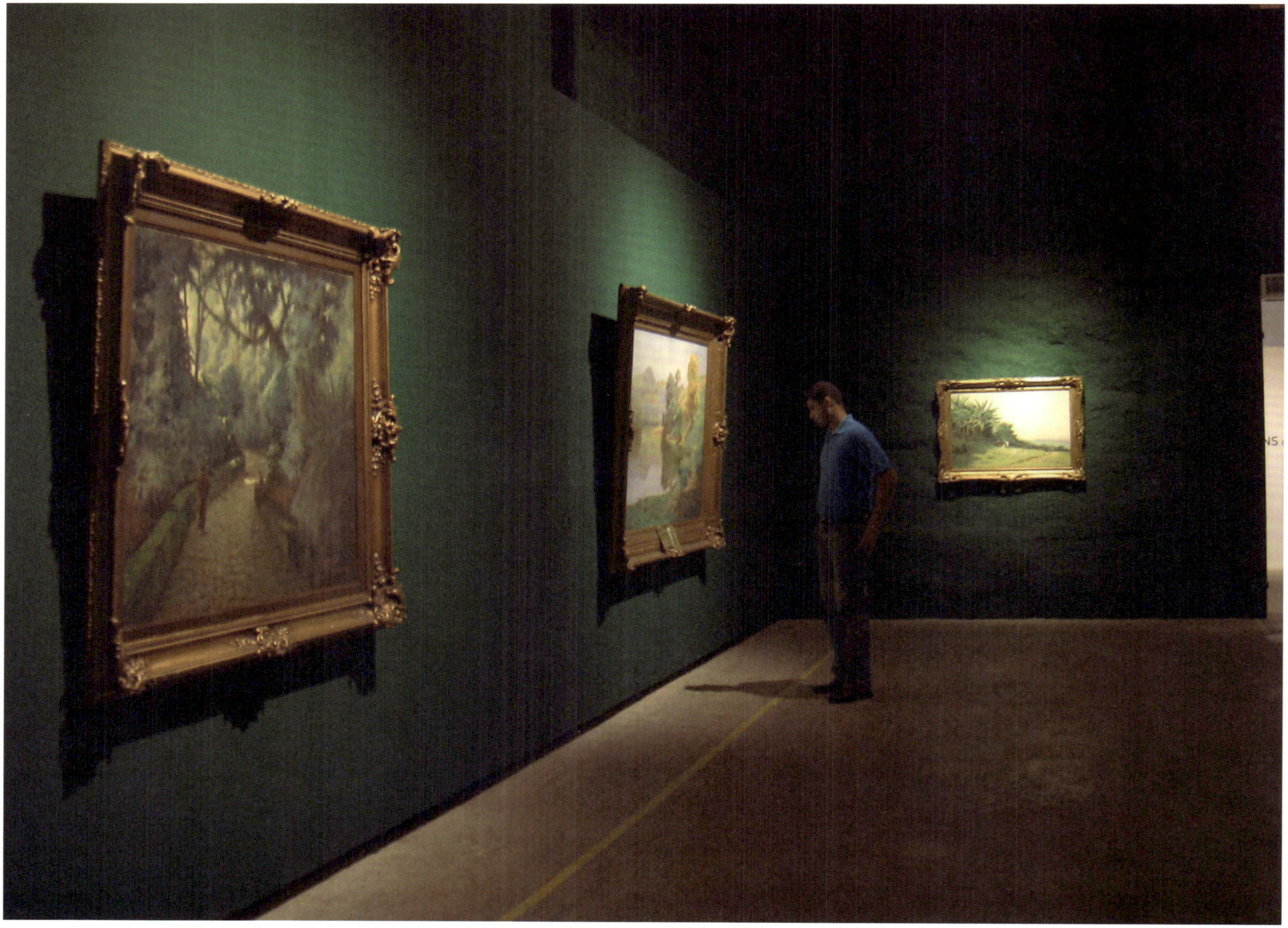

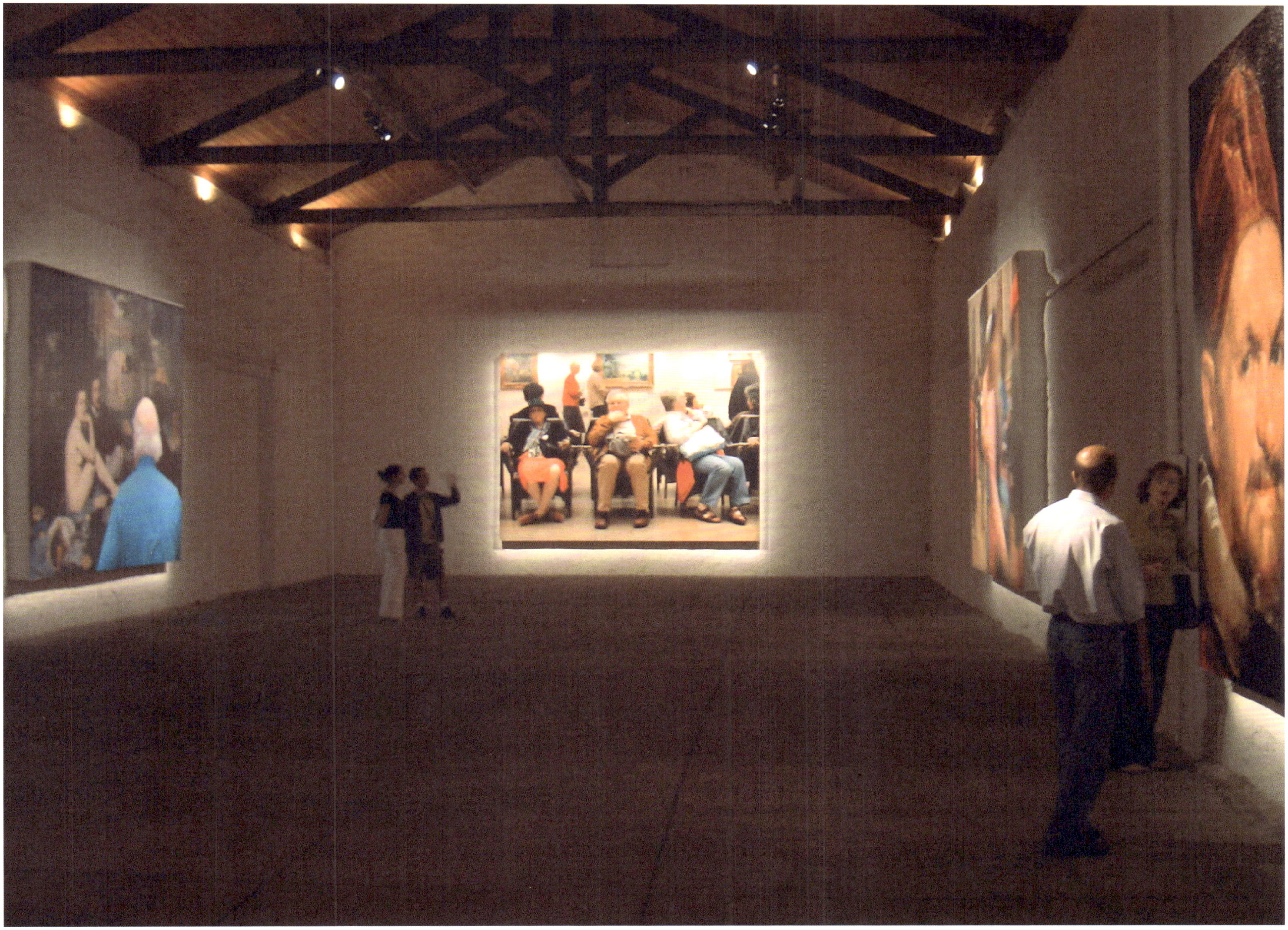

MUSEU VALE, VILA VELHA, ES, 2007-2008

HILAL SAMI HILAL, SEU SAMI

PRODUÇÃO
Artviva
COORDENAÇÃO
Ana Regina Carneiro
CURADORIA
Paulo Herkenhoff
EXPOGRAFIA
Ronaldo Barbosa

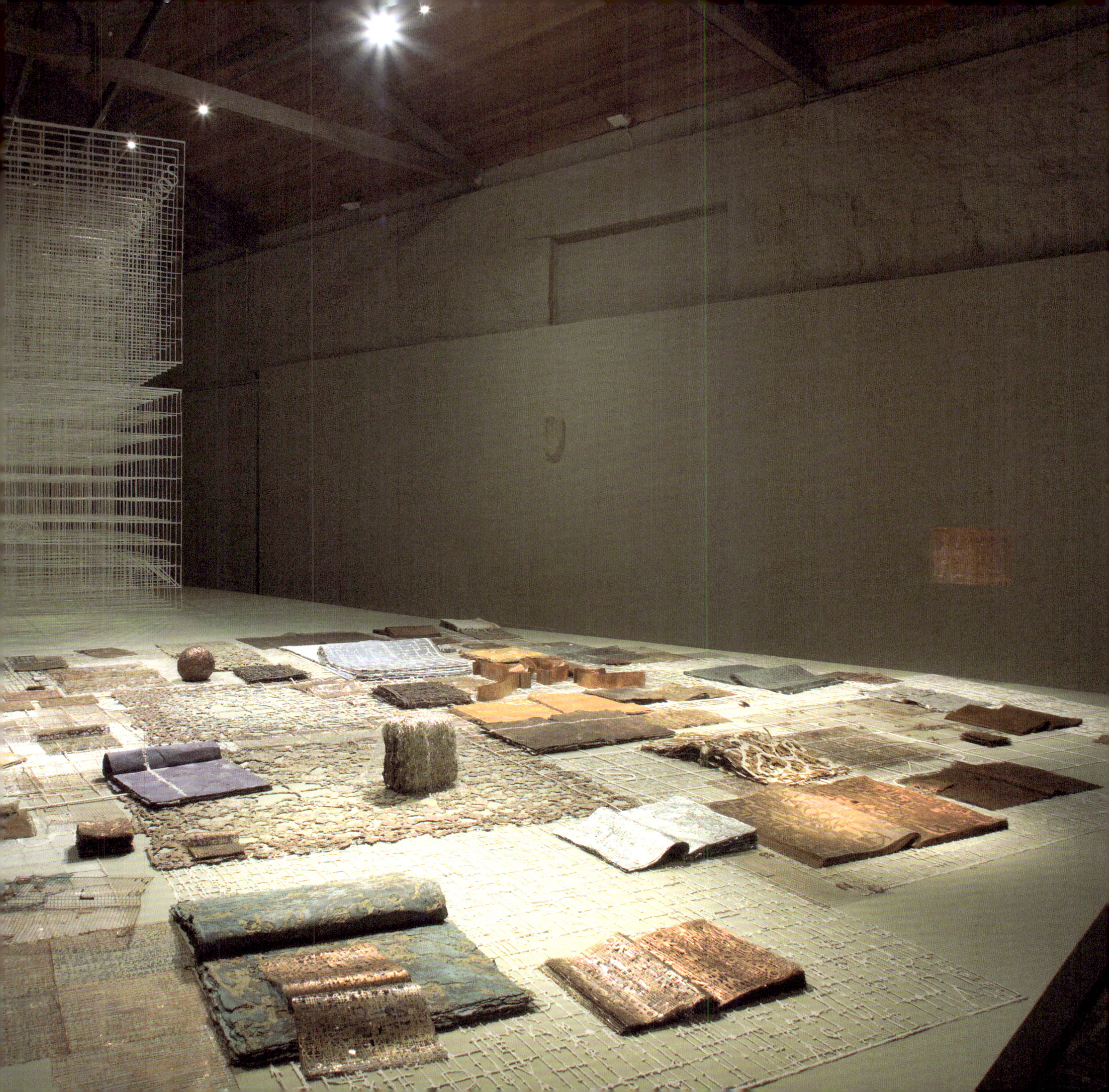

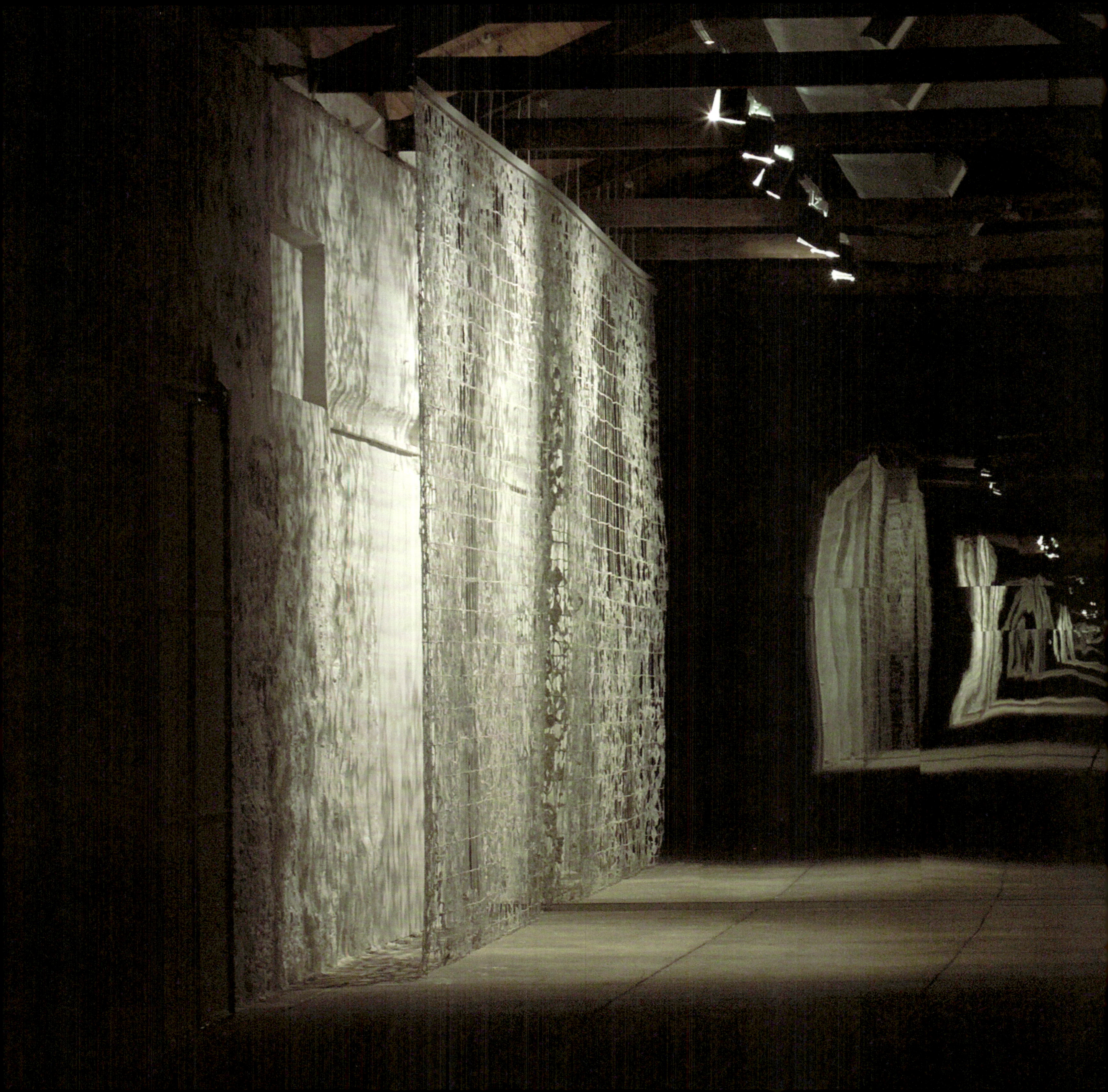

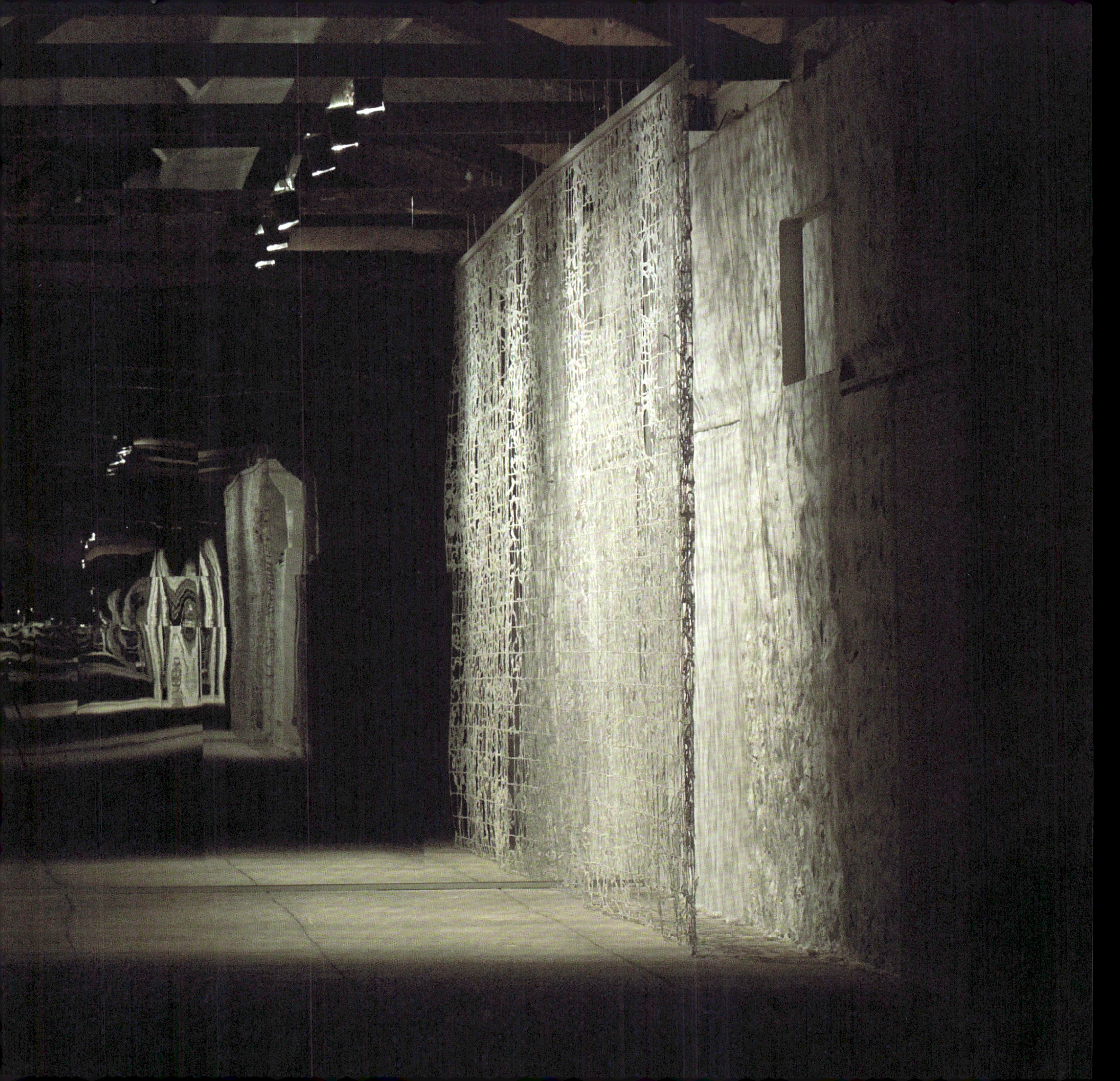

MUSEU VALE, VILA VELHA, ES, 2008/2009

1+7, ARTE CONTEMPORÂNEA NO ESPÍRITO SANTO

PRODUÇÃO
Artviva
COORDENAÇÃO
Ana Regina Machado Carneiro
CURADORIA
Almerinda da Silva Lopes
Ronaldo Barbosa
EXPOGRAFIA
Ronaldo Barbosa

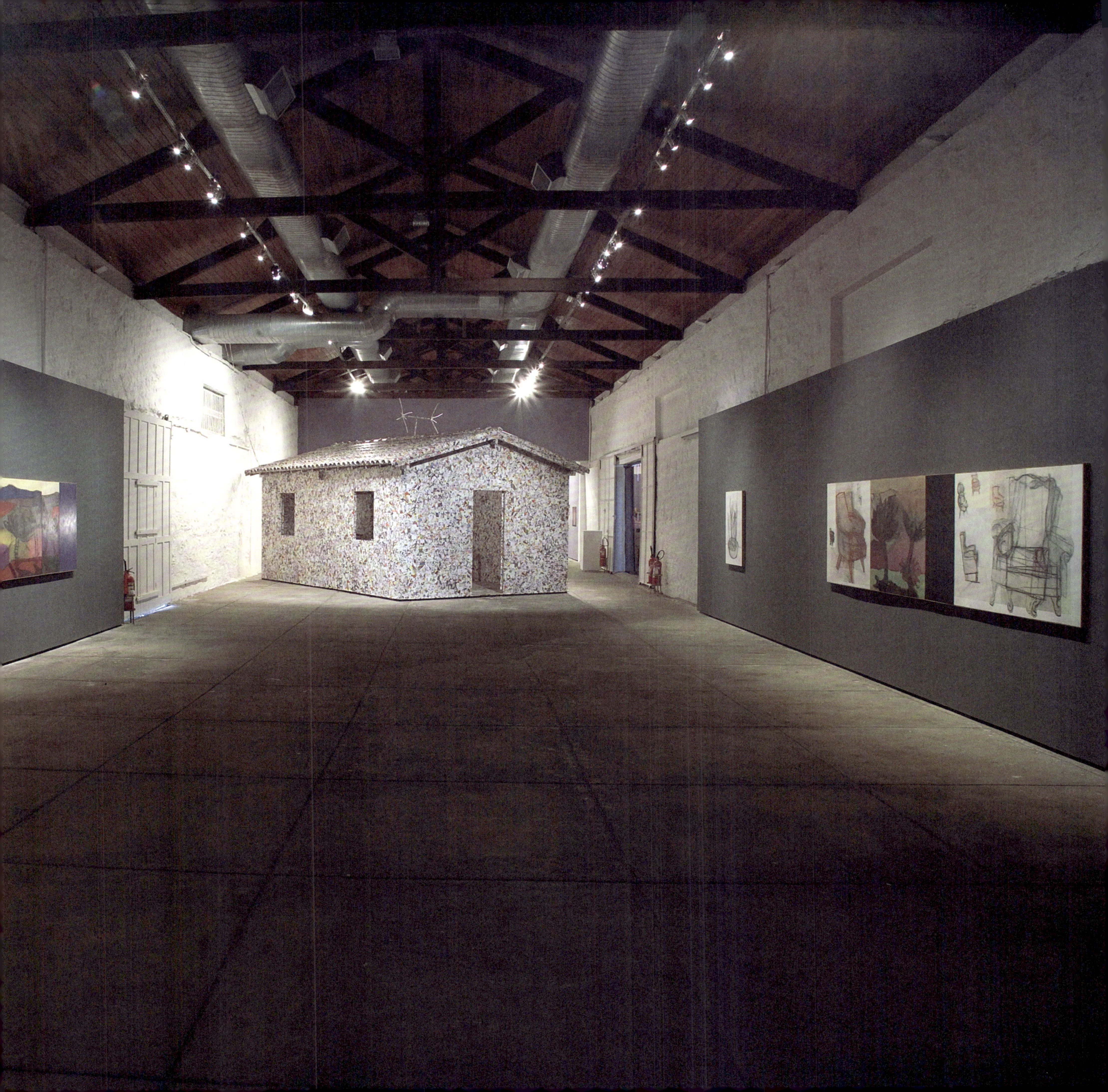

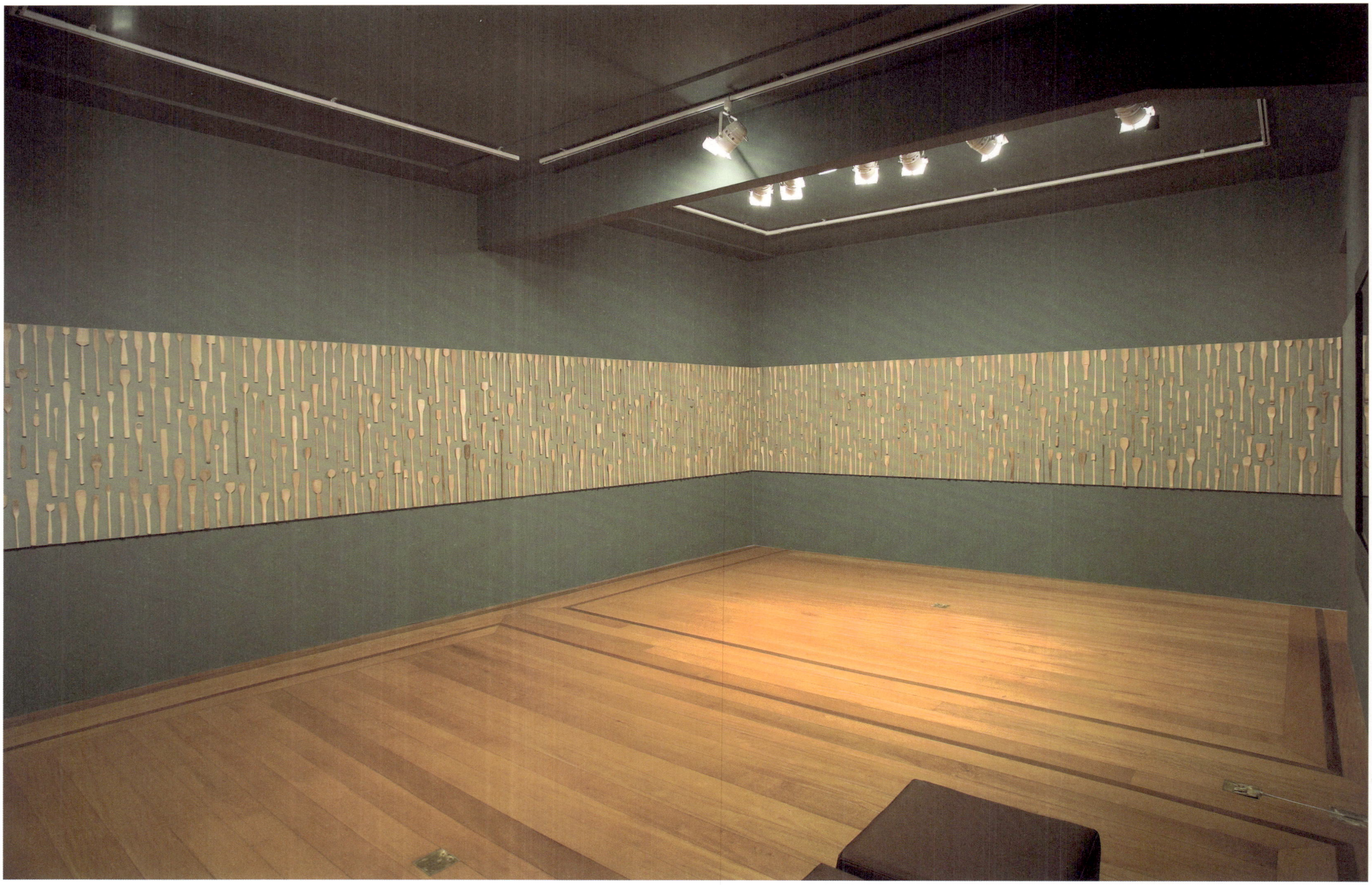

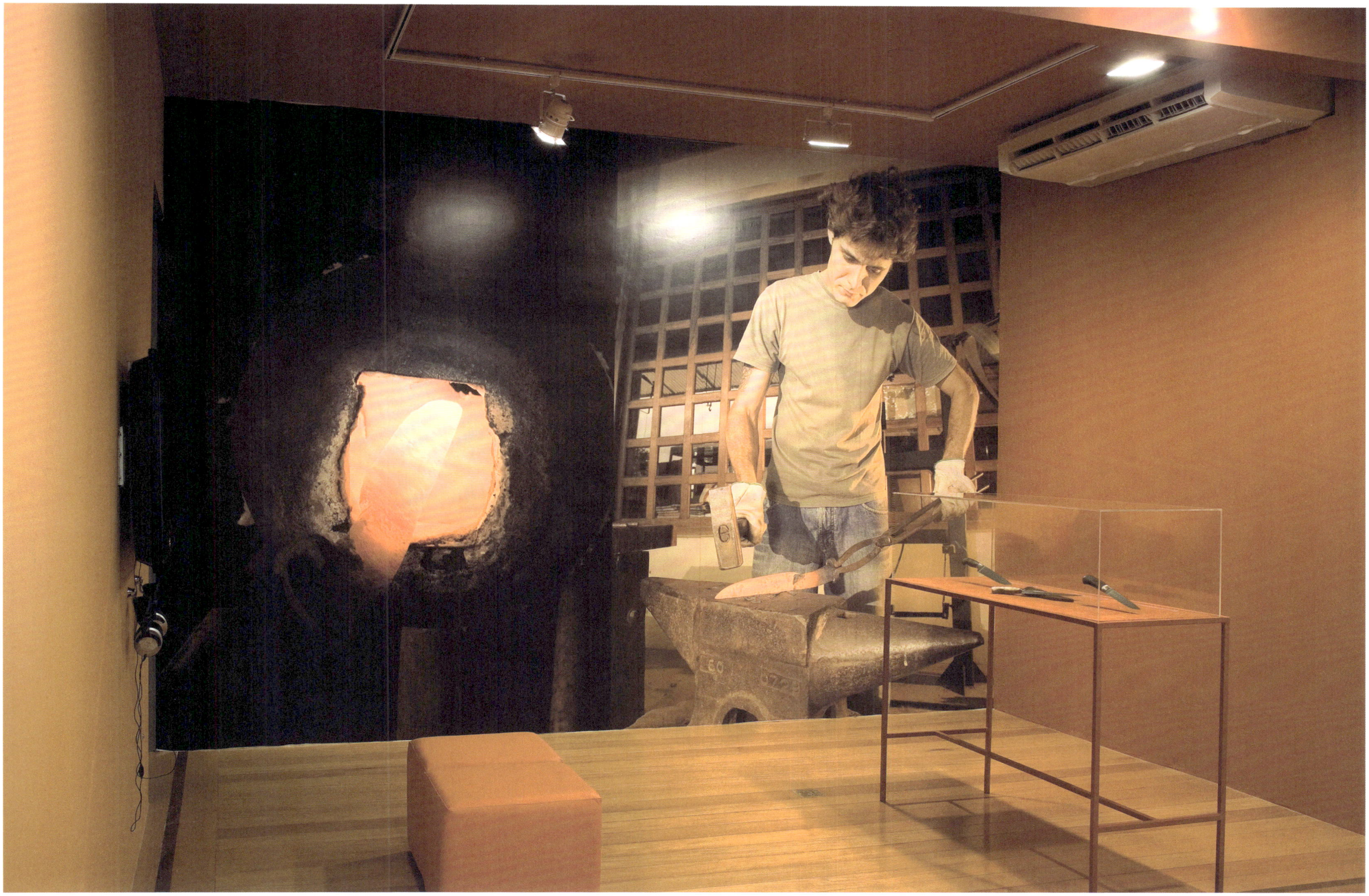

MUSEU VALE, VILA VELHA, ES, 2009

ROSILENE LUDUVICO, LUGAR SEM NOME

PRODUÇÃO
Artviva
COORDENAÇÃO
Ana Regina Machado Carneiro
CURADORIA
Tereza de Arruda
EXPOGRAFIA
Ronaldo Barbosa

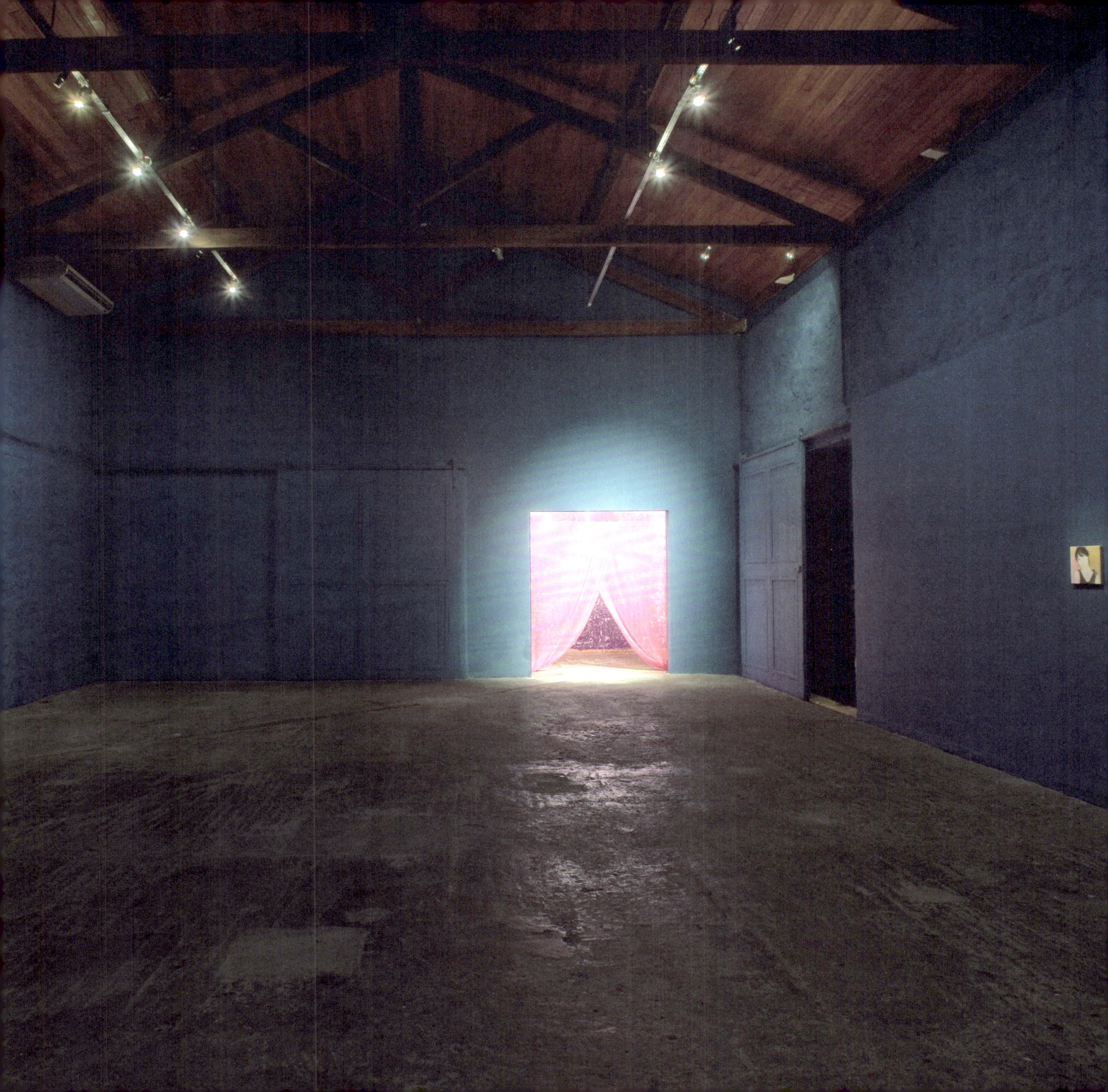

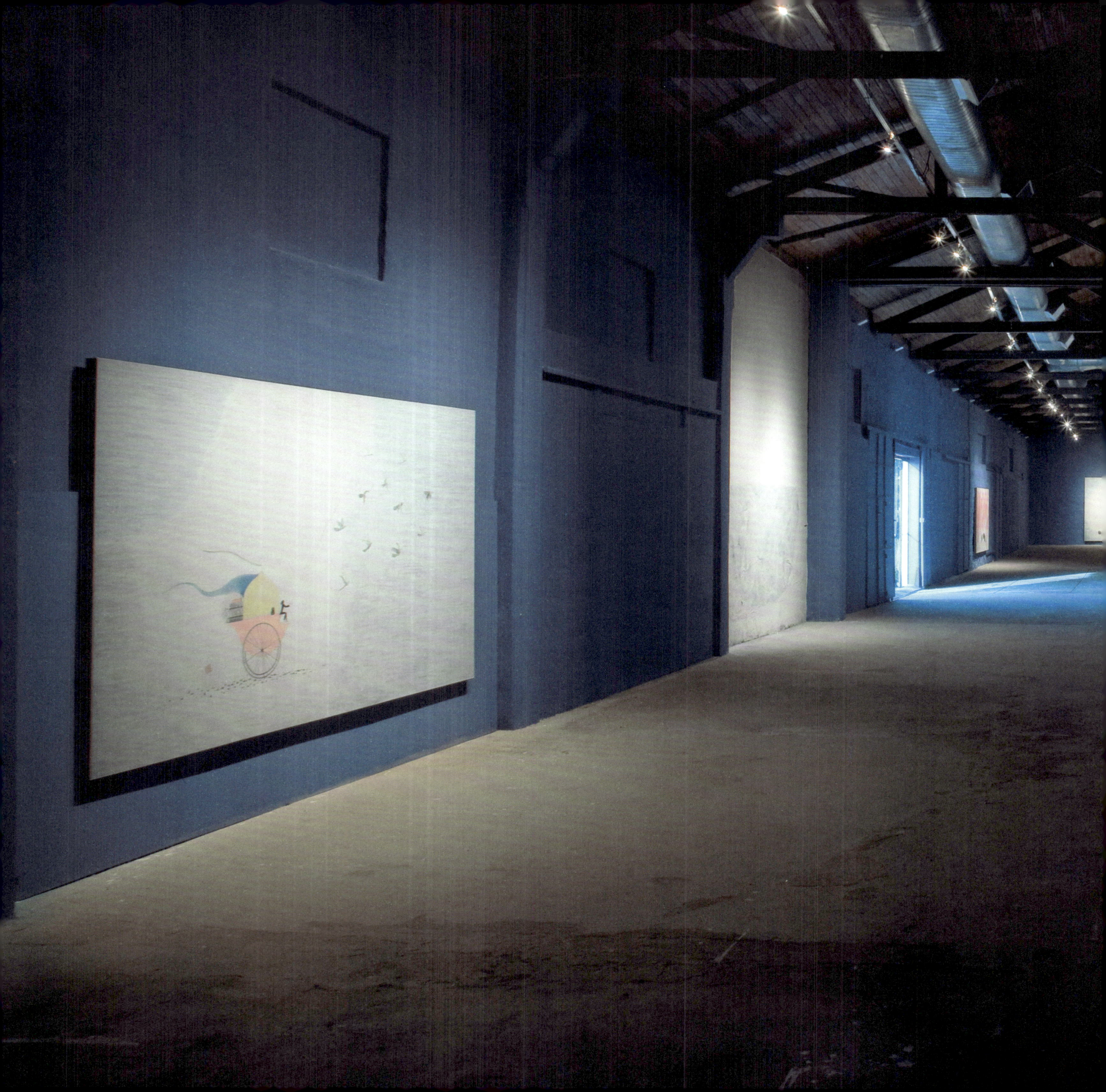

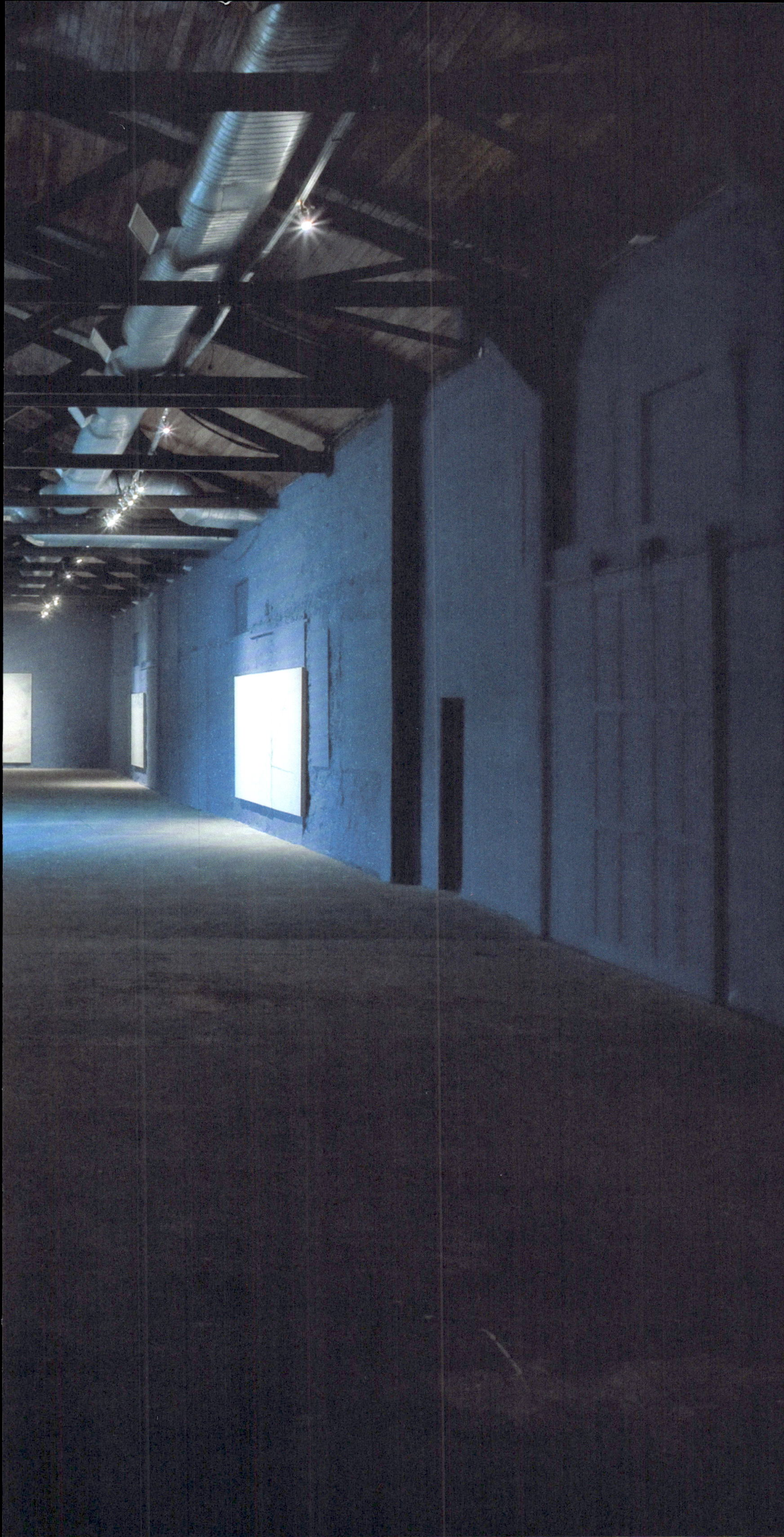

MUSEU VALE, VILA VELHA, ES, 2013-2014

REGINA CHULAM, DESENHOS E PINTURAS

PRODUÇÃO
Artviva
COORDENAÇÃO
Ana Regina Machado Carneiro
CURADORIA E EXPOGRAFIA
Ronaldo Barbosa

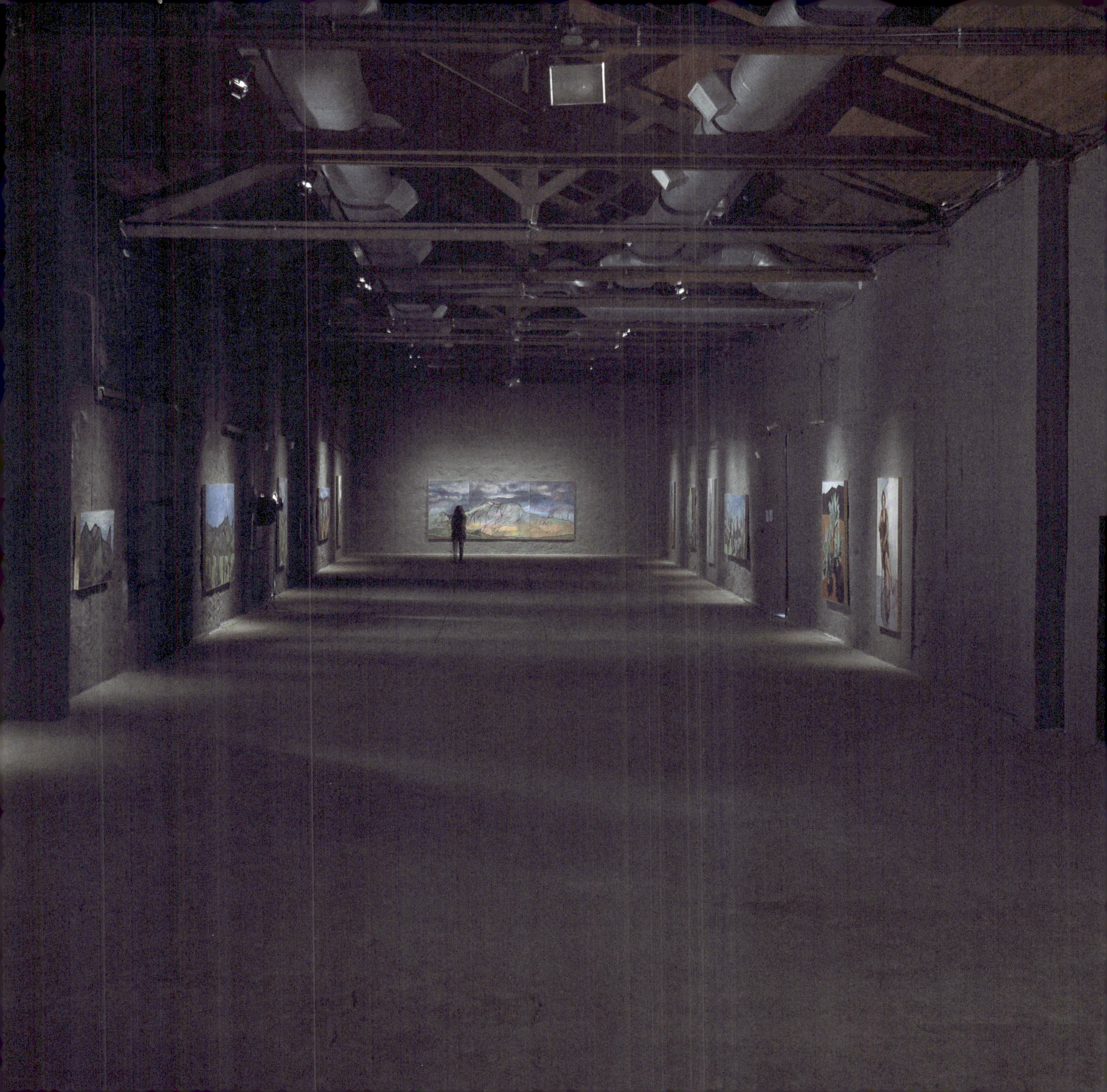

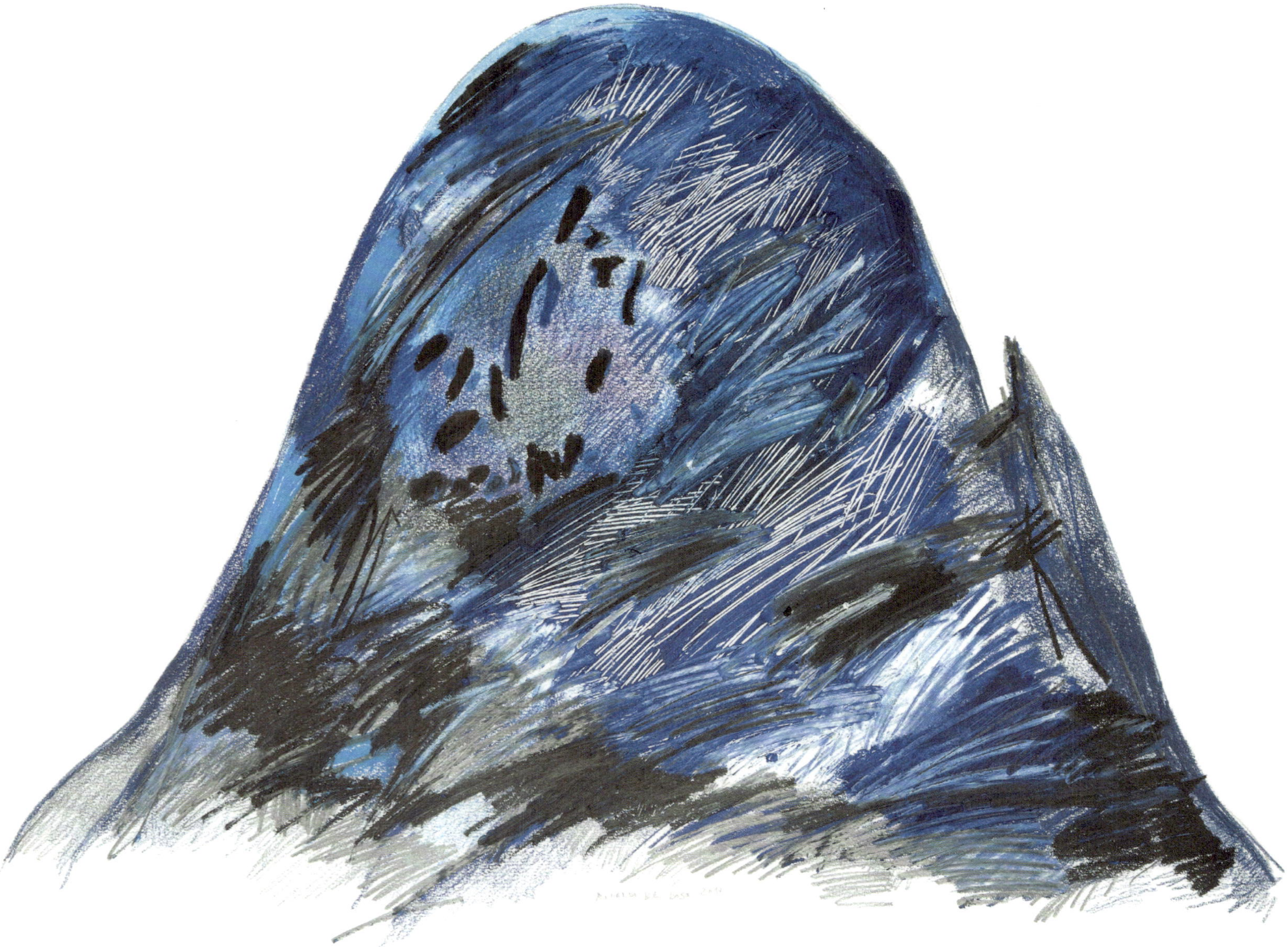

TERRITÓRIO, PATRIMÔNIO E SOCIEDADE

No trabalho desenvolvido no Museu Vale, em especial no projeto educativo, Ronaldo ampliou sua percepção de cidadania e vivenciou o alcance e a importância transformadora de ações sociais. Essa percepção seria aprofundada em 1995, quando estreitou os laços com as comunidades da região serrana no Espírito Santo, compostas sobretudo de imigrantes europeus.

Na ocasião, Ronaldo alugou uma pequena casa nas proximidades de Pedra Azul para que ali fosse seu refúgio nos finais de semana. A propriedade pertencia ao empresário Eliezer Batista, por duas vezes presidente da Vale, e sua esposa, Jutta Batista da Silva, que havia colocado dois imóveis para locação para levantar fundos para a Sociedade de Amigos do Estado do Espírito Santo (Sades), criada por ela em 1983.

Dona Jutta era conhecida na sociedade capixaba por sua personalidade amigável e filantropa e naturalmente surgiu entre ela e Ronaldo uma grande amizade. Logo o designer se tornou colaborador voluntário da Associação, doando obras para leilões beneficentes e ajudando no que viesse a ser requisitado.

Em 2000, com o falecimento de dona Jutta, a Sades foi transformada em Instituto Jutta Batista da Silva (IJBS), preservando o objetivo de promover o desenvolvimento social de onze municípios da região serrana do Espírito Santo. Para isso, atua em parceria com uma ampla rede de artesãs voluntárias, que se dedica à confecção de peças, sobretudo bordados. Os recursos obtidos com as vendas se transformam em promoção da saúde, educação e cultura, erguendo hospitais, creches, escolas e sedes de APAEs, entre outros.

①

braun
sohe
braun

①

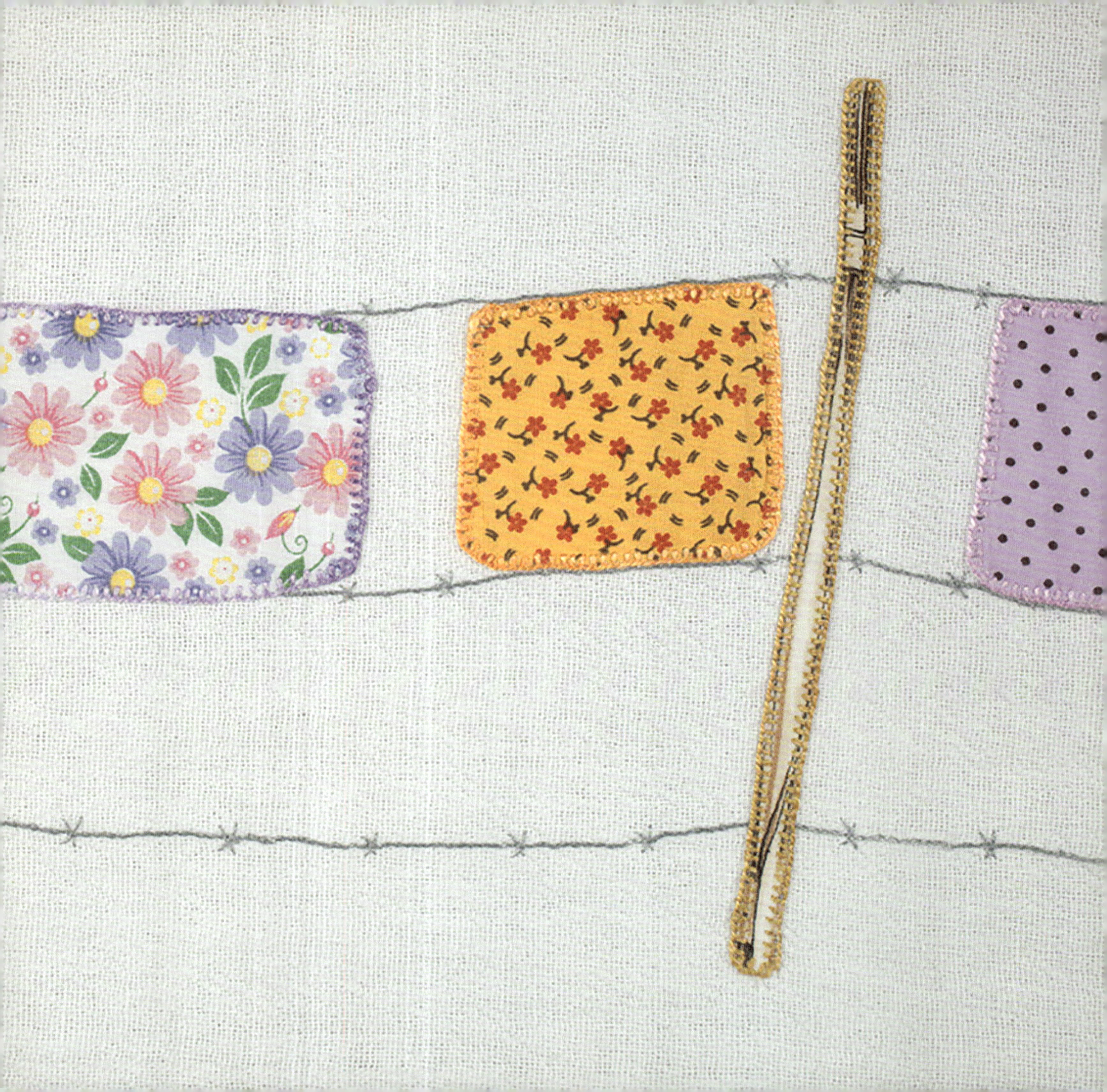

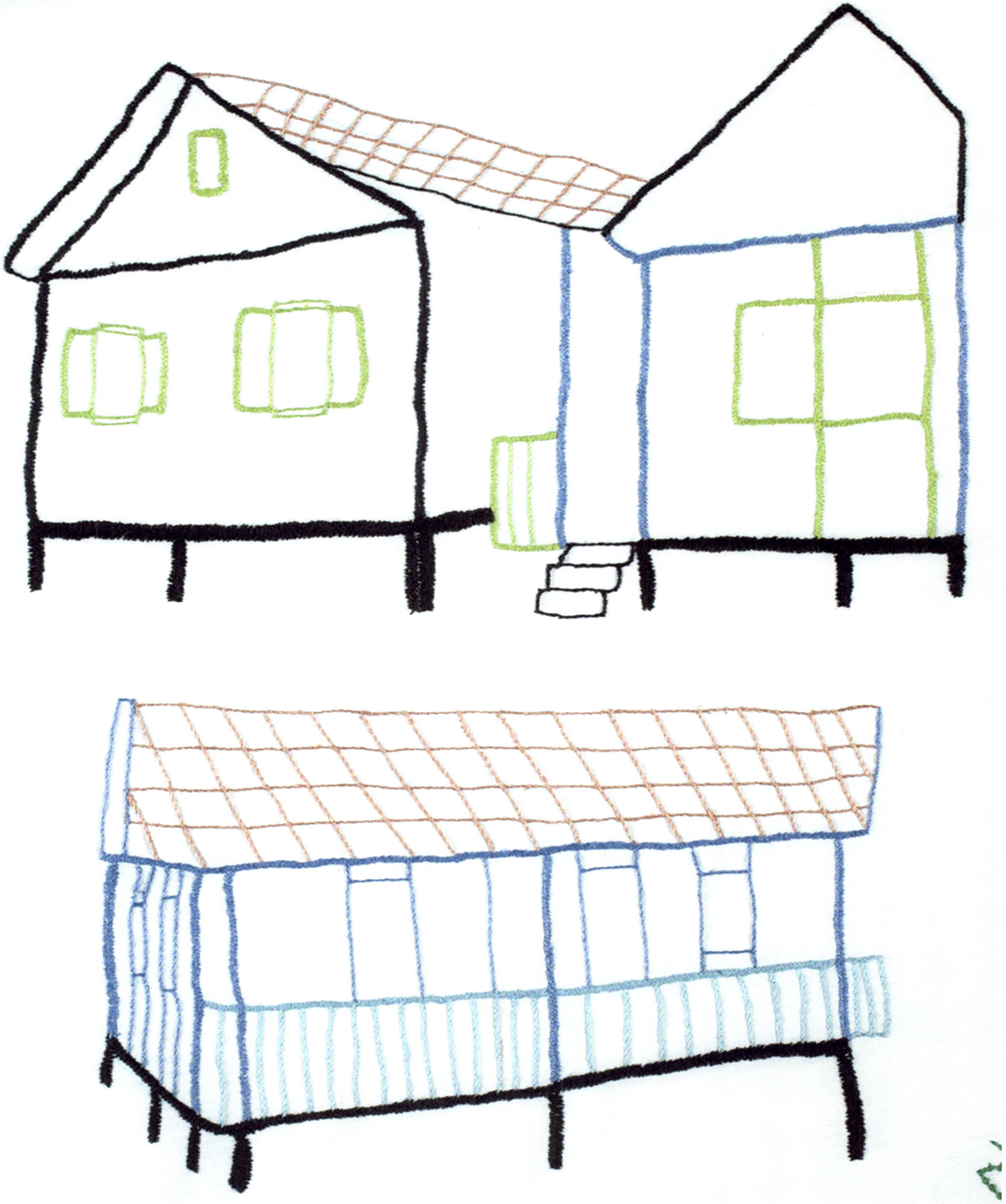

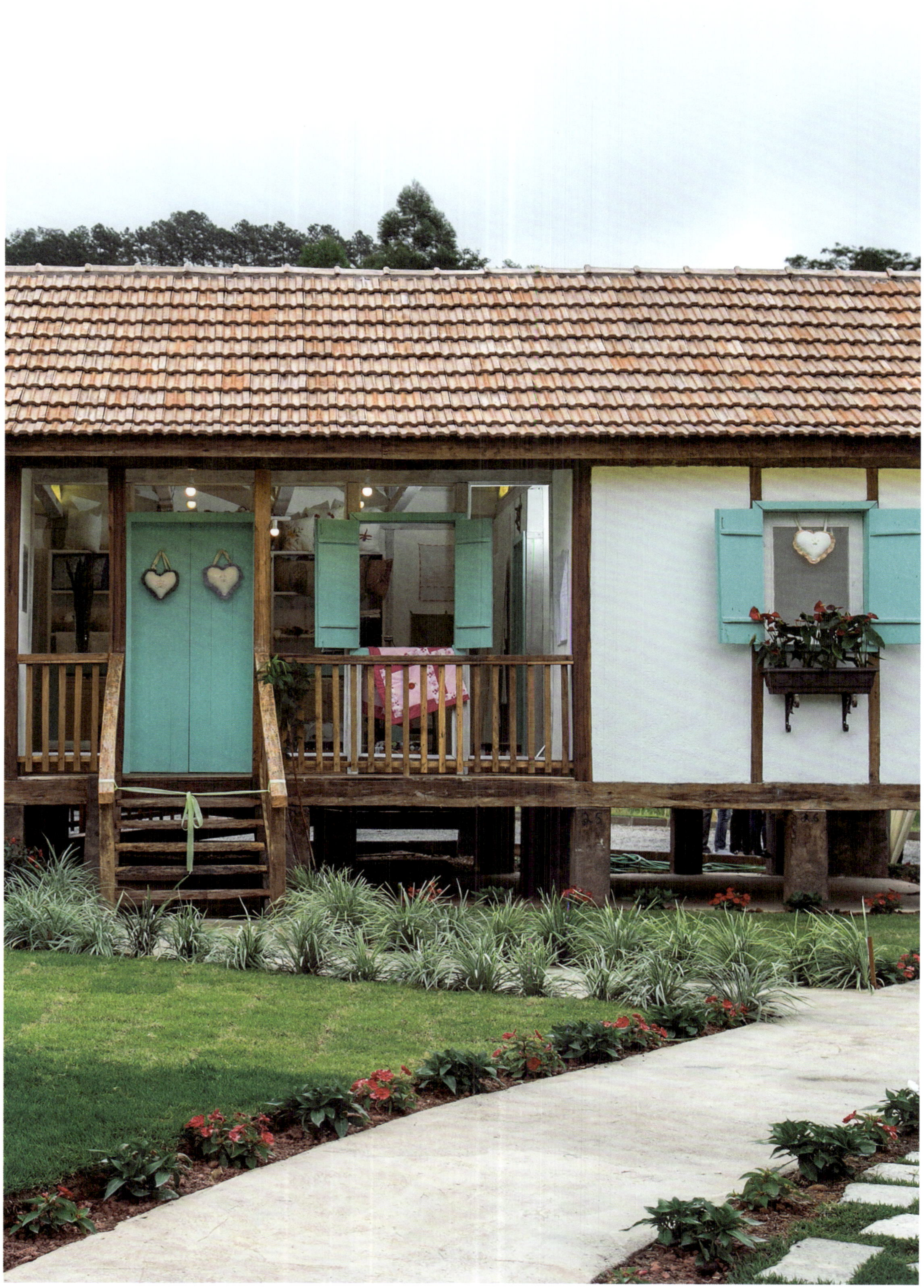

Ronaldo acompanhava esse trabalho de perto, até que em 2012 recebeu o convite para atuar diretamente em um projeto que buscava ajudar o Instituto a aumentar a qualidade dos bordados, permitindo assim que gerassem maior renda. Para isso, o designer começou a percorrer os municípios atendidos pelo IJBS e a atuar como uma espécie de consultor junto às bordadeiras. Sua convicção era de que tinha que estabelecer um diálogo com as bordadeiras para que elas expressassem suas próprias histórias em seus trabalhos, que ganhariam, assim, em significância cultural. Ele as incentivava a deixar de lado os desenhos extraídos de revistas para bordar cenas que pertenciam às suas memórias afetivas – a casa, a roupa no varal, os animais da roça, o dia do casamento.

Em outra frente, Ronaldo também fez seus próprios desenhos, baseados nas histórias que ouvia e na realidade local, e convidou artistas como Rosilene Ludovico e Regina Chulam para criarem desenhos que seriam bordados em sofisticados jogos de cama, mesa e banho.

Em 2015, a então presidente do Instituto, Inguelore Schullerman, entendeu que era oportuno identificá-los sob uma nova marca. Nasceu, assim, a Da Tutte Mani, que batizou dois novos empreendimentos do IJBS: uma escola de bordados implantada em 2016 no município de Venda Nova do Imigrante e uma loja inaugurada em abril de 2017 na Rota do Lagarto, uma via de grande afluxo turístico no Parque Estadual de Pedra Azul, em Domingos Martins – ambas na gestão da nova presidente do Instituto, Mariana Buaiz, que assumiu em 2016, quando Ronaldo foi convidado a ser presidente do Conselho Deliberativo.

TERRA DE IMIGRANTES

Para além da colaboração efetiva com as ações sociais do Instituto, aos poucos Ronaldo se deu conta de que a cultura imigrante no Espírito Santo carrega características únicas no país.

Os primeiros imigrantes começaram a chegar ao Espírito Santo na segunda metade do século 19, provenientes sobretudo da Itália, e também das nações de língua alemã. Até a unificação da Alemanha em 1871, a chamada Confederação Germânica reunia países, ducados ou condados que falavam alemão, como a Suíça, a Prússia, a Baviera e a Pomerânia - essa situada ao norte da Polônia e da Alemanha, na costa sul do Mar Báltico, de onde partiram grandes contingentes para as Américas (no final do século 19, a Pomerânia deixou de ser um estado independente, passando a fazer parte da Prússia e, depois da Segunda Guerra Mundial, foi dividida entre a Polônia e a Alemanha). No Brasil, eles se fixaram em Santa Catarina (onde há cerca de 300 mil descendentes hoje), no Espírito Santo (120 mil descendentes) e no Rio Grande do Sul. Em menor escala, chegaram à região serrana capixaba também holandeses, portugueses, suíços e espanhóis.

Diferentemente do que ocorreu em outras regiões do Brasil, em que a mão de obra imigrante veio substituir a do negro africano nas grandes fazendas, no Espírito Santo o modelo não foi o de concentração fundiária. Ali as famílias traziam na bagagem o sonho e a vontade de trabalhar no seu próprio pedaço de chão. Casais jovens com filhos ainda pequenos predominavam, e foram eles os responsáveis pela implantação de várias Colônias pelo interior do estado, mais fortemente no norte. Em seus sítios, gêneros comerciais, como o precioso café, sempre conviveram com culturas de subsistência.

Esse modelo de pequena propriedade manteve preservadas no Espírito Santo as tradições dos imigrantes, mesmo depois do processo de desenvolvimento econômico do Estado. Preservadas até mesmo do grande turismo, ao menos até o início da década de 2010. Foi o que Ronaldo Barbosa encontrou em sua peregrinação pelos municípios serranos: uma cultura material e imaterial ainda fortemente presentes ali: a arquitetura vernacular, as festas populares, a reza do terço, os pratos típicos de uma culinária simples, mas saborosa e diversificada.

Entusiasmado com essa redescoberta das tradições da terra de seus antepassados maternos, Ronaldo começou a estudar a cultura imigrante, preocupando-se com sua preservação especialmente diante das primeiras iniciativas estruturadas de agro e ecoturismo na região. A região de Venda Nova do Imigrante, a 100 quilômetros de Vitória, por exemplo, começava a atrair cada vez mais turistas na época da Festa da Polenta, que acontece desde 1979. Também surgiam roteiros culturais, gastronômicos e de compras, principalmente no Parque Estadual de Pedra Azul, como a Rota do Lagarto, cujo nome faz referência a um detalhe no formato da montanha que lembra o animal. A região serrana começava a se tornar o destino preferido dos capixabas no inverno – algo como Campos do Jordão, em São Paulo, e a região de Petrópolis, no Rio – e também logo começaria a atrair turistas de outras partes do Brasil.

Uma ótima notícia para a economia regional, mas um processo que Ronaldo entendia que precisava ser muito bem conduzido, sob o risco da perda da identidade. Era preciso se reinventar.

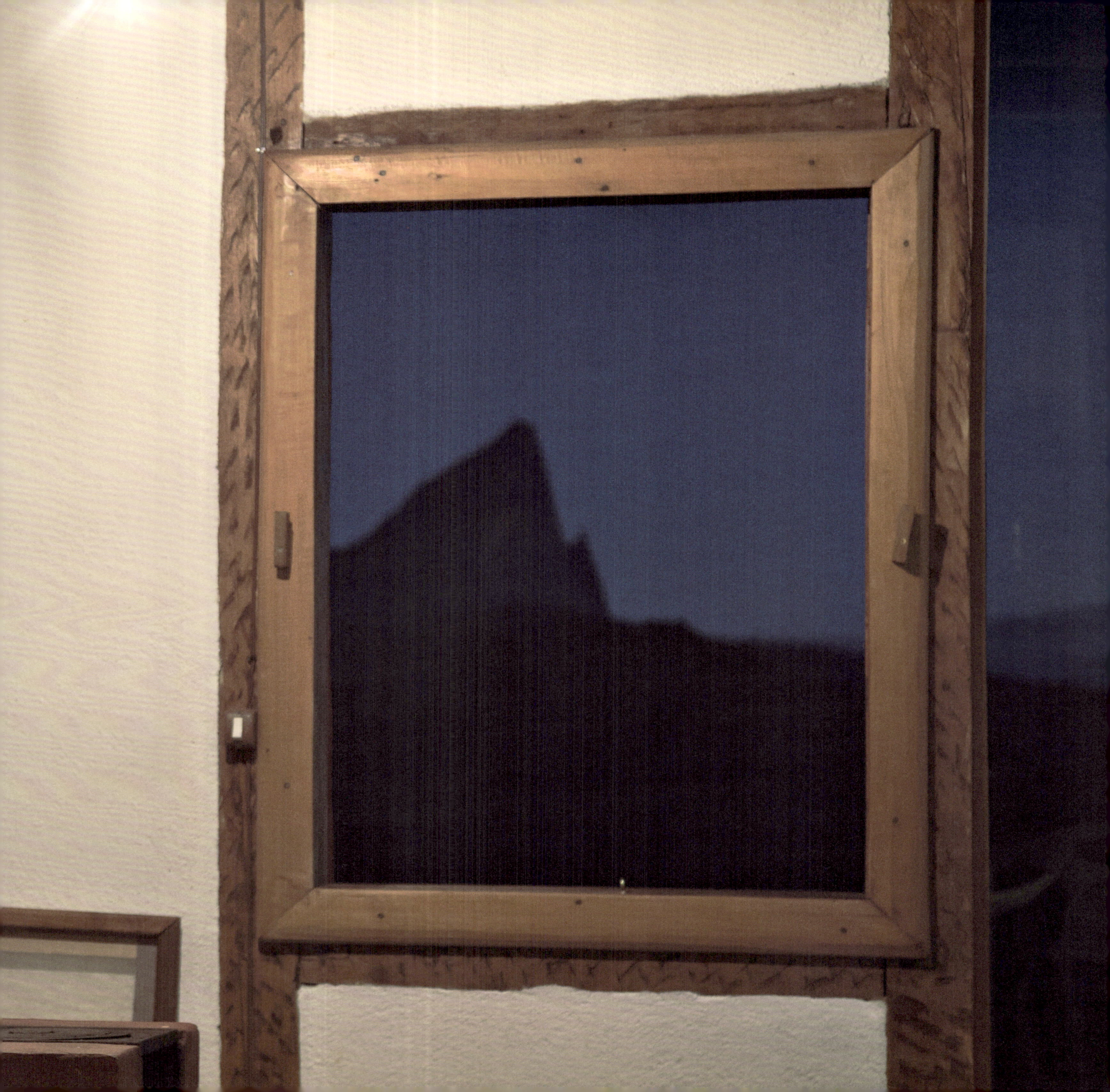

MORRO DO CANÁRIO

Nas andanças pela região serrana, Ronaldo acostumara-se a ver as velhas casas da mais pura arquitetura pomerana, todas em madeira de lei, com estruturas construídas praticamente sem pregos, apenas com encaixes usando pequenos tarugos de madeira. Seus restos passaram a ser vendidos aos pedaços – portas e esquadrias para lojas de materiais de demolição e a madeira estrutural transformada em matéria-prima para a produção de "mobiliário rústico".

Ronaldo não se conformava em ver esse patrimônio desperdiçado dessa forma. Ainda no final dos anos 1990, comprou – inteiras – algumas dessas casas e, juntamente com a equipe do Studio, desmontou tudo, não antes de um trabalho sistemático de registro, com fotos e desenho arquitetônico tipológico, e minuciosa numeração quase peça a peça para que tudo pudesse ser devidamente remontado. Guardou num depósito até 2012, quando adquiriu uma propriedade na região de Aracê, em Domingos Martins: o Morro do Canário.

Ali Ronaldo remontou uma das casas, com pouquíssimas intervenções, e projetou um anexo de serviços em arquitetura contemporânea, que se relaciona com a casa antiga de maneira simples e racional. A ideia era transformar o local não apenas num refúgio pessoal, mas em ateliê para seu uso e de artistas residentes convidados, que podem produzir sob a inspiração da majestosa paisagem dominada pela Pedra Azul.

Nos anos seguintes, Ronaldo continuou atento às novas oportunidades de compra de antigas casas de imigrantes e até conseguiu formar uma equipe especializada nessa operação de desmontagem e remontagem. Em 2017, por exemplo, ele coordenou todo o processo de implantação da nova loja da Da Tutte Mani na Rota do Lagarto e também começou a levantar uma nova casa-ateliê na parte mais alta do Morro do Canário.

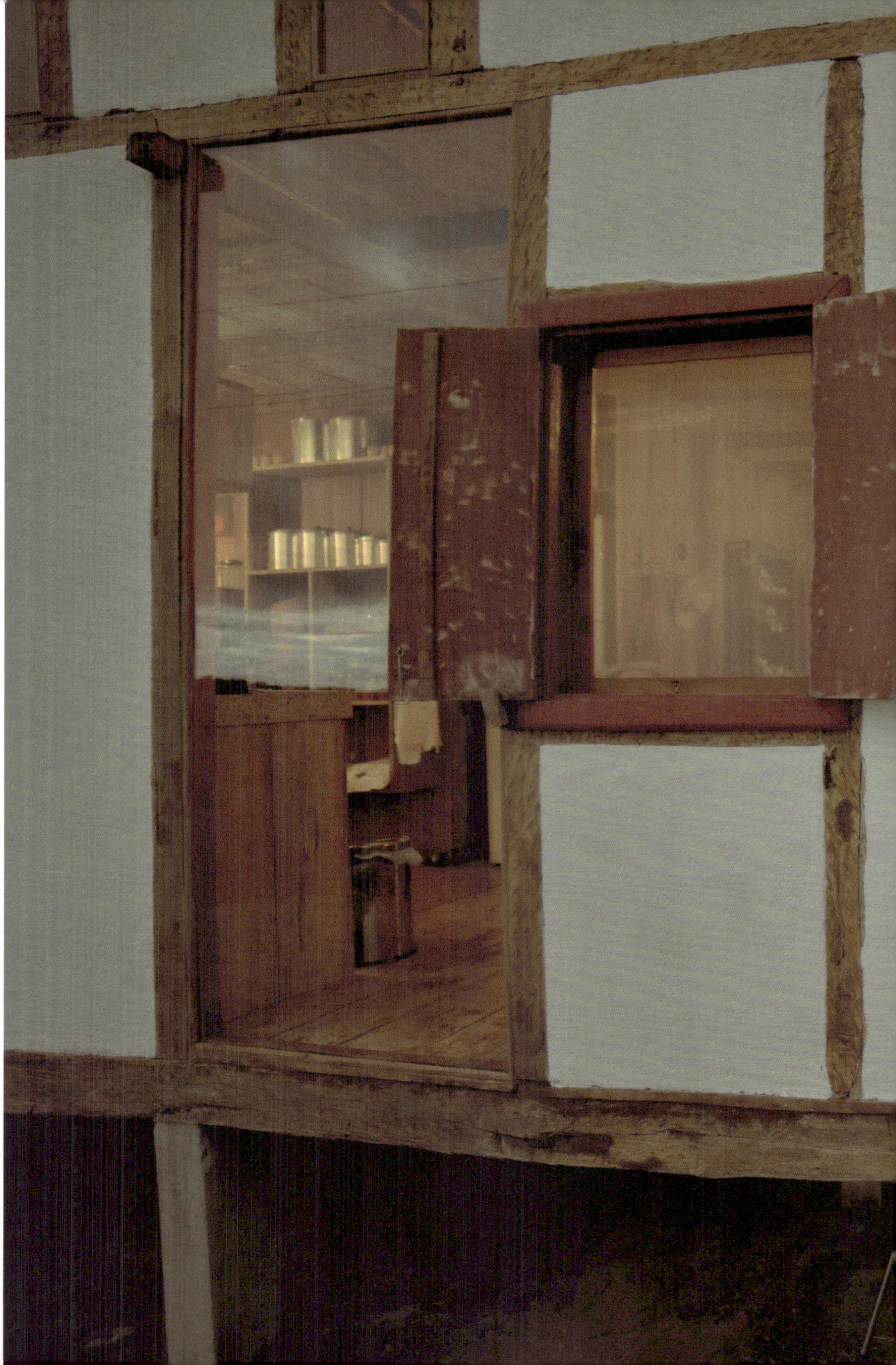

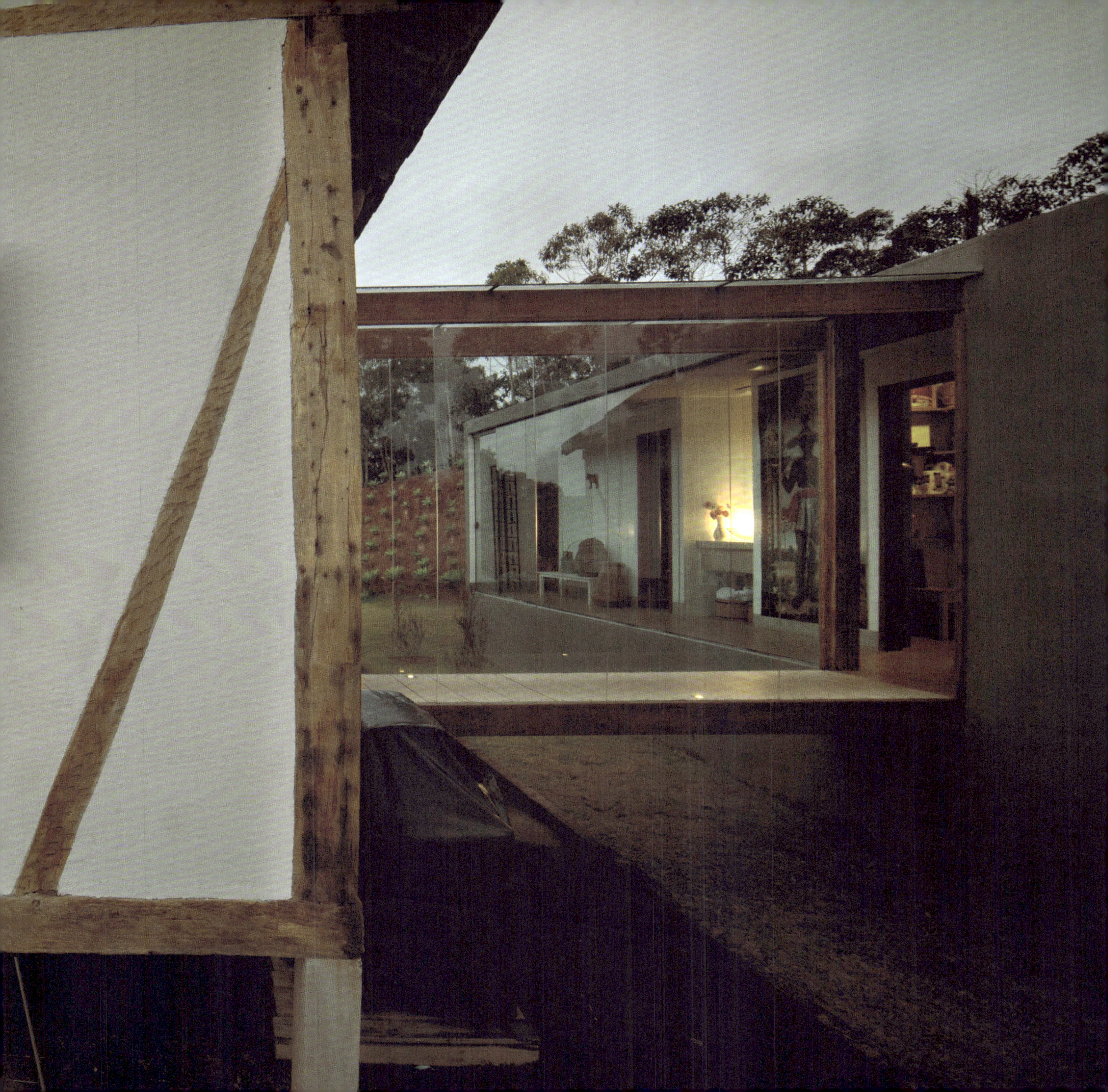

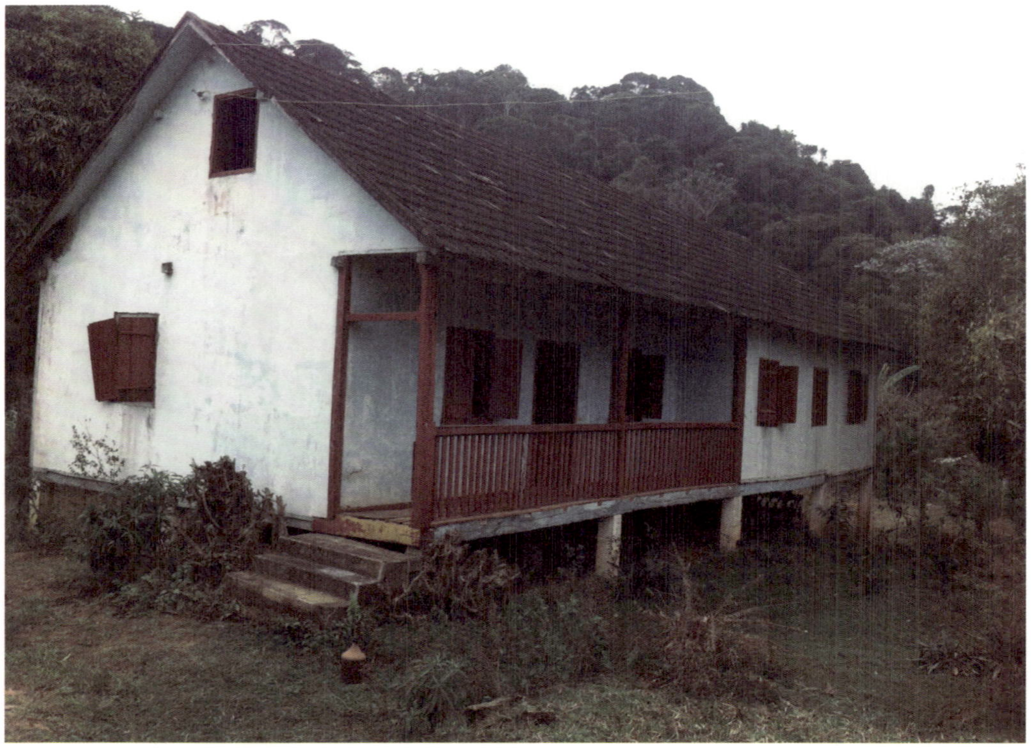

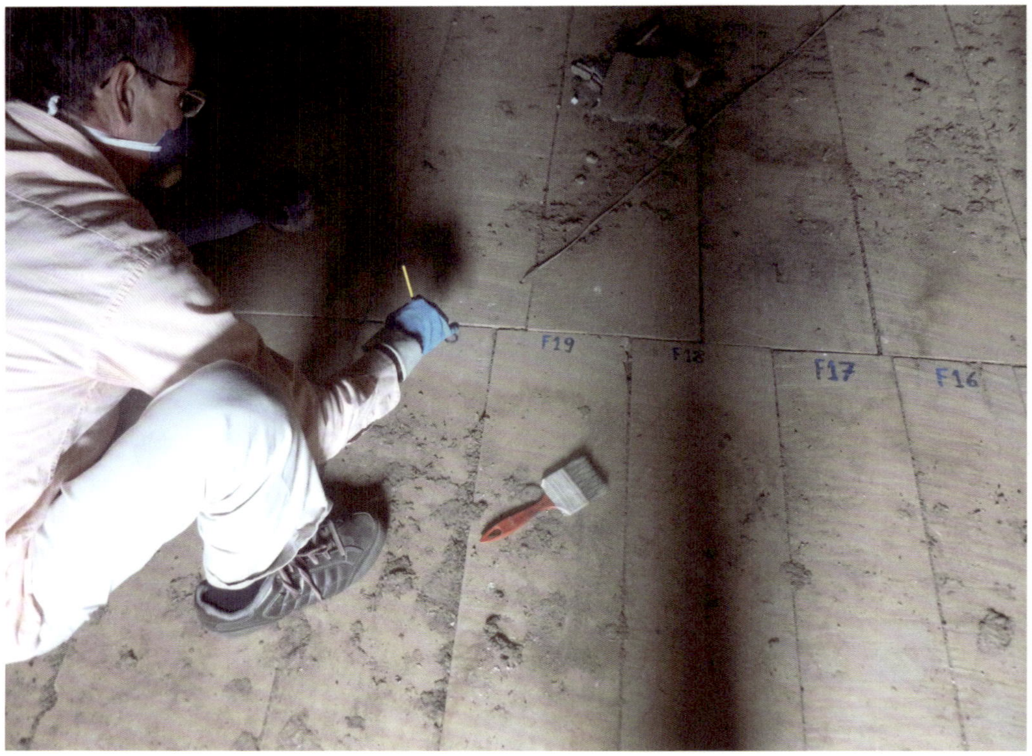
F19
F18
F17
F16

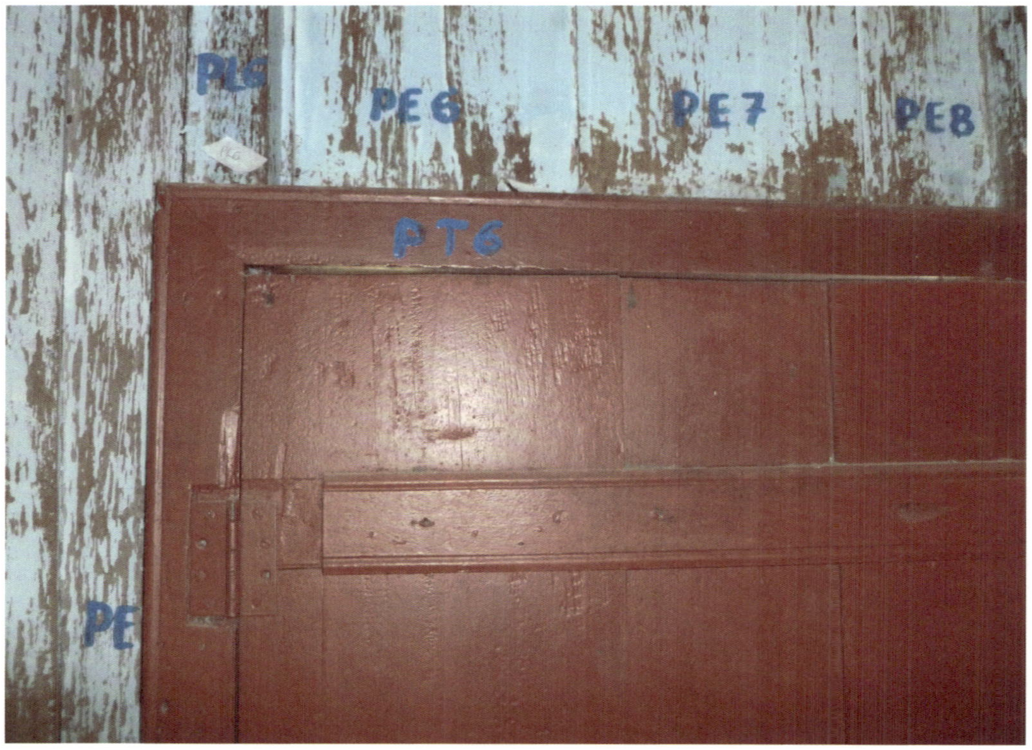
PE6
PE7
PE8
PT6
PE

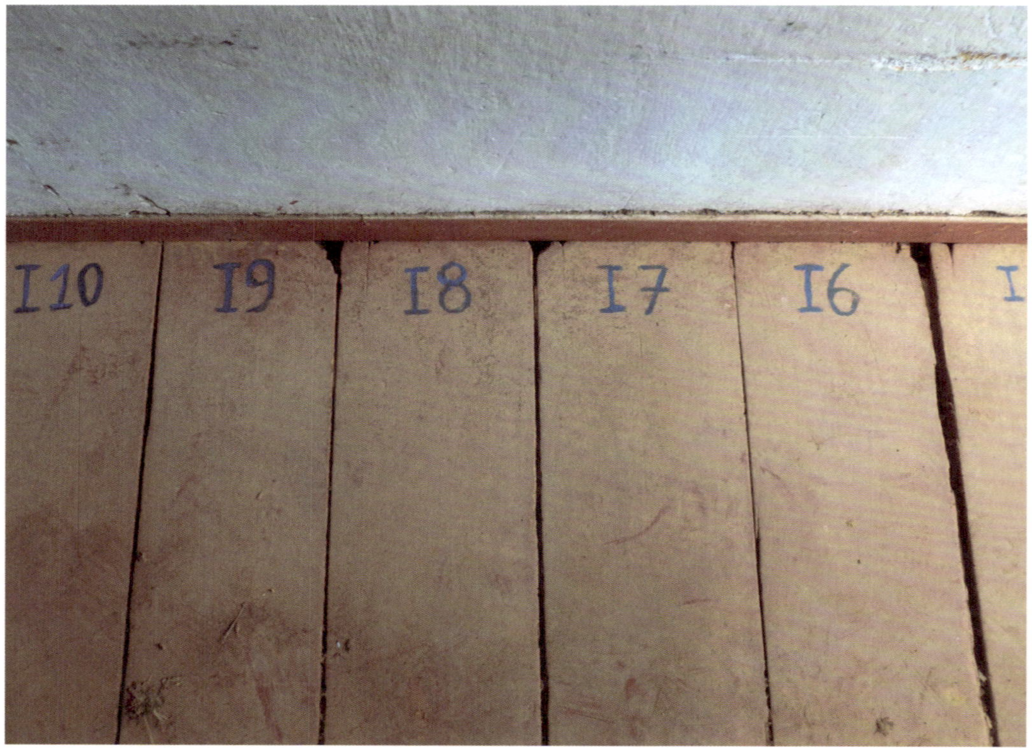
I10
I9
I8
I7
I6

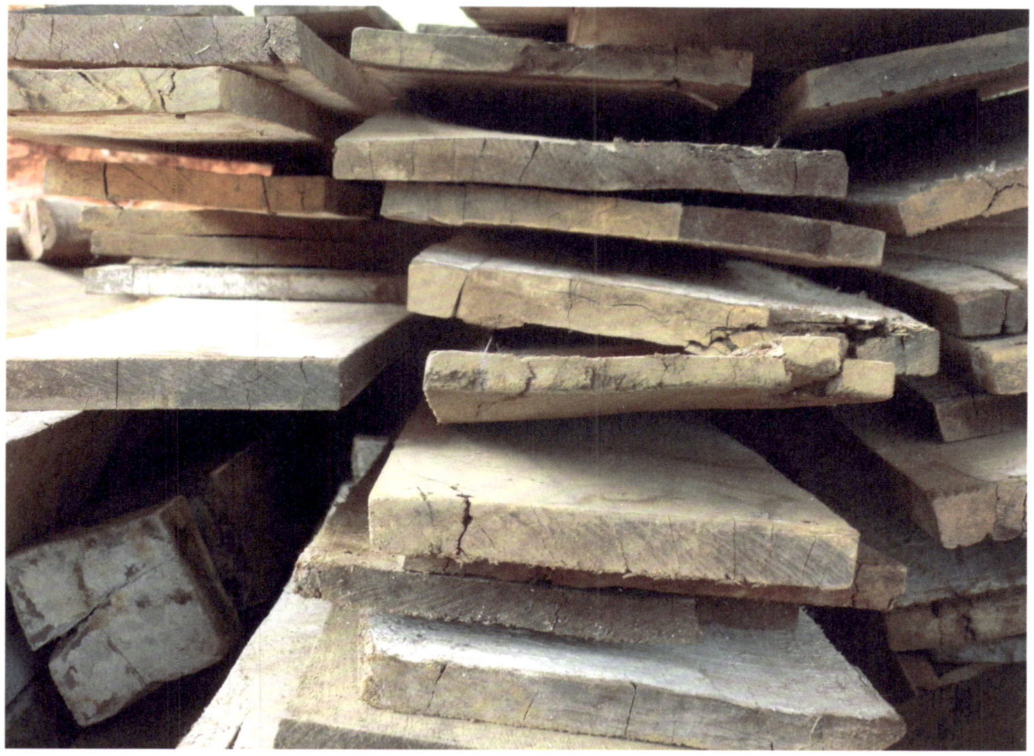
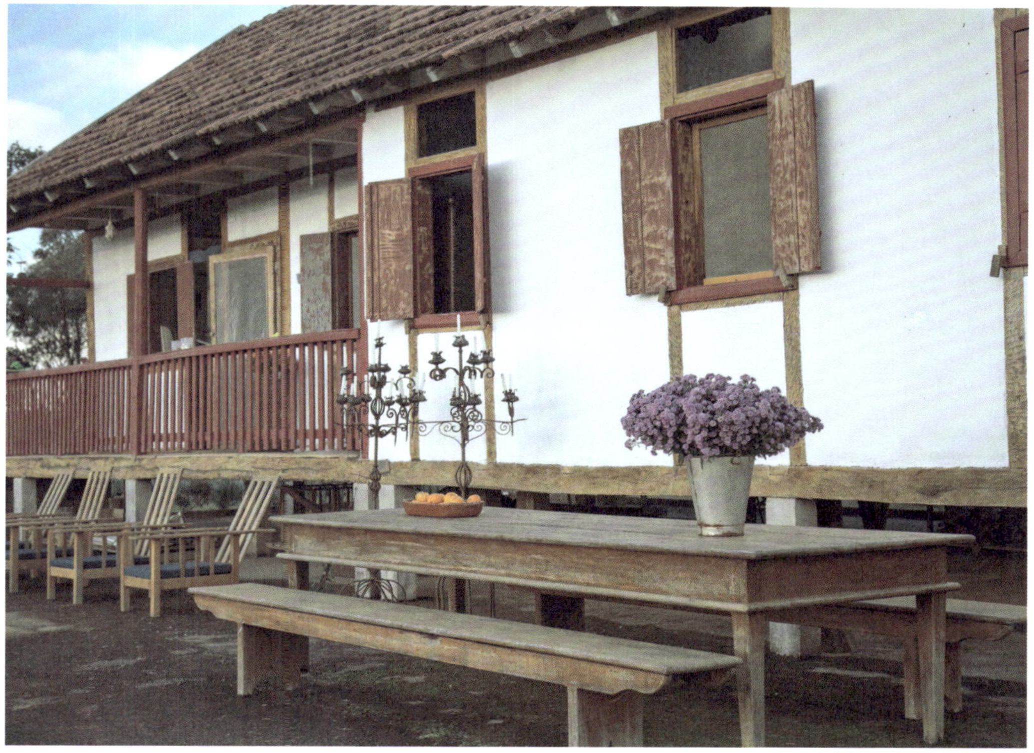
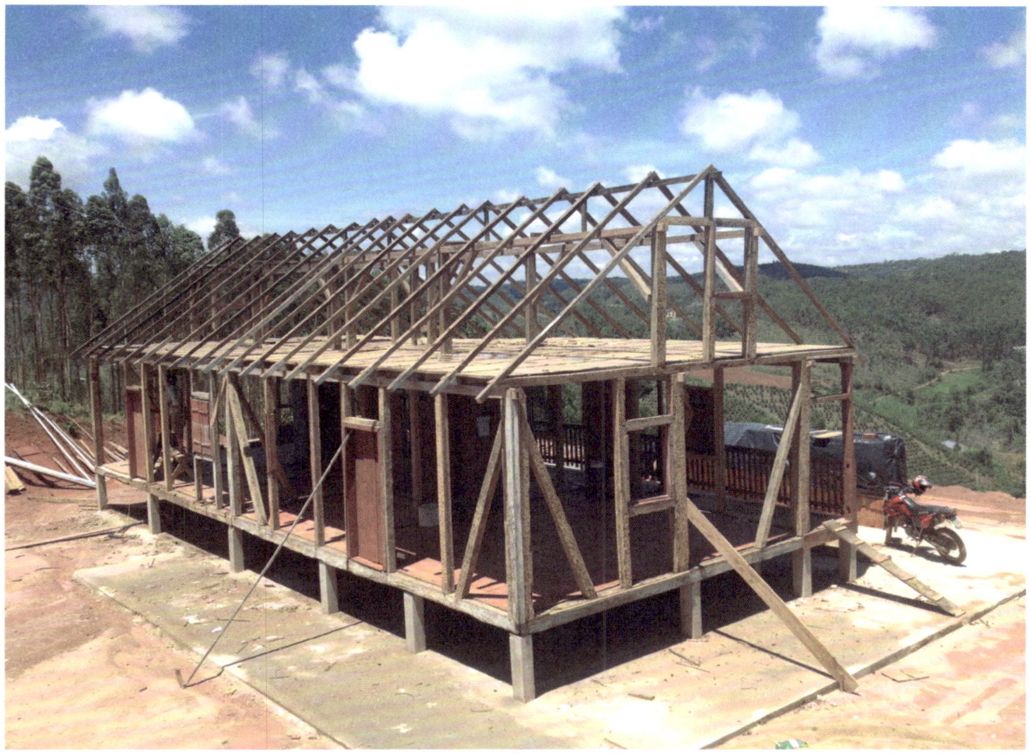
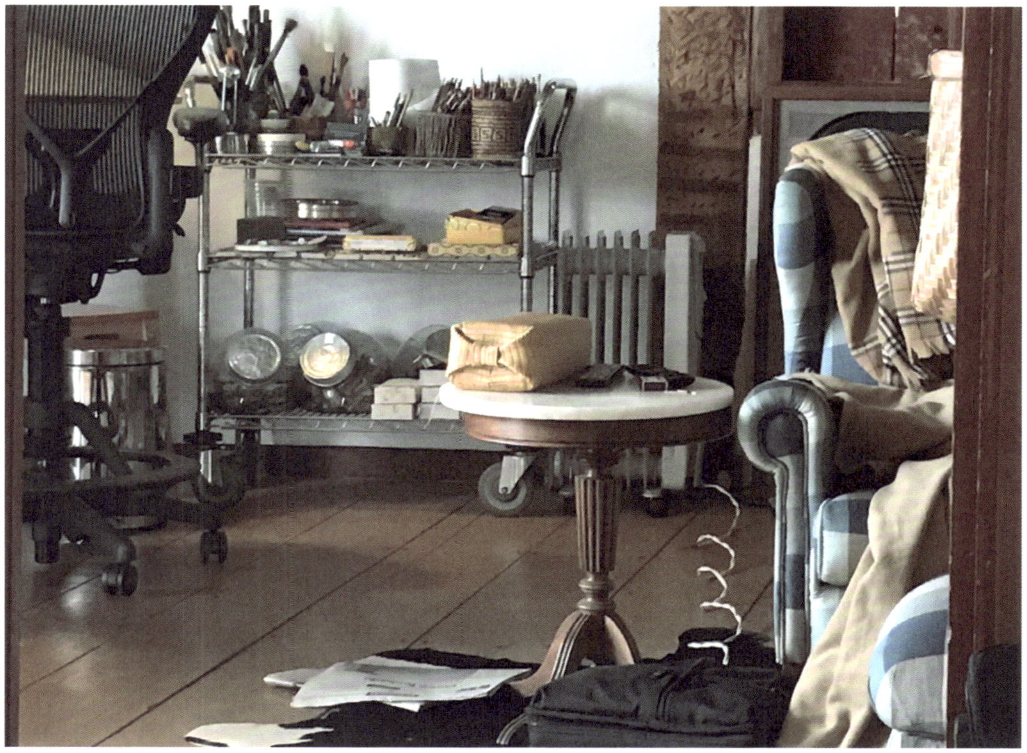

CASA DO COMPADRE

Quando a propriedade do Morro do Canário ficou pronta e Ronaldo começou a frequentar a região ainda com mais frequência do que antes, ele logo percebeu uma oportunidade. Ano após ano, as rotas turísticas serranas se consolidavam, com circuitos ecoturísticos, gastronômicos e culturais. No quesito compras, era possível encontrar uma boa oferta de produtos da região mas, sem dúvida, havia ainda demanda para oferecer artesanato qualificado e também peças e objetos de arte.

Assim nasceu em 2015 a Casa do Compadre, nome que é tributo à memória de seu pai Theodorico e seu comércio de sapatos. A loja foi instalada numa antiga "venda" de linguiça e transformada numa colorida galeria que oferece objetos de artistas e artesãos, sobretudo do Espírito Santo, com a curadoria e o olhar especial de Ronaldo. Tudo o que possa ser alinhado ao conceito de Serendipity adotado para o lugar – a palavra da língua inglesa, sem equivalente em português, que significa uma descoberta inesperada e afortunada, algo de bom que acontece desde que a mente esteja aberta ao novo. Exatamente o que ele espera oferecer aos clientes da loja.

A abertura da Casa do Compadre e a casa no Morro do Canário foram fundamentais para que Ronaldo Barbosa também retomasse as artes visuais. Ali na serra, aos pés da Pedra Azul e acompanhado de muita natureza – e do fiel cachorro Gauguin – Ronaldo tem encontrado tempo e inspiração para calibrar seu traço, produzindo com muita intensidade desenhos e aquarelas.

401

CASA DO COMPADRE

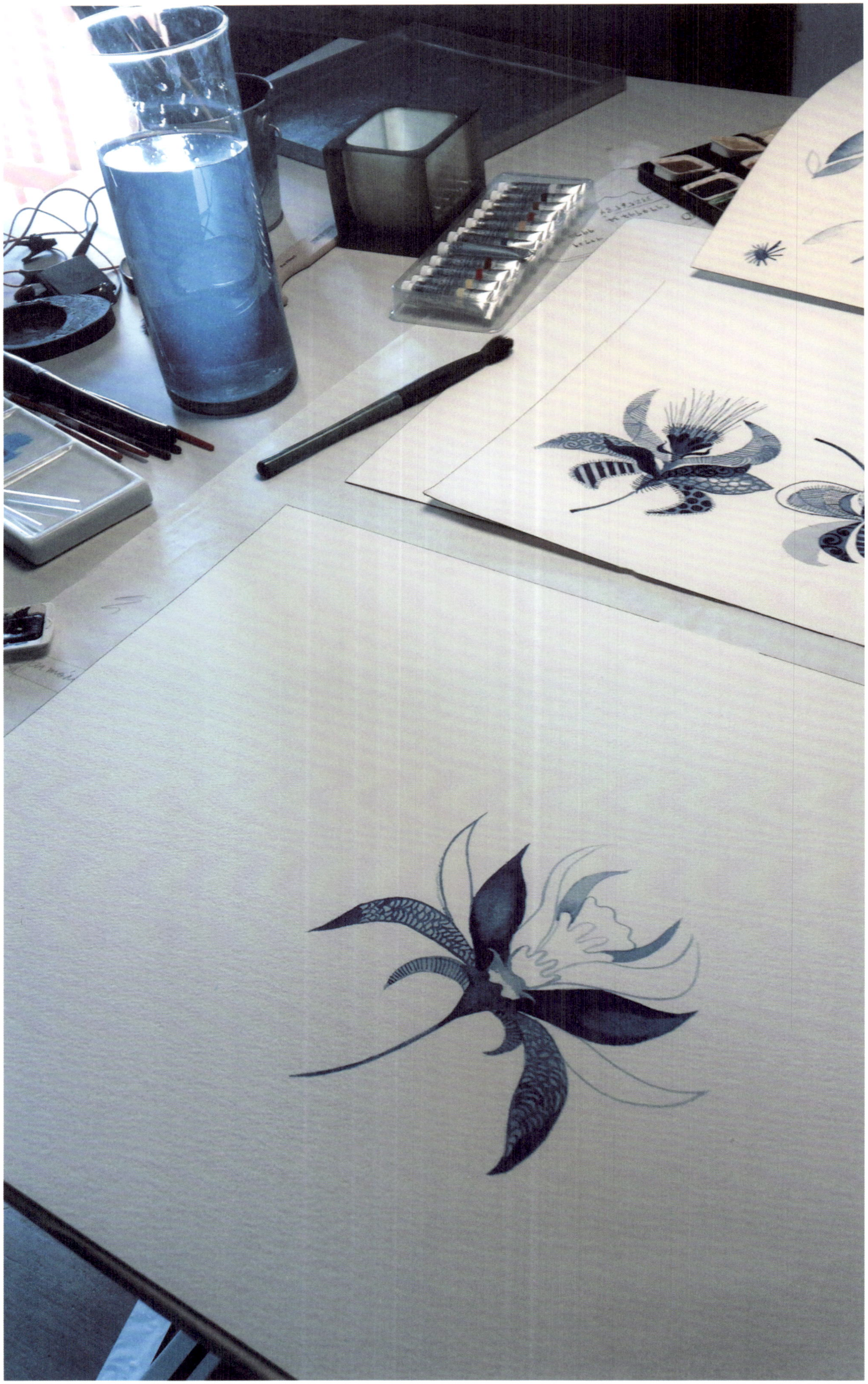

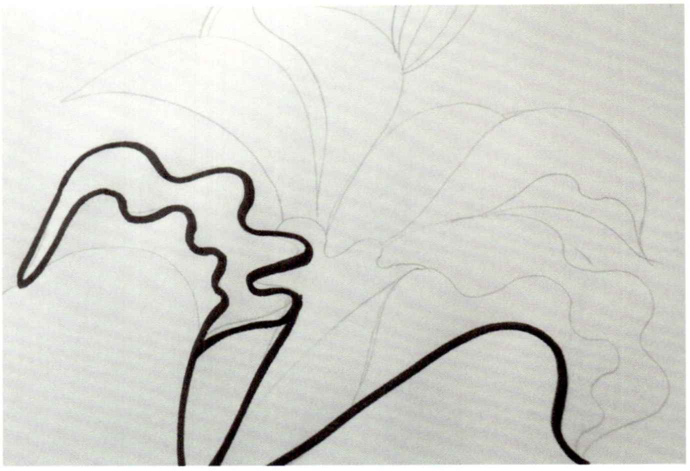

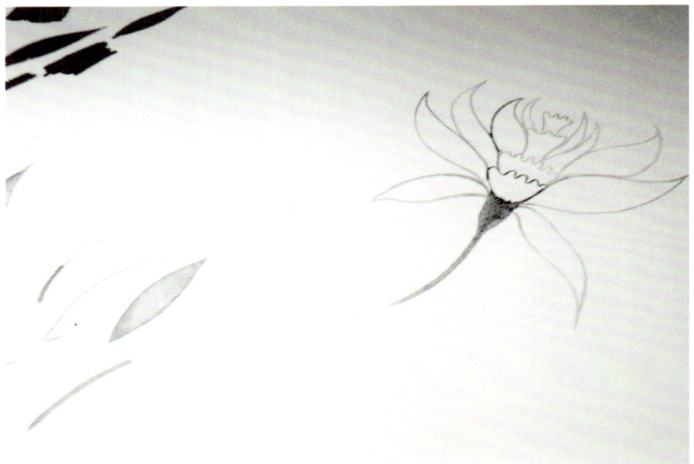

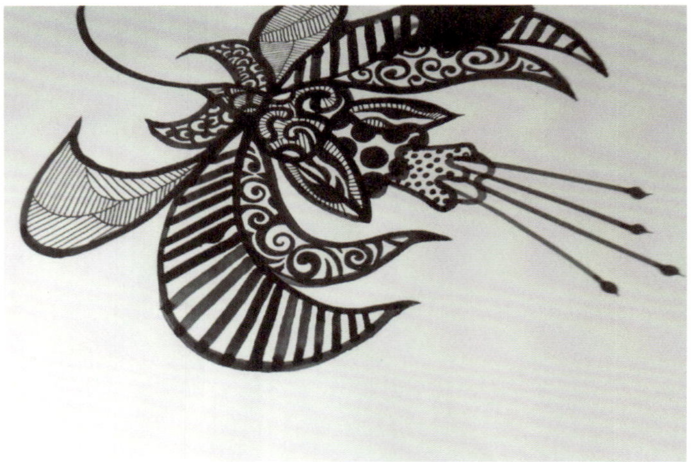

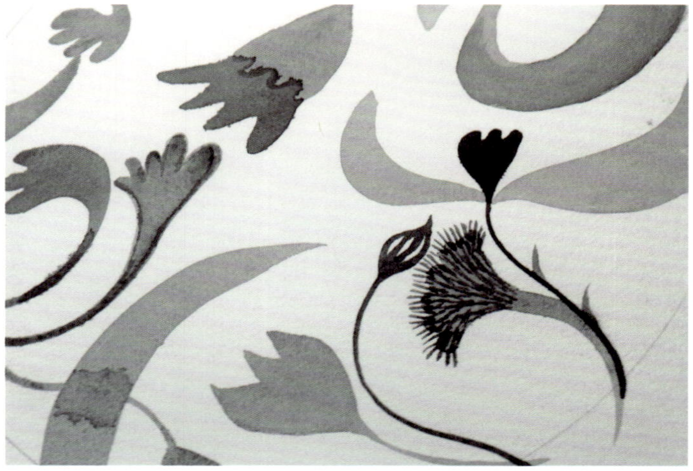

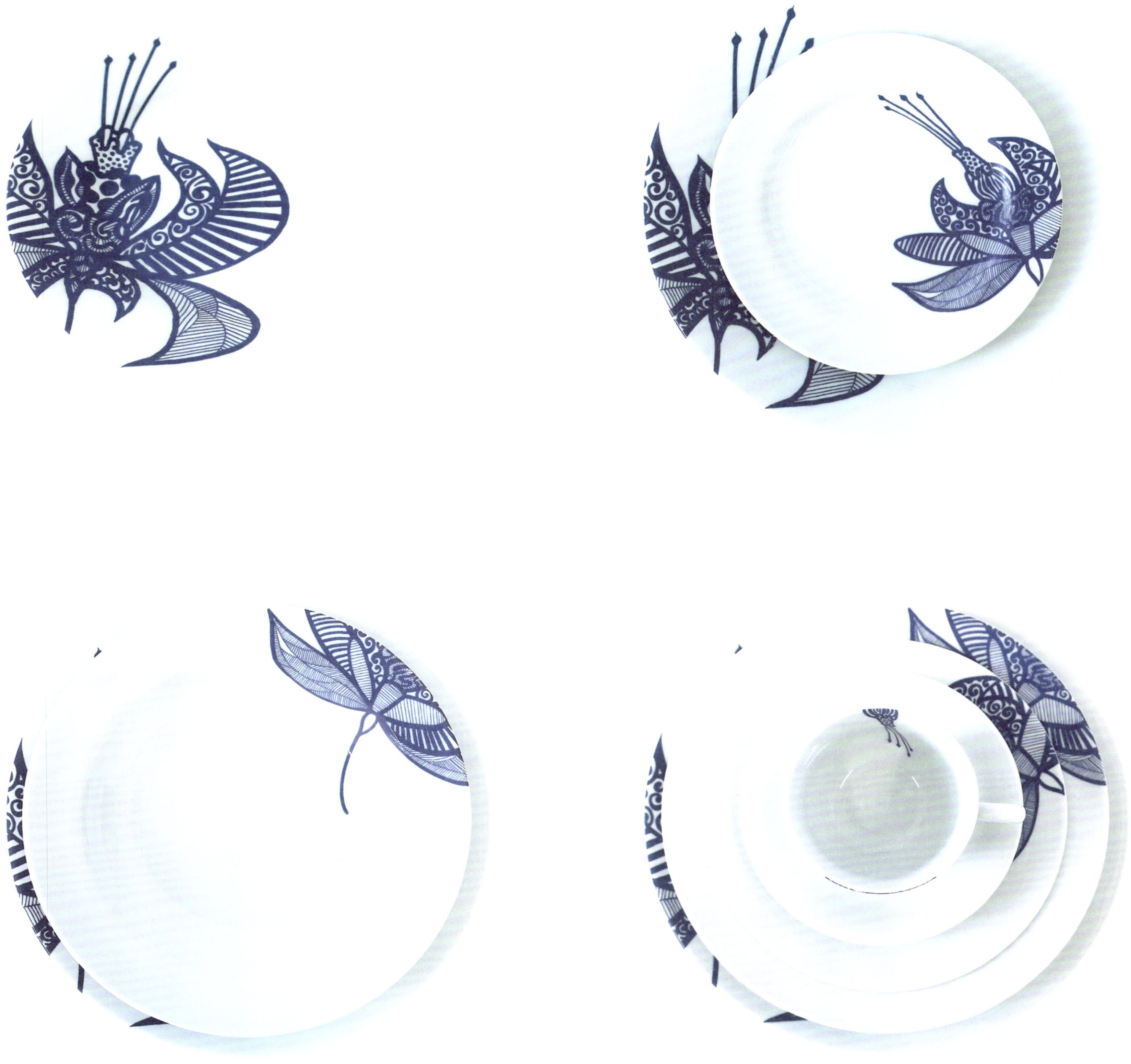

PINTAR A ALDEIA

Ao falar da atuação mais recente de Ronaldo Barbosa, a artista plástica Shirley Paes Leme fez alusão à célebre frase do escritor russo Leon Tolstói: "Se quer ser universal, começa por pintar a sua aldeia". Talvez seja mesmo a ideia que melhor resume o sentido da atuação de Ronaldo Barbosa.

Numa visão em retrospectiva, desde as origens da formação original na Esdi, a vida de Ronaldo foi marcada pelo constante retorno às origens, numa incessante busca de referências e aprendizados, em várias partes do país e do mundo, para trazer sempre novas contribuições ao Espírito Santo.

Assim foi em 1979, quando deixou a carreira no Rio de Janeiro para estabelecer-se em Vitória, assim foi quando começou a lecionar, ou quando voltou dos Estados Unidos trazendo linguagens experimentais, quando implantou e profissionalizou seu Studio de design, pelo qual colaborou para criar uma nova estética para o Espírito Santo, ou, finalmente, quando contribuiu para impulsionar a arte contemporânea no estado, graças à atuação no Museu Vale.

Ronaldo Barbosa não cabe em rótulos. É um profissional múltiplo que tem se dedicado acima de tudo à criação, ao relacionamento com as pessoas e à busca de suas próprias raízes. Enquanto retoma sua arte, Ronaldo ainda amadurece grandes projetos para "sua aldeia", para o Espírito Santo e para o Brasil.

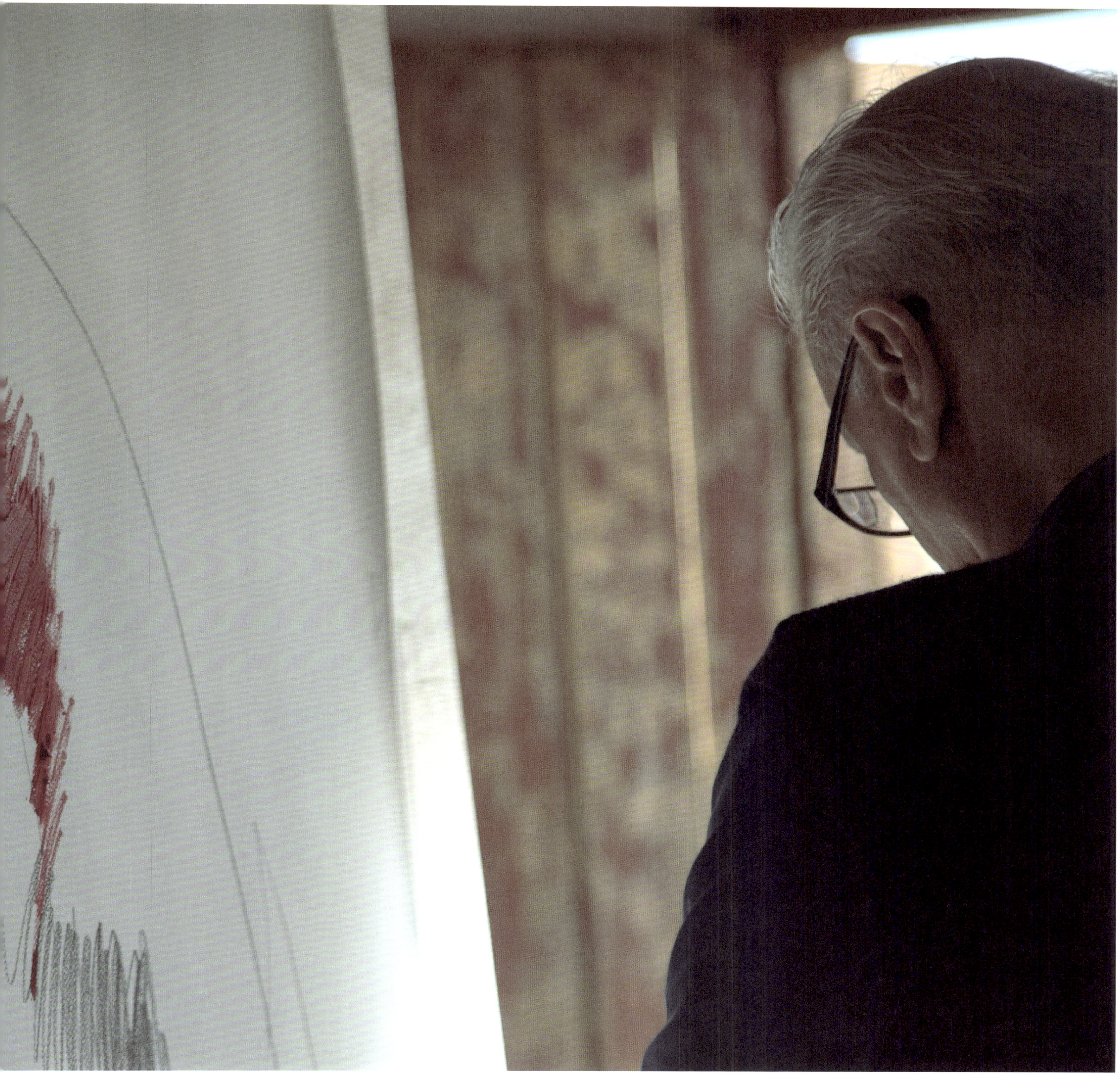

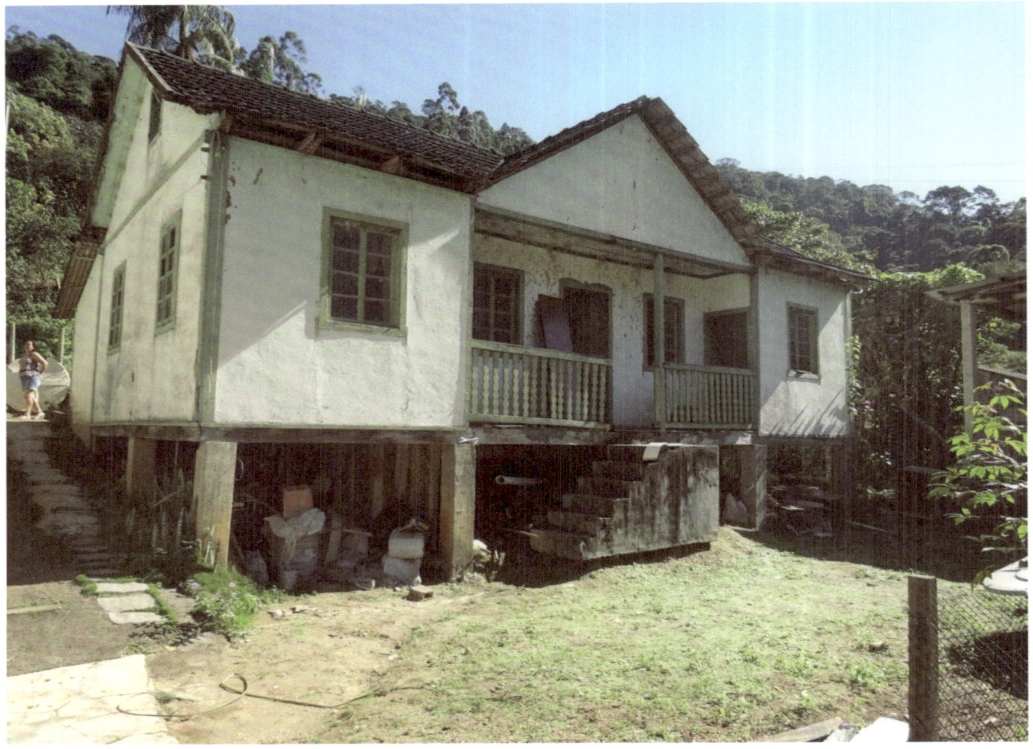
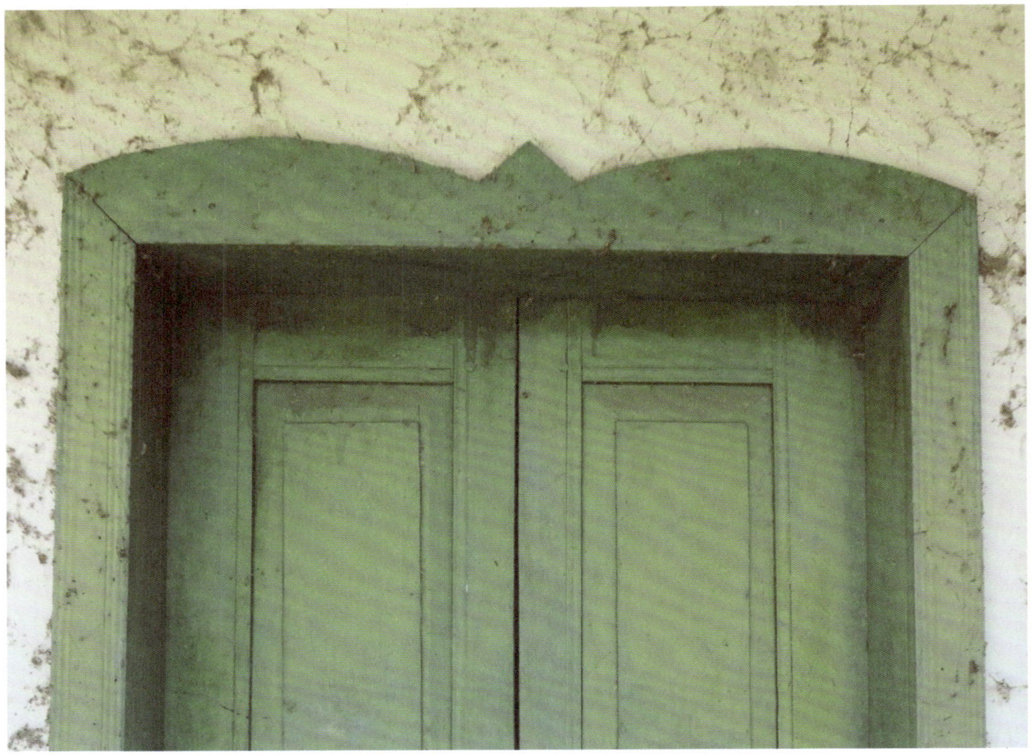
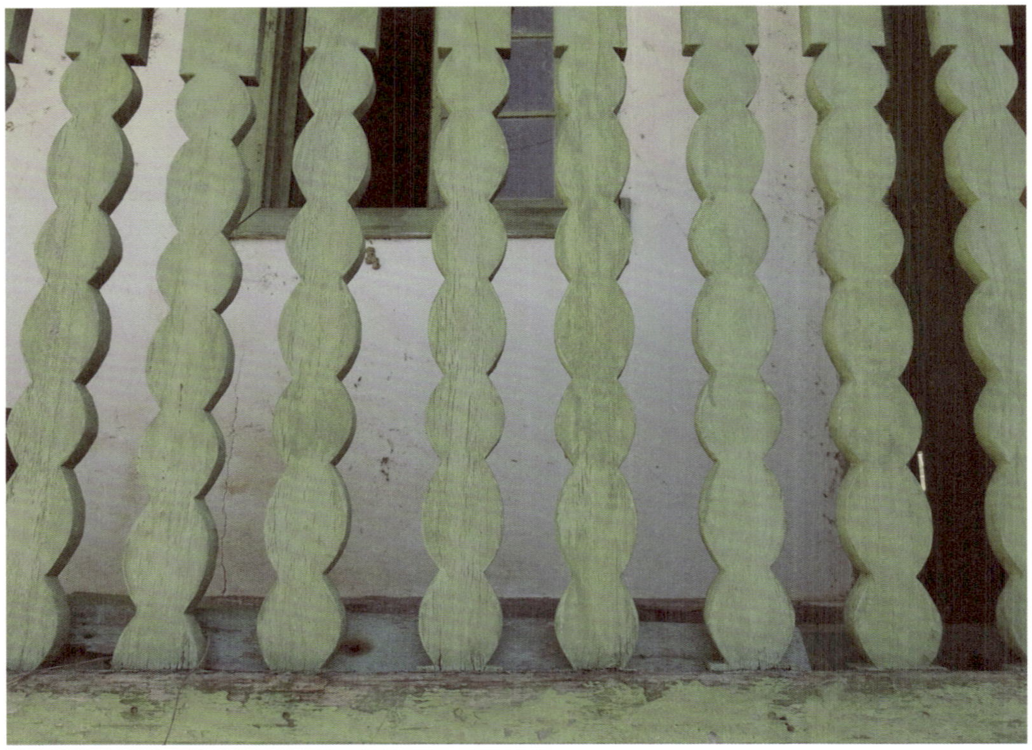
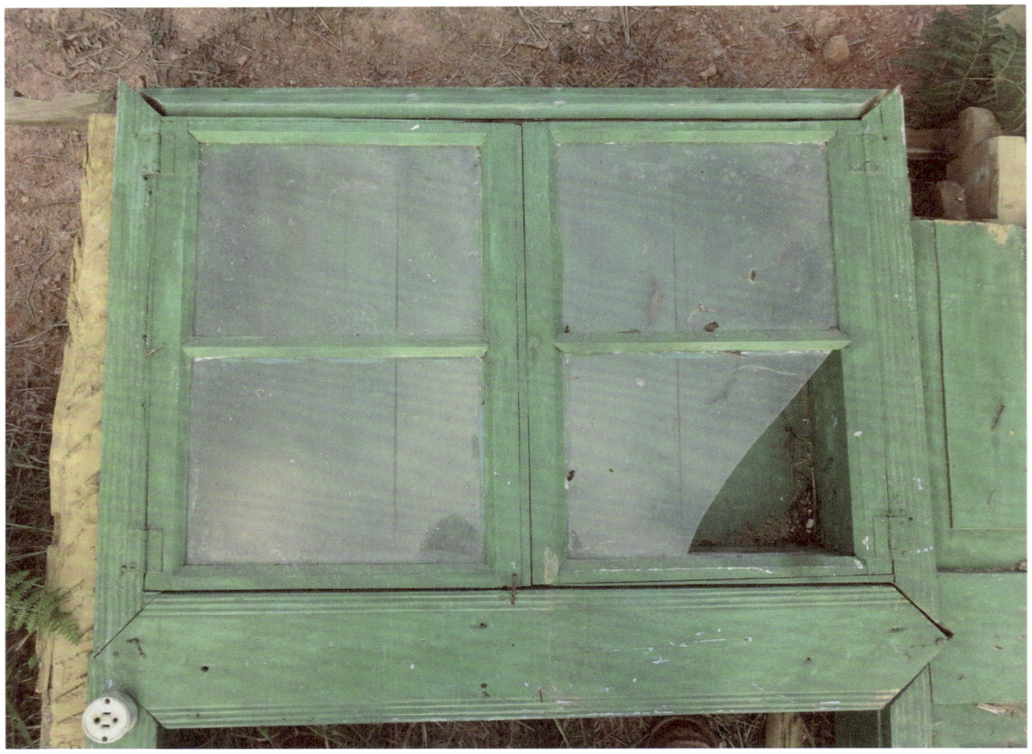

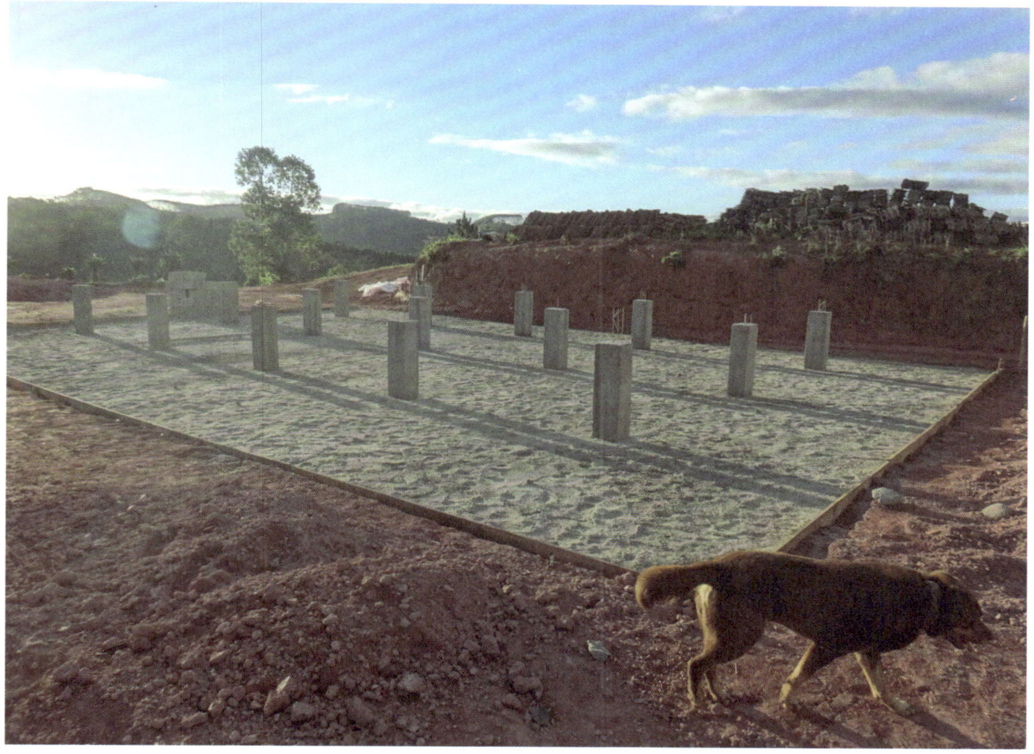

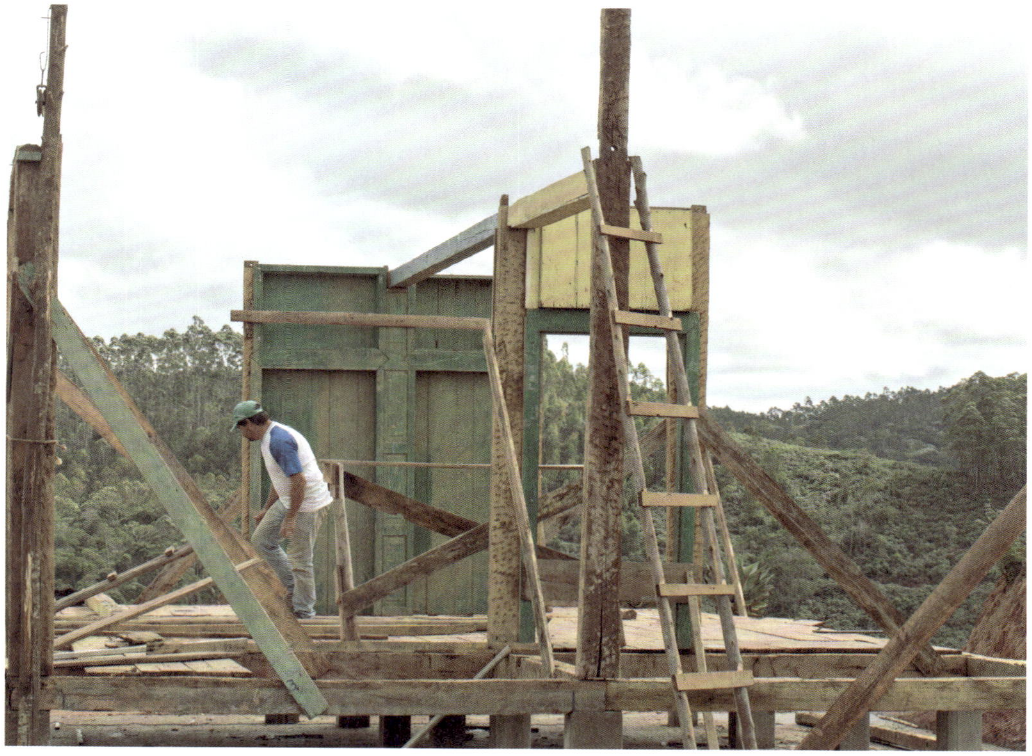

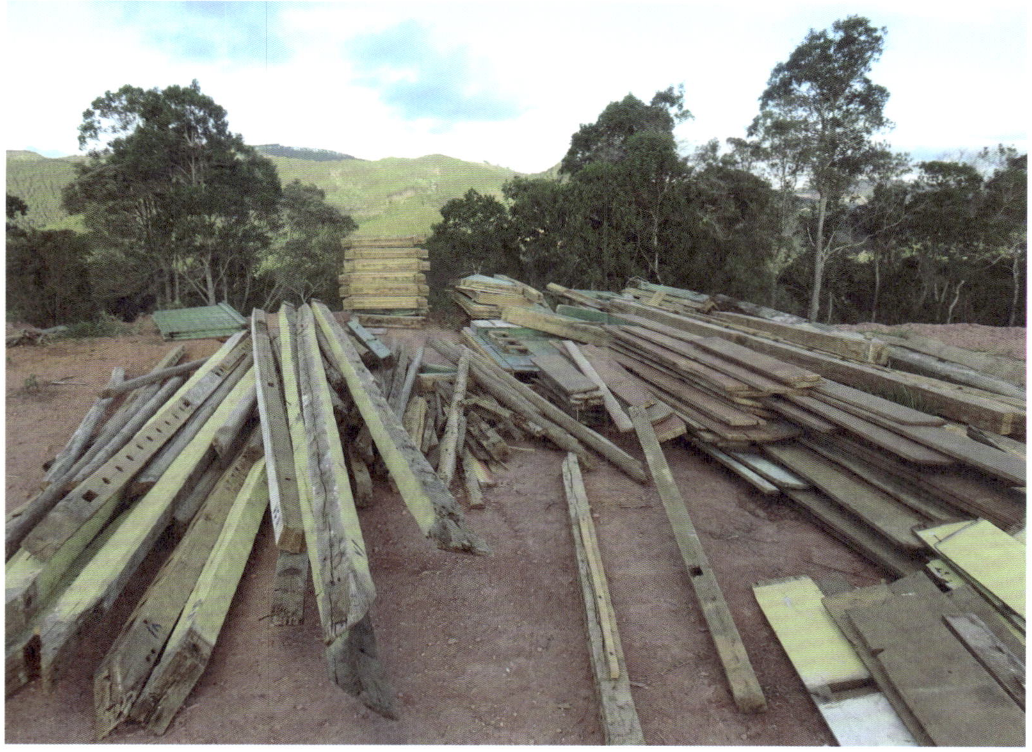

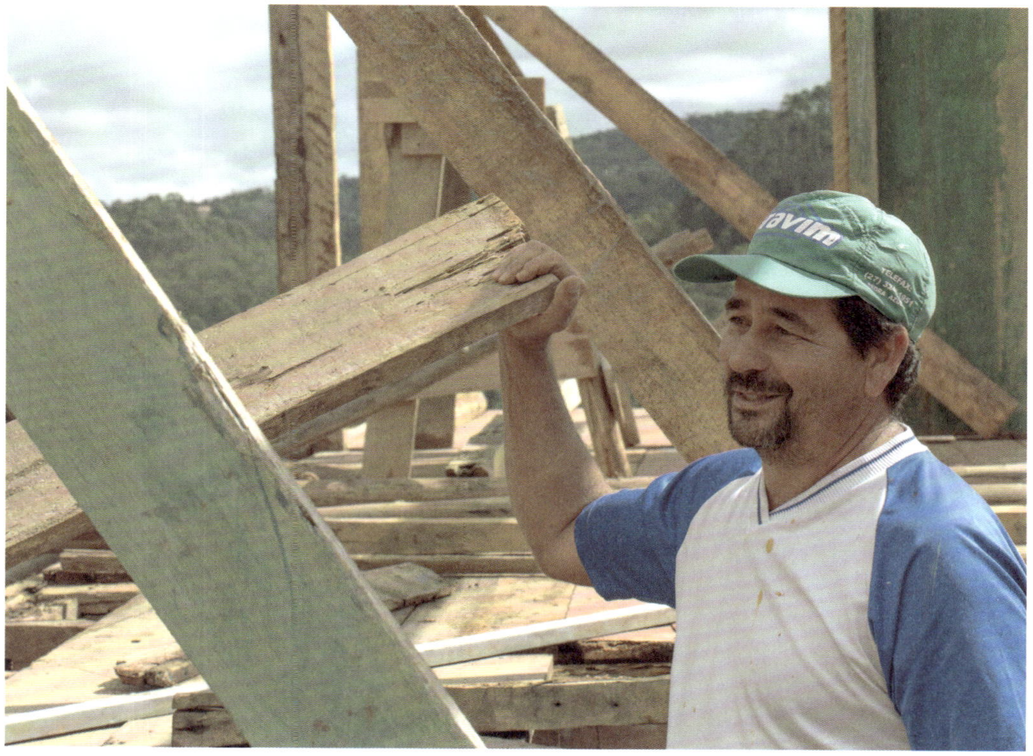

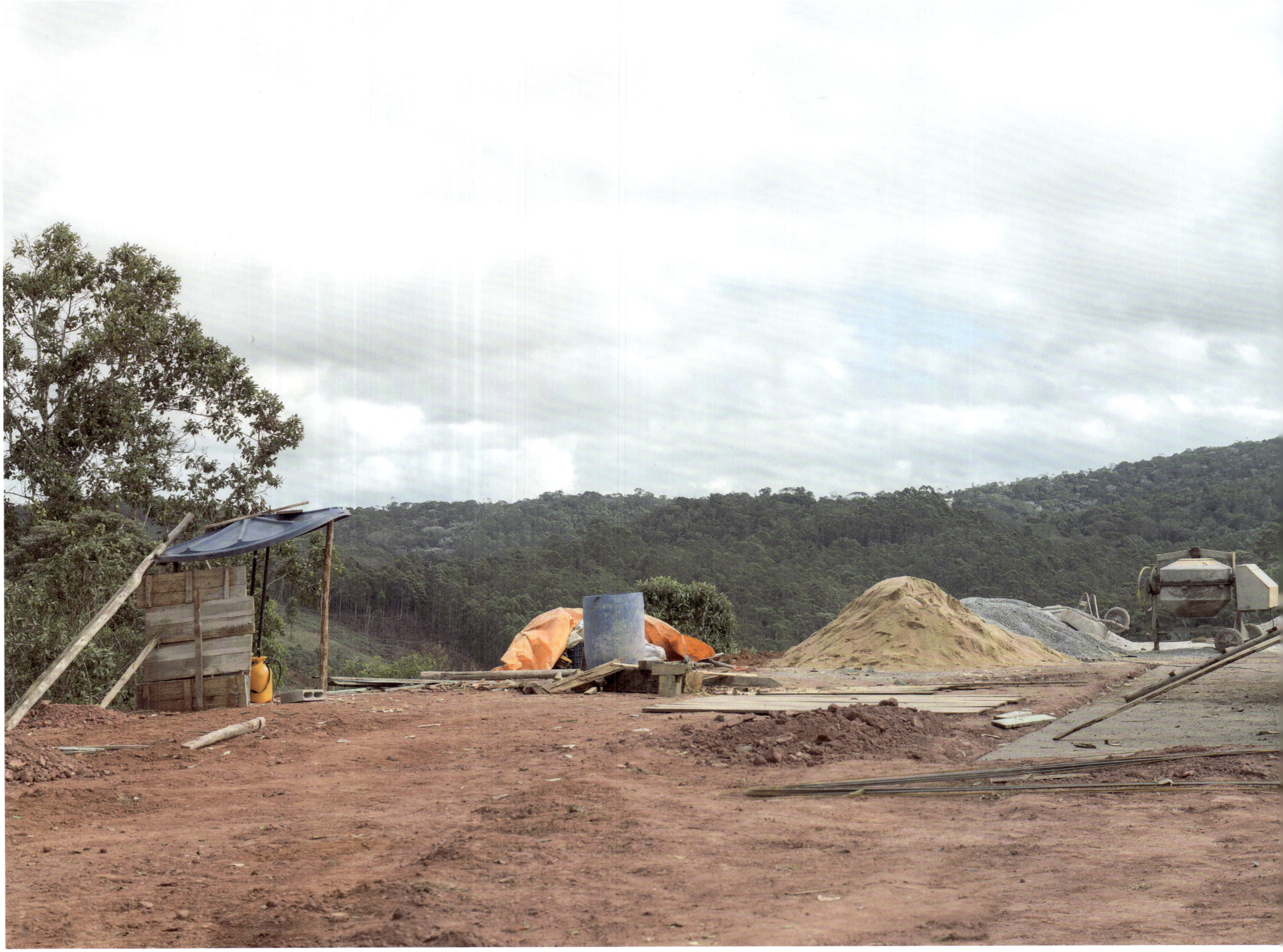

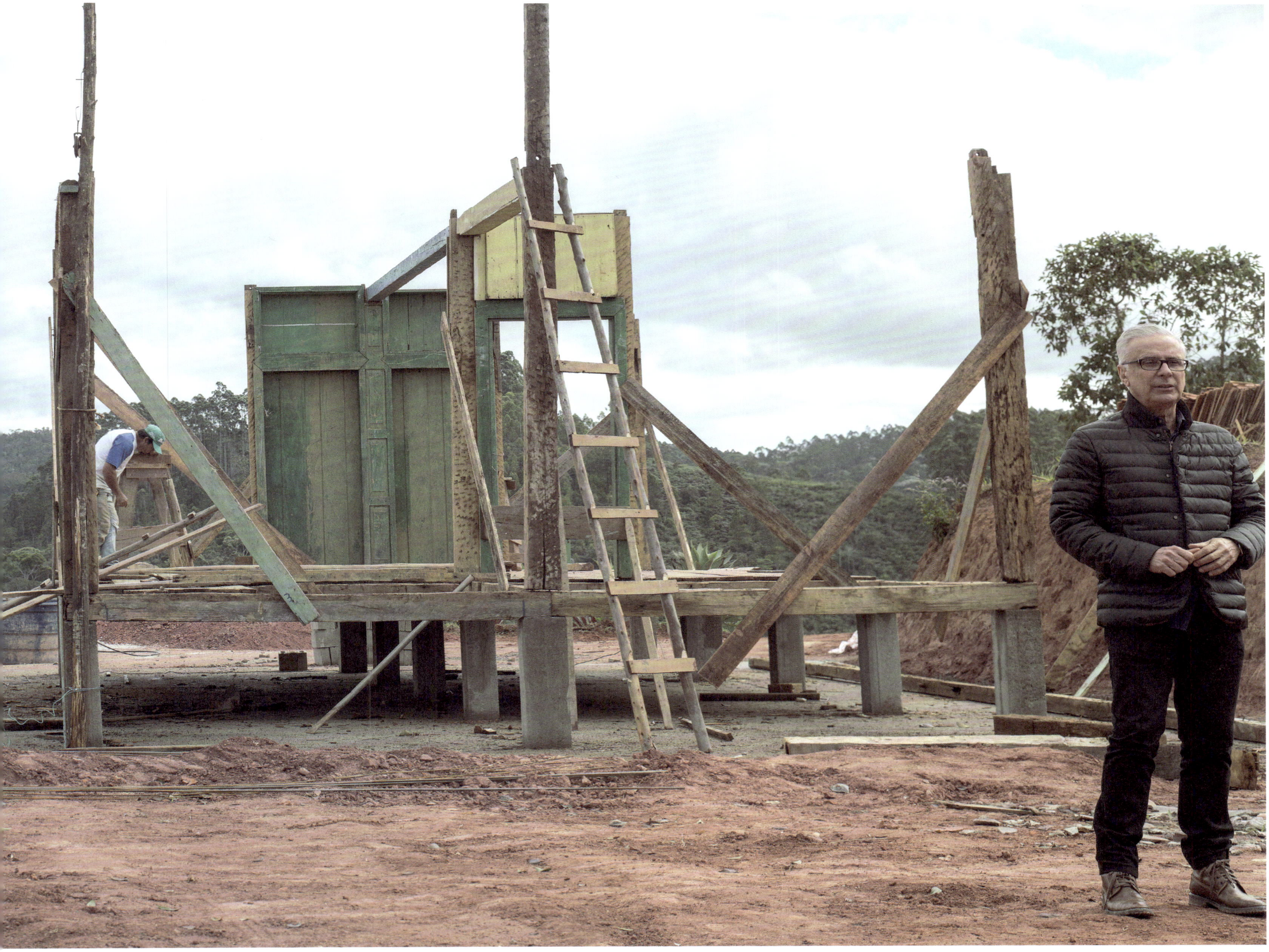

DESENHOS 2017

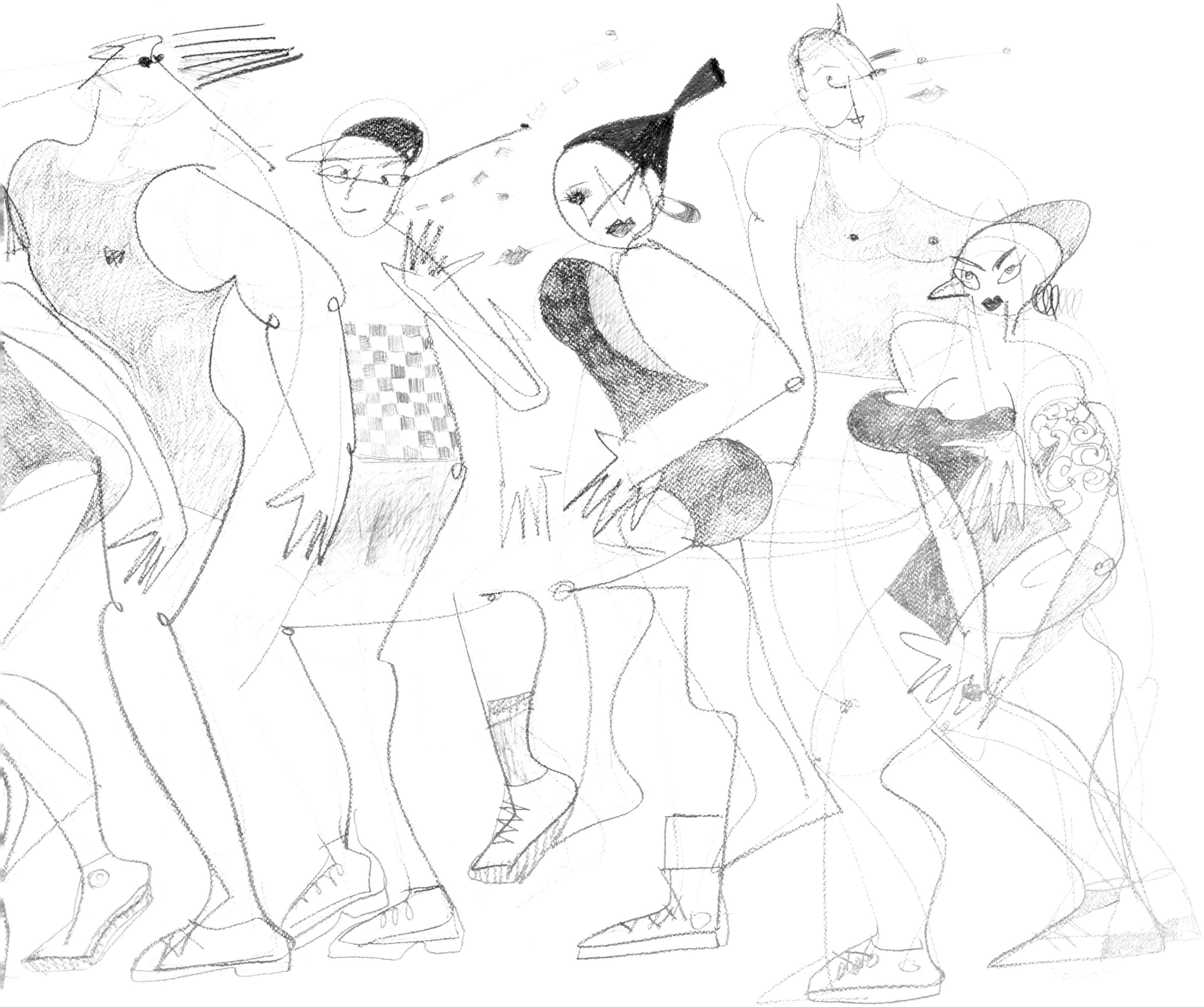

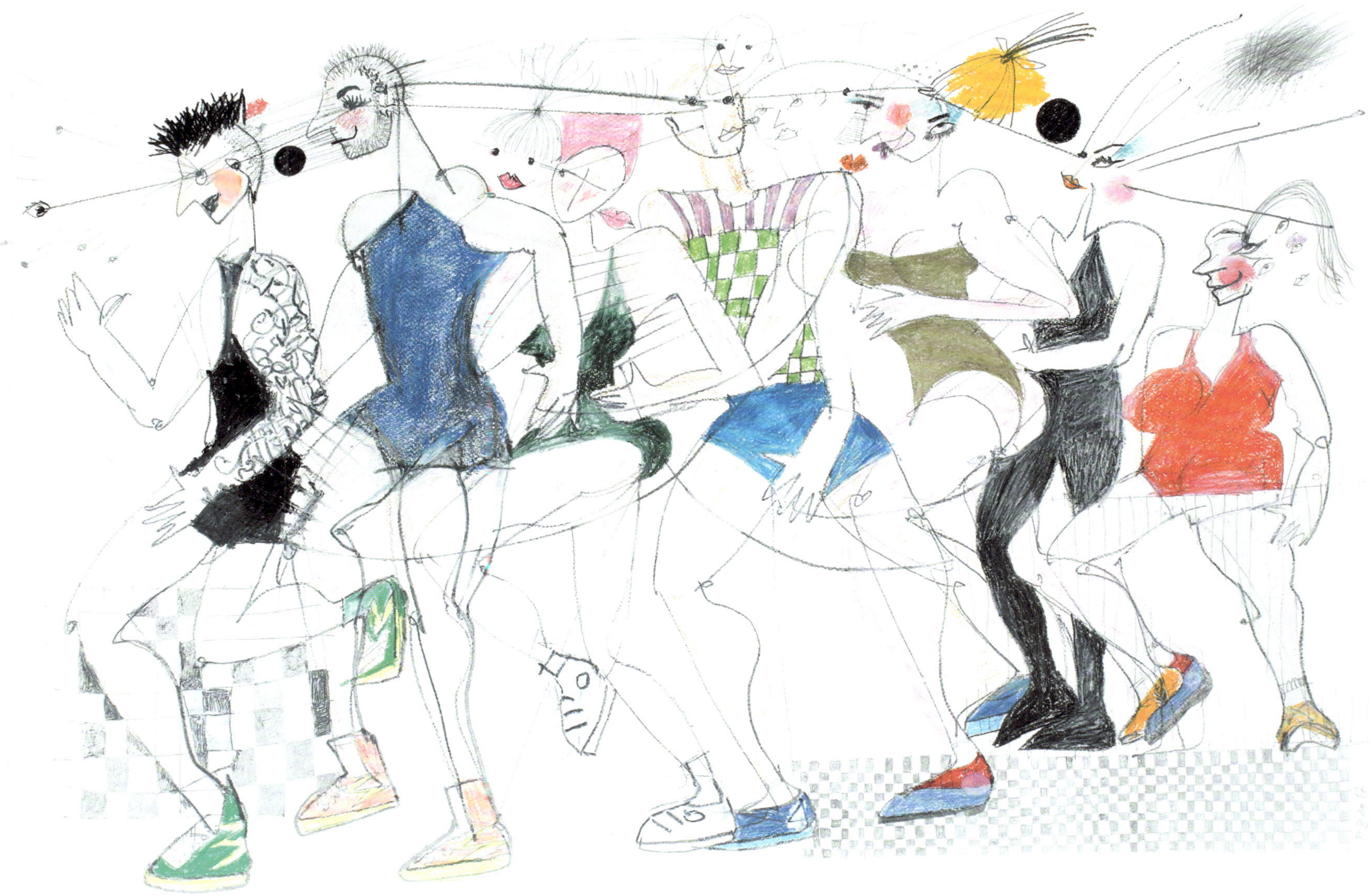

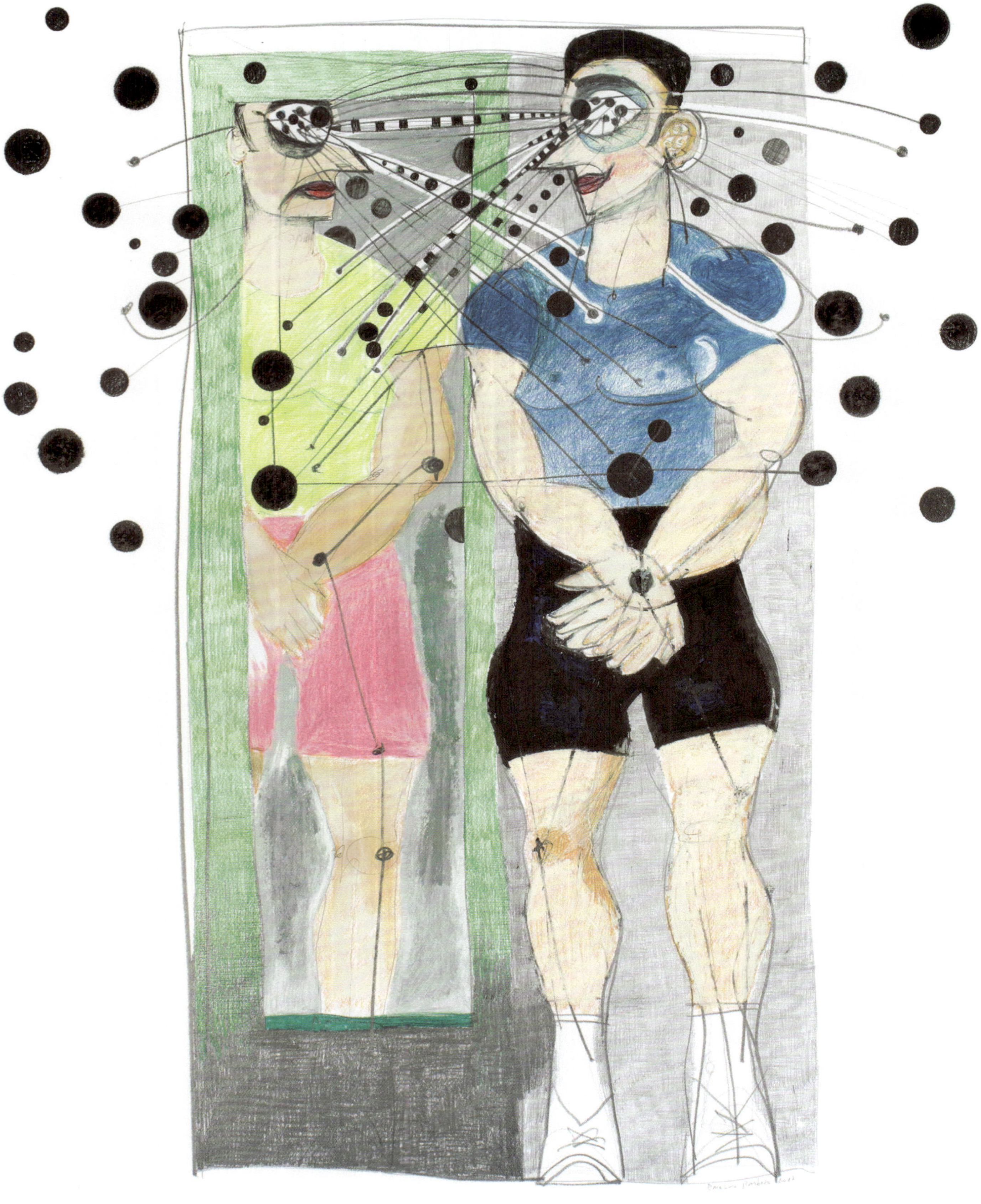

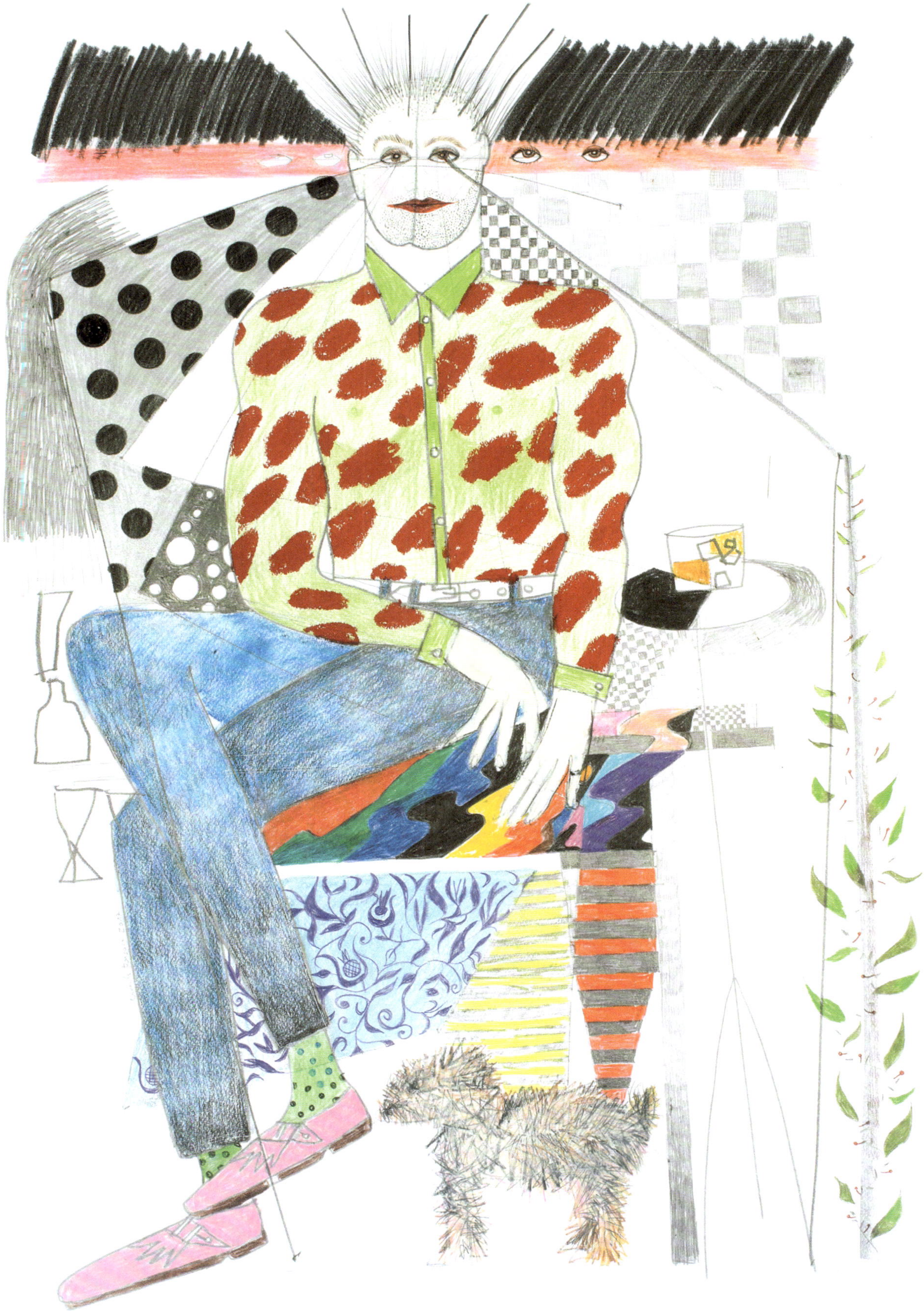

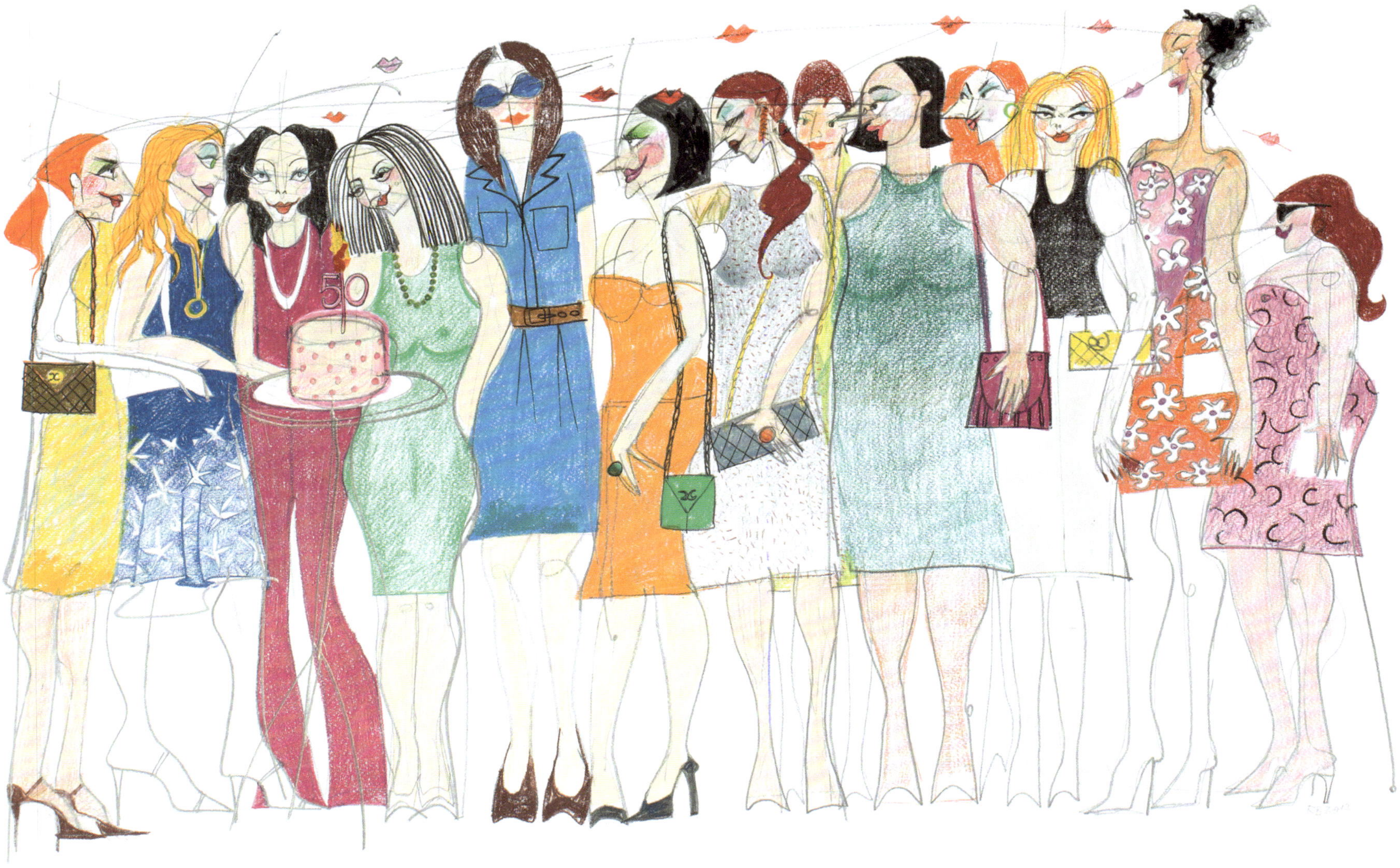
50

DEPOIMENTOS

DEPOIMENTO DE HILAL SAMI HILAL

Ronaldo Barbosa pensa muito grande e tem uma enorme capacidade de realização. Eu o conheci em 1970, no cursinho para arquitetura no Colégio Salesiano. Ele já chamava a atenção por seu desenho. Tínhamos muitas afinidades e nos tornamos muito próximos. Eu o vejo como um professor, com grande visão de mundo, capacidade, inteligência. Ele me fala as coisas, eu escuto.

Ronaldo foi precoce nas artes plásticas, muito jovem expôs na Aliança Francesa. Nós fizemos uma exposição muito bonita, em que ele fez uma homenagem ao Serenata de Amor, um bombom da Garoto, que falava da memória afetiva, recuperava a questão do pertencimento. Quando foi para Los Angeles, fazia tanto trabalhos imensos quanto umas aquarelas pequenas, que misturavam o uso de lápis grafite, num jogo de áreas mais opacas e outras mais transparentes. Parecia uma coisa indígena, ele pegava milhares de símbolos e colocava tudo junto.

Ao voltar fez o vídeo Graúna Barroca, que eu devo ter passado mais de 100 vezes para os meus alunos, ainda o Tevê Reciclada, e uma exposição na Galeria Homero Massena em que explorou linhas verticais e uma relação grande com a natureza. Ele trazia um padrão de excelência, era um aprendizado para nós.

Ele me ensinou muito a olhar, principalmente as pessoas, porque o Ronaldo gosta de olhar as pessoas. É impressionante. Passam duas velhinhas, ele vê e desenha, e por um tracinho ou outro revela quem são. Parece que entrou na vida delas, fez uma entrevista, é genial!

Ronaldo incentiva as pessoas a seu redor, ajuda a todos com sua capacidade de ver as possibilidades, de olhar o todo. Ele é meio como um anjo da guarda para mim – ele cuida, fica junto, quer ver se está direito e se não estiver ele vai falar. Eu me sinto protegido com ele. A exposição individual que ele fez do meu trabalho em 2007 foi um marco na minha vida. Ele conseguiu itinerância para Rio de Janeiro, São Paulo e Belo Horizonte, e foi um superparceiro, a exposição ganhou muito com o olhar dele, com o design que ele fez.

Ronaldo pensa a cidade. Numa época em que Bilbao explodiu com grandes montagens, grandes museus, ele percebeu que a cidade era muito parecida com Vitória, por ser portuária, e então trouxe uma exposição com maquetes para mostrar a transformação de Bilbao a partir da atenção às artes. Com isso queria sensibilizar a classe empresarial para entender o papel transformador da arte. Ele sempre enfatizou a importância que a arte tem no nosso dia a dia.

Ele tem muita experiência, viaja muito, é exigente demais com ele mesmo e com o trabalho. Ele instrumentalizou a capacidade profissional. A questão do design foi muito forte para ele. E de seu escritório têm saído grandes profissionais, ele está deixando uma escola.

O pai dele foi comerciante, e ele também teve uma loja espetacular de móveis, com a prima Márcia. Você poderia encontrar aquela loja em Paris, Nova Iorque. Ele sempre trouxe para nós a boa referência, sem ser ostentativa, é uma contribuição imensa para a cidade. Ele é o nosso orgulho, o nosso desbravador.

A Ana Maria Machado uma vez falou que um artista nunca consegue deixar de ser artista. Essa é uma boa maldição. Ronaldo se cobrou demais a respeito de sua própria produção, mas ele é predestinado, a "maldição" está ali, não tem como abandonar... A retomada recente das artes visuais em Pedra Azul, um lugar de paz, será uma grande retomada, ainda mais depois de toda uma experiência de vida e do esvaziamento da idade.

Hilal Sami Hilal é artista multimídia em Vitória.

DEPOIMENTO DE CONRADO VIEIRA

Minha empresa é de 1969, quando o mercado para trabalhos gráficos no Espírito Santo era muito pequeno, precaríssimo. Conheci Ronaldo na década de 1970. Ele tem uma estrela muito brilhante, naquela época já despontava e a preferência, a procura primeira era sempre por ele, das melhores e mais importantes empresas do estado até as médias e pequenas.

Fizemos muitos trabalhos juntos, a preferência sempre foi mútua, e assim conseguimos uma sintonia muito grande, fácil. Fizemos vários livros, belos, importantes.

Teve uma época que virou febre aqui toda mulher de empresário ou executivo bem sucedido querer fazer uma loja. Numa loja de confecção por exemplo, fazia-se desde a caixa para embalar a peça de roupa, seja feminina ou masculina, e também o papel seda que ia dentro da caixa, vencendo desafios de não termos muitas vezes o equipamento adequado para aquele papel, o que nos obrigava a um verdadeiro malabarismo para conseguir imprimir aquilo. Era um pacote: a embalagem, o papel--seda, papel timbrado, envelope, cartão de visita...

A parceria de um gráfico, como no meu caso, com um designer é a mesma do arquiteto com o engenheiro. O arquiteto cria aquelas loucuras e o engenheiro tem que se desdobrar para botar aquilo em pé. O que o designer imagina a gente faz de tudo para viabilizar.

Conrado Vieira é diretor da Gráfica GSA, de Vitória.

DEPOIMENTO DE LETÍCIA LINDENBERG DE AZEVEDO

Tive um contato maior com Ronaldo quando a TV Gazeta estava prestes a comemorar 30 anos, e eu era a gerente de comunicação da marca. A empresa cresceu em 1928 com o jornal, depois ela se expandiu em rádio, e a televisão veio em 1976. Queríamos fazer um novo projeto de identidade visual e depois de um processo de seleção escolhemos o Studio Ronaldo Barbosa.

O trabalho durou meses. Os integrantes do escritório fizeram muita pesquisa, procuraram conhecer nossa história, entrevistaram muitos empregados, ouviram as nossas expectativas, os problemas, e por outro lado analisaram referências de marcas do segmento em vários países. Todos foram muito criteriosos em observar a empresa, levar em conta as características da nossa cultura, entender e não chegar impondo nada. E o cronograma de trabalho foi cumprido à risca.

As emissoras de tevê em geral têm um padrão nós rompemos com ele, fizemos uma quebra total de paradigma. Somos uma família muito tradicional, mas na reunião da diretoria houve um encantamento com a proposta, que foi quebrando a resistência de quem era mais conservador.

O lançamento provocou grande impacto na época. Fomos alvo de muita crítica, mas também de muito apoio. E até hoje a gente ainda é objeto de estudo, principalmente na área de design gráfico e comunicação social. Muitos estudantes das universidades vêm me entrevistar sobre essa marca, os professores a usam como referência. A marca representa a primeira forma de interação do homem com o meio, a invenção da roda. O homem furou a pedra, e nisso deu origem à roda.

Ronaldo teve a ideia de fazer unidades tridimensionais porque achava que as pessoas precisavam se apoderar da marca. Esses objetos se transformaram numa espécie de um brinquedo aqui dentro. A gente fazia até dinâmica de grupo, as pessoas passavam a marca de mão em mão, e efetivamente conseguiam interagir com ela. A marca foi totalmente assimilada; ela não é nossa, é de um coletivo, do estado inteiro. Quando se encerrou esse trabalho acabamos partindo para a marca da Rede Gazeta, que também foi uma boa solução.

Letícia Lindenberg de Azevedo é diretora de Desenvolvimento Institucional da Rede Gazeta, em Vitória.

DEPOIMENTO DE JARBAS GOMES

Eu tinha 17 anos quando entrei na Universidade Federal do Espírito Santo para cursar Desenho Industrial. Fui da terceira turma do curso, que havia sido criado em 1998. Conheci Ronaldo já na primeira aula, na disciplina de Meios e Métodos de Representação Gráfica.

As aulas dessa disciplina seguiam em geral uma sequência: ele passava o tema de uma atividade que deveria ser feita por nós e depois falava sobre ele. As proposições eram variadas. Um dia por exemplo nos disse para escolher uma forma orgânica e transformá-la num pattern, reduzindo-a à forma mais simples possível. Outro dia passava um exercício só com linhas. Então pegava nossos desenhos e ia comentando. Vangloriava uns, destruía outros, decupando o que estava bom ou ruim. Todo mundo gostava, tanto que terminava a aula e ninguém ia embora, nós muito curiosos e ele cheio de informação.

Era comum suas aulas se transformarem em palestras sobre o mundo, a vida, o design... Ele dizia: "Olha, se você não tem essa sensibilidade, tem que ser médico; se não tiver uma ligação com olhar das coisas, pode ser bombeiro; se não estiver ligado na beleza vá fazer educação física...". Ou seja, ele ia norteando a gente, mostrando o caminho.

A maioria dos professores não atuava fora da Universidade, mas o Ronaldo tinha participação no mercado, então se tornou uma referência para os alunos. Em 2003, depois de um período no Senai, ele gostou de uns trabalhos de identidade visual que fiz e consegui um estágio com ele.

No início não foi fácil trabalhar no Studio, ele sempre foi muito rápido e eu lento, e não tinha experiência. Aos poucos me senti mais seguro e fui implantando melhorias tecnológicas, e um tempo depois vimos que, para crescer, o escritório precisava ter melhor desempenho do ponto de vista do negócio. Fui então cursar um MBA de gestão empresarial na Fundação Getúlio Vargas. A partir daí foi possível conciliar a percepção profissional do Ronaldo com um pensamento estratégico empresarial, o que nos capacitou para fazer trabalhos de grande porte.

Um projeto emblemático e de grande complexidade técnica foi o Espaço Brasil, em Paris. A projeção internacional obtida ali permitiu que outros viessem a reboque, como alguns museus e o Vale em Cores. Nesse projeto em especial tínhamos que estar em total sintonia com os contratantes, falar de igual para igual quanto aos fluxos de trabalho, quanto à interlocução em questões de negócios, e conseguimos.

O Ronaldo poderia ter sido um grande designer no Rio, mas veio para Vitória. E por quê? Porque aqui é difícil! Ele é movido a desafio, adrenalina, vira noites. Da mesma forma que consegue entregar um museu de três mil metros quadrados, como o Museu da Cachaça, faz em 17 metros um trabalho de extremo bom gosto e competência, como é a Casa do Compadre, em Aracê. Da mesma forma que faz um Brasil na França, projeta um pesinho de papel... Para mim, isso é proposição de valor, flexibilidade. E em todos os projetos se preocupa com tudo, até a minúcia, o detalhe...

A Casa do Compadre é um canal de venda e também de serviços, de relacionamento, uma amostra do que o Ronaldo é capaz de fazer. E lá na região serrana ele está retomando o lado artista. Aqui em Vitória não era o lugar para se soltar artisticamente. Porque desenhar, pintar, não é só chegar lá na mesa, sentar e fazer. Você tem que respirar, ficar dias sentindo o lugar, buscar paz de espírito. O Morro do Canário trouxe a paz de espírito e a arte vem sempre a reboque. Na verdade, ele é a arte, não é separado.

Não consigo ver o Ronaldo como chefe, ele é sempre um professor. Vai encantando todo mundo e levando todo mundo junto com ele!

Jarbas Gomes é designer e mestre em administração pela Fucape Business School. É gestor do Studio Ronaldo Barbosa, em Vitória.

DEPOIMENTO DE MARIA ALICE LINDENBERG

Participo do Conselho do Museu Vale e pude ver como ele foi se desenvolvendo para se tornar nacionalmente conhecido. Ronaldo Barbosa faz uma excelente seleção dos artistas a serem expostos e também sabe levantar o interesse das pessoas para irem lá. Ele tem uma facilidade enorme de se relacionar, tem muito talento e é profundamente organizado, o que é fantástico num artista. Tudo o que ele faz é com muito método, muito objetivo, visando sempre chegar a uma finalidade.

O Museu recebe escolas dentro de uma programação muito bem feita, com transportes e tudo; e depois cobra dos professores o aproveitamento daquela visita. Foi um grande projeto didático para ensinar o capixaba a visitar museu, porque não havia esse hábito aqui. Em Vitória havia exposições, mas modestas, feitas em salas pequenas; o Museu Vale se estabeleceu num novo patamar e levantou o interesse do capixaba pelas artes plásticas.

Ronaldo tem a capacidade de impor uma credibilidade ao projeto. Ele faz tudo da melhor maneira possível, com um capricho fora do comum. Além de tudo, é uma pessoa carismática. Não existe ninguém aqui que não goste do Ronaldo. Ele é um ótimo amigo, e eu fiquei muito feliz porque ele reformulou as nossas marcas, fez um trabalho muito bom. Ele é o tipo de pessoa que só dá tiro certo.

Maria Alice Lindenberg é assessora de Desenvolvimento Institucional da Rede Gazeta, jornalista e conselheira do Museu Vale. Reside em Vitória.

DEPOIMENTO DE PAULO PORTELLA FILHO

O propósito educativo dos museus é muito enfatizado por Ronaldo Barbosa no Museu Vale, desde sua origem até o desenho finalizado de um projeto singular praticado a partir de 2003, com abertura do galpão dedicado à difusão da arte contemporânea brasileira. Em atualização permanente, essa atuação merece ser alinhada a ações historicamente associadas a outros diretores de museus nacionais, como Aracy Amaral, Mauricio Segall e Ana Mae Barbosa, que souberam gerar, cada qual à sua maneira, nas instituições que dirigiram, uma atualização da abordagem instituída com notoriedade por Pietro Maria Bardi, em 1947, com a criação do Museu de Arte de São Paulo.

Cabe lembrar também as ações desenvolvidas no contexto de práticas significativas contemporâneas, como aquelas capitaneadas, por exemplo, na Pinacoteca do Estado de São Paulo, por Marcelo Mattos Araújo; no Museu de Arte Moderna de São Paulo, por Milu Villela; no Museu de Arte Contemporânea de Niterói, por Guilherme Vergara; ou mesmo aquelas do Museu de Arte Contemporânea do Instituto Inhotim, em Minas Gerais, e da Fundação Iberê Camargo, no Rio Grande do Sul. Em seu conjunto, elas vêm gerando internacionalmente para o país uma posição destacada na área museológica, tanto pela originalidade quanto pela exaustiva produção realizada.

No caso de Ronaldo Barbosa no Museu Vale, é de se destacar a ousadia da criação de uma referência de porte, em arte, fora dos eixos tradicionais no país. Tive a oportunidade de trabalhar com o Museu, como autor convidado para o desenvolvimento dos programas educativos, em três ocasiões: em 2007, na mostra Ficções, de Regina Silveira; em 2011, em Anticorpos, dos Irmãos Campana; e de 2011 a 2013 no Projeto Wholetrain. Enquanto as duas primeiras ações disseram respeito a uma interação local/estadual, envolvendo dezenas de professores e centenas de estudantes, a outra me permitiu o desenvolvimento de um programa educativo expandido, envolvendo professores, escolas e estudantes de oito cidades e quatro estados brasileiros. Tendo a obra de osgemeos como deflagradora, essa ação se desenvolveu sobre os vagões dos trens de passageiros da Vale, em etapas referentes aos trajetos Vitória/ES-Belo Horizonte/MG e São Luís/MA-Parauapebas/PA. Essa ação itinerante foi realizada sem nunca perder de vista a epicentralidade do Museu Vale no compromisso com arte contemporânea e educação. Um compromisso que gera um dos programas de residência em arte e educação dos mais destacados e continuados do país, senão mesmo o único.

Esse conjunto de práticas me permitiu a convivência com um ser radicalmente comprometido; com um espírito rigoroso e flexível; com um profissional presente e amado por suas equipes de trabalho; de aguda e informada sensibilidade para as questões sociais e comunitárias emergentes da vizinhança imediata, ou não, ao Museu que dirige; possuidor de um refinamento singular para abordar questões museológicas e de uma sabedoria exclusiva para tratar a beleza; de trato amistoso, solidário e de uma generosidade ímpar. Ronaldo Barbosa, de quem me tornei amigo, também tive como um dos meus melhores professores e colegas de trabalho.

Paulo Portella é artista educador e museólogo.
Foi diretor do serviço educativo do Museu de Arte de São Paulo (Masp).
Reside em São Paulo.

DEPOIMENTO DE FABIO BRASILEIRO

Designer reconhecido e celebrado nacionalmente, Ronaldo Barbosa está à frente do Museu Vale desde a sua concepção, há 18 anos. Sua atuação e ampla experiência profissional certamente foram fundamentais para que o museu se tornasse referência para a preservação histórico-cultural do patrimônio ferroviário e para o desenvolvimento da cultura e da arte contemporânea no Estado.

O Museu Vale está instalado na antiga Estação Ferroviária Pedro Nolasco, às margens da baía de Vitória, em uma área tipicamente industrial e portuária, em Vila Velha. Criado em 1998, além de preservar a memória da Estrada de Ferro Vitória a Minas, o museu atua na formação de jovens e como indutor de atividades culturais na região. Essa importante função é confirmada pelo expressivo número de visitantes do museu, que em 2015 recebeu mais de 120 mil pessoas.

Gerido pela Fundação Vale, cujo objetivo é contribuir para o desenvolvimento socioeconômico das comunidades onde a Vale opera, a atuação do museu é focada em valorizar e fortalecer as identidades culturais regionais, integrando os moradores nas atividades e programas realizados.

Fabio Brasileiro é diretor da Vale e membro do Conselho de Administração do Museu Vale.

DEPOIMENTO DE ANA COELI PIOVESAN

Eu aprendi muito com o Ronaldo, acho que 50% da vida da Galeria eu devo ao Ronaldo. Ele me ensinou a criar algumas coisas e deixar de fazer outras. É fantástico conviver com ele! Eu sou mineira de Fonte Nova, na Zona da Mata, região de Ouro Preto, de mais de 400 anos. Então, sempre gostei muito de antiguidades, fui criada naquele meio e, por isso, vinha naquela visão mais barroca, mais clássica... E o Ronaldo modernizou o meu olhar, ele foi abrindo o meu campo de visão.

As demandas do design cresceram muito no Espírito Santo. Eu me lembro que antigamente era comum uma empresa, por exemplo, de café, ter como marca aquele raminho de café na letra principal do nome da família... Quando as empresas começaram a se modernizar, começaram a procurar o Ronaldo para fazer a comunicação visual. Ele é responsável por grande parte da modernização do comércio capixaba, as pessoas passaram a ter vergonha quando não tinham uma boa comunicação. Ele nos educou!

O Espírito Santo está espremido entre Bahia, Minas e Rio de Janeiro, estados de fortes tradições culturais (...). Até há pouco tempo, o grande ícone do Espírito Santo era o Convento da Penha, porque outros monumentos culturais nem são tão valorizados. Por isso, a presença do Ronaldo é decisiva – primeiro, porque ele tem a qualidade e o preparo para produzir e, segundo, porque ele traz pessoas de alto nível para mostrar. Ele não quis fazer como muitos, mostrando só a si mesmo, se repetindo... Não! Tanto que já me aconteceu de estar no Guggenheim, em Bilbao, e ficar orgulhosíssima de ver em currículo de artista 'Museu Vale, Vitória – ES'.

Ana Coeli Piovesan é advogada, proprietária da Galeria Ana Terra e conselheira do Museu Vale.

DEPOIMENTO DE OLINTA CARDOSO

Acompanhei a atuação de Ronaldo Barbosa não só como diretora da Fundação Vale, à qual o Museu Vale está vinculado, mas também como diretora de comunicação da Vale. Estar nessas duas funções facilitou muito entender o papel do Museu e seu valor de retorno de marca.

Nos escritórios da empresa no Rio de Janeiro, a informação que a gente tinha era de que se tratava de um museu da memória ferroviária, o que é muito importante para a Vale. Quando fui ao Espírito Santo vi que era mais do que isso. Me impressionei com o trabalho de arte-educação, que estava conseguindo construir vínculos com a comunidade do entorno, com a comunidade da arte e da cultura. Isso num momento em que eu percebia que o vínculo com o território era um valor importante a ser trabalhado.

O Ronaldo é de uma grande sensibilidade, ele respeita profundamente as diretrizes, os acordos institucionais; porque é um artista que está dentro de uma grande empresa, ele sabe respeitar esses códigos e isso facilita muito o trabalho. Ele tem muita clareza de gestão, de resultado, do investimento que é colocado, do retorno desse investimento. Eu não tinha que fazer nada, a não ser, dentro da minha responsabilidade, facilitar aquilo que estava pronto.

Foram grandes ideias, um museu ferroviário aberto com um espaço de arte contemporânea, com grandes intervenções – apesar do espaço não ser tão grande – mas com uma exploração de espaço singular porque ele disponibiliza tudo aquilo que tem, espaço interno e externo. Um Museu que trabalha arte e educação, que faz um trabalho com a comunidade do entorno que é vulnerável e de risco. Que respeita o espaço e que além de tudo estava proporcionando reflexões superimportantes. Quando ele veio com a ideia de fazer os seminários internacionais, eu achei fantástico.

Nesse tempo que trabalhamos juntos, o Ronaldo pensava tão grande quanto a Vale, e isso é fundamental. A gente teve a oportunidade de trabalhar nesse período junto com o Roger Agnelli, que pensava muito grande, então as respostas das equipes que trabalhavam junto com ele tinham que ser à altura. Então, o Ronaldo trabalhou para a Vale, dentro da grandeza que cabia a ele, que era o negócio da arte contemporânea, para uma dimensão que ultrapassou e muito os limites do Espírito Santo. No Brasil, o Museu é uma referência em arte contemporânea. Cildo Meireles, Tunga, os grandes nomes estiveram lá.

E aí, quando veio o projeto de seminário internacional, ele coroa isso, na dimensão da Vale. Nos seminários ele aborda a arte contemporânea numa perspectiva singular. Ele traz reflexões sobre significados, e para a gente de comunicação foi um prato cheio para olhar para a arte com criação de significado, que nada mais é do que o trabalho nosso do dia a dia. Ele juntou a arte contemporânea com a filosofia, trouxe pessoas de fora, estava à altura da expectativa que se tinha na Vale naquele momento.

O valor de lei de incentivo investido no Museu dava um retorno acima do esperado. Havia cobertura da Globonews em cada exposição, a mídia nacional tinha cobertura espontânea nos cadernos especiais de todas as exposições, além de ser um ativo de muito orgulho para o capixaba.

Além disso, o Ronaldo sempre participou, e acredito que continua participando, daquilo que envolve a criatividade dentro da Vale. Por exemplo, o projeto de pintura dos prédios da empresa em Omã, no Oriente Médio, onde prestei serviço após sair da Vale, em 2009.

Continuo acompanhando o trabalho dele como designer e como artista, com uma visão e uma sensibilidade diferenciadas, pois faz questão de trazer os vínculos com o território o tempo todo, e isso para mim tem um valor muito grande, porque acho que quanto mais a gente conhece da onde a gente vem e para onde a gente vai, a gente sabe aquilo que a gente quer levar com a gente. E se aquela história que a gente construiu tem valor para gente, a gente precisa resgatar para poder recontá-la, criando outras narrativas. E essas outras narrativas que o Ronaldo traz, seja nas artes, seja no seu trabalho com influência das artes no design, faz com que ele ofereça ao estado dele, um trabalho não solto ou desconectado, mas de construção de um vínculo profundo com as pessoas, que se reconhecem naquilo que ele faz.

Em sua opção recente de ir para a serra para construir a Casa do Compadre e trabalhar junto ao Instituto Jutta Batista, ele traz as pessoas para sonhar com ele, para ver resultados junto com ele. Eu vejo o Ronaldo como um grande operador de transformações, sem fazer barulho. Apesar de ser capixaba, ele é "muito mineiro", não fica contando os seus feitos, mas todos esses feitos revelam muita coerência.

Olinta Cardoso é diretora executiva da Matizes Comunicação, em São Paulo. Foi diretora de Comunicação da Vale de 2004 a 2009 e diretora da Fundação Vale de 2004 a 2007.

DEPOIMENTO DE ELEONORA SANTA ROSA

Homem de pedras de toque, de lavra fina, de artesanal maestria. Autor de trabalho esmerado, sentido aguçado, de certeiro veio. Conheci primeiro sua obra no imponente Carreau du Temple, em Paris, durante a programação dos eventos do ano França/Brasil.

Inesquecível, deslumbrante, acachapante seu cenário-estante, de tamanho inusual, habitado por extraordinárias imagens calcadas em imaginários fundos, esculturas de cerâmica e madeira transbordando a arte popular brasileira. Arrebatada pelo impacto de seu trabalho, quis conhecê-lo de perto e na esteira das artimanhas do destino fincamos uma sólida amizade em marcantes parcerias.

A primeira, a expografia do Museu da Cachaça, em Salinas, terra de gente forte e de gosto agreste, resultou intensa. Em exercício de percepção acurada da realidade local, ousou e arrebatou a cena com doses de singular leveza e graça, fruto de quem domina a fatura da boa comenda. Depois, novo convite, dessa feita para o Museu da Liturgia, na bucólica histórica Tiradentes, onde urdiria delicada e precisa museografia.

Estive em muitas de suas exposições e assisti ao seu ritmo frenético na composição de curadorias, debates e na luta em defesa da pluralidade da ocupação do 'seu' museu-trincheira. Incontestes é seu legado, exemplo de engenho puro na construção de conexões e diálogos de alta voltagem artística e ousadia conceitual.

Agora, recém-reencontrado com sua própria produção, em seu espaço-esteio, em meio à encantada serra da Pedra Azul, nos domínios de sua pomerana casa, continua a mil, laborando, instigando e mantendo de pé a cultura viva. Mil vivas a você!

Eleonora Santa Rosa é jornalista e produtora cultural.
Foi secretária de Estado da Cultura de Minas Gerais.

de patos, como lavavam roupas... E deixava um dever de casa para elas resgatarem sua história e transformarem num desenho. Saiu cada coisa linda...Era um trabalho de aproximação, não queria que falasse intervenção.

As pessoas ficaram muito orgulhosas dele, e agradecidas. Porque ele não é aquela pessoa que fica distante, ou então falando num telão... Ele sentava com as pessoas, abraçava as voluntárias, fazia com que elas se soltassem. Ele é jurado da festa da Rainha da Polenta, acha isso o máximo...

Ronaldo faz muita divulgação do trabalho daqui. Traz pessoas de fora para ver, para comprar; traz artistas como a Rosilene Ludovico, que ficou encantada com nosso trabalho e levou almofadas bordadas pelas voluntárias para uma galeria de arte na Alemanha. Também faz questão de colocar nossas coisas na casa dele e de levar nossos trabalhos para as cidades aonde vai, tem orgulho de participar do Instituto.

Ronaldo senta perto de uma pessoa humilde como se ela fosse muito importante. Ele ficou muito amigo de uma vovozinha de Afonso Cláudio, sabe a história daquela mulher de ponta a ponta; e a orientou a reviver sua história. Ela contava: "Na minha casa a gente usava um pano pendurado na cozinha, onde enfiava os garfos, a colher..." E ele: "Pode fazer esse pano!" E ela botava umas vaquinhas soltas. Muitas pessoas compraram esse pano....

Marlene Piazzarcllo Zandonadi é superintendente executiva do Instituto Jutta Batista da Silva, com sede em Venda Nova do Imigrante, ES.

DEPOIMENTO DE SHIRLEY PAES LEME

Nas mãos de Ronaldo Barbosa, o Museu Vale é um museu de arte contemporânea na sua essência. Primeiro que não é um cubo branco. Segundo, que você pode fazer o que quiser, só não pode derrubar o prédio! Por ele ser artista e criador, ele respeita muito os artistas. É um museu de primeiro mundo, que tem uma equipe, mas é o olhar do Ronaldo que guia tudo. Ele é muito cuidadoso, vai até o detalhe do corte da grama... Tudo muito arrumado, certo, preciso, correto.

Ele me convidou a fazer uma exposição lá em 2000, mas eu queria ter mais tempo para me dedicar ao projeto, principalmente com a comunidade local, então ela saiu só dez anos depois. Minha ideia foi derrubar a parede do museu virtualmente, criando uma confusão virtual-real. Ele não tem tipo de senão...você pode fazer o que quiser, dentro do projeto.

Eu crio trabalhos em contexto com o lugar. Lá eu não só criei a obra no espaço do Museu, mas para a cidade. Dei o nome de Água Viva, como no livro da Clarice Lispector. Fiquei um ano indo e voltando na preparação da exposição, e depois de aberta dei cursos e palestras no próprio Museu para os professores, para a comunidade local, para as paneleiras de barro com quem trabalhei e com as quais criei um laço afetivo muito forte.

O trabalho do Museu Vale atinge não só a comunidade artística brasileira, mas a comunidade da cidade. Às vezes eu pegava um táxi, e o taxista falava que foi lá quando era criança, porque a escola levou. Às vezes pessoas preconceituosas falam que lá é muito popular, mas tem que ser popular, isso é que é legal no projeto.

Os museus em geral são engessados, e o MV não tem engessamento nenhum. Como diretor, Ronaldo deixa o artista livre, e sempre propõe coisas além do estabelecido. Assim o Museu não fica estagnado, mas avança. Não é um mero museu que guarda peças, mas um espaço experimental, de liberdade criativa. Nesse sentido, o Museu foi vanguarda no Brasil. Muito antes de Inhotim, trabalhou com conceitos de instalação. Isso se deve ao Ronaldo, que é curioso, estudado, antenado. Ele viaja para ver grandes exposições, está sempre buscando referências, sabendo o que está acontecendo no mundo. Hoje as pessoas circulam mais, mas muito antes ele já circulava.

Agora ele está fazendo um trabalho comunitário com as bordadeiras da serra capixaba. É aquilo que o Tostoi fala: "Para você ser universal, começa a pensar na sua aldeia". Ele está pensando na aldeia, pensando do lugar de onde ele veio, do lugar onde ele se fez. Tudo o que ele pensa é muito interessante, porque é sempre o Espírito Santo, seja Vila Velha, seja Viana, Serra ou Vitória.

É muito bacana o Ronaldo ter orgulho de ser cidadão capixaba, e ele está sempre tentando promover o estado. Ele sabe valorizar os capixabas que precisam ser valorizados. Com generosidade, para estar nesses cargos a pessoa tem que ser generosa.

As energias confluíram para Ronaldo dirigir museus, e ele faz bem, mas nunca deixou de ser artista. Ele sempre desenhou. Você não é artista algumas horas, você é artista 24 horas. Não adianta me colocar numa gaiola 24 horas, eu vou continuar criando. Mesmo se não tiver papel nem lápis, minha cabeça vai estar inventando. Ele inventa várias coisas, sempre vai criar, é uma condição, não é uma escolha ser criativo ou ser artista. Eu já fui diretora de museu também, se eu tiver que ser Secretária de Cultura, eu serei. Nós somos múltiplos, e é como Delleuze fala, nessa multiplicidade a gente tem que colocar o "e" e não o "ou". As coisas não se excluem, é uma somatória.

O Ronaldo é rizomático, porque ele vai entrando, vai fazendo por onde passam coisas mais fortes, pessoas mais fortes, instituições mais fortes. Se nós tivéssemos mais pessoas assim, o Brasil seria uma potência, porque o povo brasileiro é criativo, mas a autoestima é baixa e esse é um grande problema do brasileiro. O Ronaldo não tem a autoestima baixa, é vaidoso com ele. É muito querido, uma pessoa que admiro muito.

Shirley Paes Leme é escultora, gravadora, desenhista e professora. Reside em São Paulo.

CRONOLOGIA

1951
- Ronaldo Martins Barbosa nasce no dia 23 de outubro em Vitória, ES, filho único de Orly Ferraz Martins Barbosa, dona de casa, e Theodorico Freitas Barbosa, comerciante.

1967
- Passa a frequentar o ateliê do artista plástico Raphael Samú, em Vitória.
- Forma-se no curso ginasial pelo Colégio Nossa Senhora da Penha, mantido pelos irmãos Maristas, em Vila Velha.

1968
- Passa a cursar o ensino médio no Colégio Nossa Senhora da Penha, optando pelo "Curso Científico", mais voltado às matérias de exatas e ciências, em contraposição ao "Clássico", mais alinhado às áreas de humaridades, como se dividia o ensino médio.
- Aos 17 anos de idade realiza sua primeira exposição individual, apresentando desenhos e pintura na Aliança Francesa, em Vitória.
- Participa de exposição coletiva no antigo Museu de Arte Moderna de Vitória (atual Teatro Carlos Gomes).

1969
- Participa no curso de desenho do artista plástico mineiro Álvaro Apocalypse no Festival de Inverno de Ouro Preto (MG).
- Realiza "Paroxismos", exposição individual de desenhos e pinturas na Aliança Francesa, em Vitória.

1970
- No meio do ano, muda-se para o Rio de Janeiro onde conclui o ensino médio e faz cursinho pré-vestibular.

1971
- Ingressa na Escola Superior de Desenho Industrial (Esdi) no Rio de Janeiro.
- Inicia colaboração com a empresa Direção Empreendimentos Imobiliários, realizando programação visual para o lançamento de edifícios em Guarapari, Vila Velha e Niteroi.

1973
- Tranca matrícula na Esdi para se dedicar a trabalhos profissionais.
- Desenvolve padronagens para tecidos de empresas como Dimpus, Company, Nova América, Bangu, Artex e para os estilistas do Clube Brasileiro dos Lançadores de Moda (Clam).
- É contratado pelo estilista Gregório Faganello para desenhar estampas.

1974
- Retoma o curso na Esdi.

1975
- Começa a trabalhar na Estacas Franki para implantar projeto de identidade visual concebido por Aloisio Magalhães/ PVDI.
- Forma-se na Esdi.

1977
- Deixa a Estacas Franki e estabelece escritório de design próprio, em sociedade com Verônica Teicher, colega na Esdi. Juntos desenvolvem trabalhos para empresas como Hotel Porto do Sol, Ecisa, Atlântica Boa Vista de Seguros, Usiminas, agências de publicidade e Shopping Center Vila Velha.

1978
- Desenvolve programação visual para as marcas 20 Anos e Belui, da Luiz de Freitas, e o lançamento da coleção Summer Colour.
- Projetos para Corporation Jeans, Cartaz Luminoso, Exposição dos Arquitetos Associados do Instituto dos Arquitetos do Brasil no Museu de Arte Moderna do Rio de Janeiro, Granileste – Leste Brasileiro de Granitos e 1ª Amostra de Decoração, Vitória-ES.

1979
- De janeiro a março, faz a primeira viagem à Europa.
- Em abril volta a morar em Vitória.
- Em agosto começa a ministrar aulas na Universidade Federal do Espírito Santo (Ufes), permanecendo como professor da instituição por 27 anos.
- Atua como designer em várias frentes.
- Em dezembro, realiza a exposição individual Circo, de desenhos e pinturas, na Galeria Direção.

1980
- Participa da exposição Imagens: Aquarelas e Desenhos, na Galeria Trópico Arte e Lazer, em Vitória, em conjunto com o artista plástico Hilal Sami Hilal.
- Cria, em conjunto com Márcia Moraes da Costa, a loja Ambiente, representante autorizada dos móveis suecos Innovator.

1981
- Em abril, realiza exposição individual de desenhos na Galeria Andréa Sigaud, no Rio de Janeiro.
- Em novembro, participa com desenhos do IV Salão Nacional de Artes Plásticas no Museu de Arte Moderna do Rio de Janeiro (MAM-RJ).

1982
- Em agosto e setembro, participa da 4ª Mostra do Desenho Brasileiro, em Curitiba (PR), como artista convidado.
- Em novembro, desenhos de sua autoria participam da Exposição A3, no Espaço de Artes da Escelsa, que inclui ainda Regina Chulam e Hilal Sami Hilal.
- Em novembro, participa da I Exposição Coletiva de Artistas Plásticos Capixabas, no Palácio Atílio Vivácqua.

1983
- Dirige desfile para a confecção de roupa de couro RT, criada por Thais Hilal, assinando roteiro, cenografia, coreografia e iluminação.
- Desenvolve capa e ilustrações para o livro de contos Esta Noite Namorar, de Claudia Lopes, da Massao Ohno Editora.
- Falecimento de seu pai.

1984
- Em conjunto com a professora Maria Helena Lindenberg, vai representar a Ufes em atividades na University of Charleston, West Virginia

- State College, Marshall University e West Virginia University, nos Estados Unidos.
- Em setembro, ambos expõem na galeria do museu do Centro Cultural de Charleston, West Virginia.
- Torna-se diretor da Galeria de Arte e Pesquisa da Ufes, na Capela Santa Luzia, em Vitória, promovendo várias exposições durante um período de dois anos.

1985
- Em junho, organiza mostra coletiva na Galeria de Arte e Pesquisa da Ufes, onde reúne trabalhos de vários professores da Universidade.

1986
- Passa um período sabático em Laguna Beach, Califórnia, EUA, onde permanece até 1987.
- É representado pela Davies Long Gallery, de Los Angeles.
- Desenha fôlder e conjunto de toalhas de mesa para a empresa Vitória Table Linens, Newport Beach, Califórnia, EUA.
- Trabalha com gravuras para uma linha de produtos de mesa da marca italiana Tesoro.

1987
- Participa de exposição coletiva na Davies Long Gallery, de Los Angeles.

1988
- Volta a morar em Vitória e reassume as aulas na Ufes.

1989
- Concebe, dirige e produz o videoarte Graúna Barroca.
- Em dezembro, participa da exposição Um Código 7, na Galeria de Arte Theodoro Braga, em Belém, PA, ao lado dos artistas capixabas Atílio Colnago, César Cola, Hilal Sami Hllal, Ivanilde Brunow, Joyce Brandão e Lando.

1990
- O vídeo Graúna Barroca ganha vários prêmios, entre eles Prêmio Especial no 8th Fotoptica International Video Festival de São Paulo e Medalha de Prata de Melhor Vídeo Experimental, no VI Rio Cine Festival. É finalista no 33º International Film and Festival of New York.

1991
- Outros prêmios para Graúna Barroca: Melhor Videoarte no IV Fest Video de Canela, RS; The Leigh Whipper Gold Award, categoria vídeo experimental, no Philafilm/ 22º Festival Internacional de Filme e Televisão da Filadélfia; menção especial do Júri no VI Festival del Cinema Latino Americano, Trieste, Itália; e Special Merit Award do 15th Tokio Video Festival, no Japão.

1992
- Lança o videoarte TV Reciclada, de 27 minutos, em parceria com Arlindo Castro.
- Realiza exposição individual de desenhos na Galeria Homero Massena, em Vitória.

1993
- Faz trabalhos de identidade visual para a Universidade Federal do Espírito Santo, Companhia da Casa, Escola Rubem Braga, Guest, Libanesa, Persiana & persiana, Querubim, Shopping da Terra e Techdata, entre outros.
- Em agosto, organiza a exposição Tarô, com obras de 22 artistas residentes no Espírito Santo, na galeria Arte e Pesquisa da Ufes.
- Em novembro, cria uma grife de moda para a Ufes.

1994
- Desenvolve projeto gráfico e editoração eletrônica para livro e disco Canções do Folclore Capixaba.
- Participa da exposição Esdi 30 anos – Consequências de Uma Ideia, na Fundição Progresso, no Rio de Janeiro.

1995
- Faz trabalhos de identidade visual para a Galeria Ana Terra, Centro Educacional Florescer, Hidroavião, Itapé Construtora, Limilk e Toy Brazil, entre outros.
- Cria o projeto gráfico de catálogo da exposição Mosaico, de Raphael Samú e Freda Jardim, promovida pela Ufes na Galeria de Arte do Espaço Universitário.
- Faz trabalhos de identidade visual para a Prefeitura de Vitória, Adeluci, Ameixa Vermelha, Lorenge, Hipervinil e Fundação Promar, entre outros.

1997
- Faz trabalhos de identidade visual para a Cobra D'Água, Inocoopes, Dom Daqui, Empório Sorele, Tribbus Urbana e Consórcio Santa Maria Jucu, entre outros.
- Realiza o design gráfico e expográfico da mostra "Visita à Cidade Centenária – 100 anos de Belo Horizonte", na sede do Banco Real, São Paulo; e na Serraria Souza Pinto, Belo Horizonte.
- Realiza o design museográfico do Museu Náutico da Bahia, no Farol da Barra, Salvador, BA.
- É convidado para fazer o design museográfico do Museu Ferroviário Vale do Rio Doce, que vinha sendo feito em parceria entre a empresa e o Banco Real.

1998
- O Centro de Artes da Ufes cria o primeiro curso de Desenho Industrial do Espírito Santo, com grande participação de Ronaldo.
- Faz trabalhos de identidade visual para Dora Daher, Escola Santa Adame, Grupo Univale, Kill Cruz, Viação Serena, Scarpe Bis e Studio Design Iluminação, entre outros.
- É convidado a assumir a direção do Museu Ferroviário Vale do Rio Doce, inaugurado em Vila Velha em 15 de outubro.
- Design expográfico do Centro de Documentação e Memória Chocolates Garoto, em Vila Velha.

1999
- Formaliza o Studio Ronaldo Barbosa (SRB), com atuação em projetos de identidade visual, de exposições culturais, centro de memória de empresas e design editorial, entre outros.
- Faz trabalhos de identidade visual para a Fazenda Alvorada, Frinort, Óticas Paris, Acta Engenharia e Escola Lacaniana de Psicanálise, entre outros.
- Torna-se voluntário no Instituto Jutta Batista da Silva.

2000
- Design museográfico do Memorial ISO 14001 do Terminal Marítimo de Ponta da Madeira, da Companhia Vale do Rio Doce em São Luis, MA.
- Design museográfico da Casa da Memória da Mineração Rio Norte, Porto Trombetas (PA).
- Faz trabalhos de identidade visual para o Tribunal de Contas do Espírito Santo, Rodosol, Advocacia Marcelo Mignoni, Dagaz Projetos Culturais, Ivan Aguilar, Maria Helena Pacheco, Sarcinelli Garcia Advocacia, Síntese, Outdoor Publicidade, Sueli Chieppe e MonteBlú, entre outros.
- Inauguração de galpão especialmente restaurado para receber mostras de arte contemporânea no Museu Vale.
- O Centro de Documentação e Memória Chocolates Garoto, de Vila Velha, projeto do SRB, recebe o Prêmio Aberje (Associação Brasileira de Comunicação Empresarial) na categoria Memória Empresarial, Centro-Oeste/Leste.

2001
- Design museográfico do Espaço do Conhecimento da Companhia Ultragaz em São Paulo.
- Projeto gráfico do catálogo do artista plástico Hilal Sami Hilal.
- A Casa da Memória da Mineração Rio do Norte S.A, Porto Trombetas, PA, projeto do SRB, recebe o Prêmio Aberje (Associação Brasileira de Comunicação Empresarial) na categoria Memória Empresarial, Centro-Oeste.

2002
- Elabora projeto gráfico do livro "Mineração Rio do Norte: Uma empresa que faz e conta", de autoria de Ozair Pereira de Siqueira, antigo colaborador da empresa.

2003
- Design museográfico do Centro de Memória Coopersucar União, em São Paulo.

2004
- Projeto gráfico para livro de receitas do Mosteiro Zen Morro da Vargem.
- É curador da exposição Pios da Mata – Patrimônio do Espírito Santo, realizada no Museu da Casa Brasileira, São Paulo.

2005
- Projeto de arquitetura e museografia do Espaço Livro Aberto, da Companhia Siderúrgica do Tubarão (atual ArcellorMittal), em Serra, ES.
- Produz e coordena o livro CST (1973-2005) - A história de uma empresa
- Curadoria e design museográfico do Centro de Memória da Gráfica Santo Antônio - GSA, em Vitória.
- O SRB recebe o Prêmio Aberje na categoria Responsabilidade Histórica e Memória Empresarial pelo projeto "Tell its History from the Beggining", para a Mineração Rio do Norte (MRN), em Porto Trombetas, PA. Vencedor Centro-Oeste/Leste.
- Faz a direção de arte, design e cenografia do Espaço Brasil, organizado pelo Governo Federal em parceria com o governo francês, como parte do projeto "Ano do Brasil na França".
- Recebe homenagem da Assembleia Legislativa do Estado do Espírito Santo, hors concours, pela "contribuição dada à sociedade capixaba com a divulgação de novas ideias, tendências e concepções".

2006
- Desenvolve nova marca para a TV Gazeta, afiliada da Rede Globo no Espírito Santo.
- Design museográfico do Centro de Memória Águia Branca, em Cariacica, ES.
- Design expográfico da Memória Itinerante Águia Branca, ação que levou o conteúdo do Centro de Memória Águia Branca para todos os municípios da área de atuação da empresa.
- Design museográfico da exposição permanente 30 anos da Fundação Dom Cabral, em Nova Lima, MG.
- Projeto gráfico do livro Convento da Penha, Fé e Religiosidade do Povo, realizado pela Companhia Siderúrgica de Tubarão – CST.
- Deixa as atividades docentes na Ufes.

2007
- Projeto gráfico do livro Primo Bitti – A Construção da Aracruz.
- Realiza projetos gráficos para as Prefeituras de Vitória e Aracruz.

2008
- Design museográfico das exposições de Dionísio Del Santo e de Andy Warhol, no Museu de Arte do Espírito Santo – MAES (Vitória-ES).
- SRB recebe o Prêmio Aberje pelo Centro de Memória Águia Branca, realizado para o grupo Águia Branca, em Cariacica, ES. Vencedor nacional na categoria Responsabilidade Histórica e Memória Empresarial.
- SRB recebe Prêmio Aberje pelo Relatório Anual 2007 da Unimed Vitória. Vencedor na região Rio de Janeiro e Espírito Santo, na categoria Comunicação e Relacionamento com Investidores – Projeto Vitória/ES.

2009
- Projeto gráfico do livro Maria Martins, Escultora dos Trópicos.
- Recebe reconhecimento da Universidade Vila Velha (UVV), na ocasião do Salão de Design, "pela relevante obra em prol do design capixaba".

2010
- Recebe homenagem do Departamento de Desenho Industrial e Centro Acadêmico de Desenho Industrial da Universidade Federal do Espírito Santo, "por sua contribuição para o desenvolvimento do design capixaba", quando se institui o Prêmio Ronaldo Barbosa de Design Gráfico Universitário.
- Design expográfico e design gráfico editorial da exposição de "Beatriz Milhazes, Gravuras", no Museu de Arte do Espírito Santo – MAES (Vitória-ES).

2011
- Projeto gráfico do livro Sergio Bernardes, sobre o arquiteto carioca Sergio Bernardes, de autoria de Lauro Cavalcanti. O livro é finalista do prêmio Jabuti na categoria Arquitetura e Urbanismo.
- SRB recebe Ouro no Prêmio Incentivo à Criatividade na Produção Gráfica, promovido pela empresa GSA, na categoria Editorial Livros.

2012
- Inauguração do Museu da Cachaça de Salinas, que tem projeto museográfico do SRB.
- Design expográfico da mostra Amazônia – Ciclos da Modernidade, com curadoria de Paulo Herkenhoff, montada nas sedes do Centro Cultural Banco do Brasil no Rio de Janeiro e em Brasília.
- É inaugurado o Museu da Liturgia, em Tiradentes (MG), que tem projeto museográfico e consultoria ao projeto arquitetônico do SRB.
- Início de projeto de consultoria junto ao Instituto Jutta Batista da Silva, no qual permanece até hoje.
- Desenvolvimento de projeto de identidade visual para o Banestes.
- O SRB recebe a Premiação IDF - Índice de Desempenho do Fornecedor 2011 - Vale (Regional Vitória) - Melhor Fornecedor de Serviços de Pequeno Porte.
- Concorrendo entre 19 mil fornecedores do país todo, o SRB recebe a Premiação IDF - Índice de Desempenho do Fornecedor 2011 - Vale (Nacional), como - Melhor Fornecedor em Serviços de Projetos/ Engenharia, pelo projeto Vale em Cores.
- Recebe o Prêmio Elo Cultural 2012 do Instituto Sincades, de Vitória.

2013
- Projeto gráfico para livro e projeto expográfico da exposição Newton Rezende, Rio de Janeiro – RJ, com curadoria de Leonel Kaz, no Centro Hélio Oiticica.
- Conclusão do projeto Vale em Cores, de branding ambiental, realizado para a Vale.
- Em novembro, o Museu Vale e Ronaldo Barbosa recebem homenagem da Assembleia Legislativa do Espírito Santo em cerimônia alusiva aos 15 anos da instituição.

2014
- Reformulação da identidade visual do Grupo Coimex e projeto gráfico de livro sobre a empresa.
- É designado representante da sociedade civil para compor o Conselho Consultivo do Patrimônio Museológico do Instituto Brasileiro de Museus - Ibram, "por seu notório e especial conhecimento nos campos de atuação do Ibram".
- O Museu Vale recebe o certificado de excelência do TripAdvisor, site de viagens que recolhe e fornece informações e opiniões de conteúdos relacionados ao turismo, com base nas avaliações feitas por milhares de viajantes.
- Desenvolvimento da coleção de móveis Pedra Brasileira, em parceria com a Brasigran, lançada na Feira Internacional do Mármore e Granito, Serra, ES.

2015
- É homenageado pelos professores do curso de Design da Ufes pelos seus 40 anos de exercício profissional, e "prestam reconhecimento e gratidão pelas suas numerosas contribuições ao curso de graduação da Ufes, ao campo do design e ao panorama cultural do Estado do Espírito Santo, instâncias significativamente enriquecidas pela sua influência".
- Inauguração da Casa do Compadre, em Aracê, Domingos Martins, região serrana do Espírito Santo, com a exposição Amãpytuna, resultado da residência artística da artista plástica Rosilene Ludovico na região.
- O portal internacional de arquitetura Arch Daily inclui o Museu da Cachaça de Salinas em seleção dos 20 "mais incríveis museus do século 21" (More Amazing 21st Century Museums).
- Projeto expográfico da exposição Benedicto Calixto: O Artista e o Processo de Criação, realizado na Pinacoteca de Santos, com curadoria de Beatriz Henriques, Santos (SP).
- Ronaldo volta a se dedicar ao desenho.

2016
- Projeto expográfico da exposição Restauro e Revitalização da Catedral Metropolitana de Vitória. A exposição itinerou por 18 municípios capixabas.
- Design gráfico do livro e projeto expográfico da exposição Tubarão: da Ponta ao Porto, Vitória em Transformação, em virtude dos 50 anos do Complexo de Tubarão Vale.
- Projeto expográfico da exposição Sendín: uma Trajetória entre o Onírico e o Abstrato, realizado na Pinacoteca de Santos, com curadoria de Ana Kalassa El Banat, Beatriz Henriques e Marjorie de Carvalho Fontenelle de Medeiros, em Santos, SP.
- Projeto expográfico da exposição Calixto: Transformações Urbanas em Santos, realizado na Pinacoteca de Santos, com curadoria de Ana Kalassa El Banat, Beatriz Henriques e Marjorie de Carvalho Fontenelle de Medeiros, Santos (SP).
- Design da fachada da Biblioteca Pública Estadual, Vitória.
- Projeto temático do Hall do Hotel Design da Casa Cor ES, realizado no Hotel Canto do Sol, em Vitória.
- O Museu Vale recebe novamente o certificado de excelência do TripAdvisor.
- Recebe a comenda Domingos Martins, mais alta honraria dada pela Assembleia Legislativa do Espírito Santo.
- É escolhido presidente do Conselho Deliberativo do Instituto Jutta Batista da Silva.

2017
- Em maio, falece sua mãe, Orly.
- Desenvolve o projeto de identidade visual e sinalização de rua do Circuito Cultural Centro de Vitória.
- Em agosto, o Palácio Anchieta inaugura a exposição RB40 – Ronaldo Barbosa, 40 Anos de Arte e Design, em Vitória.

∞

EXPOSIÇÕES

Realizadas no Museu Vale.

Desde sua inauguração até junho de 2017, quando a redação deste livro foi finalizada, o Museu Vale havia realizado 46 exposições temporárias. Por ordem cronológica, são elas:

1. **MÚLTIPLOS**
   Artista: Joseph Beuys
   Curadoria: Paola Colacurccio

2. **FANTASMA**
   Artista: Antonio Manuel
   Curadoria: Ronaldo Barbosa

3. **COLEÇÃO MARCIO ESPÍNDULA**
   Artista: Jorge Guinle
   Curadoria: Lícia Canongia

4. **CINEMAGMA**
   Artista: José Damasceno
   Curadoria: Lícia Canongia

5. **PINTURAS MOLES, UMA OUTRA COSTURA DO MUNDO**
   Artista: Leda Catunda
   Curadoria: Kátia Canton

6. **ANTROPOLOGIA DA FACE GLORIOSA**
   Artista: Arthur Omar
   Curadoria: Lígia Canongia

7. **A FORMA E OS SENTIDOS, UM OLHAR SOBRE MINAS**
   Artistas: Amilcar de Castro, José Bento, Cristiano Rennó, Renato Madureira, Marcus Coelho Benjamim, Cao Guimarães, Solange Pessoa, Valeska Soares e Lygia Clark
   Curadoria: Kátia Canton e Ronaldo Barbosa

8. **MURMURATIO**
   Artista: José Rufino
   Curadoria: Luiz Camilo Osório

9. **BILBAO, A TRANSFORMAÇÃO DE UMA CIDADE**
   Curadoria: Ronaldo Barbosa

10. **O PAÍS INVENTADO**
    Artista: Antonio Dias
    Curadoria: Maria Clara Rodrigues

11. **OUTRA COISA**
    Artistas: Raul Mourão, Eduardo Coimbra, Brígida Baltar, Ricardo Basbaum e João Modé.
    Curadoria: Grupo Agora

12. **DESIDERATA**
    Artistas: Andréa Abreu, Edison Arcanjo, Elisa Queiroz, Fabrício Coradello, Hélio Coelho, Hilal Sami Hilal, José Cirillo, Juliana Morgado, Júlio Tigre, Lara Felipe, Orlando da Rosa Farya, Rosana Paste, Rosindo Torres, Thiago Lessa e Yvana Belchior
    Curadoria: Evangelina Seiler

13. **LOGRADOURO** (Marcos Chaves) e
14. **O ENGENHEIRO DE FÁBULAS** (Ivens Machado)
    Curadoria: Lígia Canongia

15. **O SAL DA TERRA**
    Artistas: Amilcar de Castro, Anna Bella Geiger, Antonio Dias, Carlos Vergara, Cildo Meireles, Daniel Senise, Franz Weissmann, Frida Baranek, Hilal Sami Hilal, Iole de Freitas, José Bechara, José Resende, José Spaniol, Lygia Clark, Lygia Pape, Marcos Coelho Benjamim, Martha Niklaus, Nelson Felix, Nuno Ramos, Raul Mourão, Roberto Bethônico, Tunga e Waltercio Caldas
    Curadoria: Paulo Reis

16. **CARLOS VERGARA**
    Não houve curadoria

17. **IOLE DE FREITAS**
    Não houve curadoria

18. **INVENÇÃO DE MUNDOS - COLEÇÃO MARCANTONIO VILAÇA**
    Artistas: Adriana Varejão, Ângelo Venosa, Beatriz Milhazes, Charles Long, Cildo Meireles, Cindy Sherman, Courtney Smith, Daniel Senise, Doris Salcedo, Edgard de Souza, Emmanuel Nassar, Ernesto Neto, Fábio Miguez, HadrianPigott, Hiroshi Sugimoto, Hiroshi Sugito, Jorge Molder, José Antonio Hernández-Diez, José Leonilson, Julião Sarmento, Lari Pittman, Leda Catunda, Lia Menna Barreto, Luiz Zerbini, Mathew Antezzo, Mauro Piva, Miguel Rio Branco, Mona Hatoum, Nuno Ramos, Paul McCarthy, Paulo Monteiro, Paulo Pasta, Pedro Cabrita Reis, Rosângela Rennó, Takashi Murakami, Valeska Soares
    Curadoria: Moacir dos Anjos

19. **CASA, POÉTICA DO ESPAÇO NA ARTE BRASILEIRA**
    Artistas: Ana Maria Tavares, Anna Maria Maiolino, Antonio Dias, Arthur Lescher, Carlito Carvalhosa, Carlos Fajardo, Cildo Meireles, Courtney Smith, Daniel Senise, Edgard de Souza, Eduardo Coimbra, Efrain Almeida, Ernesto Neto, José Bechara, José Damasceno, José Resende, Lygia Clark, Marco Giannotti, Nelson Félix, Nelson Leirner, Nuno Ramos, Orlando da Rosa Farya, Paula Gabriela, Raquel Garbelotti, Raul Mourão, Regina Silveira, Ricardo Basbaum, Rochelle Costi, Rubens Mano, Sandra Cinto e Waltércio Caldas.
    Curadoria: Paulo Reis

20. **PASSAGENS E ITINERÁRIOS DA ARTE**
    Artistas: Orlando da Rosa Farya, Homero Massena e Levino Fanzeres
    Curadoria: Almerinda da Silva Lopes e Ronaldo Barbosa

21. **TERRITÓRIO DO OLHAR**
    Artista: Luiz Braga
    Curadoria: Paulo Herkenhoff

22. **INTERVENÇÕES EXTENSIVAS**
    Artista: Eduardo Frota
    Não houve curadoria

23. **OCUPAÇÕES**
    Artista: Mariannita Luzzati
    Não houve curadoria

24. **BABEL**
    Artista: Cildo Meireles
    Curadoria: Moacir dos Anjos

25. **CAMIRI**
    Artista: Nelson Felix
    Não houve curadoria

26. **ARTE PARA CRIANÇAS**
    Artistas: Amilcar de Castro, Eduardo Sued, Eder Santos, Ernesto Neto, Lawrence Weiner, Mariana Manhães, Rubem Grilo, Tunga, Yoko Ono e Manoel de Barros
    Curadoria: Evandro Salles

27. **FICÇÕES**
    Artista: Regina Silveira
    Curadoria: Adolfo Montejo

28. **SEU SAMI**
    Artista: Hilal Sami Hilal
    Curadoria: Paulo Herkenhoff

29. **VESTIDAS DE BRANCO**
    Artista: Nelson Leirner
    Curadoria: Moacir dos Anjos

30. **1 + 7,**
    ARTE CONTEMPORÂNEA NO ESPÍRITO SANTO
    Artistas: Álvaro Abreu, Falcatrua, Dionísio Del Santo, Filipe Borba, Gustavo Vilar, Paulo Vivacqua, Tom Boechat e Regina Chulam.
    Curadoria: Almerinda da Silva Lopes e Ronaldo Barbosa

31. **LUGAR SEM NOME**
    Artista: Rosilene Luduvico
    Curadoria: Tereza de Arruda

32. **SALAS E ABISMOS**
    Artista: Waltercio Caldas
    Não houve curadoria

33. **AMAZÔNIA, A ARTE**
    Artistas: Hélio Melo (AC), Grupo Urucum (AP), Roberto Evangelista (AM), Naia Arruda (AM), Thiago Martins de Melo (MA). Do Pará: Acácio Sobral, Alexandre Secueira, Armando Queiroz, Armando Sobral, Alberto Bitar, Berna Reale, Cláudia Leão & Leonardo Pinto, Dirceu Maués, Éder Oliveira, Edilena Florenzano, Elza Lima, Emmanuel Nassar, Lise Lobato, Luiz Braga, Maria Christina, Melissa Barbery, Marcone Moreira, Miguel Chikaoka, Otávio Cardoso, Patrick Pardini, Paula Sampaio, Walda Marques. Rondônia: Coletivo Madeirista (Joesér Alvarez, Ariana Boaventura e Rinaldo Santos), por Roraima Claudia Andujar, Orlando NakeuximaManihipi-Theri (da terra Indígena Yanomami em Roraima), Katie van Scherpenberg e Cildo Meireles.
    Curadoria: Orlando Maneschy

34. **ATRÁS DO PORTO TEM UMA CIDADE**
    Artista: Eder Santos
    Não houve curadoria

35. **ANTICORPOS,**
    FERNANDO & HUMBERTO CAMPANA - 1989-2009
    Designers: Fernando e Humberto Campana
    Curadoria: Mathias Schwartz-Clauss

36. **FERMATA**
    Artistas: OsGemeos
    Não houve curadoria

37. **ÁGUA VIVA**
    Artista: Shirley Paes Leme
    Curador: Jürgen Harten

38. **PAULO MENDES DA ROCHA,**
    A NATUREZA COMO PROJETO
    Arquiteto: Paulo Mendes da Rocha
    Não houve curadoria

39. **REINVENTANDO O MUNDO**
    Artistas: Abraham Palatnik, André Parente, Angela Detarrico e Rafael Lain, Chelpa Ferro, Detanico&Lain, Eduardo Kac, Fernando Velázquez, Floriano Romano, Leandro Lima e Gisela Motta, Letícia Parente, Marcelo Moscheta, Mariana Manhães, Marssares, Mauricio Salgueiro, Milton Marques, O Grivo, Paulo Bruscky, Paulo Nenflídio, Paulo Vivacqua, Pedro Paulo Domingues, Rafael França, Regina Silveira e Sonia Andrade.
    Curadores: Franklin Espath Pedroso e Jorge Emanuel Espinho

40. **REGINA CHULAM, DESENHOS E PINTURAS**
    Artista: Regina Chulam
    Curador: Ronaldo Barbosa

41. **DAS VIAGENS, DOS DESEJOS, DOS CAMINHOS**
    Artista: Leonilson, Yuri Firmeza, Virginia de Medeiros, Marcone Moreira, Jonathas de Andrade, Armando Queiroz, Rodrigo Braga e Karim Ainouz + Marcelo Gomes.
    Curador: Bitu Cassundé

42. **ATLÂNTICA MODERNA: PUROS E NEGROS**
    Artista e curadora: Ana Maria Tavares

43. **CÓDICE, DO RISCO AO RISCO**
    Artistas: Amilcar de Castro, Thaïs Helt e Marco Túlio Resende
    Curador: Allen Roscoe (Sala de Amilcar de Castro)

44. **VIK MUNIZ**
    Artista: Vik Muniz
    Não houve curadoria

45. **ACASO CONTROLADO**
    Artista: Daniel Feingold
    Curadoria: Vanda Klabin

46. **JARDINS MÓVEIS**
    Artistas: Rosana Ricaldi e Felipe Barbosa
    Não houve curadoria

SEMINÁRIOS

Realizados no Museu Vale.

1. **ARTE NO PENSAMENTO (2006)**

   Organizador
   Fernando Pessoa (Ufes)

   Palestrantes
   Acylene Maria Cabral Ferreira (UFBA)
   Bernardo Barros Coelho de Oliveira (Ufes)
   Carla Francalanci (Ufes)
   Celso Fernando Favaretto (USP)
   Emmanuel Carneiro Leão (UFRJ)
   Fernando Pessoa (Ufes)
   Fernando Santoro (URFRJ)
   Françoise Dastur (Université de Nice Sophia Antipolis)
   Gilvan Fogel (UERJ)
   John Sallis (Pennsylvania State University)
   Luis Felipe Bellintani Ribeiro (UFSC)
   Márcia Sá Cavalcante Schuback (Södertörns University College - Suécia)
   Márcio Seligmann-Silva (Unicamp)
   Maria Cristina Franco Ferraz (UFF)
   Oswaldo Giacoia Júnior (Unicamp)
   Pedro Costa Rego (UFPR)
   Ricardo Barbosa (UERJ)
   Rodrigo Duarte (UFMG)
   Virginia Araújo Figueiredo (UFPR)

2. **SENTIDOS NA/DA ARTE CONTEMPORÂNEA (2007)**

   Organizadores
   Fernando Pessoa (Ufes)
   Katia Canton (MAC-USP)

   Palestrantes
   Agnaldo Farias (USP)
   Bernardo Barros Coelho de Oliveira (Ufes)
   Denise Bernuzzi de Sant'Anna (PUC-SP)
   Eliane Escoubas (Universidade de Paris XII Val de Marne)
   Fernando Cocchiarale (PUC-RJ e curador do MAM-RJ)
   Fernando Pessoa (Ufes)
   Jean Galard (Ex-diretor cultural do Museu do Louvre)
   Jeanne Marie Gagnebin (PUC-SP / Unicamp)
   Josely Carvalho (Artista plástica)
   José Rufino (UFPB)
   Katia Canton (USP)
   Maria Filomena Molder (Universidade Nova de Lisboa)
   Mônica Nador (Artista Plástica)
   Nelson Brissac Peixoto (PUC-SP)
   Paulo Herkenhoff (Curador e diretor do Museu Nacional de Belas Artes)
   Peter Pál Pelbart (PUC-SP)
   Renato Janine Ribeiro (USP)
   Sônia Salzstein (USP)
   Suely Rolnik. (PUC-SP)

3. **...E PARA QUE POETAS EM TEMPO INDIGENTE? (2008)**

   Organizadores
   Almerinda da Silva Lopes (Ufes)
   Fernando Pessoa (Ufes)

   Palestrantes
   Adolfo Montejo (Poeta, crítico e curador de arte)
   Alberto Pucheu (UFRJ)
   Almerinda da Silva Lopes (Ufes)
   Antonio Cícero (Poeta e ensaísta)
   Aurora Garcia (Universidade San Pablo, Madri)
   Carlos Zílio (UFRJ)
   Fernando Pessoa (Ufes)
   Isabel Matos Dias (Faculdade de Letras de Lisboa)
   João Augusto Frayze-Pereira (Psicanalista)
   Luiz Camillo Osório (UniRio)
   Marco Lucchesi (UFRJ)
   Paulo Sergio Duarte (Universidade Cândido Mendes, Rio de Janeiro)
   Pierre Rodrigo (Universidade de Borgonha, Dijon, França)
   Ronaldo Brito (PUC-RIO)
   Tadeu Chiarelli (ECA/USP)
   Teixeira Coelho (USP/Curador do Masp)
   Viviane Mosé (Escritora e professora de filosofia)

4. **CRIAÇÃO E CRÍTICA (2009)**

   Organizadores
   Glória Ferreira (EBA/UFRJ)
   Fernando Pessoa (Ufes)

   Palestrantes
   Ana Maria Machado (Escritora e membro da Academia Brasileira de Letras)
   Clarissa Diniz (Artista plástica, crítica de arte e curadora)
   Eduardo F. Coutinho (UFRJ)
   Glória Ferreira (EBA/UFRJ)
   Jacinto Lageira (Universidade de Paris 1 - Panthéon-Sorbonne)
   Jean-Claude Lebensztejn (Universidade de Paris 1 - Panthéon-Sorbonne)

Jose Damasceno (Artista plástico)
Luisa Duarte (Crítica de arte e curadora)
MariláDardot (Artista plástica)
Mônica Zielinsky (UFRGS / Fundação Iberê Camargo)
Nelson Felix (Artista plástico)
Ricardo Basbaum Diniz (Artista plástico, crítico de arte e curador)
Rodrigo Braga (Artista plástico)
Tânia Rivera (UnB)
Thierry De Duve (Universidade Lille 3)
Waltercio Caldas (Artista Plástico)

5. DO FUNDO ABISMO NASCEM AS ALTAS MONTANHAS OU: DE COMO SUPERAR UMA CRISE (2010)

Organizadores
Fernando Pessoa (Ufes)
Ronaldo Barbosa (Museu Vale)

Palestrantes
Gary Schapiro (Universidade de Richmond - EUA)
Iole de Freitas (Artista plástica)
José Celso Martinez Correa (Associação de Teatro Oficina UzynaUzona)
José Miguel Wisnik (USP)
Luiz Alberto Oliveira (INCRA-BR / CBPF/MCT)
Marcia Sá Cavalcante Schuback (SödertörnsHöghkola - Estocolmo)
Marcio Doctors (Curador da Fundação Eva Klabin)
Maria Rita Kehl (Psicanalista)
Moacyr Scliar (Escritor e membro da Academia Brasileira de Letras)
Paulo Venâncio Filho (crítico de arte)
Peter Trawny (Universidade de Wuppertal - Alemanha)
Roberto Machado (UFRJ)
Vicente Franz Cecim (Escritor)

HOMO FABER: O ANIMAL QUE TEM MÃOS (2011)

Organizadores
Fernando Pessoa (Ufes)
Ronaldo Barbosa (Museu Vale)

Palestrantes
Adélia Borges (Jornalista e curadora de design)
Beatriz Lindenberg (Gazeta)
Bruno Big (Artista plástico, designer gráfico e produtor cultural)
Deyan Sudjic (Diretor do London Design Museum)
Eduardo Jardim (PUC-RIO)
Gringo Cardia (Designer)
Ivaldo Bertazzo (Professor de reeducação do movimento e terapeuta corporal)
Jum Nakao (Artista)
Laura Novik (Especialista em moda e tendências)

Mana Bernardes (Artista e designer)
Paulo Mendes da Rocha (Arquiteto)
Renaud Bárbaras (Universidade de Sorbonne - Paris 1)
Thereza Miranda (PUC-RIO)

6. *SE ESSA RUA FOSSE MINHA..., SOBRE DESEJOS E CIDADES (2012)*

Organizador
Fernando Pessoa (Ufes)
Ronaldo Barbosa (Museu Vale)

Palestrantes
Amir Haddad (Teatrólogo)
Ana Luiza Almeida (ReputationInstitute / PUC-MG)
Argus Caruso Saturnino (Arquiteto)
Átila Roque
Cynthia Smith (Smithsonian's Cooper-HewittNational Design Museum, Nova York)
Eliana Kuster (Ifes-ES)
Heloisa Buarque de Hollanda (UFRJ)
Jorge Mario Jáuregui (Arquiteto e urbanista)
Paul Ardenne (Universidade de Amiens, França)
Robert MosesPechman (UFRJ)
Roberto Da Matta (PUC-RJ)
Sérgio Ferraz Magalhães (UFRJ)
Shirley Paes Leme (Artista Plástico)

7. CYBER-ARTE-CULTURA A TRAMA DAS REDES (2013)

Organizador
Fernando Pessoa (Ufes)

Palestrantes
André Lemos (UFBA)
André Parente (UFRJ)
Diana Maria Gallicchio Domingues (UnB)
Eduardo Jesus (PUC-MG)
Erick Felinto (UERJ)
Gilbertto Prado (ECA/USP)
Giselle Beiguelman (USP)
Ivana Bentes (UFRJ)
Lev Manovich (Crítico literário e professor Rússia)
Marcelo Tas (Jornalistaautor e diretor de TV)
Rodrigo Savazoni (Ativista e realizador multimídia)
Simon Biggs (Universidade de Edimburgo/Escócia)

***

BIBLIOGRAFIA

ALVES, Ana Laura. **ESDI:** Fundação e Importância para o Design Nacional. Disponível em: http://www.ufrgs.br/ped2014/resumos_IC.'pdf/229_arq2.pdf. Acesso em: 08/03/2016.

ANDRADE, Ana Beatriz Pereira de; MAGALHÃES, Ana Maria Rebello; AQUINO, Henrique Perazzi de; OLIVEIRA, Paula Febello Magalhães de. **O design na esfera social:** princípios teóricos e propostas em ensino e práticas. Disponível em: http://fido.palermo.edu/servicios_dyc/encuentro2010/administracion-concursos/archivos_conf_2013/1306_4053_2203con.docx. Acesso em: 10/03/2016.

ANELLI, Renato Luiz Sobral. **Da integração à autonomia:** arte, arquitetura e cultura no Brasil (1950-1980). Disponível em: http://www.docomomo.org.br/seminario%208%20pdfs/086.pdf. Acesso em: 08/03/2016.

ARGAN, Giulio Carlo. **História da arte como história da cidade.** São Paulo: Martins Fontes, 1998.

BORGES, Adélia. **Design + artesanato:** o caminho brasileiro. São Paulo: Terceiro Nome, 2011.

BRITO, Lucas de; ZARUR, Ana Paula. **O produto industrial como uma forma simbólica.** Disponível em: http://web.unifoa.edu.br/cacernos/ojs/index.php/cadernos/article/view/315. Acesso em: 24/04/2016.

BUENO, Maria Lúcia. **Artes plásticas no século XX.** Modernidade e globalização. Campinas: Ed. da Unicamp/Fapesp, 1999.

CANCLINI, Néstor García. **Culturas híbridas:** estratégias para entrar e sair da modernidade. Trad. LESSA, Ana Regina; CINTRÃO, Heloísa Pezza. São Paulo: EDUSP, 1997.

CARVALHO, Karoliny Diniz; SILVA REIS, Aryella Mascarenhas da; MACEDO Janete Ruiz de. **Festival de inverno de Ouro Preto:** instrumento de valorização da cultura e identidade ouro-pretana. Disponível em: http://www.unisantos.br/pos/revistapatrimonio/pdf/Artigo2_v7_n10_abr_mai_jun2010_Patrimonio_UniSantos_(PLT_35).pdf. Acesso em: 12/04/2016.

CASTELLS, Manuel. **A sociedade em rede.** São Paulo: Paz e Terra, 1999.

CAUQUELIN, Anne. **A arte contemporânea.** Porto: RÉS-Editora, s.d.

CHAGAS, Filipe; CAMPOS, Jorge Lúcio de. **O (possível) sentido do design:** um esboço filosófico. Disponível em: http://www.bocc.ubi.pt/pag/bocc-campos-design.pdf. Acesso em: 15/03/2016.

CRUZ, Tiago André et al. **The arts and crafts movement.** Londres: Thamesand Hudson, 1995.

D'AGOSTINI, Douglas; MEDEIROS, Ligia Maria Sampaio de. **Inovação e desenho industrial:** teoria e prática nos escritórios de design. Disponível em: http://seer.uniritter.edu.br/index.php/revistadesign/article/view/636/418. Acesso em: 08/03/2016.

DENSER, Márcia; MARANI, Márcia. **Criação gráfica 70/90:** um olhar sobre três décadas. São Paulo: Centro Cultural São Paulo, 2008. Disponível em: http://www.centrocultural.sp.gov.br/cadernos/lightbox/lightbox/pdfs/Cria%C3%A7%C3%A3o%20Gr%C3%A1fica.pdf. Acesso em: 18/05/2016.

DIAS, Maria Regina Álvares Correia. **O ensino do design:** a interdisciplinaridade na disciplina de projeto em design. Disponível em: https://repositorio.ufsc.br/bitstream/handle/123456789/87121/203856.pdf?sequence=1. Acesso em: 24/03/2016.

FORTUNATO, Danièlle de Oliveira Bresciani. **Uma análise do Espírito Santo à luz do processo de implantação dos grandes projetos.** Disponível em: http://periodicos.ufes.br/dimensoes/article/viewFile/2582/2078. Acesso em: 29/03/2016.

FREITAS, Sydney Fernandes de; WERNER, Patricia Borba. **Design e inovação social.** Disponível em: http://mixsustentavel.paginas.ufsc.br/files/2015/08/ARTIGO-4.pdf. Acesso em: 04/05/2016.

GIDDENS, Anthony. **As consequências da modernidade.** Trad. Raul Fiker. São Paulo: Unesp, 1991.

GOMES, Rogério Zanetti. **.OVO** – o hibridismo no design brasileiro contemporâneo. Disponível em: http://repositorio.unesp.br/bitstream/handle/11449/99807/gomes_rz_me_bauru.pdf?sequence=1. Acesso em: 08/04/2016.

MACIEL, Marcos Antonio Esquef. **Design industrial:** entre a razão e a sensibilidade. Disponível em: http://www.revistas.unilasalle.edu.br/index.php/conhecimento_diversidade/article/view/1238/892. Acesso em: 18/05/2016.

MALDONADO, Tomás. **El diseño industrial reconsiderado.** México: G. Gili, 1993.

MARTINS, Bianca; CUNHA LIMA, Edna Lúcia. **Uma discussão sobre o papel social do designer gráfico brasileiro:** trajetória, formação acadêmica e prática profissional. Disponível em: http://www.pedagogiadodesign.com/lpdesign/images/publicacoes/2006martins_papeldesigngrafico.pdf. Acesso em: 08/03/2016.

NASCIMENTO, Luís Renato do; NEVES, Aniceh Farah; SILVA, José Carlos Plácido. **O design diferencial de Aloísio Magalhães.** Disponível em: http://www.esdi.uerj.br/arcos/arcos-05-2/05-2.03.jplacido-o-design-diferencial.pdf. Acesso em 12/04/2016.

OLIVEIRA, José Teixeira de. **História do estado do Espírito Santo.** Secretaria de Estado da Cultura, Secretaria de Estado da Educação, Arquivo Público do estado do Espírito Santo. Vitória, 2008.

RAPOSO, Daniel. **Design não é cosmética.** Disponível em: http://www.reddircom.org/textos/raposo.pdf. Acesso em: 08/03/2016.

RESING, Daniela Souto. **Rico Lins e a ressignificação da imagem gráfica.** Disponível em: http://ppgav.ceart.udesc.br/revista/edicoes/8/artigo_daniela_souto.pdf. Acesso em: 18/04/2016.

RODRIGUES, Jorge Luís Caê. **O design gráfico no tempo do desbunde.** Disponível em: http://www.ucs.br/etc/revistas/index.php/conexao/article/viewFile/217/208. Acesso em: 08/03/2016.

SALES, Sandra Fátima Dias; LIMA, Lindolpho Barbosa; CHENIER, Carlos. **A crítica de arte em Vitória/ES entre as décadas de 1940-1980.** Disponível em: http://portais4.ufes.br/posgrad/teses/tese_4831_Disserta%E7%E3o%20de%20Mestrado%20em%20Artes_Ufes_Sandra%20F%E1tima%20Dias%20Sal.pdf. Acesso em: 18/04/2016.

SANTANA, Maíra Fontenele. **Design e artesanato:** fragilidades de uma aproximação. Disponível em: http://www.periodicos.adm.ufba.br/index.php/cgs/article/download/334/276. Acesso em: 18/04/2016.

SERAFIM, Elisa Feltran. **Design e artesanato:** análise de modelos de atuação de design junto a grupos de produção artesanal. Disponível em: http://repositorio.ufpe.br/bitstream/handle/123456789/13894/Dissert_Elisa_Biblioteca%20OK.pdf?sequence=1&isAllowed=y. Acesso em: 08/03/2016.

SIQUEIRA, Maria da Penha Smarzaro. **Questão regional e a dinâmica econômica do Espírito Santo - 1950/1990.** Disponível em: http://www.revistafenix.pro.br/PDF21/ARTIGO_10_Maria_da_Penha_Smarzaro_Siqueira.pdf. Acesso em: 15/05/2016.

SOUZA LEITE, João de. Design e sociedade: algumas considerações. In: 10º Congresso Brasileiro de Pesquisa e Desenvolvimento em Design, 2012, São Luís. **Anais do P&D Design.** São Luís: 2012. Disponível em: https://www.academia.edu/4697451/Design_e_sociedade_algumas_considera%C3%A7%C3%B5es. Acesso em: 08/03/2016.

SOUZA, Lucas Marcelo Tomaz de. **Raul Seixas e o Rio de Janeiro na década de 70:** transformando-se em um artista nacional. Disponível em: http://www1.sp.senac.br/hotsites/blogs/revistaiara/wp-content/uploads/2015/01/04_IARA_vol3_n2_Artigo.pdf. Acesso em: 08/03/2016.

CRÉDITOS

REALIZAÇÃO
Instituto Modus Vivendi

CONCEPÇÃO
Studio Ronaldo Barbosa

LEVANTAMENTO INICIAL
Jarbas Gomes
Felipe Gomes

PESQUISA
Élida Gagete

TEXTO
Adélia Borges
Élida Gagete

PRODUÇÃO EXECUTIVA
Erika Kunkel Varejão

EDIÇÃO
Adélia Borges

CONSULTORIA EDITORIAL
Otávio Nazareth

DESIGN GRÁFICO
Ronaldo Barbosa
Jarbas Gomes
Joe Barcelos

DIGITALIZAÇÃO E TRATAMENTO DE IMAGENS
Studio Ronaldo Barbosa
Flávio Lins de Barros

REVISÃO
Lúcia Helena Peyroton da Rocha

ASSISTÊNCIA DE PESQUISA
Juca Magalhães
Antonio M. Veiga

FOTOGRAFIAS

Acervo Ronaldo Barbosa
Acervo Rede Gazeta
Acervo Vale e Museu Vale
Allan Salles
Edson Chagas
Ervin Herckenhof
Felipe Araújo
Felipe Amarelo
Flávio Lins de Barros
Glauco Gomes
Gui Castor
Jomar Bragança
Jorge Sagrilo
Junia Montimer
Leonardo Finotti
Pat Kilgore
Paulo Soares
Pablo de Sousa
Sérgio Cardoso
Tom Boechat
Verônica Teicher

IMPRESSÃO
Gráfica GSA

AGRADECIMENTOS

Adalto Correa dos Santos
Adélia Borges
Ana Coeli Piovesan
André Leão
Antonio M. Veiga
Carlos Eduardo Favalessa
Cassius Gonçalves
Cléo Sperandio
Conrado Vieira
Daniel Ferstl
Danilo "Cabelo" Porphírio
Déa Martins Versiani dos Anjos
Diego Locateli
Diester Fernandes
Dulce Maia

AGRADECIMENTOS (CONTINUAÇÃO)

Élida Gagete
Erika Kunkel
Eugênio Fonseca
Fábio Brasileiro
Felipe Amarelo
Felipe Gomes
Flávio Lins de Barros
Gauguin Barbosa
Hilal Sami Hilal
Instituto Jutta Batista da Silva
Ione Falquetto
Jerusa Samú
Joacir Trabach
João Gualberto
Joacir Trabach
Joe Barcelos
Juca Magalhães
Letícia Lindenberg
Maíne Batista
Márcia Moraes
Marco Aurélio Gonçalves Cardoso
Maria Alice Lindenberg
Marlene Zandonatti
Miro Trabach
Noyla Nakibar
Olinta Cardoso
Otávio Nazareth
Patrícia Linhares
Paulo Soares
Pedro Martins
Raphael Samú
Rita Garajau
Rita Tristão
Rogério Cavalcanti
Ruth Guedes
Studio Design Iluminação
Irene "Todinho" Fagundes Ferreira
Verônica Teicher
Vidrominas
Viminas
Tuca Sarmento

* * *

OLHARES

DADOS INTERNACIONAIS DE CATALOGAÇÃO NA PUBLICAÇÃO (CIP)
Vagner Rodo fo CRB-8/9410

B732r	Borges, Adélia
	Ronaldo Barbosa: 40 anos de arte e design / Adélia Borges, Élida Gagete. - 1. ed. - Vitória : Studio Ronaldo Barbosa, 2017.
	360 p. : il. ; 30cm x 30cm.
	Inclui índice, bibliografia e anexo.
	ISBN: 978-85-62114-70-0
	1. Arte. 2. Design. 3. Design gráfico. 4. Expografia. 5. Artes Plásticas. 6. Barbosa, Ronaldo. I. Élida, Gagete. II. Título.
	CDD 741.6
2017-302	CDU 7.05

Índice para catálogo sistemático:
Design gráfico 741.6
Design gráfico 7.05

O projeto editorial deste livro foi fomentado, em primeira edição, por recursos da Lei de Incentivo à Cultura, o qual foi mantido na íntegra nesta segunda edição.